Verkaufs-gesprächsführung

Beschaffungsverhalten, Kommunikationsleitlinien, Gesprächssituationen

von

Prof. Dr. Uwe Jäger

Hochschule der Medien Stuttgart

Oldenbourg Verlag München Wien

Bibliografische Information der Deutschen Nationalbibliothek

Die Deutsche Nationalbibliothek verzeichnet diese Publikation in der Deutschen
Nationalbibliografie; detaillierte bibliografische Daten sind im Internet über
<http://dnb.d-nb.de> abrufbar.

© 2007 Oldenbourg Wissenschaftsverlag GmbH
Rosenheimer Straße 145, D-81671 München
Telefon: (089) 45051-0
oldenbourg.de

Lektorat: Wirtschafts- und Sozialwissenschaften, wiso@oldenbourg.de
Herstellung: Anna Grosser
Coverentwurf: Kochan & Partner, München
Gedruckt auf säure- und chlorfreiem Papier
Druck: Grafik + Druck, München
Bindung: Thomas Buchbinderei GmbH, Augsburg

ISBN 978-3-486-58399-1

Inhaltsverzeichnis

Vorwort

Zielgruppen:
Das Buch richtet sich an Personen, die sich im wissenschaftlichen Umfeld mit dem Thema Verkaufsgesprächsführung befassen, an Verkaufstrainer und an Verkäufer im Business-to-Business-Sektor.

Ausgangslage und Relevanz:
Mit den Fortschritten in der Informationstechnologie und der Globalisierung der Wirtschaft hat die Wettbewerbsintensität in vielen Branchen ein bislang noch nie dagewesenes Ausmaß erreicht. Die Unternehmen müssen sich deshalb konsequent an den Wünschen und Vorstellungen ihrer Kunden ausrichten, wenn sie am Markt bestehen wollen. Dies gilt in besonderem Maße für Unternehmen, die gewerbliche Kunden bedienen. Der Verkauf als Bindeglied zum Markt wird damit künftig vor allem im Business-to-Business-Bereich eine noch wichtigere Funktion einnehmen. Es ist zu erwarten, dass die Ansprüche an die Qualifikation der Verkäufer weiter zunehmen, auch weil die gewerblichen Kunden bemüht sind, die einfachen, standardisierbaren Beschaffungsvorgänge im Einkauf durch elektronische Plattformen zu automatisieren. Professionelle Einkäufer und Verkäufer treffen künftig vor allem dort aufeinander, wo es um die Generierung innovativer, komplexer oder hochwertiger Lösungen geht. Die konzeptionellen und kommunikativen Fähigkeiten des Verkäufers sind vor diesem Hintergrund wichtiger denn je für den Erfolg im Kundenkontakt.

Positionierung und spezifischer Nutzen:
Zur Stärkung ihrer Fähigkeiten und ihrer Motivation können Verkäufer inzwischen aus einem breiten Bücherangebot wählen. Ein großer Teil der Verkaufsliteratur befasst sich schwerpunktmäßig mit Themen wie Verkäufermotivation, Verkäuferzielen, Kundentypologien, der Gesprächsvorbereitung und den Techniken der Gesprächsführung. Dabei werden die Themen weitgehend aus der Perspektive des Verkäufers beschrieben, obwohl Konsens darüber besteht, dass die Kundenorientierung eine Grundvoraussetzung für den Verkaufserfolg ist. Daneben entpuppen sich die Verhaltensempfehlungen nicht selten als plakative Formeln, die zwar das Ziel umreißen („z.B. Machen Sie sich Ihren Kunden zum Freund!"), aber weitgehend offen lassen, wie sich der Verkäufer dazu im Gespräch mit seinen Kunden konkret verhalten soll. Außerdem werden häufig zwar Verhaltensvorschläge aufgelistet und mit Beispielen unterlegt, aber es wird nicht darüber diskutiert, wie die Verhaltensempfehlungen miteinander zusammenhängen (z.B. Vergleich von Bumerangmethode und Kompensationsmethode im Rahmen der Einwandbehandlung). Damit bleibt es weitgehend dem Leser überlassen, die dargebotenen Verkaufsgesprächstechniken in einen größeren Bezugsrahmen zu stellen, aus dem sich Hilfestellungen für situationsgerechtes Gesprächsverhalten ableiten lassen. Auch die in der Literatur aufgeführten Verkaufsformeln wie z.B. AIDA, SPIN bieten

nur einen groben prozessualen Handlungsrahmen oder decken lediglich Ausschnitte des Verkaufsprozesses ab[1].

Eine einfache Übertragung der Konzepte auf die eigenen Verkaufsgespräche ist häufig nur möglich, wenn die Vorgänge den in der Literatur gewählten Beispielen ähneln. Unsicherheiten entstehen, sobald die eigenen Praxisfälle nicht mehr unmittelbar den Literaturbeispielen zuordenbar sind. Der Verkäufer muss sich dann eventuell schon vor dem Verkaufsgespräch entsprechende Formulierungen zurechtlegen. Dies kann dazu führen, dass die Verhaltensweisen des Verkäufers aufgesetzt wirken.

In der Praxis ist es aber vielmehr notwendig, generelle Leitlinien zu besitzen, die während des Verkaufsgesprächs eine prompte Identifikation der Situation und des geeigneten Verhaltensrepertoires ermöglichen. Nur dann hat der Verkäufer die Chance, aus der Situation heraus kundenorientiert mit dem Gesprächspartner zu kommunizieren ohne an Authentizität einzubüßen.

Inhalte und Nutzungsempfehlung:
Die kommunikativen Verhaltensmöglichkeiten im Verkauf und ihre Interpretation durch den professionellen Einkäufer sind die zentralen Themen dieses Buchs. Vor diesem Hintergrund erhält der Leser einen Überblick über die wichtigsten Gesprächsinhalte im Verkaufszyklus. Phasenspezifische Handlungsempfehlungen unterstützen die Vorbereitung einer situationsgerechten Gesprächsführung. Die systematische Einbeziehung der Einkäuferperspektive verdeutlicht die Anforderungen der Kunden im Verkaufsgespräch und ermöglicht eine kundenorientierte Herangehensweise bei der Formulierung der Gesprächsziele. Das Buch soll dem Leser als Strukturierungshilfe bei der Suche nach eigenen Qualifizierungspotenzialen dienen und Denkanstöße für die schrittweise Optimierung des Gesprächsverhaltens liefern.

---

[1]   In Anlehnung an Weis, Hans Christian, Verkaufsgesprächsführung, S. 57. Zu SPIN vgl. Rackham, Neil, Die neue Welle im Verkauf, S. 51ff.

1   Verkaufsgesprächsführung im B2B-Sektor

In fast allen Branchen ist die Situation der Unternehmen geprägt durch einen anhaltend hohen Wettbewerbsdruck. Unternehmen sind daher auf Dauer nur dann überlebensfähig, wenn sie am Markt Lösungen anbieten, die den Anforderungen der Kunden besser entsprechen als die des Wettbewerbs. Der Verkauf ist der Bereich im Unternehmen, der die Anforderungen der Kunden direkt in Erfahrung bringen kann und damit am besten in der Lage ist, die Entwicklung marktgerechter Angebote anzustoßen. Gleichzeitig obliegt es dem Verkauf, den kundenspezifischen Nutzen des eigenen Leistungsangebots herauszuarbeiten und gegenüber dem Kunden zu verdeutlichen. Die Funktion des Verkaufs wird dabei umso wichtiger, je ausgereifter das Branchenumfeld ist, in dem sich das Unternehmen bewegt.

Kundenorientierte Lösungen sind nur dann treffsicher generierbar, wenn die Anforderungen der Kunden überhaupt bekannt sind. Anforderungen lassen sich auch als **Zielsetzungen** charakterisieren, solange ihre vollständige Erfüllung noch aussteht. Dementsprechend werden die Ziele beim Kunden – aus Sicht der mit der Beschaffung befassten Personen, den sogenannten Beschaffungsverantwortlichen – im folgenden Kapitel 2 zuerst behandelt. Berücksichtigt man alle Aufgaben, die im Zusammenhang mit der Beschaffung von Fremdleistungen anfallen, lassen sich zum einen Ziele in Bezug auf die zu beschaffende Leistung (Beschaffungsobjekt) und zum andern Ziele in Bezug auf die Handhabung des Beschaffungsvorgangs (Beschaffungsprozess) formulieren. Schließlich haben die mit der Beschaffungsaufgabe betrauten Personen auch persönliche Zielsetzungen, die von der Verkäuferseite zu berücksichtigen sind.

Ausgehend von den Zielen definieren sich die Funktionen, die die Lieferanten aus Sicht des Kunden erfüllen müssen. Die zentrale Funktion der Lieferanten ist es, **Leistungen** anzubieten, mit denen der Kunde seine Ziele erreichen kann. Kapitel 3 verschafft einen Überblick über die prinzipiell denkbaren Lieferantenleistungen.

In den meisten Fällen muss der Kunde erst einen Beschaffungsprozess anstoßen, damit er Angebote erhält, aus denen er das am besten geeignete auswählt. Der Beschaffungsprozess setzt also einen mehr oder weniger umfangreichen **Informationsaustausch** zwischen Lieferanten und dem Kunden voraus. Oft sind die ausgetauschten Informationen sogar die einzige Grundlage, auf die sich der Beschaffungsverantwortliche bei seiner Beschaffungsentscheidung beziehen kann. Daher sind die Verständlichkeit und die Qualität der vom Lieferanten übermittelten Informationen für den Beschaffungsverantwortlichen von zentraler Bedeutung. Dementsprechend befasst sich das Kapitel 4 zunächst mit den Möglichkeiten, die der Verkäufer hat, um seine Lösungsvorschläge zu strukturieren und zu kommunizieren. Diese Betrachtung erstreckt sich auf alle Stufen, die der Verkäufer hierbei durchlaufen muss, d.h. von der Informationsgewinnung über die Modellierung der Sachverhalte bis zur Festlegung der sprachlichen Fassung und der Wahl der Kommunikationskanäle. Anschließend werden aus Sicht des Beschaffungsverantwortlichen die Spielräume beleuchtet, die bei der Entschlüsselung empfangener Verkäuferinformationen bestehen. Schließlich thematisiert das Kapitel 4 – aus Sicht des Beschaffungsverantwortlichen – die Möglichkeiten zur Feststellung der Qualität der wahrgenommenen Verkäuferinformationen. Zentrale Qualifizierungskriterien sind hier die Relevanz und die Realitätsnähe, d.h. inwieweit weisen die Botschaften einen Bezug zu den Kundenzielen auf und inwieweit entsprechen sie der Wahrheit.

Die eben genannten formalen Aspekte gelten für alle ausgetauschten Informationen im Laufe des Beschaffungsprozesses unabhängig vom Zweck des jeweiligen Kunden-Lieferanten-Kontakts. Gerade bei komplexen oder sehr wichtigen Beschaffungsprojekten ist zu erwarten, dass der Beschaffungsprozess sich schrittweise vollzieht und eventuell mehrere schriftliche, fernmündliche oder persönliche Kontakte erfordert. In Abhängigkeit vom Stand im Beschaffungsprozess stehen auf beiden Seiten spezifische Informationsbedürfnisse im Vordergrund. Hierauf geht das Kapitel 5 ein, das für einzelne Gesprächsanlässe die phasenspezifisch relevanten thematischen Eckpunkte beleuchtet.

2   Ziele in der Beschaffung

Der Zweck eines Unternehmens besteht darin, Leistungen für definierte Marktpartner auf möglichst wirtschaftliche Weise zu erstellen. Kaum ein Unternehmen kann alle zur Leistungserstellung benötigten Vor- und Teilleistungen selbst wirtschaftlich erbringen. Es ist daher fast immer auf andere Produktions- und Dienstleistungsunternehmen, d.h. auf externe Bezugsquellen angewiesen. Dazu werden im Unternehmen Beschaffungsverantwortliche benannt, die die Versorgung mit extern zu beziehenden Vor- und Teilleistungen sicherstellen sollen. Die Sicherstellung der Versorgung mit Vor- und Teilleistungen ist für den Beschaffungsverantwortlichen mit mehr oder weniger umfangreichen Aktivitäten verbunden. Aufgrund der Wirtschaftlichkeitserfordernisse sind die Beschaffungsverantwortlichen angehalten, auch die Aktivitäten im Zusammenhang mit der Beschaffung selbst so rationell wie möglich zu gestalten[2]. Allerdings handeln die Beschaffungsverantwortlichen während der Aufgabenerfüllung immer auch als Menschen, d.h. sie prägen mit ihren persönlichen Bedürfnissen und ihren individuellen Fähigkeiten die Handhabung der Beschaffungsvorgänge. Gleichzeitig benutzen die Beschaffungsverantwortlichen ihre Funktion im Unternehmen dazu, persönliche Bedürfnisse direkt oder wenigstens indirekt zu erfüllen.

Im Rahmen der Beschaffung sind dementsprechend folgende Zielkategorien von zentraler Bedeutung:

- Ziele in Bezug auf die zu beschaffenden Leistungen, d.h. die Beschaffungsobjekte,
- Ziele in Bezug auf die Beschaffungsaktivitäten, d.h. die Beschaffungsvorgänge und
- Ziele in Zusammenhang mit den persönlichen Bedürfnissen der Beschaffungsverantwortlichen, d.h. Ziele der Beschaffungsverantwortlichen.

In den folgenden Abschnitten werden zu den einzelnen Zielkategorien jeweils die nachgeordneten Teilziele aufgeführt. Um die Denkweise der Beschaffungsverantwortlichen besser verstehen zu können, werden jeweils kurz die Konsequenzen skizziert, die sich aus der Verfehlung von Zielvorgaben für die Wirtschaftlichkeit des Unternehmens ergeben. Im letzten Abschnitt dieses Kapitels werden die möglicherweise bestehenden wechselseitigen Einflüsse zwischen den Zielkategorien thematisiert.

2.1   Ziele in Bezug auf das Beschaffungsobjekt

Die reibungslose Versorgung eines Unternehmens mit extern zu beziehenden Vor- und Teilleistungen lässt sich nur gewährleisten, wenn folgende Aspekte anforderungsgerecht erfüllt werden:

- richtige Qualität des Beschaffungsobjekts,
- richtige Liefermenge,
- richtige Lieferzeit,

---

[2]   Vgl. Lemme, Markus, Erfolgsfaktor Einkauf, S.118.

- richtiger Lieferort und ein
- günstiger Preis.

Die richtige **Qualität** ist gegeben, wenn das Beschaffungsobjekt

- die ihm zugedachten Funktionen an Personen, Objekten oder an anderen Leistungen vollständig erfüllt,
- keine überflüssigen, d.h. redundanten Funktionen aufweist,
- einen reibungslosen Einsatz der erforderlichen komplementären Faktoren erlaubt,
- seine Funktion an den zugedachten Zeitpunkten sowie Zeiträumen erbringt und
- seine Funktion an den zugedachten Einsatzorten erfüllt.

Eine unzureichende Erfüllung der Funktionen führt dazu, dass entweder weitere Kosten treibende Zusatzleistungen anzusetzen sind oder auf einen Teil des erwünschten Nutzens verzichtet werden muss. Beides führt regelmäßig zu einer unerwünschten Schmälerung des Gewinns. Die Beschaffung von Leistungen mit überflüssigen Funktionen ist meist mit einer unnötigen Kostensteigerung für das Unternehmen verbunden. Eine eingeschränkte Wirtschaftlichkeit ist auch zu erwarten, wenn die bezogenen Leistungen nicht vollständig kompatibel mit den einzusetzenden komplementären Faktoren sind, also z.B. das erforderliche Bedienpersonal eine zusätzliche Schulung benötigt, Zusatzaggregate an den vorgesehenen Maschinen angebracht werden müssen und dergleichen. Eine erlösschmälernde Wirkung entsteht häufig auch, wenn die extern bezogenen Leistungen nicht in der Lage sind, ihre Funktionen in den zugedachten Zeiträumen zu entfalten, sofern nicht mit Kosten treibenden Zusatzmaßnahmen versucht wird, eine anderweitige Lösung zu finden. Gleiches gilt, wenn es zu Einschränkungen in Bezug auf die zugedachten Einsatzorte kommt.

Die richtige **Liefermenge** ist gegeben, wenn

- die Lieferung die vereinbarten Mengenvorgaben erfüllt,
- die Verpackungseinheiten den vereinbarten Vorgaben entsprechen und
- die Teillieferungen den vereinbarten Mengensplit aufweisen.

Unterlieferungen führen beim beschaffenden Unternehmen zu Ausfällen in der Leistungserstellung und damit letztlich zu Erlösschmälerungen. Auch Überlieferungen belasten das beschaffende Unternehmen, sofern eine der folgenden Ausgleichsmaßnahmen ergriffen werden muss:

- Rücklieferung der Übermenge,
- Lagerung der Übermenge in verwerteter oder unverwerteter Form,
- Maßnahmen gegen Verderb oder Diebstahl,
- Veräußerung der Übermenge mit zusätzlichem Ressourcenaufwand oder
- Entsorgung der überschüssigen Menge.

Ungeeignete Verpackungseinheiten führen dazu, dass zusätzliche Handlingkosten im Verwertungsprozess entstehen (z.B. manuelles Aufpacken an Maschinen) oder gar aufwändige Umpackaktionen erforderlich sind. Eine von der vereinbarten Aufteilung abweichende Durchführung bei Teillieferungen erfordert zusätzliche Aktivitäten von der Logistik (z.B. mehrmaliges Entladen von LKWs).

Die richtige **Lieferzeit** ist gegeben, wenn

- die Lieferung zum vereinbarten Zeitpunkt bei der Lieferadresse eintrifft.

Lieferverzögerungen können eine verspätete Leistungserstellung auslösen, was entsprechende Verschiebungen auf der Erlösseite mit sich bringen kann. Vorablieferungen sind insbesondere bei JIT-basierter Leistungserstellung mit zusätzlichem Aufwand verbunden, weil hier unerwartet Lagerkapazitäten bereitgestellt werden müssen.

Der richtige **Lieferort** ist gegeben, wenn

- die Lieferung an die vereinbarte Lieferanschrift erfolgt.

Lieferungen an falsche Lieferadressen können vom betreffenden Unternehmen nur durch zusätzliche Aktivitäten wie z.B. kurzfristige Produktionsverlagerungen, Produktionsverschiebungen oder durch einen weiteren Transport an die richtige Lieferadresse korrigiert werden. Mit allen Maßnahmen sind zusätzliche Kosten oder verzögerte Erlöse verbunden.

Ein günstiger **Beschaffungspreis** ist gegeben, wenn

- die Lieferung zu einem niedrigen Preis erfolgt und
- die Zahlungsbedingungen die Kapitalbeschaffungskosten niedrig halten.

Mit den oben genannten Konsequenzen für die Wirtschaftlichkeit wird deutlich, dass die auf das Beschaffungsobjekt gerichteten Ziele jeweils ein Optimum besitzen können und Abweichungen vom Optimum unabhängig von ihrer Richtung eine Verschlechterung in der Zielerreichung bedeuten[3]. Eine Ausnahme stellt das Preisziel dar, bei dem eine nahezu beliebige Maximierung durch Senkung des Preisniveaus und entsprechender Ausgestaltung der Zahlungsbedingungen möglich ist.

Die Ermittlung der auf das Beschaffungsobjekt gerichteten Ziele und das Auffinden geeigneter Lieferanten zählen daher zu den Kernaufgaben der Beschaffungsverantwortlichen. Die hierzu im einzelnen vorzunehmenden Aktivitäten und ihre Optimierung thematisiert der folgende Abschnitt.

2.2   Ziele in Bezug auf den Beschaffungsprozess

Die Realisierung der in Bezug auf das Beschaffungsobjekt definierten Ziele ist mit einer Reihe von Aktivitäten verbunden. Bei komplexen Beschaffungsobjekten und gleichzeitig geringem Informationsstand der Beschaffungsverantwortlichen sind folgende Beschaffungsaktivitäten relevant[4]:

- Identifikation des Bedarfs:
  Bevor ein Beschaffungsprozess in Gang kommen kann, müssen zwischen den Soll-Vorstellungen einerseits und den (zu erwartenden) Ist-Zuständen andererseits Differenzen festgestellt werden, die sie sich nicht durch Eigenleistungen beseitigen lassen.

- Spezifikation des Bedarfs:
  Im nächsten Schritt ist zu spezifizieren, inwieweit die festgestellten Soll-Ist-Differenzen durch Bezug von Fremdleistungen aufgelöst werden sollen bzw. können. Auf Basis dieser Überlegungen lassen sich die Anforderungen an das Beschaffungsobjekt konkretisieren.

---

3   In Anlehnung an Arnolds, Heege, Tussig, Materialwirtschaft und Einkauf, S. 17.

4   Vgl. Kreuzpointner, Alexandra und Reißer, Ralf, Praxishandbuch Beschaffungsmanagement S. 15ff. Eine ausführliche Beschreibung der Teilaufgaben und einsetzbaren Entscheidungstechniken im Beschaffungsprozess findet sich bei Hirschsteiner, Günter, Einkaufsabwicklung und Terminmanagement.

- Identifikation geeigneter Lieferanten:
  Insbesondere bei neuartigen Leistungen ist anfangs unklar, wer als potenzieller Lieferant in Frage kommt. In diesen Fällen empfiehlt es sich, zunächst potenzielle Lieferanten zu identifizieren, wenn man die Größe des Anfragekreises auf ein überschaubares Maß begrenzen möchte.

- Durchführung einer Anfrageaktion:
  Um spezifische Lösungsvorschläge zu erhalten, ist es sinnvoll, eine detaillierte Anfrage an mehrere potenziellen Lieferanten zu senden. Bei komplexen Beschaffungsobjekten mit hohem Unsicherheitsgrad kann es vorteilhaft sein, den Anfragekreis auf eine breite Basis zu stellen.

- Vergleich, Bewertung und Vorauswahl von Angeboten:
  Um die am besten geeignete Lösungsalternative herauszukristallisieren, sind die Angebote anhand eines möglichst einheitlichen Kriterienrasters zu vergleichen und zu bewerten.

- Optimierung der verbleibenden Angebote durch Verhandlungen:
  Selbst bei den am besten geeigneten Angeboten können noch Abweichungen zu den eigenen Anforderungen bestehen. Hier ist es zweckmäßig, eine Nachbesserung auf dem Verhandlungswege anzustreben. Dies gilt vor allem für den nahezu beliebig minimierbaren Beschaffungspreis.

- Auswahl des optimalen Angebots:
  Zur Identifikation des am besten geeigneten Angebots können verschiedene Auswahlheuristiken wie z.B. die Scoring-Tabelle oder die Profilwertmethode herangezogen werden. Gegebenenfalls ist auch eine Aufteilung der Bestellung auf mehrere Lieferanten denkbar.

- Bestellabwicklung:
  Liegen zum Zeitpunkt der Bestellung auf Seite des Beschaffungsverantwortlichen noch nicht alle Informationen vor oder sind die beizustellenden Vorleistungen noch nicht vorhanden, müssen diese im Laufe der Auftragsabwicklung an den Lieferanten weitergereicht werden. Bei individuell gestalteten Leistungen empfiehlt es sich, im Laufe des Auftragsfortschritts an kritischen Stellen Genehmigungsprozeduren einzubauen, um Fehler aufgrund von Auslegungsspielräumen auf ein Minimum reduzieren zu können.

- Wareneingangskontrolle und Fakturierung:
  Um eine reibungslose Nutzung der gelieferten Leistungen sicherstellen zu können, sollten die Leistungen vorab kontrolliert und gegebenenfalls reklamiert werden. Die Wareneingangskontrolle stellt zugleich die Daten für die sachliche Prüfung der Eingangsrechnungen dar.

- Reklamation:
  Die Beanstandung der fremdbezogenen Leistungen wird erforderlich, wenn negative Abweichungen zum vereinbarten Leistungskatalog aufgetreten sind. Die Reklamation eröffnet die Chance, eine Nachbesserung zu erreichen und damit doch noch den gewünschten Funktionsumfang zu erhalten.

- Durchführung der Lieferantenbewertung:
  Mit einer Lieferantenbewertung kann die Leistungsbereitschaft der Lieferanten auf ein hohes Niveau gebracht werden. Zugleich dient die Lieferantenbewertung zur Bestätigung oder Korrektur des Anfragekreises für künftige Beschaffungsprojekte.

Alle eben genannten Arbeitsschritte erfordern den Einsatz von personellen Ressourcen und haben damit Auswirkungen auf die Wirtschaftlichkeit des beschaffenden Unternehmens. Die Beschaffungsverantwortlichen streben daher stets

eine Eliminierung,

eine Vereinfachung oder

eine Auslagerung

von Aktivitäten im Beschaffungsprozess an.

Die **Eliminierung** von Prozessen bedeutet, dass auf die Durchführung einer Aktivität bewusst verzichtet wird. Dies ist sinnvoll, sobald der Aufwand des betreffenden Prozesses höher ist, als die durch ihn erzielte Ergebnisverbesserung (z.B. Verzicht auf Preisverhandlungen bei Beschaffungsobjekten mit geringem Wert – den sogenannten C-Artikeln).

Eine **Vereinfachung** von Prozessen lässt sich durch Konzentration auf wenige relevante Aspekte (z.B. Definition der kaufrelevanten Kriterien) oder durch eine Vereinheitlichung mehrfach vorzunehmender Arbeitsschritte (z.B. Erstellung und Benutzung eines einheitlichen Anfrageformulars für alle Beschaffungsprojekte) erzielen.

Eine **Auslagerung** von Prozessen erfolgt, wenn einzelne Aktivitäten auf Einkaufsgemeinschaften, Agenturen oder an einen Lieferanten übertragen werden. Die Verlagerung von Aufgaben an die Lieferanten ist zweckmäßig, wenn diese den Arbeitsschritt wirtschaftlicher durchführen können oder wenn sich herausstellt, dass Aktivitäten aufgrund hoher zwischenbetrieblicher Arbeitsteilung mehrfach in der Wertschöpfungskette stattfinden (z.B. Verlagerung der Qualitätskontrollen auf den Lieferanten, der ohnehin die dazu erforderlichen Messgeräte besitzt).

Teilweise besteht noch die Möglichkeit Arbeitsschritte zu parallelisieren. Von einer **Parallelisierung** der Prozesse spricht man, wenn bisher hintereinander geschaltete Teilschritte nun zeitgleich stattfinden z.B. wenn mehrere Lieferanten zeitgleich vom Lieferanten in einem Meeting gebrieft, d.h. über das Beschaffungsprojekt unterrichtet werden. Die Möglichkeiten zur Parallelisierung von Arbeitsschritten sind im Beschaffungssektor allerdings vergleichsweise begrenzt und werden daher nicht weiter verfolgt.

Nachteilig ist bei allen Maßnahmen, dass der Beschaffungsverantwortliche Teilaspekte des Beschaffungsprozesses nicht mehr in gewohntem Maße steuern kann, und damit auch sein Einfluss auf das Beschaffungsergebnis schrumpft (z.B. wird mit Verkleinerung des Anfragekreises der vielleicht günstigste Lieferant bereits von vornherein ausgeschlossen). Die Minimierung des Aufwands im Beschaffungsprozess findet regelmäßig dort ihre Grenzen, wo der Arbeitsaufwand des zur Diskussion stehenden Prozesses im Verhältnis zur erzielbaren Ergebnisverbesserung vergleichsweise gering ist.

Die nachstehende Tabelle enthält einen Überblick über die denkbaren Ansätze zur Optimierung von Beschaffungsprozessen sortiert nach den Schritten des Beschaffungsprozesses.

Aus der Tabelle lässt sich erkennen, dass die Beschaffungsverantwortlichen zeitgleich oft mehrere Ansätze verfolgen können, um eine Optimierung des Beschaffungsprozesses zu erreichen.

Tab. 1: Ansätze zur Optimierung einzelner Phasen des Beschaffungsprozesses

betroffener Pro- zesschritt	*Optimierungsansätze*		
	Elimination	Vereinfachung	Auslagerung
gesamter Be- schaffungsprozess als Bezugspunkt	Reduktion der Zahl der Beschaffungsvor- gänge durch Verände- rung der eigenen Fer- tigungstiefe; Zusammenfassung von Bestellungen durch Ermittlung der optimalen der Be- stellmengen; Zusammenfassung von Beschaffungsvor- gängen durch langfris- tige Rahmenverträge; Zusammenfassung von Teilleistungen zu einer Leistung unter Einschaltung eines Hauptlieferanten, Reduktion der Zahl der eingeschalteten Lieferanten je Vor- gang	Reduktion der Zahl unterschiedlicher Be- schaffungsobjekte durch Standardisierung bzw. Modularisierung; Zusammenfassung von Vorgängen zu Sam- melaufträgen; Limitierung der Zahl der Gesprächspartner je Lieferant; elektronische Unter- stützung von Beschaf- fungsprozessen	Auslagerung kom- pletter Beschaf- fungsvorgänge bzw. einzelner Prozesse an Einkaufsagenturen oder Einkaufsge- meinschaften
Identifikation des Bedarfs (Soll-Ist- Vergleich)	Definition von Sicher- heitsbeständen; Festlegung von Be- stellrhythmen	Definition von Be- stellpunkten; Meldesysteme wie z.B. Kanban	Bestandsüberwa- chung durch Liefe- ranten,
Spezifikation des Bedarfs	teilweiser Verzicht auf Spezifikation des Bedarfs	Rückgriff auf ältere ähnliche Vorgänge; Checklisten zur Spezi- fikation von Leistun- gen	Spezifikation durch Lieferanten; Rück- griff auf standardi- sierte Lieferpro- gramme der Anbieter
Identifikation geeigneter Liefe- ranten	Durchführung von Ausschreibungen	Definition fester Liefe- rantenpools für be- stimmte Leistungsarten	Rückgriff auf Refe- renzen oder Bran- chenwissen von Stammlieferanten

Durchführung einer Anfrageaktion an Lieferanten	Rückgriff auf unaufgeforderte Angebote der Lieferanten; Verkleinerung des Anfragekreises	Entwicklung von Anfrageformularen; Verweis auf Allgemeine Geschäftsbedingungen	Verzicht auf detaillierte Spezifikation der Anfrage (führt zu Spezifikation durch die Lieferanten)
Vergleich, Bewertung und Vorauswahl von Angeboten	Beschränkung des Vergleichs auf wenige Kriterien; Rückgriff auf Stammlieferanten	Einheitliche Vorschriften zur Angebotsabgabe; elektronische Angebotsformulare; Durchführung von Vergleichen mit einheitlichen Kriterien	
Verhandlungen	kompletter oder weitgehender Verzicht auf Verhandlungen (insbes. bei geringwertigen Beschaffungsobjekten)	Konzentration auf die am besten wirksamen Einwände (insbes. Verweis auf bessere Konkurrenz); Festlegung von Kriterien zur Verhandlungsführung (beispielsweise durch Definition von Auktionsmodellen)	Beauftragung von Auktionsanbietern; Maklern oder Moderatoren
Auswahl des optimalen Angebots	Rückgriff auf Stammlieferanten; Verpflichtung der Stammlieferanten zur Nachbesserung auf Wettbewerbsniveau	Begrenzung auf wenige Kriterien insbes. den Preis; einheitliche Auswahlheuristiken beispielsweise Heranziehung der Punktbewertungsmethode	
Bestellabwicklung	Eliminierung von Aktivitäten insbes. Verzicht auf schriftliche Bestellungen und Auftragsbestätigungen; Verzicht auf Freigabevermerke; Reduktion des Kommunikationsbedarfs durch verbesserte interne Vorbereitung	Standardisierung der Kommunikation mit den Lieferanten; einheitliche Regelung von Freigabeprozeduren (intern und mit Lieferanten); elektronische Bestellabwicklung	weitestgehende Übertragung der Bestellabwicklung auf Lieferanten, beispielsweise interne Freigabe beim Lieferanten

Wareneingangs-kontrolle und Fakturierung	Verzicht auf Wareneingangskontrollen; Beschränkung auf Stichprobenkontrollen	Konzentration auf die erfahrungsgemäß am schwersten beherrschbaren oder kritischen Merkmale; Vereinheitlichung von Wareneingangskontrollen	Übertragung der Qualitätskontrolle auf Lieferanten; Dokumentation der Kontrollergebnisse; Einlagerung von Produkten durch Lieferantenpersonal; Konsignationslager; Lastschrifteinzug
Reklamationsgespräche	Verzicht auf Reklamationen und kommentarlose Rücksendung der Lieferung; kommentarlose Abzüge bei Rechnungen oder Verweigerung der Zahlung; kommentarloser Lieferantenwechsel	Abkürzung und Vereinfachung von Reklamationsgesprächen durch betont emotionales Auftreten des Beschaffungsverantwortlichen; Erstellung von einheitlichen Reklamationsberichten – Kopplung an Wareneingangskontrolle	Übertragung des Reklamationsmanagements auf Lieferanten oder auf neutralen Gutachter; Einschaltung von Rechtsanwälten, Interessenverfolgung über Gerichtsprozesse
Durchführung der Lieferantenbewertung	Verzicht auf Lieferantenbewertungen, Beschränkung v. Lieferantenbewertungen auf A- und B-Lieferanten	einheitliches Schema zur Lieferantenbewertung; Kopplung der Lieferantenbewertung an Wareneingangskontrolle oder an die Entwicklung bestimmter Stamm- und Bewegungsdaten	Eigenbewertung durch Lieferanten und Bereitstellung der Dokumente; Zertifizierungen durch neutrale Institute

2.3   Ziele der Beschaffungsverantwortlichen

Die vorangegangenen Schilderungen haben gezeigt, dass die Aufgaben in der Beschaffung häufig nur global beschrieben und festgelegt werden können. Gerade bei komplexeren Beschaffungsobjekten sind die konkret durchzuführenden Aktivitäten nur einzelfallbezogen durch die Beschaffungsverantwortlichen selbst bestimmbar. Wie diese Spielräume im Einzelfall genutzt werden, hängt somit in beträchtlichem Maße von den persönlichen Bedürfnissen und Wünschen der Beschaffungsverantwortlichen ab. Damit rücken die persönlichen Ziele der Beschaffungsverantwortlichen ins Blickfeld der Betrachtung[5].

Die persönlichen Bedürfnisse von Beschaffungsverantwortlichen lassen sich in Anlehnung an Maslows Bedürfnispyramide wie folgt untergliedern:

Selbst-
verwirklichung

Anerkennung

Gruppenzughörigkeit

Sicherheit

physiologische Grundbedürfnisse

Abb. 1: Die persönlichen Bedürfnisse von Beschaffungsverantwortlichen in Anlehnung an MASLOW

Die Bedürfnisstrukturen der Aufgabenträger umfassen regelmäßig alle Stufen der Pyramide.

Dabei können die persönlichen Bedürfnisse in gleicher Weise auf **das berufliche und das private Umfeld der Beschaffungsverantwortlichen** angewandt werden und kommen bei allen Beschaffungsverantwortlichen   wenn auch mit individueller Gewichtung – gleichzeitig zum Tragen. So können die **physiologischen Grundbedürfnisse** auch bei der Ausübung beruflicher Aufgaben Wirkung zeigen, beispielsweise wenn der Beschaffungsverantwortliche während der Arbeitszeiten hungrig, durstig oder müde ist. Die **Sicherheitsbedürfnisse** sind primär ebenfalls auf die körperliche Ebene von Personen gerichtet und zielen darauf, die körperliche Unversehrtheit zu gewährleisten. Die Beeinträchtigung der Gesundheit durch Arbeitsunfälle wird im Zusammenhang mit der Erfüllung von Beschaffungsaufgaben selbst eher eine untergeordnete Rolle spielen. In diesem Sektor dürften vorrangig langfristige körperliche und psychische Belastungen gesundheitliche Probleme auslösen. Ist der Beschaffungsverantwortliche nicht in der Lage, seine Aufgaben erfolgreich zu bewältigen, kann es zu einem Entzug bestimmter Aufgaben und ggf. sogar zu einem Arbeitsplatzverlust kommen. Sorgen um den Arbeitsplatz kann man also auch der Ebene der Sicherheitsbedürfnissen zuordnen. Das Bedürfnis nach **Gruppenzugehörigkeit** gibt es auch und gerade in einer arbeitsteilig organisierten Wirtschaft. Für den Beschaffungsverantwortlichen kann die Zugehörigkeit zu Arbeitskollegen mit derselben Funktion (z.B. gleichartige Arbeitsschritte in der Beschaffung) oder die Zugehörigkeit zu relevanten Projektteams zum Gegenstand von Bedürfnissen werden. Daneben können auch andere Bezugsgruppen außerhalb des Unternehmens

---

[5]   Eine ausführliche Darstellung von Motivationstheorien findet sich u.a. in Staehle, Wolfgang H., Management, S. 204ff.

beruflich relevant werden und als Netzwerke oder Beziehungsgeflechte dienlich sein. Die Zugehörigkeit zu einer Gruppe verspricht einen erleichterten Zugang zu Informationen, die in vielfältiger Weise genutzt werden können. Die Zugehörigkeit zu einer Gruppe eröffnet außerdem die Chance, bei Schwierigkeiten die Unterstützung anderer Personen zu erhalten. Das **Anerkennungsbedürfnis** (bzw. Geltungsbedürfnis) bringt zum Ausdruck, dass der Beschaffungsverantwortliche nicht nur nach Zugehörigkeit in einer Gruppe strebt, sondern nach einer überdurchschnittlich bedeutsamen Stellung innerhalb der Gruppe. Die Erlangung einer bedeutsamen Stellung innerhalb einer Gruppe ist häufig mit der privilegierten Zuteilung von Ressourcen oder mit bevorzugter Unterstützung von Seiten der übrigen Gruppenmitglieder verbunden. Das Bedürfnis nach **Selbstverwirklichung** kann ebenfalls durch berufliche Aufgabenstellungen hervorgerufen und erfüllt werden, insbesondere wenn anspruchsvolle Problemstellungen die Kreativität und den Wissensvorrat des Beschaffungsverantwortlichen voll in Anspruch nehmen ohne ihn zu überlasten. Die Beeinflussung der eigenen Aufgabenstellungen bzw. die selbständige Gestaltung des eigenen Arbeitsumfelds sind typische Bereiche, auf die das Bedürfnis nach Selbstverwirklichung gerichtet sein kann.

Auf welchen Stufen der Schwerpunkt der Bedürfnisse liegt, hängt von

- den persönlichen Erfahrungen und Einschätzungen der Beschaffungsverantwortlichen,
- dem sozialen Umfeld (Beschaffenheit und Anforderungen der vorrangig gewählten Bezugsgruppen) sowie
- dem erreichten Grad der Bedürfnisbefriedigung ab.

Welche **persönlichen Faktoren** im einzelnen für die Bildung individueller Bedürfnisschwerpunkte verantwortlich sind, konnte bisher noch nicht widerspruchsfrei geklärt werden. Eine Rolle spielen die erfahrungsgeleiteten persönlichen angenehmen Empfindungen, die mit der **zunehmenden Erfüllung eines Bedürfnisses** einhergehen. Diese berühren je nach Bedürfniskategorie unterschiedliche Körper- und Bewusstseinsbereiche und werden individuell als unterschiedlich erstrebenswert eingestuft. Daneben dürften auch die **Erfolgsaussichten auf Bedürfniserfüllung** ausschlaggebend für die Priorisierung von Bedürfniskategorien sein: Bedürfniskategorien, bei denen es aus Sicht des Individuums keine Chance auf Erfüllung gibt, werden am besten aus dem eigenen Lebensentwurf ausgeklammert oder zumindest in den Hintergrund geschoben, um einen inneren Zwiespalt (sogenannte kognitive und affektive Dissonanzen) so gering wie möglich zu halten.

Die Beschaffenheit und die Anforderungen des **sozialen Umfelds auf beruflicher Ebene** ergeben sich vor allem aus der Art und dem Ausmaß der Arbeitsteilung im Zusammenhang mit der Beschaffung von Fremdleistungen. Die Beschaffung im Unternehmen lässt sich einerseits nach **Projekten oder Beschaffungsobjekten aufteilen (sogenannte Objektgliederung)**. Hier ist im einfachsten Fall jedem Beschaffungsverantwortlichen eine definierte Zahl von Beschaffungsobjekten zugeordnet. Der Beschaffungsverantwortliche übernimmt für seinen Bereich jeweils alle Phasen des Beschaffungsprozesses. Die einzelnen Beschaffungsverantwortlichen bilden dann eine Gruppe, wenn sie gemeinsam einer Führungskraft unterstellt sind, die beispielsweise über den Zugang der einzelnen Mitglieder zu Ressourcen bzw. Beschaffungsaufgaben entscheidet. Andererseits kann die Beschaffung auch entlang der **einzelnen Prozessschritte aufgeteilt** werden (sogenannte **Verrichtungsgliederung**). Diese Art der Arbeitsteilung hat in der Literatur unter dem Begriff Buying Center Eingang gefunden[6].

---

6   Vgl. z.B. Godefroid, Peter, Investitionsgütermarketing, S. 58ff.

Bei maximaler Arbeitsteilung lassen sich in der Verrichtungsgliederung folgende Beteiligte am Beschaffungsprozess unterscheiden:

- Gatekeeper, d.h. Betriebsangehörige wie z.B. die Telefonzentrale, die den Zugang der Lieferanten zu den anderen Mitgliedern des Buying Centers reglementieren,
- User, d.h. die Nutznießer der zu beschaffenden Leistung, die vor allem mit der Identifikation und Spezifikation Bedarfs befasst sind,
- Buyer, d.h. die Einkäufer, die in den einzelnen Phasen vor allem die Kontakte mit den Lieferanten gestalten,
- Influencer, d.h. Personen, die als Ratgeber vor allem in der Bewertungs- aber auch in der Verhandlungsphase in den Beschaffungsprozess eingebunden werden und die
- Decider, d.h. insbesondere Führungskräfte, welche den eigentlichen Entscheidungsakt in den Beschaffungsprojekten übernehmen.

Die **Anforderungen der Arbeitsgruppe** an die einzelnen Gruppenmitglieder ergeben sich vorrangig aus dem Grad der wechselseitigen Abhängigkeit der einzelnen Gruppenmitglieder. Wichtig ist außerdem der Beitrag, den ein Gruppenmitglied aus eigener Kraft insgesamt für die Gruppe erbringen kann oder soll. Die Anforderungen aus der wechselseitigen Abhängigkeit einzelner Gruppenmitglieder sind regelmäßig bei einer **Verrichtungsgliederung** am höchsten, weil hier die Leistungen der übrigen Gruppenmitglieder maximal so gut sein können, wie die Leistung des schwächsten Gruppenmitglieds in der Wertschöpfungskette. Infolgedessen steht Teamfähigkeit, d.h. die Bereitschaft zur Zusammenarbeit im Vordergrund. Das Zusammengehörigkeitsgefühl hat hier also oft einen vergleichsweise hohen Stellenwert. Die Anforderungen in Bezug auf den Gesamtbeitrag für die Gruppe sind bei einer **Objektgliederung** dann hoch ausgeprägt, wenn das betreffende Gruppenmitglied für Objekte mit einer hohen Bedeutung verantwortlich ist. Herausragende Einzelleistungen werden von der Gruppe vorzugsweise mit Anerkennung (z.B. Sonderzahlungen, weitere Titel) honoriert.

Neben den direkten beruflichen Bezugsgruppen beeinflussen auch die sonstigen **gesellschaftlichen Gruppierungen** (angefangen von der Familie, den Erziehungsinstitutionen etc.) mit ihren Zielen und Wertvorstellungen die Priorisierung der Bedürfniskategorien beim Beschaffungsverantwortlichen. Auf diese Einflüsse soll hier nicht weiter eingegangen werden, da sie alle Beschaffungsverantwortlichen eines Kulturkreises in mehr oder weniger ähnlicher Weise erfassen.

Schließlich erscheint es plausibel, dass mit der **Befriedigung einer Bedürfniskategorie** die Hinwendung zu weniger erfüllten Bedürfniskategorie ausgelöst wird. Diese Vermutung basiert auf der Annahme, dass grundsätzlich die Soll-Ist-Abweichungen in den verbleibenden Bedürfniskategorien nun verstärkt ins Bewusstsein rücken und damit den Motor für die weiteren bedürfniserfüllenden Verhaltensweisen bilden. In der Literatur wird in Anlehnung an Maslow vermutet, dass zunächst die unten auf der Bedürfnispyramide angesiedelten Bedürfniskategorien von Bedeutung sind, bevor die höheren Bedürfnisse die Aufmerksamkeit auf sich ziehen. Eine einwandfreie empirische Bestätigung dieser Abfolge gelang bisher jedoch nicht.

Alle drei genannten Bereiche können sich im Zeitablauf verändern, beispielsweise durch Änderung der persönlichen Lebensumstände, durch organisatorische Änderungen in der Beschaffung oder durch Schulungsmaßnahmen, was entsprechende Auswirkungen auf die jeweils aktuellen Bedürfnisstrukturen der Beschaffungsverantwortlichen haben kann. Für die

Lieferanten empfiehlt es sich, also auch bei langjährigen Stammkunden die Motivations-
struktur der Beschaffungsverantwortlichen von Zeit zu Zeit erneut zu analysieren und ggf.
nachzuzeichnen.

2.4 Zusammenhänge zwischen den Zielkategorien in der Beschaffung

Bei der Beschreibung der einzelnen Zielkategorien wurde deutlich, dass einzelne Ziele zumindest teilweise mit anderen Zielen in Beziehung stehen. So ist beispielsweise zu vermuten,
dass die Elimination von Aktivitäten zur Optimierung des Beschaffungsprozesses auch Auswirkungen auf das Beschaffungsergebnis haben kann. In der folgenden Betrachtung wird
zunächst dargestellt, zwischen welchen Zielkategorien Beziehungen bestehen können, bevor
dann auf die Art der Zielbeziehungen eingegangen wird. Bei der Art der Zielbeziehungen
richtet sich das Augenmerk vorrangig auf die konfliktären Zielbeziehungen, denn diese bergen für die Beschaffungsverantwortlichen die größten Herausforderungen.

Zwischen allen in den letzten drei Abschnitten genannten Zielkategorien bestehen vielfältige
Wechselwirkungen. Teilweise bedingen sich die einzelnen Kategorien auch gegenseitig, was
ansatzweise bereits in den betreffenden Abschnitten angeklungen ist.

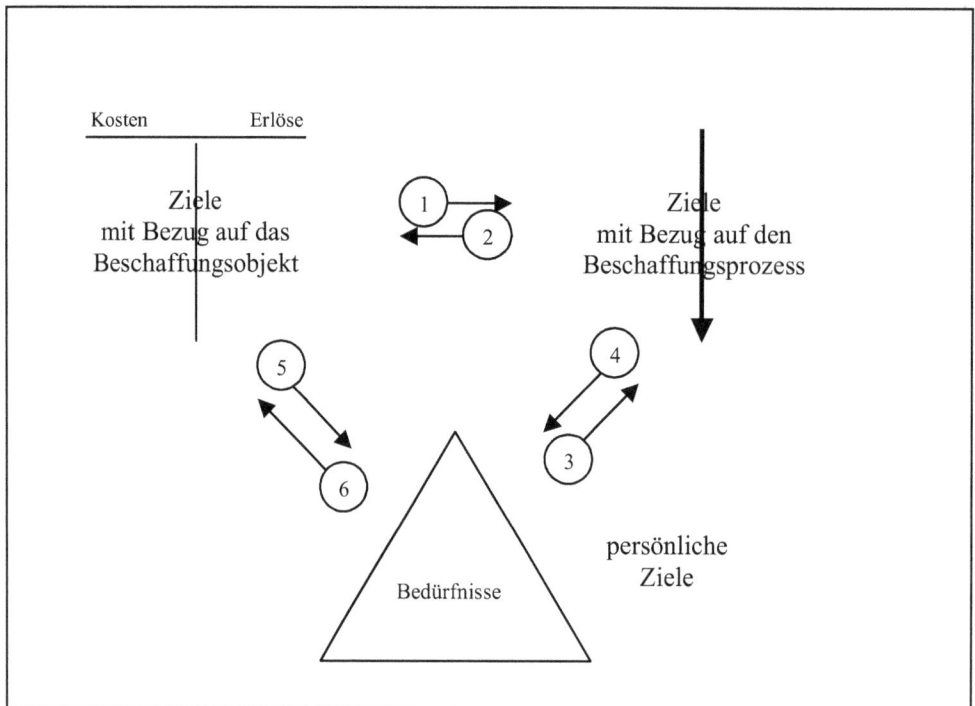

Abb. 2: Wechselwirkungen zwischen den Zielkategorien

Die Ziele in Bezug auf das Beschaffungsobjekt sind in Verbindung mit dem gegebenen Ist-Zustand maßgeblich dafür verantwortlich, in welcher Intensität die einzelnen Phasen des Beschaffungsprozesses durchlaufen werden (1). Umgekehrt entscheiden Ausgestaltung und Ablauf des Beschaffungsprozesses darüber, welche Ziele in Bezug auf das Beschaffungsobjekt überhaupt realisierbar sind, beispielsweise, wenn man auf eine Anfrage verzichtet und nur auf den Stammlieferanten mit seiner Leistungspalette zurückgreift (2).

Beide Kategorien, d.h. prozessbezogene und objektbezogene Ziele wirken sich direkt und indirekt auf die Erreichung der persönlichen Ziele aus. **Direkte Wirkungen** entstehen, wenn mit der Erfüllung von prozess- und objektbezogenen Zielen gleichzeitig auch die Akzeptanz bei den eigenen Kollegen gestärkt wird, die Vorgesetzten eine Anerkennung aussprechen oder sich mit dem Engagement bei einem Beschaffungsprojekt auch Gestaltungsspielräume eröffnen, die in die Kategorie der Selbstverwirklichung fallen (4 + 5). Solche direkten Wirkungen werden in der Literatur auch als intrinsische Motivation bezeichnet.

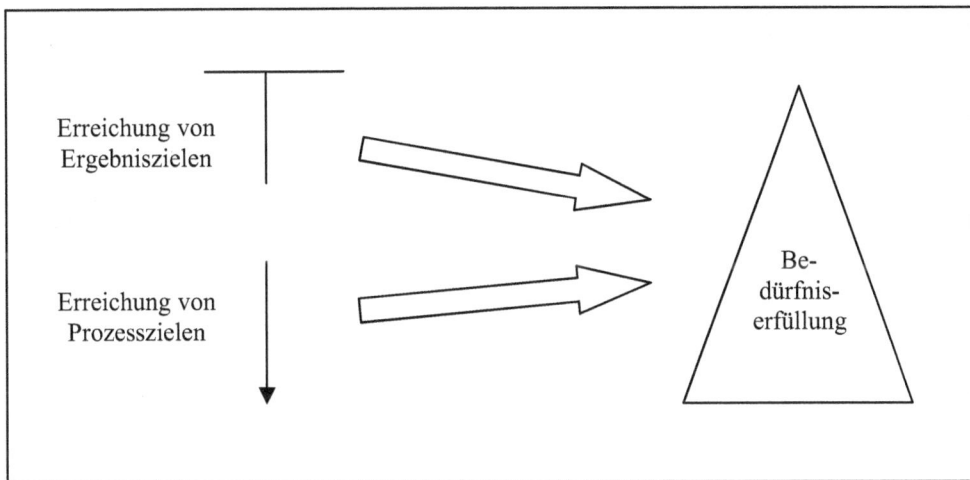

Abb. 3: Wirkungskette bei intrinsischer Motivation

Indirekte Wirkungen entstehen, wenn die Beschaffungsverantwortlichen ihre Aufgaben vereinbarungsgemäß erfüllen, um die erwarteten Vergütungsleistungen zu erhalten, mit denen dann über den Erwerb von Produkten und Dienstleitungen die persönlichen Bedürfnisse auf den verschiedenen Ebenen erfüllt werden (z.B. Kauf von Luxusgütern, um die Anerkennung von Nachbarn zu erhalten). Diese Wirkungskette wird in der Literatur mit dem Begriff extrinsische Motivation belegt.

Umgekehrt gehen auch von der Seite der persönlichen Bedürfnisse Wirkungen in Richtung der Prozessziele bzw. Ergebnisziele aus. Gerade bei intrinsisch motivierten Beschaffungsverantwortlichen ist damit zu rechnen, dass die Prozessziele (3) und die Ergebnisziele (6) ehrgeiziger formuliert werden, um Akzeptanz und Anerkennung bei Kollegen und Vorgesetzten bereits im Vorfeld der Aufgabenerfüllung zu stärken. Das Bedürfnis nach Selbstverwirklichung im beruflichen Umfeld kann dazu führen, dass nach perfekten Ergebnissen gesucht wird oder dass selbständig eine Perfektionierung der Beschaffungsprozesse angestrebt wird. Das Streben nach Sicherheit kann auf Ebene des Beschaffungsprozesses dazu führen, dass möglichst wenige Arbeitsschritte im Beschaffungsprozess an Lieferanten übertragen

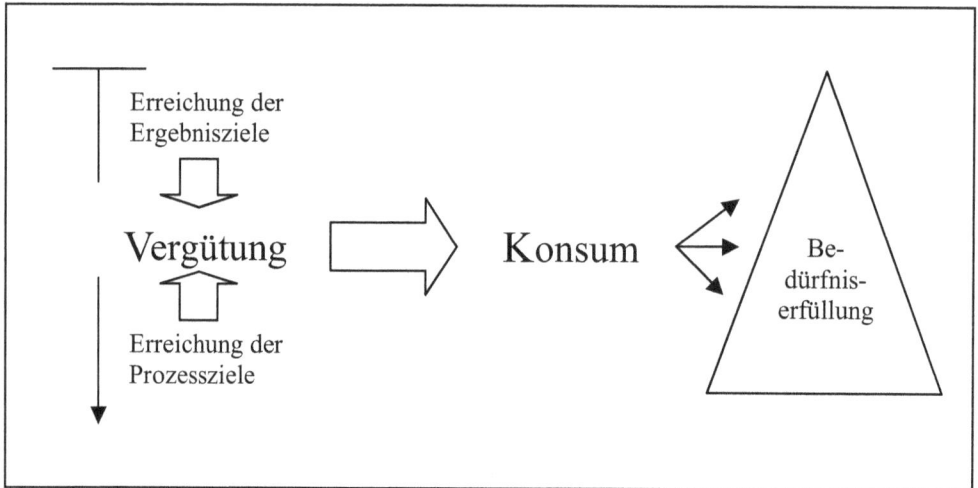

Abb. 4: Wirkungskette bei extrinsischer Motivation

werden. Auch wird in diesem Fall die Bereitschaft zur Weitergabe von Informationen an Lieferanten nicht besonders ausgeprägt sein, um die eigene Entscheidungsautonomie soweit wie möglich aufrecht zu erhalten.

Beziehungen zwischen den Zielkategorien können **gleichzeitig auf mehreren Ebenen und in mehreren Richtungen** existent sein. So ist es beispielsweise nicht ungewöhnlich, dass Beschaffungsverantwortliche durch ihre Aufgaben gleichzeitig intrinsisch und extrinsisch motiviert sind: Eine solche Kombination läge vor, wenn sie im Gespräch mit verschiedenen Lieferanten ihre sozialen Bedürfnisse ausleben können (intrinsische Motivation) und gleichzeitig mit den Informationen des Lieferanten ihre Aufgaben so gut erfüllen können, dass sie eine Erfolgsprämie einstreichen können (extrinsische Motivation). Eine Verbesserung auf Prozessebene kann für den Beschaffungsverantwortlichen gleichzeitig eine Form der Selbstverwirklichung beinhalten, eine Anerkennung durch den Vorgesetzten hervorrufen, für interessanten Gesprächsstoff mit den Kollegen sorgen, das Unfallrisiko am Arbeitsplatz senken und zusätzliche Freiräume bei der Arbeitszeitgestaltung schaffen, sodass die physiologischen Grundbedürfnisse zeitlich flexibler abgedeckt werden können.

Herausforderungen ergeben sich aus den Beziehungen zwischen den verschiedenen Zielkategorien, wenn sich einzelne Ziele konfliktär verhalten, d.h. wenn mit der Erreichung eines bestimmten Ziels die Erreichung anderer Ziele beeinträchtigt wird. Dies gilt insbesondere im Verhältnis zwischen der Optimierung der Ergebnisziele einerseits und der Prozessziele andererseits. Aber auch innerhalb einer Zielkategorie können sich **Zielkonflikte** ergeben, was besonders häufig bei der gleichzeitigen Senkung von Preisen und der Verbesserung der Produktqualität der Fall ist.

Mit konfliktären Zielbeziehungen ist auch im Verhältnis zwischen den aufgabenbezogenen Zielen einerseits und den persönlichen Zielen andererseits zu rechnen. Dies gilt vor allem, wenn die korrekte Erfüllung der Ergebnis- und der Prozessziele einer intrinsischen Motivation entgegensteht, beispielsweise, wenn gegenüber dem Lieferanten eine harte Verhandlungshaltung eingenommen werden muss und damit beim Kontakt mit dem Lieferanten die Erfüllung sozialer Bedürfnisse ausbleibt.

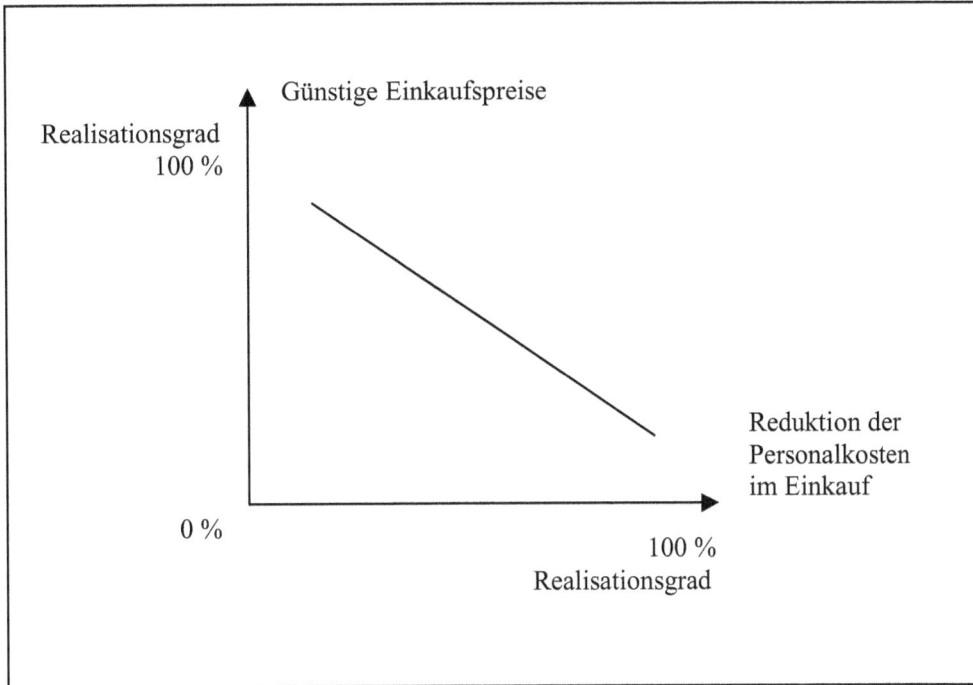

Abb. 5: Beispiel für einen Zielkonflikt in der Beschaffung

Nur selten finden sich Lösungsvorschläge, die eine Auflösung der widersprüchlichen Anforderungen konfliktärer Ziele herbeiführen. Bei Zielkonflikten sind die Beschaffungsverantwortlichen also meist gezwungen, Prioritätsregeln zu formulieren, die festlegen, welche Ziele im Zweifelsfall den Vorrang erhalten sollen und in welchem Ausmaß ein Ziel bevorzugt werden soll. Die Festlegung von Prioritätsregeln für den Umgang mit Zielkonflikten lässt sich mit dem Begriff **Strategie** umreißen.

2.5 Schlussfolgerungen und Handlungsempfehlungen für Verkäufer

In den vorangegangen Teilkapiteln wurde deutlich, dass Ziele und Bedürfnisse den Ausgangspunkt für das Verhalten der Beschaffungsverantwortlichen bilden. Für den Verkäufer ist somit die Kenntnis von Zielen und Bedürfnissen von grundlegender Bedeutung. Aufgabe des Verkäufers ist es also,

• die Ziele und Bedürfnisse in Erfahrung zu bringen sowie
• die Beziehungen zwischen Zielen und Bedürfnissen bestmöglich zu erfassen.

Im einzelnen muss der Verkäufer versuchen,

• eine möglichst genaue Beschreibung der Zielgrößen,
• Informationen zum Zielniveau bzw. zu den Zielausprägungen und
• weitere Daten wie Bedeutung des Ziels, Zeithorizont und Verantwortlichkeiten

zu erhalten. Beziehungen zwischen den Zielen werden klarer, wenn es gelingt,

- die Ziele in Ober-, Mittel- und Unterziele zu unterscheiden,
- Zuordnungen zwischen diesen hierarchischen Zielkategorien vorzunehmen (das sind meist harmonische Ziele) und
- die Ziele einer Hierarchieebene nebeneinander zu stellen (hier können sich Zielkonflikte verbergen).

Dieses Wissen kann der Verkäufer dazu nutzen,

- geeignete Lösungsvorschläge zur Erreichung bzw. Erfüllung von Zielen bzw. Bedürfnissen zu entwickeln und
- dem Beschaffungsverantwortlichen dabei helfen, seine Verhaltensweisen effektiv zu organisieren, was wiederum die beidseitige Transparenz fördern kann.

Da es sich bei den Zielen und Bedürfnissen um sensible Informationen handelt, empfiehlt es sich für den Verkäufer, Vertraulichkeit zuzusichern. Die zur Verfügung stehenden Techniken zur Informationsgewinnung werden in Kapitel 4 unter den Punkten Formulierung von Informationen, Aufnahme und Interpretation von Informationen und Qualifizierung von Informationen beschrieben.

Literaturhinweise

Arnolds, Hans; Heege, Franz; Tussing, Werner; Materialwirtschaft und Einkauf, 11. Auflage, Gabler Verlag, Wiesbaden 2000.

Godefroid, Peter; Investitionsgütermarketing (Reihe Modernes Marketing für Studium und Praxis, Hrsg. Weis, Hans-Christian), Kiehl Verlag, Ludwigshafen 1995.

Hirschsteiner, Günter (Hrsg.); Einkaufsabwicklung und Terminmanagement, Carl Hanser Verlag, München, Wien 2003.

Kreuzpointner, Alexandra; Reißer, Ralf; Praxishandbuch Beschaffungsmanagement: Einkäufe kostenoptimiert tätigen, Anbieter richtig auswählen, Risiken bei der Auftragsvergabe vermeiden, Gabler Verlag, Wiesbaden 2006.

Lemme, Markus; Erfolgsfaktor Einkauf: Durch Einkaufspolitik Kosten senken und Erträge steigern, Cornelsen Verlag, Berlin 2005.

Staehle, Wolfgang H.; Management: Eine verhaltenswissenschaftliche Perspektive, 7. Auflage überarbeitet von Peter Conrad und Jörg Sydow, Vahlen Verlag, München 1994.

3 Die Funktion der Lieferanten aus Sicht der Beschaffungsverantwortlichen

Aus Sicht der Beschaffungsverantwortlichen sind die Lieferanten dafür zuständig, Beiträge zur Erreichung der in Kapitel 2 beschriebenen Ziele zu liefern. Im engeren Sinn sind dies zunächst einmal Beiträge, mit denen die Erreichung der objektbezogenen Ziele begünstigt wird. Mit zunehmender Erhöhung des Wettbewerbsdruck auf Seite der Lieferanten und mit steigenden Anforderungen an die Wirtschaftlichkeit auf der Beschaffungsseite hat mittlerweile auch die die Bedeutung der Prozessziele stark zugenommen. Damit steigen die Erwartungen an die Lieferanten, Beiträge zur Optimierung der Beschaffungsprozesse zu liefern. Die Beschaffungsverantwortlichen erwarten zudem traditionell von ihren Lieferanten auch Beiträge, die eine mittelbare oder unmittelbare Erfüllung persönlicher Ziele begünstigen.

Die Beschaffungsverantwortlichen können im Rahmen eines Beschaffungsprojekts meist mehrere potenzielle Lieferanten konsultieren. Damit steigern sie ihre Chancen, die gewünschten Ziele zu erreichen, sei es durch Auswahl der besten Anbieter oder sei es durch die damit entstehende Intensivierung des Wettbewerbs, die eine Nachbesserung der vorliegenden Angebote im Verhandlungsprozess erleichtert.

Der Beschaffungsverantwortliche kann also von seinen Lieferanten fordern, dass sie zu jeweils möglichst vielen Zielen geeignete Beiträge anbieten. Soweit die Lieferanten noch nicht bekannt sind, besteht zudem das Interesse deren grundsätzliche Leistungsfähigkeit und Leistungsbereitschaft in Erfahrung zu bringen. Die Beschaffungsverantwortlichen erwarten also auch auf dieser übergeordneten Ebene geeignete Informationsbeiträge von ihren potenziellen Lieferanten, um eine zuverlässige Auswahl treffen zu können.

In den folgenden Abschnitten werden die Erwartungen der Beschaffungsverantwortlichen zu den einzelnen Zielkategorien kurz skizziert.

3.1 Leistungen der Lieferanten in Bezug auf das Beschaffungsobjekt

Die Beschaffungsverantwortlichen erwarten letztlich die korrekte Umsetzung der objektbezogenen Ziele Qualität, Menge, Lieferzeit, Lieferort und günstiger Preis. Die einzelnen hierbei vom Lieferanten zu berücksichtigenden Aspekte wurden bereits in Kapitel 2.1 beschrieben. Ihre Umsetzung liegt allein im Verantwortungsbereich der Lieferanten und muss daher hier nicht weiter erläutert werden. Die Beschaffungsverantwortlichen erwarten jedoch nicht nur die richtige Umsetzung objektbezogener Ziele (**do things right**), sondern auch die Mitwirkung bei der Identifikation der richtigen Ziele bzw. des richtigen Zielniveaus (**do the right things**). Die Beschaffungsverantwortlichen laufen stets Gefahr, dass die von ihnen zunächst vermuteten und geäußerten Ziele (sogenannte subjektive Anforderungen) die tatsächlichen Anforderungen (sogenannte objektive Anforderungen) nur teilweise abbilden. Derartige Verzerrungen können durch

- eigene ähnliche aber doch nicht vergleichbare Erfahrungen,
- interessengeleitete Einschätzungen anderer Kollegen des Buying Centers,
- interessengeleitete Einschätzungen anderer Lieferanten oder durch
- interessengeleitete Einschätzungen Dritter zustande kommen.

Zur Bestätigung bzw. zur Vervollständigung des eigenen Bildes greifen die Beschaffungs-verantwortlichen naturgemäß auf die Einschätzungen weiterer Lieferanten zurück.

In Bezug auf die Identifikation der richtigen **Qualitätsziele** müssen die Lieferanten also versuchen, ihre Lösungsvorschläge mit allen denkbaren Situationen zu konfrontieren, die beim Kunden auftreten könnten. Hieraus können die Lieferanten die Anforderungen an die Qualität der zu erbringenden Leistung ableiten. Dabei sind nicht nur die Situation an sich, sondern auch **die denkbaren Ausprägungen einer Situation** (z.B. gute oder sehr gute Nachfrageentwicklung nach einem Produkt) zu beschreiben, um Hinweise auf eine Abstu-fung einzelner Anforderungen zu erhalten. Hinweise auf die **Stärke des Zusammenhangs zwischen einer gegebenen Situation und den sich daraus ergebenden Anforderungen** helfen dem Beschaffungsverantwortlichen dabei, die Anforderungen in geeigneter Weise zu priorisieren. Gegebenenfalls müssen zu den einzelnen Situationen selbst auch die **Eintritts-wahrscheinlichkeiten** thematisiert werden, sodass der Kunde eine Entscheidungsgrundlage dafür hat, ob er bestimmte Erfordernisse in seinen Anforderungskatalog aufnimmt oder nicht.

Zur Identifikation der richtigen **Mengenvorgaben** können die Lieferanten aus ihren Erfah-rungen schöpfen oder anhand von Berechnungsformeln Hilfestellung leisten. Unsicherheiten hinsichtlich der benötigten Mengen ergeben sich insbesondere durch Schwund, Verderb und dem zu erwartenden Ausschuss bei der Inanspruchnahme bzw. der weiteren Verwertung von Leistungen.

Auch zur Abschätzung der zu veranschlagenden **Lieferzeiten** können die Lieferanten mit ihren Erfahrungen wertvolle Hilfestellung leisten. Teilweise lassen sich die benötigten Zeiten für seltene Ereignisse wie z.B. die Installation von Leistungen oder die vorab durchzuführ-renden Personalschulungen durch den Beschaffungsverantwortlichen nicht mit der ge-wünschten Genauigkeit abschätzen.

Gleiches kann für die Bestimmung der optimalen Lagerbedingungen und damit im weitesten Sinne für die Wahl des **Lieferorts** gelten. Risiken wie z.B. Verderb oder Schwund und Sorg-faltspflichten wie z.B. die maximale Stapelbarkeit oder Vorschriften zur getrennten Lage-rung unverträglicher Stoffe sind den einschlägigen Lieferanten oft am besten bekannt.

Lieferanten können unter Umständen auch dabei behilflich sein, für eine Leistung eine realis-tische Bandbreite für die Kosten, d.h. den **Preis** einer Leistung zu benennen, mit dem der Beschaffungsverantwortliche seine Budgetanträge gegenüber den geldgebenden Instanzen in seinem Unternehmen untermauern kann.

Der Kunde kann schließlich auch von seinen Lieferanten erwarten, dass sie sich mit Wech-selwirkungen zwischen den einzelnen objektbezogenen Zielen auskennen und den Kunden an ihrem Erfahrungswissen partizipieren lassen.

3.2 Leistungen der Lieferanten in Bezug auf den Beschaffungsprozess

Die Beschaffungsverantwortlichen erwarten in den einzelnen Phasen des Beschaffungsprozesses von ihren potenziellen Lieferanten eine möglichst **vollständige, fehlerfreie und redundanzarme Versorgung mit Informationen.** Am besten lässt sich dies sicherstellen, indem der Lieferant die vom Kunden definierte Terminologie, dessen Nummernkreise und auch andere Zeichen im Rahmen ihrer Kommunikation aufgreift. Eine optimale Gestaltung des Beschaffungsprozesses setzt desweiteren voraus, dass die Lieferanten mit ihrem Personal bei Bedarf **zeitnah zur Verfügung stehen** (z.B. kurzfristige Erreichbarkeit bei Reklamationen, generelle Pünktlichkeit). Eine weitere wichtige phasenübergreifende Voraussetzung stellt das problembezogene Know How der Verkäufer dar, sodass allfällige Fragen ohne langwierige Rückfragen schnell beantwortet werden können. Aus demselben Grund müssen die Verkäufer auch über genügend **Entscheidungskompetenzen** verfügen. Bei Arbeitsschritten, die nicht sofort von den Verkäufern ausgeführt werden können, erwarten die Beschaffungsverantwortlichen eine **pünktliche Bearbeitung**, um Verzögerungen bzw. erneutes Anfassen des Projekts auf ein Minimum reduzieren zu können. Umgekehrt wird von den Lieferanten erwartet, dass sie auch bei wiederholtem Durchlauf einzelner Phasen (z.B. bei erneuter Definition der Anforderungen) mit **gleichbleibendem Engagement** ihre Unterstützung anbieten.

Die Beschaffungsverantwortlichen verknüpfen mit den Phasen des Beschaffungsprozesses tendenziell die folgenden **Einzelerwartungen** an die Lieferanten:

* Unterstützung bei der Identifikation von Bedarfen:
  Lieferanten können hier wertvolle Beiträge leisten, wenn sie die **unternehmenspolitischen Entwicklungen beim Kunden** (z.B. strategische Neuausrichtungen) selbständig auf die Entstehung möglicher Bedarfe hin abklopfen und den Beschaffungsverantwortlichen daraufhin ansprechen. Im einfachsten Fall übernimmt der Lieferant die Bestandsüberwachung für eine definierte Leistung und meldet dem Kunden bei Bestandsveränderungen den entstandenen Bedarf.
* Unterstützung bei der Definition der relevanten Sachziele und der daraus resultierenden Anforderungen an die zu beschaffende Leistung:
  Am besten hilft der Verkäufer, indem er sich **nach den denkbaren Situationen im Zusammenhang mit der Nutzung der Leistung erkundigt** und die Kunden auf offene Punkte in ihrem Ziel- und Anforderungskatalog aufmerksam macht (Einzelheiten finden sich im Kapitel 5.3 Anfragegespräch). Dabei empfiehlt es sich, auch die Zielkonflikte zwischen den einzelnen Anforderungen zu verdeutlichen, damit die Kunden sich frühzeitig über eine Priorisierung der einzelnen Aspekte Gedanken machen können.
  Daneben kann der Verkäufer dem Kunden bereits in der Voranfragenphase die in der Lieferantenbranche gebräuchlichen Fachtermini benennen. Damit können die Kunden ohne großen Rechercheaufwand ihre Anfragen an potenzielle Lieferanten schnell und mit bestmöglicher Konkretisierung versenden.
* Unterstützung bei der Suche nach geeigneten Lieferanten:
  Der Verkäufer unterstützt seine Kunden am meisten, wenn er direkt erklärt, ob er die angefragte Leistung wirtschaftlich fertigen kann oder nicht. Wenn nicht, sollte er Hinweise darauf geben, wer die angefragte Leistung wirtschaftlich anbieten kann.

- Unterstützung in der Anfragephase:
Sind die Ziele und Anforderungen des Kunden bereits klar definiert, erwartet der Beschaffungsverantwortliche bei seiner Anfrage von den Lieferanten, dass diese von ihm alle für die Leistungserstellung erforderlichen Angaben abfordern. Finden die Lieferanten erst nach dem Anfragegespräch heraus, dass ihnen für ein vollständiges und problemadäquates Angebot noch Daten fehlen, müssen sie erneut beim Kunden nachfragen. Erneute Nachfragen beeinträchtigen aber nicht nur die Prozesseffizienz beim Kunden, sondern erwecken auch den Eindruck unzureichender Verkäuferprofessionalität.
- Unterstützung bei der Qualifizierung der Angebote:
Lieferanten können den Beschaffungsverantwortlichen hier helfen, indem sie die **strukturellen Vorgaben beachten** (d.h. die thematisierten Aspekte und die Reihenfolge der Aspekte in ihrem Angebot aufgreifen, bereitgestellte elektronische Formulare ausfüllen), um so die Auswertung der Angebote zu vereinfachen. Sollten wichtige Angaben in der Anfrage fehlen, sind die verbleibenden Daten eigenständig mitzuliefern, um erneuten Nachfragen zu vorzubeugen. Andererseits empfiehlt es sich, auf **überflüssige, d.h. für den Kunden nicht notwendige Angaben im Angebot zu verzichten**, um den Arbeitsaufwand des Beschaffungsverantwortlichen zu begrenzen. Dies betrifft insbesondere die technischen Details der Leistungen im Angebot, die keinen erkennbaren Nutzenbezug aufweisen. Sollten mit einem Angebot aufgrund von Zielkonflikten nicht alle Kriterien in gleicher Weise bedient werden können, ist es praktikabel, gleichzeitig **Alternativangebote** mit anderer Priorisierung der Kriterien zu übermitteln (z.B. günstigere Konditionen bei Abnahme größerer Mengen), um einen erneuten zeitaufwändigen Lieferantenkontakt ersparen zu können. Soweit bekannt und erwünscht, können auch die **wesentlichen Unterschiede zu den Wettbewerbsangeboten** aufgezeigt werden, um den Aufwand für den Vergleich zu reduzieren.
- Unterstützung bei Verhandlungen:
Eine Unterstützung durch sachliches Entgegenkommen gegenüber dem Beschaffungsverantwortlichen ist in der Verhandlungsphase nicht ernsthaft zu erwarten, da davon auszugehen ist, dass jegliches Nachgeben unmittelbar zu Lasten des Lieferanten geht. Unterstützend kann der Lieferant dagegen auf formaler Ebene wirken: Mit einer **zusammenfassenden Veranschaulichung** der mit der Lösungsalternative verbundenen Vorteile und Nachteile ermöglicht der Verkäufer eine **Klarstellung der änderbaren und nicht änderbaren Aspekte des Angebots**. Damit kann die Verhandlung effizient auf die diskussionsfähigen Themenbereiche fokussiert werden. Im Laufe des Verhandlungsprozesses kann der Verkäufer durch eine vollständige Behandlung der vom Beschaffungsverantwortlichen geäußerten Einwände entscheidungshemmende Unsicherheiten in Bezug auf die zu erwartenden Leistungen minimieren.
- Unterstützung bei der Abwicklung:
Lieferanten können eine Entlastung der Beschaffungsverantwortlichen herbeiführen durch
  - konkrete Vorgaben zur Beschaffenheit der zu erbringenden Vorleistungen,
  - Flexibilität im Hinblick auf Änderungen nach der Auftragserteilung,
  - konkrete Vorgaben zu den eventuell erforderlichen Genehmigungsvermerken,
  - einfachen Zugang zum Status einzelner Bestellungen,
  - eigenständige Koordination mit den Lieferanten anderer Beschaffungsprojekte,
  - selbständige, vollständige und rechtzeitige Informationen zu den Änderungen, die sich gegebenenfalls beim Lieferanten ergeben.

- Unterstützung bei der Anlieferung und Fakturierung:
  Die Lieferanten können hier zu einer einfacheren Abwicklung beitragen, indem sie die gegebenenfalls vorhandenen Versandvorschriften bezüglich Lieferavis, Verpackung, Transportmittel, Warenkennzeichnung, Anlieferungsbedingungen, Begleitpapiere etc. sorgfältig einhalten und – sofern gewünscht – mit dem eigenen Personal logistische Hilfe bei der Entladung und Einlagerung von Produkten leisten.

- Unterstützung bei Reklamationen:
  In dieser schwierigen Situation können die Lieferanten am besten ihre Unterstützung zeigen, indem sie sich ohne großes Aufheben der Reklamation annehmen und **selbständig eine rasche Klärung bzw. Beseitigung der Probleme herbeiführen**. Im Rahmen der Reklamationsbearbeitung sollten die Lieferanten durch geeignete Aktionen wie sukzessive Nachbesserung oder Umtausch soweit wie möglich sicherstellen, dass die Leistungserstellung beim Kunden ohne nennenswerte Reibungsverluste vonstatten gehen kann.

- Unterstützung bei der Lieferantenbewertung:
  Hier können die Lieferanten am besten helfen, wenn sie die gewünschten Informationen vollständig und in der geforderten Reihenfolge an ihre Kunden übermitteln und auf überflüssige Angaben bzw. Erläuterungen verzichten.

Generell eröffnen auch **phasenübergreifende Vorschläge** zur Optimierung des Beschaffungsprozesses die Möglichkeit, den Kunden zu unterstützen. Die Vorschläge können sich richten auf die Elimination, die Vereinfachung oder die Auslagerung von Aktivitäten im Beschaffungsprozess (Beispiele enthält Tabelle 1 in Kapitel 2.2). Daneben können Hinweise auf phasenübergreifend einsetzbare Methoden und Techniken zur Entscheidungsunterstützung (z.B. Punktbewertungsverfahren) ein interessantes Thema für Beschaffungsverantwortliche sein.

3.3 Leistungen der Lieferanten für den Beschaffungsverantwortlichen

Die Lieferanten haben zahlreiche Ansatzpunkte, um die persönlichen Ziele von Beschaffungsverantwortlichen zu adressieren. Zunächst stehen die Lieferanten vor der Frage, **welche Stufe auf der Bedürfnispyramide** mit höchster Priorität angesprochen werden soll. Generell dürften Verhaltensweisen und Handlungen des Verkäufers besonders vorteilhaft sein, **wenn sie gleichzeitig mehrere Ebenen in der Bedürfnispyramide berühren** (z.B. können mit einer Einladung zu einem Restaurantbesuch mit weiteren bedeutsamen Gästen gleichzeitig physiologische Grundbedürfnisse, das Bedürfnis nach Gruppenzugehörigkeit und Anerkennung unterstützt werden. Entwickelt sich während des Gesprächs dazu noch eine für den Eingeladenen interessante Diskussion, wird zugleich das Bedürfnis nach Selbstverwirklichung adressiert).

In diesem Zusammenhang stellt sich für die Verkäufer auch die Frage, ob persönliche Ziele ausschließlich auf der **beruflichen oder auch auf der privaten Ebene** angesprochen werden sollen (z.B. durch Vorschläge zur Prozessoptimierung mit denen der Einkäufer um die Anerkennung seines Vorgesetzten werben kann oder Verteilung eines Give Away, das sich für die Kinder des Beschaffungsverantwortlichen eignet).

Eine weitere Überlegung ist, ob die persönlichen Ziele **direkt oder indirekt** (siehe Abbildungen 3 und 4) adressiert werden sollen (Lob an den Einkäufer oder ein gemeinsames Essen im Restaurant als direkt wirksame Verhaltensweise des Verkäufers im Gegensatz zum Verschenken einer Pralinenschachtel an den Einkäufer – wo der Einkäufer selbst entscheiden kann, ob er die Pralinen selbst verzehrt oder seiner Gattin schenkt. Durch diese Wahlmöglichkeiten stellt die Pralinenschachtel tendenziell eine indirekt wirksame Maßnahme dar).

Die persönlichen Bedürfnisse sind sowohl auf der beruflichen als auch auf der privaten Ebene stark durch die **involvierten Bezugspersonen** geprägt. Zentrale Bezugsperson ist auf beiden Ebenen natürlich das Individuum selbst, das mit seinen physischen und psychischen Eigenschaften Auslöser für die Aktualisierung von Bedürfnissen ist. Zu den **Bezugspersonen auf beruflicher Ebene** zählen:

- innerhalb einer Abteilung die Vorgesetzten, Kollegen und Untergebenen,
- innerhalb des Unternehmens die Mitarbeiter anderer Abteilungen,
- innerhalb des Unternehmens die Mitglieder relevanter Arbeitskreise und Projektteams und
- die Mitglieder unternehmensübergreifender Arbeitskreise, Ausschüsse oder Vereine, an denen der Beschaffungsverantwortliche teilnimmt.

Als **Bezugspersonen auf privater Ebene** kommen Menschen in Betracht, die aufgrund von Lebensumständen oder aufgrund von gemeinsamen Interessen miteinander in Berührung kommen bzw. gekommen sind, also in erster Linie

- Verwandte,
- Nachbarn aufgrund ihrer aktuellen räumlichen Nähe,
- Bekannte und Freunde, aufgrund gemeinsamer aktueller Interessen (Sport, Kunst, Politik etc.),
- Bekannte und Freunde aus früheren Lebensabschnitten wie Schule, Ausbildung und beruflichen Stationen, aus früheren Wohnorten, aus Reisebekanntschaften, etc.
- Unter Umständen können auch Menschen, die nicht unmittelbar in Berührung mit der betreffenden Person kommen, Bezugspersonen sein: Z.B. Menschen oder Gruppen, mit denen die betreffende Person erst noch in Kontakt kommen möchte – beispielsweise angestrebte Mitgliedschaft in einem Verein, Kontakt mit einem Popstar und dergleichen.
- Schließlich können sich im Einzelfall auch Personen, die sich auf professioneller Basis um andere Menschen kümmern (insbesondere Ärzte), zu einer Bezugsperson auf privater Basis entwickeln.

Die Bezugspersonen definieren allein oder in Verbindung mit anderen Bezugspersonen die **Verhaltenserwartungen** an die bezugsuchende Person. Die Verhaltenserwartungen resultieren aus den Wert- bzw. Zielvorstellungen sowie den Handlungen der Bezugsgruppen. Bei den bezugsuchenden Personen sollen die Verhaltenserwartungen **eine Art Problemlösungsprozess** anregen bzw. in Gang setzen. Die Reichweite der Verhaltenserwartungen kann sich auf einzelne Phasen dieses abstrakten Problemlösungsprozesses beschränken oder die Gesamtheit der Abschnitte einschließen. Im einzelnen können sich Verhaltenserwartungen darauf richten, dass die von den Bezugsgruppen als wichtig empfundenen Aspekte von der bezugsuchenden Person

- aufmerksam wahrgenommen werden,
- in ihr Werte- und Zielsystem aufgenommen werden,

- mit geeigneten Ideen und Vorschlägen unterstützt bzw. weitergeführt werden und dass
- die bezugsuchende Person auch entsprechende Handlungen vornimmt.

Die Verhaltenserwartungen sind für die bezugsuchende Person eine bedeutsame Richtschnur bei der Suche nach und der Gewichtung von Themenfeldern, wenn sie die Akzeptanz und die Anerkennung der Bezugspersonen sucht. Im folgenden wird deshalb kurz dargelegt, in welche Richtungen die Verhaltenserwartungen auf beruflicher wie privater Ebene weisen können.

Auf beruflicher Ebene definieren sich die Erwartungen an den Beschaffungsverantwortlichen in erster Linie aus den **Aufgaben bzw. Funktionen** der einzelnen Bezugspersonen. Grundsätzlich hat der Beschaffungsverantwortliche folgende Verhaltensmöglichkeiten, wenn er seine Zugehörigkeits- und Anerkennungsbedürfnisse erfüllen möchte:

- Er kann seine **Aufgaben ordnungsgemäß erfüllen**, sodass auch die Bezugspersonen in die Lage versetzt werden, ihre Aufgaben korrekt und termingerecht zu erfüllen.
- Er kann den Bezugspersonen **Hilfestellungen bieten oder Vorschläge unterbreiten**, sodass diese ihre Aufgaben einfacher erfüllen können oder sich durch überdurchschnittliche Leistungen positiv abheben können. Z.B. wenn ein Verbesserungsvorschlag dem Vorgesetzten hilft, sein Budget zu unterschreiten.
- Er kann den Bezugspersonen **direkt bei der Erfüllung ihrer persönlichen Ziele helfen**. Dies ist der Fall, wenn ein Untergebener seinen Vorgesetzten im Beisein der Kollegen lobt. Eine Umsetzung dieses Zusammenhangs kann unter Umständen auch vorliegen, wenn Untergebene von sich aus mit ihren Vorgesetzten ins Bett gehen.

Auch die **Bezugspersonen im privaten Umfeld** regen den Beschaffungsverantwortlichen an, gewisse **Denkrichtungen, Gesprächs- und Handlungsschwerpunkte** zu priorisieren. Inhaltlich können hiervon beispielsweise berührt sein:

- Gesundheitsfragen, Lebensplanung oder Karrierefragen,
- Erziehungsfragen, Urlaubspläne, Familienfeste,
- auskömmlicher Umgang und mögliche Aktivitäten mit Nachbarn,
- Ausübung einer Sportart mit Gleichgesinnten,
- gemeinsame Erinnerungen mit früheren Schulkameraden,
- Thematisierung der Verhaltensweisen von Stars und Sternchen etc.

Aus diesem Gefüge heraus entstehen entsprechende Verhaltenserwartungen gegenüber dem Verkäufer. Auch an den Verkäufer kann sich die Erwartung richten, dass er in Bezug auf einen gewünschten Aspekt Problemlösungsprozesse in Gang setzt. Die Reichweite der Erwartungen kann sich wiederum auf einzelne Abschnitte Phasen beschränken oder den kompletten Prozess umfassen.

Angelehnt an den generellen Problemlösungsprozess empfiehlt sich für den Verkäufer daher, die Äußerungen und Handlungen des Beschaffungsverantwortlichen

- mit dem nötigen Maß an **Aufmerksamkeit und Interesse** zu verfolgen. Im einzelnen kann der Verkäufer auf verbaler Ebene durch Zuhören oder durch das Stellen geeigneter Fragen seine Aufmerksamkeit zeigen.
- anzudeuten, dass er die **Position des Beschaffungsverantwortlichen nachvollziehen** und ggf. auch anerkennen kann. Durch Zuhören und Fragen kann der Verkäufer zeigen, dass er den Gedankengängen des Gesprächspartners folgt. Indem der Verkäufer in seinen Schilderungen – im Sinne eines **Rollentauschs** - die Perspektive des Gesprächspart-

ners einnimmt, lässt sich Verständnis für den Beschaffungsverantwortlichen signalisieren ohne dabei zwangsläufig die eigenen Wert- und Zielvorstellungen ändern zu müssen.
Weitergehend kann er für die Position des Gesprächspartners Verständnis zeigen, indem
er auf die (formale) Schlüssigkeit einzelner Aussagenelemente hinweist, aber die Einbet-
tung von Aussagen in einen größeren Kontext zunächst nicht thematisiert.

- wenn möglich und sinnvoll, den Beschaffungsverantwortlichen mit gedanklichen **Anregungen oder Informationen** vertiefende Denkanstöße zu geben[7]. Der Verkäufer bewegt
  sich im einfachsten Fall innerhalb des vom Beschaffungsverantwortlichen dargelegten
  Wert- und Zielgerüsts und
  – beteiligt sich an der Konkretisierung (Abgrenzung) einzelner Aspekte,
  – regt die Suche nach weiteren wert- und zielkonformen Verhaltensmöglichkeiten an
    oder
  – thematisiert die Voraussetzungen, die für ein wert- und zielkonformes Verhalten
    einzuhalten oder zu schaffen sind.

Weitaus problematischer dürfte es für alle Gesprächsteilnehmer sein, wenn sich der
Verkäufer um Beiträge bemüht, die außerhalb des vom Beschaffungsverantwortlichen
geschilderten Gedankenrahmens liegen oder diesen gar in Frage stellen. Hier empfiehlt
es sich, zuvor die Diskussionsbereitschaft des Beschaffungsverantwortlichen herauszufinden.

- wenn möglich und verantwortbar, (positive) **Bewertungen** gegenüber dem Gesprächspartner abzugeben z.B. ein Lob.

Inwieweit auch kritische Bewertungen erwünscht sind, sollte vom Verkäufer rechtzeitig
eruiert werden[8]. Bewertungen kann der Verkäufer äußern im Hinblick auf (siehe Abb. 6)
  – die Person des Beschaffungsverantwortlichen,
  – die Bezugsgruppen aus Sicht des Beschaffungsverantwortlichen,
  – die gemeinsamen Wertvorstellungen und Zielsetzungen der Bezugsgruppen,
  – die Werte und Ziele des Beschaffungsverantwortlichen,
  – die Kenntnisse und Fähigkeiten des Beschaffungsverantwortlichen,
  – die Handlungen des Beschaffungsverantwortlichen sowie im Hinblick auf
  – die Ergebnisse und Wirkungen der Handlungen des Beschaffungsverantwortlichen.

- wenn möglich und sinnvoll, durch geeignete **Handlungen** direkt oder indirekt eine Hilfestellung zu liefern. **Handlungen können verbal angekündigt oder direkt vorgenommen werden.** Auf beruflicher Ebene kann dem Beschaffungsverantwortlichen beispielsweise die Mitgliedschaft in einem vom Lieferanten gegründeten Club in Aussicht
  gestellt werden, die Ernennung zum VIP-Kunden, die Gewährung von Treueboni etc.
  Als Hilfestellungen für den Beschaffungsverantwortlichen kommen im persönlichen Bereich z.B. in Betracht: Verschaffung eines Kontakts zu einer Bezugsperson, Literatur-
  oder Filmhinweise, Einladung zu einer thematisch relevanten Veranstaltung, kleinere
  Geschenke und dergleichen mehr). Als indirekte – aber illegale – Hilfestellung zur Erreichung persönlicher Bedürfnisse ist auch einzustufen, wenn ein Lieferant den Beschaffungsverantwortlichen – an deren Arbeitgeber vorbei – Geld- oder Sachleistungen zukommen lässt.

---

[7] In Anlehnung an Weisbach, Christian Rainer, Professionelle Gesprächsführung, S. 162ff.
[8] Zu den Problemen derartiger Bewertungen vgl. Weisbach, Christian Rainer, Professionelle Gesprächsführung,
     S. 129ff.

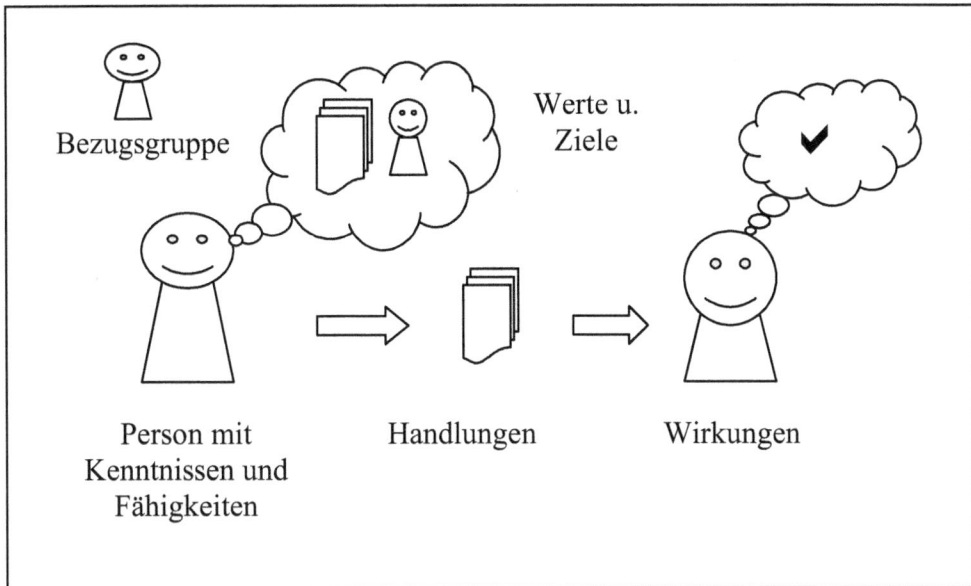

Abb. 6: Ansatzpunkte für bewertende Äußerungen gegenüber Gesprächspartnern

3.4   Zusammenhänge zwischen den Leistungsbereichen

Die einzelnen Beiträge stehen einerseits untereinander in Zusammenhang und weisen ande-rerseits Bezüge zu den Zielen des Beschaffungsverantwortlichen auf. Abbildung 7 verdeut-licht die Wirkungszusammenhänge.

Die folgenden Schilderungen enthalten für jede dort aufgeführte Beziehungskonstellation **ein Beispiel**:

Beiträge mit Bezug auf das Beschaffungsobjekt wirken sich zugleich oft auf den Beschaf-fungsprozess aus: Hilft der Verkäufer dem Beschaffungsverantwortlichen dabei, die richti-gen Zielmaßstäbe zu setzen (objektgerichteter Beitrag,) lernen die Beschaffungsverantwortli-chen zugleich auch, wie sie in der Spezifikationsphase eines Beschaffungsprojekts zu ange-messenen Zielmaßstäben gelangen können (prozessgerichteter Beitrag). Alternativ können die Beschaffungsverantwortlichen auch zu der Schlussfolgerung gelangen, dass sie sich künftig nicht intensiver um die Spezifikation zu kümmern brauchen, weil sie dies ja auch auf den betreffenden Lieferanten übertragen könnten (Auslagerung eines Prozessschrittes).

Umgekehrt können Verbesserungsvorschläge in Bezug auf den Beschaffungsprozess auch Beiträge in Bezug auf das Beschaffungsobjekt liefern, wenn beispielsweise durch eine – an den Lieferanten übertragene – Bestandsüberwachung und Lieferlogistik unnötige Sicher-heitsbestände eliminiert werden können.

Der eben genannte Beitrag in Bezug auf das Beschaffungsobjekt kann auch auf die persönli-chen Ziele Einfluss nehmen und hier beispielsweise dem Sicherheitsbedürfnis des Beschaf-fungsverantwortlichen Rechnung tragen, weil nun das Risiko einer falschen Zielsetzung bzw. einer falschen Erwartung verringert ist. Umgekehrt können teilweise sogar Hilfestellungen im persönlich-privaten Bereich auf der Prozessebene zu Verbesserungen führen, beispiels-

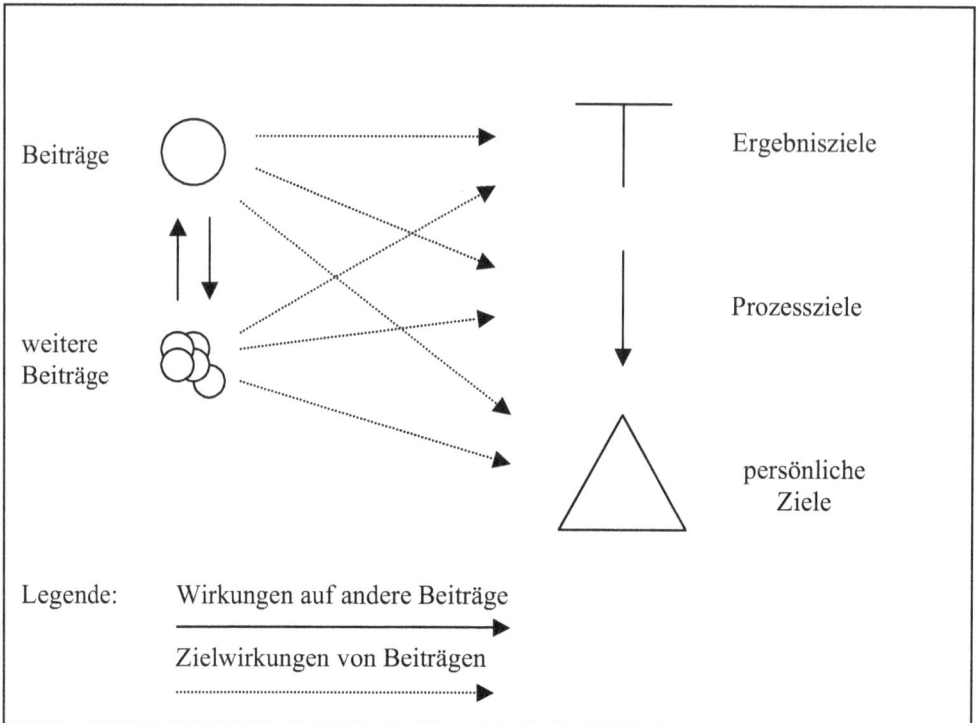

Abb. 7: Wirkungsebenen der Leistungsbeiträge von Lieferanten

weise wenn ein paar persönliche Worte des Verkäufers gegenüber dem Einkäufer auch von anderen Mitgliedern im Buying Center wahrgenommen werden und somit das Betriebsklima aufgelockert wird. Eher selten werden direkte Wirkungen zwischen der Kategorie der persönlich-privaten Beiträge einerseits und der Beiträge auf Ebene der Beschaffungsobjekte andererseits festzustellen sein.

Aus dem Beispiel zur Anforderungsspezifikation wird auch deutlich, dass ein Beitrag gleichzeitig mehrere andere Beitragskategorien berühren kann (Prozessebene und persönliche Ebene).

Die eben genannten Beispiele gingen jeweils von einer positiven Beziehung zwischen den Beitragskategorien aus. Zwischen den einzelnen Beitragskategorien können allerdings auch konfliktäre Zusammenhänge bestehen: So kann eine individuelle Beratung in Bezug auf die objektiv zu einem Beschaffungsprojekt bestehenden Anforderungen den prozessbezogenen Beratungsbemühungen im Hinblick auf eine Standardisierung des Beschaffungsprozesses zuwiderlaufen. In gleicher Weise kann die Beratung im Hinblick auf die objektiv bestehenden Anforderungen in einem Beschaffungsprojekt den gleichzeitig laufenden Bemühungen zur Stärkung der persönlichen Autonomie des Beschaffungsverantwortlichen entgegen stehen.

3.5   Schlussfolgerungen und Handlungsempfehlungen für Verkäufer

Die vorangegangenen Teilkapitel haben einen Überblick über die möglichen Beiträge des Verkäufers zur Zielerreichung des Beschaffungsverantwortlichen gegeben. Beschaffungsverantwortliche neigen aufgabenbedingt dazu, die Lieferanten für die Zielerfüllung zu instrumentalisieren. Dazu werden zu einem Beschaffungsprojekt im Zweifelsfall mehrere Lieferanten gleichzeitig kontaktiert und um Rat gebeten.

Die Verkäufer sollten deshalb jeweils überlegen, inwieweit sie im Vorfeld der Auftragserteilung Leistungen an den Beschaffungsverantwortlichen erbringen. Nur so lässt sich das Risiko begrenzen, zwar viele Vorleistungen zu erbringen, letztlich aber keinen Auftrag vom Einkäufer zu erhalten. Der Verkäufer sollte also

- herausfinden, welche Leistungen der Beschaffungsverantwortliche derzeit schon von seinen Lieferanten erhält bzw. erhalten hat,
- in Erfahrung bringen, wie die Prioritäten des Beschaffungsverantwortlichen, d.h. seine Zielgewichtung und -hierarchisierung aussehen,
- recherchieren, welche Möglichkeiten die Wettbewerber besitzen und
- herausfinden, ob der Beschaffungsverantwortliche dazu neigt, Vorleistungen des Lieferanten auch tatsächlich mit Aufträgen zu honorieren.

Mit diesen Informationen kann der Verkäufer besser abwägen, ob er – vielleicht sogar einzigartige – Leistungen (wie z.B. eine wertvolle Marktinformation) vor der Auftragsvergabe an den Kunden gibt oder nicht.

Literaturhinweise

Weisbach, Christian-Rainer, Professionelle Gesprächsführung: Ein praxisnahes Lese- und Übungsbuch, 5. Auflage, DTV, München 2001.

4 Informationsaustausch als Voraussetzung für die Leistungserbringung

Typischerweise sind Business-to-Business-Geschäfte und die damit verbundenen Beschaffungsprozesse dadurch gekennzeichnet, dass

- die Sollvorstellungen und damit die Bedarfslage nicht genau klar sind, z.B. weil der Kunde mit seinen eigenen Kunden noch in der Kreativphase steckt,
- die Bedarfe (noch) nicht spezifiziert sind,
- die Lösungsmöglichkeiten wenigstens teilweise noch unbekannt sind oder
- bekannte Lösungen nicht vorrätig sind, d.h. erst bereitgestellt werden müssen.

Meist kann der Beschaffungsverantwortliche anfangs also keine geeignete Lösungsmöglichkeit in Augenschein nehmen. **Der Beschaffungsverantwortliche ist somit zunächst einmal auf die Informationen der Lieferanten angewiesen.** Informationen sind häufig also die wichtigste – teilweise sogar die einzige – Basis aufgrund derer die Beschaffungsverantwortlichen den Beschaffungsprozess vorantreiben und zum Abschluss bringen können.

Selbst wenn Lösungen bereits real vorhanden sind, kann es wirtschaftlicher sein, sich zuerst allein auf gedanklicher Ebene unter Nutzung von Informationen mit einem Problem zu befassen, wenn Tests mit oder an vorhandenen Objekten teuer und zeitaufwändig sind.

Deshalb befassen sich die folgenden Abschnitte mit den Möglichkeiten, die dem Lieferanten bei der Formulierung und der Übermittlung von Informationen zur Verfügung stehen (Kapitel 4.1). Anschließend beleuchtet Kapitel 4.2 die Aufnahme und Interpretation von empfangenen Informationen durch den Beschaffungsverantwortlichen. Da es auch stets zu Diskrepanzen zwischen den kommunizierten Informationen und der Realität kommen kann, werden in Kapitel 4.3 die Möglichkeiten zur qualitativen Überprüfung von Informationen aufgezeigt.

4.1 Die Formulierung von Informationen durch den Verkäufer

Die Beschaffungsverantwortlichen sind – wie eben geschildert – häufig auf zielgerichtete Informationen ihrer Lieferanten angewiesen, um zu einer Entscheidung gelangen zu können.

Um geeignete Informationen übermitteln zu können, müssen die Lieferanten

- zunächst relevante Informationen gewinnen (Kapitel 4.1.1),
- die reale bzw. kommunizierte Ausgangslage der Beschaffungsverantwortlichen in einen Zusammenhang bringen, d.h. zu dem vorliegenden Sachverhalt ein gedankliches Modell entwickeln (Kapitel 4.1.2),
- danach die Modelle in kommunizierbare Repräsentationsformate, d.h. insbesondere in sprachliche Begriffe und Bilder umwandeln (Kapitel 4.1.3) und

- diese dann über einen Kommunikationskanal an den Beschaffungsverantwortlichen herantragen (Kapitel 4.1.4).

Die jeweils zur Verfügung stehenden Handlungsmöglichkeiten werden in den folgenden Unterabschnitten vorgestellt.

4.1.1   Informationsgewinnung

Bevor der Verkäufer kundengerechte Vorschläge entwickeln, formulieren und unterbreiten kann, benötigt er Informationen über die Vorstellungen und Wünsche der Käuferseite. Dazu kann er

- selbständig Informationen sammeln oder
- durch Kontakt mit dem Beschaffungsverantwortlichen versuchen, die notwendigen Informationen zu gewinnen.

Die Möglichkeiten zur **selbständigen Datengewinnung** sind vielfältig und reichen von der Analyse alter Kundenaufträge bis hin zur Internetrecherche. Am ergiebigsten sind aber die Informationen, die man als Verkäufer direkt **vom Beschaffungsverantwortlichen erhalten kann**, da dieser nicht nur Vergangenheitsdaten (alte Aufträge, Statistiken etc.) kennt, sondern auch über die aktuellen Zielsetzungen und Probleme am besten Bescheid weiß. Außerdem besteht die Chance, dass der Beschaffungsverantwortliche Informationen auch als Klartext preisgibt und nicht nur wohldosiert verklausuliert (wie z.B. bei Homepages oder Imagebroschüren).

Im Gespräch kann der Verkäufer dabei durch **Zuhören** versuchen, die erforderlichen Informationen zu erhalten. Um den Informationsfluss zu verstärken bzw. zu kanalisieren, kann der Verkäufer

- geeignete Bemerkungen in **Aussageform** oder
- geeignete **Fragen**

an den Beschaffungsverantwortlichen richten. Während beim Zuhören allein auf das Informationsangebot des Senders zurückgegriffen wird, versucht der Verkäufer mit Bemerkungen und Fragen den Informationsfluss des Beschaffungsverantwortlichen auf bestimmte Themenbereiche zu lenken (wer fragt der führt). Durch Statements und Fragen können also auch die Gedanken des Beschaffungsverantwortlichen in bestimmte Richtungen gelenkt werden, weshalb sich der so Angesprochene bei seinen Reaktionen oft auch überlegen wird, ob er Statement bzw. Frage richtig interpretiert hat (siehe Kapitel 4.2) und ob sich hinter dem Auskunftswunsch Manipulationsabsichten verbergen (mit Einzelheiten hierzu befasst sich das Kapitel 4.3).

In der Praxis kommt das Zuhören in seiner reinsten Form praktisch nicht zum Tragen, denn dies würde bedeuten, dass sich der Verkäufer gar nicht bemerkbar machen darf. Dies würde beim Sprecher bereits nach kürzester Zeit Verunsicherung auslösen, weil er nicht wüsste, ob ihm sein Gesprächspartner noch zuhört. Vielmehr wird der Verkäufer daher auch beim Zuhören den Sprecher hin und wieder **mit vokalen Reaktionen** (wie z.B. „hm", „ah ja?", „ach", „mhm") und **körpersprachlichen Signalen** (wie z.B. durch Augenkontakt, leichtes Kopfnicken oder Vorbeugen des Körpers) zur Fortführung seiner Gedankengänge anregen. Solange keine Frage mit konkretem Inhalt gestellt wird, besteht die Chance, dass sich die **Gedanken des Sprechers weitgehend ohne Fremdeinfluss entwickeln**. Dies kann beispielsweise entscheidend sein, um die vom Kunden tatsächlich empfundene Gewichtung von Zielen zu ermitteln. Diese Form des Zuhörens wird in der Literatur auch als „aufnehmendes Zuhören" bezeichnet[9].

Daneben kann der Verkäufer den Informationsfluss des Beschaffungsverantwortlichen durch eigene Statements anregen. Dies kann

- durch **Wiederholung einzelner Begriffe** des Beschaffungsverantwortlichen,
- durch **Umschreibung mit eigenen Worten** oder
- durch **Zusammenfassung mit eigenen Worten**

geschehen, um so die **Aussage des Beschaffungsverantwortlichen zu bestätigen**. In der Literatur wird diese Vorgehensweise meist mit dem Begriff „beschreibendes Zuhören" betitelt. Die Beschreibung oder die Zusammenfassung mit eigenen Worten wird teilweise auch als „**Bestätigen**" bezeichnet. Um die Gedankengänge des Beschaffungsverantwortlichen durch Statements so wenig wie möglich zu beeinflussen, sollte sich der Verkäufer mit voreiligen

- Schlussfolgerungen und Vorhersagen (z.B. „...dann müssen Sie wohl damit rechnen, dass...")
- Gewichtungen wie Dramatisierung, Relativierung oder Bagatellisierung (z.B. „...das wird schon nicht so schlimm sein..." oder z.B. „... so etwas habe ich auch schon erlebt, als..."),
- Bewertungen (z.B. „...das ist aber ungünstig für Sie..."),
- Ratschlägen wie Lösungsempfehlungen (z.B. „...an Ihrer Stelle würde ich es mal anders versuchen und zwar...") und mit voreiligen,
- Anweisungen (z.B. „...tun Sie was dagegen! Sie sehen doch, dass...")

zurückhalten. Auch sollte der Verkäufer in der Informationsgewinnungsphase **vermeiden, mit eigenen Beispielen oder Analogien** Implikationen vorzunehmen, die dem Beschaffungsverantwortlichen aufzeigen, was der Verkäufer von ihm erwartet.

Schließlich kann der Verkäufer versuchen, bestehende Informationslücken durch Fragen zu schließen. Im einzelnen sind dann für den Verkäufer die – eben bei den Statements genannten – Punkte wiederum von Interesse. Inhaltlich können sich die **Fragen also richten auf**

- die **Ziele und Wünsche des Kunden** (z.B. „ ...welche Position möchten Sie denn in fünf Jahren erreicht haben?..."),
- den **aktuellen oder zu erwartenden Zustand** (z.B. „...was würde denn passieren, wenn...?"),
- die bisher **bekannten und eingesetzten Lösungsmöglichkeiten** (z.B. „...wie sehen denn Ihre Bemühungen in dieser Angelegenheit denn derzeit aus?...")
- die **Vor- und Nachteile der bisherigen Gegebenheiten** (z.B. „...in Bezug auf welche Aspekte sind Sie momentan unzufrieden?...") und die
- **Überlegungen hinsichtlich der weiteren Vorgehensweise** (z.B. „...wie möchten Sie damit in Zukunft umgehen?...").

Während diese Fragestellungen für projektbezogene und karrierebezogene Aspekte in der Regel keine Probleme mit sich bringen, ist bei **privaten Themen grundsätzlich Vorsicht geboten**. Hier sollte der Verkäufer sich **vorwiegend auf das aufnehmende und das be-**

---

[9]   Vgl. hierzu insbes. Weisbach, Christian Rainer, Professionelle Gesprächsführung, S. 37ff. und Cole, Chris, Kommunikation klipp und klar, S. 124ff.

schreibende Zuhören beschränken. Sehr groß ist hier die Gefahr für den Verkäufer, sich als Hobbypsychologe mit unerwünschten Ratschlägen zu outen. Es empfiehlt sich hier, erst bei genauerer Kenntnis des Gesprächspartners eine aktivere Rolle anzunehmen. Die Informationsgewinnung durch gezieltes Fragen wird in der Literatur teilweise auch als „aktives Zuhören" bezeichnet, wiewohl es hier keine einheitlichen Definitionen gibt.

Mit Fragen kann der Verkäufer den Prozess der Informationsgewinnung zwar am besten beschleunigen, allerdings ist dies immer auch mit einer nicht unbedingt gewollten Beeinflussung des Befragten verbunden. Der Verkäufer hat glücklicherweise ein breites Handlungsspektrum zur Verfügung, wenn er durch Fragen um Informationen bittet. Fragen können in verschiedenster Weise ausgestaltet werden und so muss der Verkäufer bei der Formulierung seinen Fragen bereits entscheiden, ob er

- mit der Frage eigenes Wissen bzw. eigene **Hypothesen offenlegt oder nicht**,
- den interessierenden Sachverhalt **direkt abfragt oder einen Umweg wählt** und ob er
- eine **Antwort des Befragten wünscht oder nicht**.

Möchte der Beschaffungsverantwortliche lediglich eine Bestätigung für seine Vermutungen, eignen sich **geschlossene Fragen** (Bestätigungsfragen), die im Extremfall nur ein Ja oder ein Nein als Antwort zulassen (z.B. „Sind Sie der Meinung, dass....?". Geschlossene Fragen können auch mehrere Hypothesen zur Auswahl stellen und werden dann als **Alternativfragen** bezeichnet (z.B. „...ist Ihnen die Ausstattungsvariante A, B oder C lieber?..."). Hat der Verkäufer noch keine Vermutungen über den interessierenden Sachverhalt oder möchte er ihn noch nicht preisgeben, sind **offene Fragen** (Ergänzungsfragen, Informationsfragen) eine geeignete Frageform (z.B. „...welche Auswirkungen vermuten Sie, wenn ... eintritt?...").

Ist damit zu rechnen, dass die Frage nicht korrekt beantwortet wird, kann der Verkäufer seine **Fragen auch indirekt** stellen. Hier wird nicht unmittelbar nach dem interessierenden Sachverhalt gefragt wie bei der **direkten Frage**, sondern nach einem anderen, der mit der Zielgröße in einem festen Zusammenhang steht.

Im Extremfall kann es sein, dass der Verkäufer gar keine Information vom Beschaffungsverantwortlichen möchte, weil er sich seiner Hypothese sicher ist. Dann wird er zur **rhetorischen Frage** greifen, bei der die Aussage in eine Frageform gekleidet wird (z.B. mit dem Zusatz „...nicht wahr?" oder mit einer Eingangsformel „...sind Sie nicht auch der Meinung, dass...?").

4.1.2   Gedankliche Modellierung von Sachverhalten

Auf Basis der so erhobenen Informationen formuliert der Verkäufer mit seinen Kenntnissen und Erfahrungen gedankliche Modelle über den relevanten Sachverhalt. Die Modelle beschränken sich im einfachsten Fall auf eine (partielle) Wiedergabe der Ausgangslage. In Abhängigkeit vom Stand im Beschaffungsprozess können die Gedankenmodelle in einer weiteren Ausbaustufe auch Lösungsvorschläge und Hinweise zur Ergebnisrealisierung enthalten.

Abbildung 8 soll verdeutlichen, dass beliebige Sachverhalte im Verkauf sich fast immer in Bestandteile oder in einzelne Aspekte zerlegen lassen. Bestandteile oder Aspekte sollen im folgenden als Elemente bezeichnet werden. Diese Bestandteile bzw. Aspekte können wie-

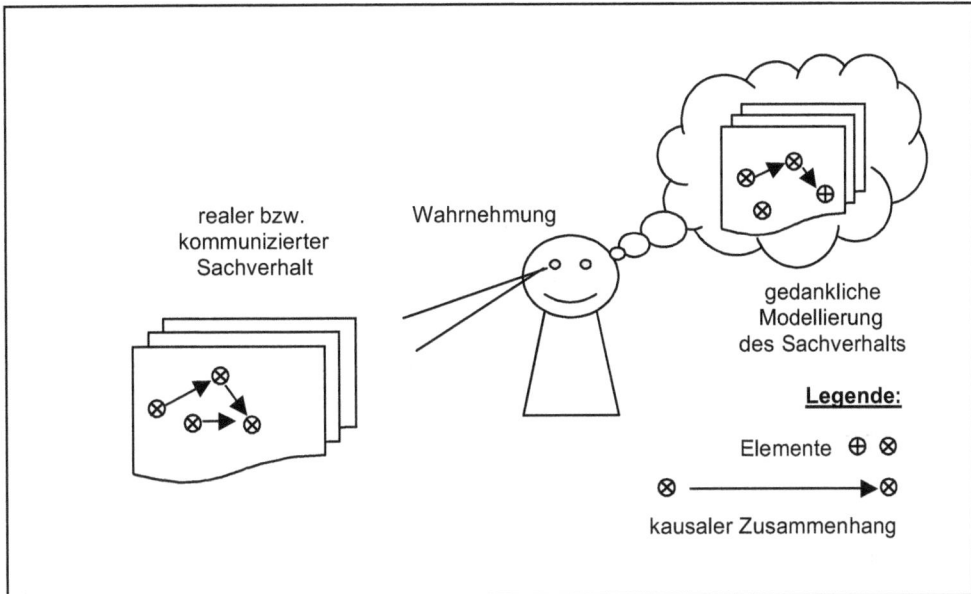

Abb. 8: Gedankliche Modellierung der Ausgangslage durch den Verkäufer

derum untereinander in Beziehung stehen[10]. Zudem lassen sich auch einzelne Elemente meist wieder in kleinere Bestandteile bzw. Aspekte zerlegen usw. Aus Sicht der Verkäufer und der Beschaffungsverantwortlichen können **insbesondere Produkte und Dienstleistungen als Elemente aufgefasst werden. Gleiches gilt für die Zielgrößen**, die der Beschaffungsverantwortliche über Produkte oder Dienstleistungen in eine gewünschte Richtung verändern möchte. **Durch den Einsatz von Produkten und Dienstleistungen entstehen vorübergehende oder dauerhafte Beziehungen zu den Zielgrößen**, sodass letztere sich im Idealfall in der gewünschten Weise verändern. Verändern sich die Zielgrößen durch den Einsatz von Produkten oder Leistungen, handelt es sich um eine so genannte kausale Beziehung. Eine kausale Beziehung liegt auch vor, wenn Produkte und Dienstleistungen wunschgemäß eine Zielgröße stabil halten.

Oft haben die Beschaffungsverantwortlichen die Auswahl zwischen mehreren Produkten bzw. Dienstleistungen. Wahlmöglichkeiten gibt es auch für den Verkäufer, wenn seine Leistungspalette mehrere Produkt- und Dienstleistungen aufweist. **Je größer die Wahlmöglichkeiten sind, desto wichtiger ist es, Gemeinsamkeiten und Unterschiede zwischen den verschiedenen Produkten zu erkennen**, wenn man die bestmögliche Alternative wählen möchte.

Aus diesen Umständen heraus entstehen für Verkäufer und Beschaffungsverantwortliche bei der Auseinandersetzung mit einem Sachverhalt die folgenden beiden abstrakten Aufgaben:

1. eine möglichst genaue Identifikation bzw. Abgrenzung verschiedener Elemente und
2. die Identifikation von kausalen Beziehungen zwischen den Elementen.

---

[10]   In Anlehnung an: Chmielewicz, Klaus, Forschungskonzeptionen der Wirtschaftswissenschaft, S. 43ff.

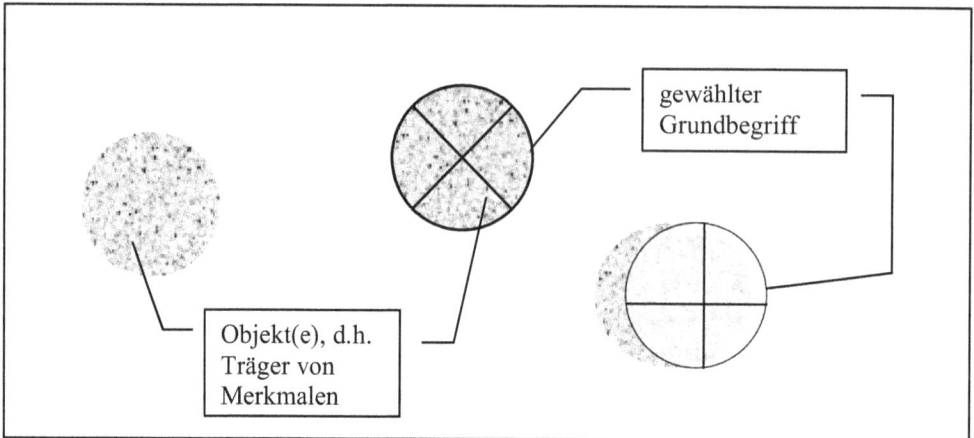

Abb. 9: Abgrenzung von Elementen durch Bezeichnung mit einem geeigneten Grundbegriff

Am einfachsten gelingt die Identifikation bzw. Abgrenzung eines Elements meist durch Beschreibung eines **Beispielobjekts**. So kann der Verkäufer beispielsweise das Kaufverhalten seiner Kunden anhand eines ausgewählten Beispielkunden charakterisieren. Der ausgewählte Beispielkunde stellt also ein konkretes Objekt bzw. einen konkreten Träger von Merkmalen, den so genannten Merkmalsträger dar. Konkrete Merkmalsträger sind oft an ihren individuellen Eigennamen erkennbar, wie z.B. bei Menschen. Eigennamen[11] allein sagen allerdings noch nicht zwingend etwas darüber aus, um welche Art von Element es sich handelt: Charlie kann ein Eigenname für Menschen, für Haustiere jeglicher Art, ein Unternehmen oder ein Kosename für ein bestimmtes Auto sein. Der Eigenname Paris kann eine Stadt bezeichnen oder auch einen bestimmten Menschen männlichen oder weiblichen Geschlechts und so weiter. Schwieriger ist es, konkrete Objekte in Bereichen zu erkennen, wo man typischerweise keine Eigennamen hat. Gegebenenfalls gibt es aber auch dort für Einzelobjekte individuelle Bezeichnungen wie z.B. für Häuser, wo Straßenname und Hausnummer zur Identifikation ausreichen oder bei Autos das Autokennzeichen bzw. die Fahrgestellnummer. Konkrete Objekte können mit anderen Objekten Gemeinsamkeiten oder Unterschiede teilen und sich so einer Klasse bzw. Art zuordnen lassen, die über einen **allgemeinen Grundbegriff** ausgedrückt werden kann (z.B. Mensch, Auto, Autotyp, Branche). Zur Identifikation und Abgrenzung von Elementen empfiehlt es sich also, nach einem allgemeinen zutreffenden Grundbegriff zu suchen (z.B. Computer), den man dann über **Merkmale** weiter spezifiziert (z.B. Prozessorgeschwindigkeit, Betriebssystem, Form, Farbe und dergleichen). Konkrete Objekte bzw. Merkmalsträger sind in der Sprache der Logik die Extension[12] oder der Umfang einer Klasse, während der Grundbegriff der Intension bzw. dem Inhalt einer Klasse entspricht.

Teilweise gelangt man schon allein über die Verwendung von Grundbegriffen zu eindeutigen Abgrenzungen. Nicht selten wird die eindeutige Abgrenzung zusätzlich jedoch über explizit zu benennende Merkmale (z.B. Farbe) und ihrer Merkmalsausprägungen (rot, grün, blau)

---

[11]   Chmielewicz unterscheidet zwischen Individualbegriff, d.h. Eigennamen und Allgemeinbegriff, d.h. Grundbegriff. Vgl. Chmielewicz, Klaus, Forschungskonzeptionen der Wirtschaftswissenschaft, S. 65.

[12]   zu den Begriffen Extension und Intension vgl. Menne, Albert, Einführung in die Logik, S. 25ff.

erfolgen müssen. Merkmale und Merkmalsausprägungen, die konstituierend für eine Abgrenzung verschiedener Elementtypen sind, kann man als **artbildend** bezeichnen. Die übrigen Merkmale und Merkmalsausprägungen können dabei helfen, die verschiedenen **Erscheinungsformen** (Teilgruppen) einer Art zu **spezifizieren**. Merkmale und Merkmalsausprägungen können unabhängig von ihrer eben genannten Funktion gerichtet sein

- auf den betroffenen Merkmalsträger selbst, d.h. nach innen oder
- auf beliebige andere Merkmalsträger, d.h. nach außen.

Merkmale und Merkmalsausprägungen, die auf das Objekt selbst gerichtet sind, können als **Eigenschaften** des Merkmalsträgers, d.h. des Elements bezeichnet werden. Demgegenüber stellen Merkmale, die sich auf beliebige andere Merkmalsträger richten, **Relationen** oder **Beziehungen** dar. Relationen oder Beziehungen bilden den Ausgangspunkt für die Aufdeckung kausaler Zusammenhänge.

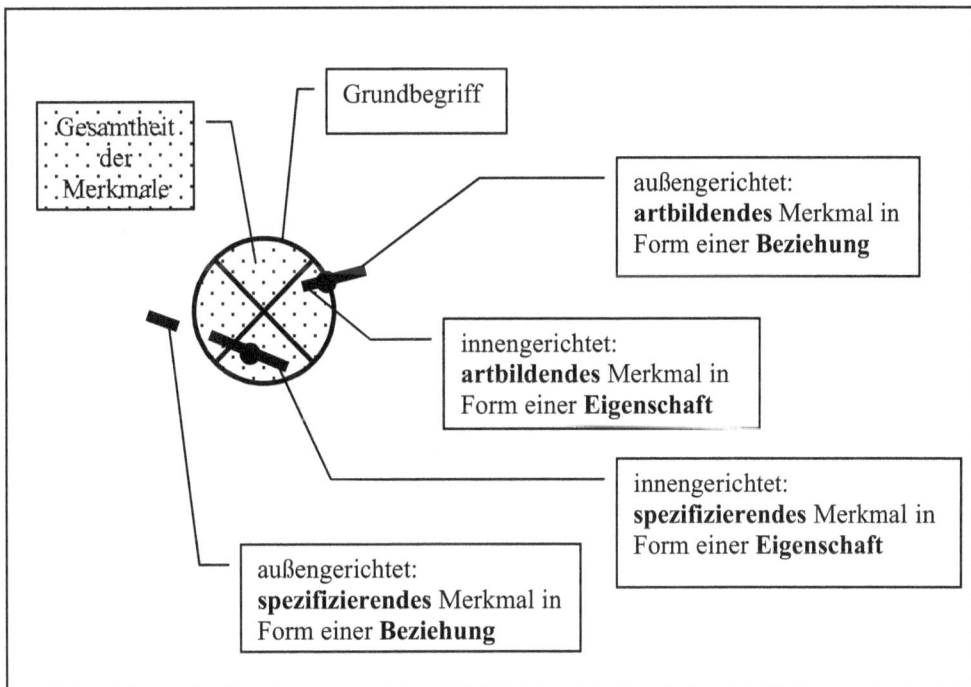

Abb. 10: Abgrenzung von Elementen durch Einsatz von Merkmalen

Relationen lassen sich unterscheiden in klassifizierende und kausale Zusammenhänge: Eine klassifizierende Relation liegt vor, wenn ein Produkt das Merkmal besitzt, einer bestimmten Produktgruppe anzugehören. Eine kausale Relation liegt vor, wenn das Produkt das Merkmal besitzt, bei den Anwendern bestimmte Wirkungen hervorzurufen. **Für Verkäufer und Beschaffungsverantwortliche sind regelmäßig die kausalen Zusammenhänge von vorrangigem Interesse.**

Bei der Definition eines Elements durch Heranziehung von Merkmalen ist festzulegen, ob die Abgrenzung auf direkte oder auf indirekte Weise erfolgen soll[13]. Bei der direkten (positiven) Definition wird beschrieben, welche Merkmale den Sachverhalt im einzelnen ausmachen, was er umfasst. Bei der indirekten (negativen) Vorgehensweise wird nach dem Ausschlussprinzip verfahren. Hier werden alle Merkmale und Merkmalsausprägungen beschrieben, die das Element nicht beinhaltet. Im allgemeinen ist das positive Verfahren vorzuziehen, weil die gedankliche Erfassung und Verarbeitung hier einfacher und schneller erfolgen kann.

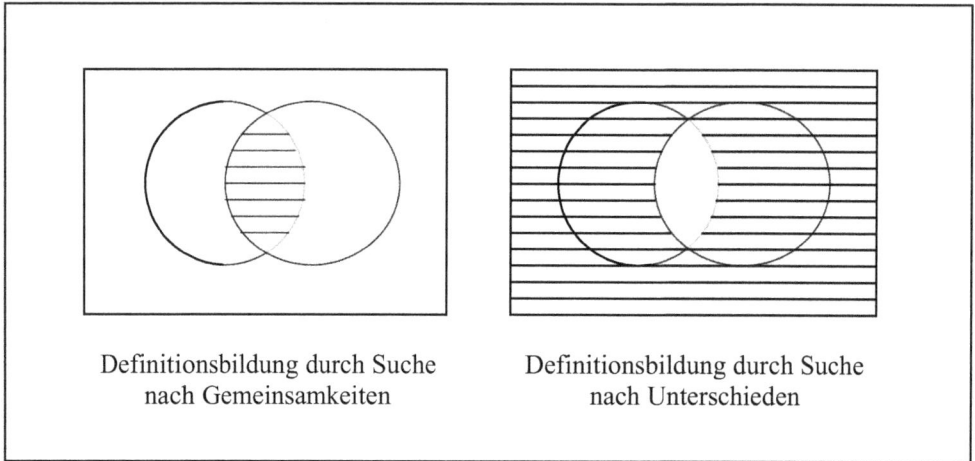

Definitionsbildung durch Suche   Definitionsbildung durch Suche
nach Gemeinsamkeiten   nach Unterschieden

Abb. 11: Vorgehensweisen bei der Definition von Sachverhalten

Bei der gedanklichen Modellierung von Sachverhalten stellt sich auch die Frage, welcher Detaillierungsgrad für die Darstellung eines Elements (bzw. einer kausalen Beziehung) gewählt werden soll. Nicht selten besteht nämlich die Möglichkeit, die Zahl der zur Beschreibung herangezogenen Merkmale bei gleichzeitiger Änderung des Grundbegriffs zu variieren (z.B. Mensch (Grundbegriff ohne Merkmale) oder vernunftbegabtes Lebewesen (Grundbegriff mit einem Merkmal))[14]. Diese Handlungsweise liegt auch rekursiven Definitionen zugrunde (Kredit = Überlassung von Geld- und Sachmitteln gegen Entgelt; Geld = haltbares allgemein akzeptiertes Universaltauschmittel). Im allgemeinen führt eine Erhöhung der Zahl der Merkmale ceteris paribus zu einer erhöhten Konkretisierung des zu beschreibenden Sachverhalts[15]. Gleichwertige Definitionen lassen sich bilden, wenn es auf Ebene der Allgemeinbegriffe eine Begriffshierarchie gibt, in der sich Unterbegriffe durch Hinzufügung von Merkmalen und ihren Ausprägungen eindeutig einer Teilgruppe des übergeordneten Allgemeinbegriffs zuordnen lassen.

In Verkaufsgesprächen besteht selbstverständlich die Möglichkeit, auch bei Wahl des detailliertesten Grundbegriffs die implizit enthaltenen Merkmale explizit zu benennen. Dies empfiehlt sich vor allem bei unerfahrenen Einkäufern.

---

[13] In Anlehnung an Weisbach Christian, Professionelle Gesprächsführung, S. 369ff.
[14] Vgl. Menne, Albert, Einführung in die Logik, S. 29f.
[15] Vgl. Menne, Albert, Einführung in die Logik, S. 26f.

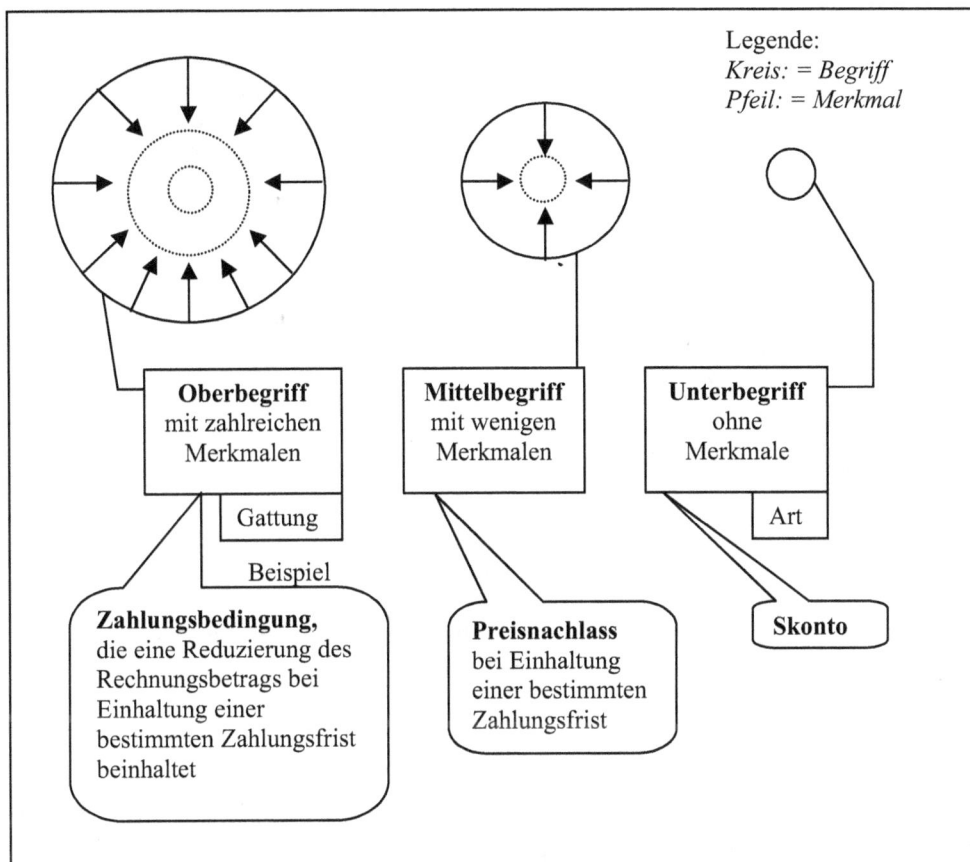

Abb. 12: Alternative Konkretisierungsgrade von Definitionen durch Variation der Anzahl der explizit aufgeführten Merkmale

Genauso wichtig wie die Identifikation und Abgrenzung von Elementen ist **die Suche nach kausalen Beziehungen** bei der Modellierung von Sachverhalten. Elemente am Ende eines Kausalzusammenhangs werden durch die Ursachengröße entweder

- zu einer dauerhaften oder vorübergehenden Änderung angeregt oder
- von einer dauerhaften oder vorübergehenden Änderung abgehalten.

Unerheblich ist dabei, ob die Ursachengröße ein anderes Element ist oder ob die Ursache sogar im betroffenen Element selbst liegt (z.B. verursacht ein laufender Motor die Erwärmung desselben). Festzuhalten bleibt, dass die **Wirkgröße durch Veränderungen an ihren Merkmalen und Merkmalsausprägungen gekennzeichnet ist**, die durch das Auftreten bzw. Fernbleiben der Ursachengröße zustande kommen. Die Veränderungen berühren

- die Art oder die Erscheinungsformen des Elements und
- die Eigenschaften oder Beziehungen des Elements (siehe Abb. 13).

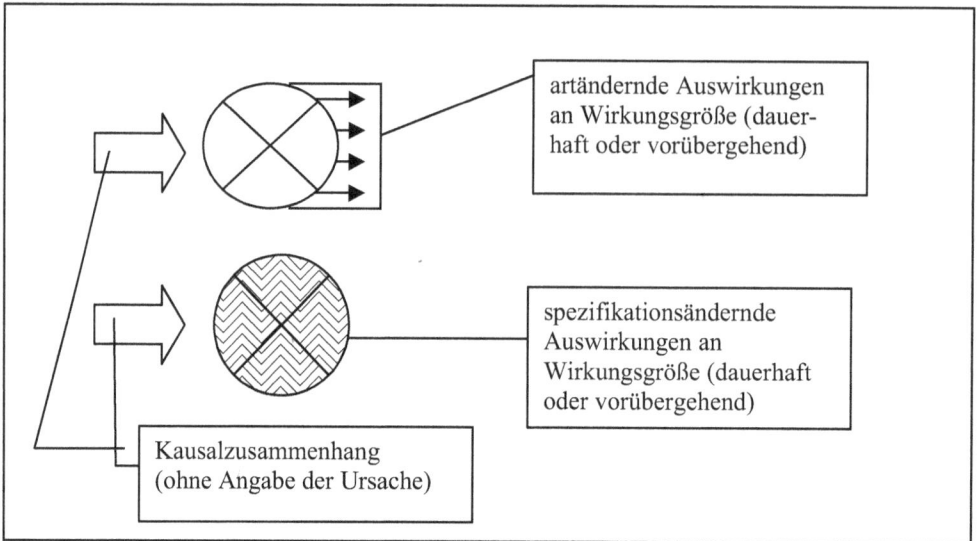

Abb. 13: Kausalzusammenhänge mit ihren Auswirkungen auf die Wirkgrößen

Das Aussehen der an den Wirkgrößen beobachtbaren Veränderungen hängt vom Skalenniveau der betreffenden Merkmale ab[16]. Es lassen sich unterscheiden

- nominalskalierte Merkmale,
- ordinalskalierte Merkmale und
- kardinalskalierte Merkmale.

Bei den nominalskalierten Merkmalen kann man nur entschieden, ob zwei Ausprägungen identisch sind oder nicht (z.B. Mitarbeitergeschlecht männlich oder weiblich).

Demgegenüber kann man die ordinalskalierten Merkmale nicht nur unterscheiden, sondern sie auch bereits in eine Rangfolge bringen (sehr gut, gut, mittelmäßig, schlecht).

Die kardinalskalierten Merkmale zeichnen sich zusätzlich dadurch aus, dass der Abstand zwischen zwei Merkmalsausprägungen gemessen werden kann.

Mit kardinalskalierten Merkmalen können die detailliertesten Aussagen über ein Element gemacht werden. Daran haben die Beschaffungsverantwortlichen großes Interesse, wenn es in einem Angebotsvergleich um die Wahl der am besten wirksamen Lieferantenleistung geht.

Wenn die Elemente des interessierenden Sachverhalts mit ihren Merkmalsträgern, ihren Merkmalen und ihren Merkmalsausprägungen nach ihrer Art bekannt sind, ist jeweils noch die **Anzahl der Elemente** zu berücksichtigen, um eine vollständige Wiedergabe zu erreichen.

Diese quantitative Sichtweise bietet zudem die Möglichkeit, durch Angabe von **Eintrittswahrscheinlichkeiten** Zusammenhänge abzubilden, die aufgrund des gewählten Abstraktionsniveaus die Kausalitätsanforderungen nicht gänzlich erfüllen.

---

[16]   Vgl. Chmielewicz, Klaus, Forschungskonzeptionen der Wirtschaftswissenschaft, S. 66f.

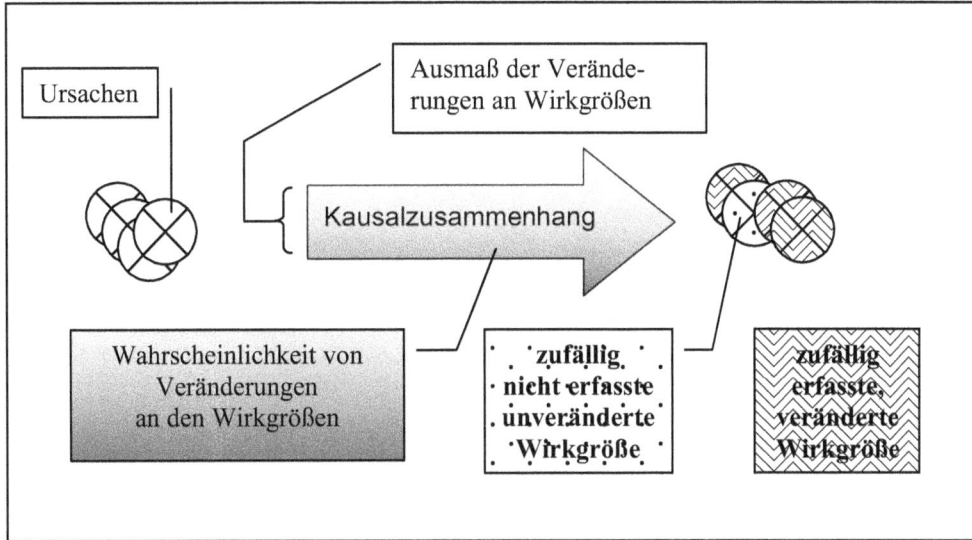

Abb. 14: Eintrittswahrscheinlichkeit und Ausmaß von Wirkungen

Bei der Modellierung von Sachverhalten steht der Verkäufer stets vor der Frage, inwieweit und wie er die Ausgangslage in seinem Gedankenmodell unterbringen soll oder muss. Insbesondere die für eine bestimmten Zweck irrelevanten Aspekte können problemlos vernachlässigt werden. Die Modellierung von Sachverhalten kann

• in Form eines Beschreibungsmodelle oder
• in Form eines Erklärungsmodells

erfolgen[17]. Das Beschreibungsmodell konzentriert sich lediglich auf die Beschreibung von Elementen und die Beschreibung von im Zeitablauf beobachtbaren Veränderungen. Der Schwerpunkt der Bemühungen liegt hier oft in einer eindeutigen Abgrenzung (Klassifikation) der verschiedenen Elemente und ihrer Veränderungen.

Das Erklärungsmodell bringt die Elemente darüber hinaus in einen kausalen Zusammenhang, d.h. zu den Veränderungen an den einzelnen Elementen werden auch Vermutungen über die denkbaren Ursachen sowie die möglichen weiteren Folgewirkungen angestellt. Kausalzusammenhänge setzen sich also aus Ursachenvariablen und Wirkungsvariablen zusammen, wobei Veränderungen der erstgenannten Größen ceteris paribus zu einer zeitlich versetzten Veränderung der letztgenannten Größen führen. Erklärungsmodelle müssen deshalb eine Verknüpfung der Veränderungen auf beiden Seiten herstellen, was unter Angabe der verursachenden und der betroffenen Größe geschehen muss. Eine Vertauschung der Ursachen und der Wirkungen ist ohne weitere syntaktische Eingriffe (insbes. Bekanntgabe der Änderung der Betrachtungsrichtung durch Wechsel zwischen passiver oder aktiver Formulierung) nicht zulässig, wenn die Struktur der Beziehung erhalten bleiben soll. Das Erklärungsmodell kann zu einem normativen Modell ausgebaut werden, wenn es auch Kausalketten enthält, die durch einen Handelnden gezielt beeinflussbar sind, also konkrete Handlungsanweisungen enthält.

---

[17] Zur Klassifizierung von Modellen siehe u.a. Hill, Werner; Fehlbaum, Raymond; Ulrich, Peter, Organisationslehre 1, S. 48f.

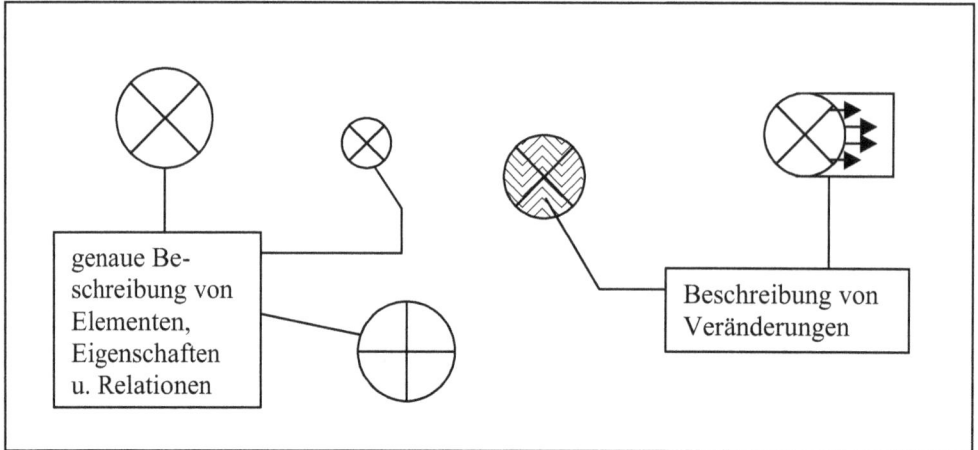

Abb. 15: Leistungsumfang von Beschreibungsmodellen

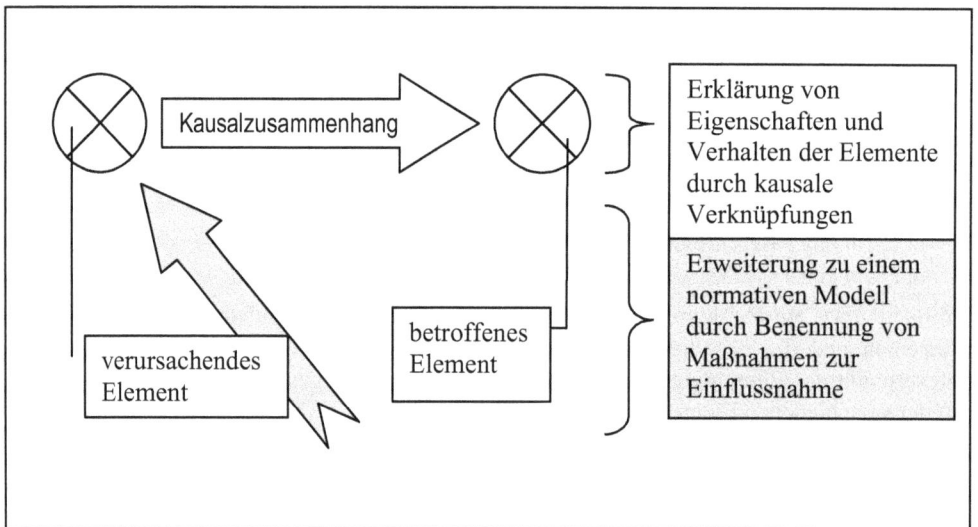

Abb. 16: Leistungsumfang von Erklärungsmodellen und normativen Modellen

Zweck normativer Erklärungsmodelle ist es, auch beeinflussbare Ursachen-Wirkungs-Beziehungen zu formulieren und damit zielgerichtete Handlungsmöglichkeiten für einen möglichen Akteur aufzuzeigen. Dabei steht man als Verfasser oft auch vor der Frage, ob zu einem Sachverhalt parallel mehrere Konzepte mit jeweils verschiedenen beeinflussbaren Handlungsalternativen entworfen werden sollen. Dies ist aus Sicht eines Verkäufers durchaus empfehlenswert, wenn sich nämlich durch Darstellung mehrerer Lösungsvarianten die Chance erhöht, dass der Beschaffungsverantwortliche nicht zu einem anderen konkurrierenden Lieferanten wechselt.

In einem Erklärungsmodell stehen die kausalen Zusammenhänge im Vordergrund der Überlegungen. Bei ihrer Darstellung ergibt sich die Notwendigkeit, eines der von der Beziehungskette berührten Elemente als gedanklichen Ausgangspunkt zu wählen.

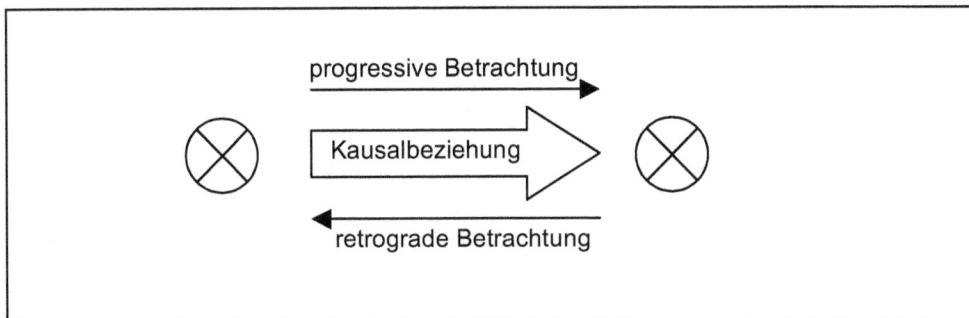

Abb. 17: Betrachtungsperspektiven von kausalen Zusammenhängen

Mit der Wahl der Ursache als Ausgangspunkt entscheidet sich der Verfasser für die progressive Perspektive und umgekehrt für eine retrograde Betrachtung. Im Verkaufsgespräch ist es vorteilhaft, die zur Verfügung stehenden **zentralen Handlungsmöglichkeiten (d.h. die angebotenen Leistungen) als Ausgangspunkt der Betrachtung** zu wählen. Damit wird in Bezug auf die Handlungswirkungen eine progressive Perspektive eingenommen. In Bezug auf die gegebenenfalls zu schaffenden oder zu berücksichtigenden Handlungsvoraussetzungen wird somit eine retrograde Perspektive eingeschlagen.

Schließlich kann bei der Modellierung von Sachverhalten die Überlegung entstehen, ob die Betrachtungen ausschließlich für den Einzelfall gelten sollen oder ob auch eine **Übertragbarkeit** auf andere ähnlich gelagerte Fälle gewünscht wird.

Die modellierten Sachverhalte können sich im **Bewusstsein des Verfassers** hauptsächlich manifestieren in Form von

*   Indizes (z.B. Rot als Zeichen für Gefahr, Melodien als Zeichen für Liebe),
*   Bildzeichen (z.B. Strichzeichnungen) oder in Form von
*   Symbolen (z.B. Zahlen, Buchstaben).

In Abhängigkeit von der Persönlichkeitsstruktur des Verfassers und der Art der jeweiligen Sachverhalte dominieren meist einzelne Formate der Wissensrepräsentation.

Entscheidend für den Verkäufer ist allerdings nicht die bestmögliche Wissensrepräsentation im eigenen Kopf, sondern die **bestmögliche Weitergabe von Ideen** an die Beschaffungsverantwortlichen. Nicht alle Formate der mentalen Wissensrepräsentation eignen sich zur direkten Weitergabe an andere Personen: Einerseits sind die den Menschen zur Verfügung stehenden natürlichen Kommunikationskanäle teilweise nicht mächtig genug, um die Bandbreite der eigenen Konzepte wiederzugeben (z.B. Nachahmung der Klänge eines Musikinstruments mit der eigenen Stimme). Andererseits ist oft unsicher, ob die gesendeten Indizes, Bildzeichen oder Symbole vom Empfänger in gleicher Weise interpretiert werden. Deshalb bleibt oft nur der Weg, die eigenen Konzepte über ein Zeichensystem weiterzugeben, das mit den Möglichkeiten eines Kommunikationskanals auskommt und das von anderen Personen in möglichst gleicher Weise interpretiert wird. Die Sprache stellt das bedeutsamste Instrument der zwischenmenschlichen Kommunikation dar und wird deshalb im nächsten Abschnitt genauer betrachtet.

4.1.3   Sprachliche Ausgestaltung von Informationen

Damit die gedanklichen Modelle bei ihrer Weiterleitung an die Beschaffungsverantwortlichen möglichst wenige qualitative Einbußen erleiden, müssen die Bewusstseinsinhalte in einen allgemein verständlichen Zeichenvorrat umgesetzt werden. Der Zeichenvorrat mit der größten Variationsbreite zur Wiedergabe gedanklicher Modelle ist die menschliche Sprache[18] und wird deshalb hier vorrangig beleuchtet. Andere Zeichen wie die Verwendung von Bildern, die Durchführung beispielgebender Handlungen (Vormachen) und dergleichen werden in diesem Teilkapitel nicht vertiefend behandelt, weil sie oft nicht bei einer größeren Zahl von Menschen als gemeinsamer Zeichenvorrat verankert sind. Nur in einzelnen Bereichen bzw. Berufsgruppen nehmen außersprachliche Zeichen eine wichtige kommunikative Rolle ein (z.B. Dirigenten mit Taktstock).

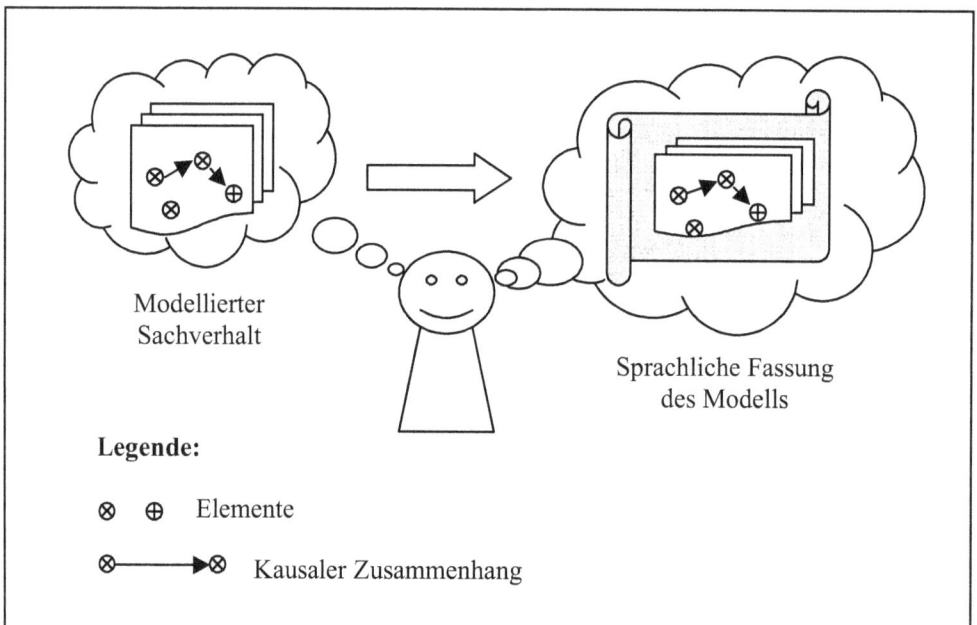

Abb. 18: Sprachliche Umsetzung von Bewusstseinsinhalten

Im letzten Abschnitt wurde dargelegt, dass Sachverhalte sich oft über Elemente (Merkmalsträger mit ihren Merkmalen und Merkmalsausprägungen) und über Beziehungen charakterisieren lassen. Sprachlich lassen sich die kleinsten – faktisch oder willentlich – nicht weiter auflösbaren **gedanklichen Konstrukte** (z.B. isoliert stehendes Merkmal, isoliert betrachteter Träger) häufig mit einem **einzelnen Wort** fassen. Teilweise sind auch mehrere Worte notwendig wie z.B. bei präpositionalen Bestimmungen (z.B. „nach der Preiserhöhung", „unter dem Strich"). Sobald die kleinsten nicht weiter auflösbaren gedanklichen Konstrukte miteinander verknüpft werden (wie z.B. bei der Zuordnung von Merkmalen zu einem Merkmalsträger oder der Formulierung von Beziehungen zwischen verschiedenen Elementen), reichen

---

[18]   In Anlehnung an Burkart, Roland, Kommunikationswissenschaft, S. 89.

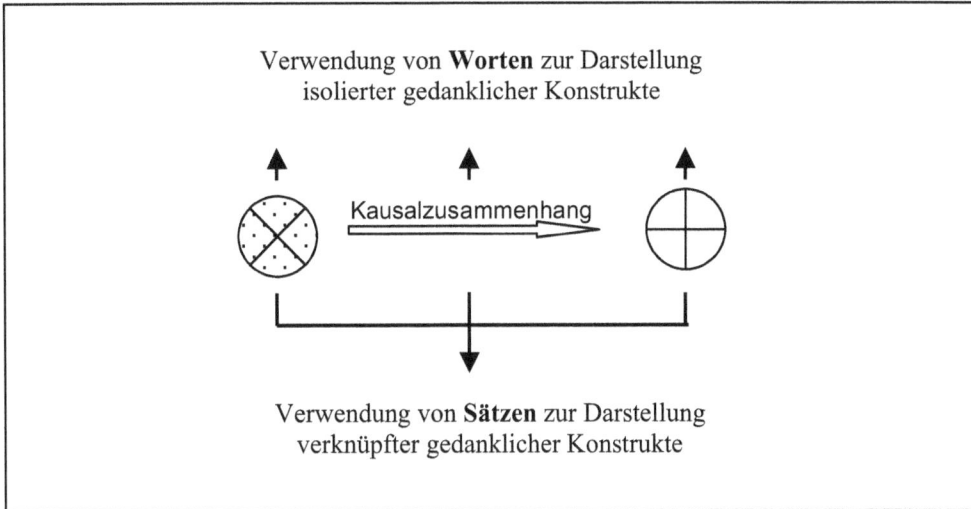

Abb. 19: Einsatzbereiche von Worten und Sätzen zur Wiedergabe von gedanklichen Modellen

einzelne Worte in der Regel nicht mehr aus. Zuordnungen und Verknüpfungen müssen sprachlich in der Regel also durch **Bildung von Sätzen** eingefangen werden.

Der Verfasser einer Sprachnachricht steht also vor der Aufgabe, für seine gedanklichen Modelle

- geeignete Worte zu finden und
- diese Worte anschließend über geeignete Sätze miteinander in Beziehung zu setzen.

Auf der **Wortebene** hat der Verfasser einer Sprachnachricht folgende Entscheidungen zu treffen:

- Suche nach einem inhaltlich geeigneten Wort,
- Festlegung der dem gedanklichen Konstrukt entsprechenden Wortart und
- Festlegung des dem gedanklichen Konstrukt entsprechenden Gebrauchs der Worte.

Bei der Suche nach einem inhaltlich geeigneten Wort ist mit einer der folgenden Ergebnis-konstellationen zu rechnen:

- Es findet sich genau ein treffendes Wort.
- Es finden sich mehrere treffende Worte (Synonyme) oder
- Es findet sich kein treffendes Wort

Findet sich genau ein zutreffendes Wort, kann sich der Verfasser unmittelbar um die nächsten anstehenden Aufgaben kümmern. Eine weitere Suche wird nur dann erforderlich, wenn der Verfasser während der sprachlichen Umsetzung feststellt, dass eine alternative Gestaltung des gedanklichen Konstrukts über Hinzufügung oder Weglassung von Merkma-len geschickter ist (siehe Abbildung 12). Zu dem betreffenden Merkmalsträger wären dann geeignete Oberbegriffe (z.B. Zahlungsbedingungen, Preisnachlässe) bzw. geeignete Unter-begriffe zu suchen.

Finden sich mehrere geeignete Wörter, steht der Verfasser vor der Aufgabe, das für den Gesprächszweck am besten geeignete Synonym auszuwählen. Synonyme Bezeichnungen für gedankliche Konstrukte finden sich, wenn Worte

- unterschiedlicher räumlicher Herkunft (Fremdwörter, Dialektwörter),
- aus unterschiedlichen gesellschaftlichen Gruppierungen (Soziolekte z.B. Jugendsprache),
- aus unterschiedlichen Berufsgruppen (Fachwörter) oder
- aus verschiedenen historischen Zeiträumen (Archaismen – z.B. Chronometer statt Uhr)

im Sprachschatz zur Verfügung stehen. Daneben gibt es im Sprachschatz häufig noch weitere Wörter, die zwar nicht mehr gänzlich synonym sind, aber das gedankliche Konstrukt im Kern unter Hervorhebung bestimmter Merkmale abbilden (im Bereich der Rhetorik spricht man beispielsweise von Metonymien, Synekdochen etc.). Für eine bestmögliche Verständigung empfiehlt es sich meist, die Synonyme aus den Bereichen zu wählen, die am besten den Charakteristika oder den Vorstellungen des Empfängers entsprechen.

Findet sich kein zutreffendes Wort, ist der Verfasser gezwungen, durch **Bildung neuer Wörter** das gedankliche Konstrukt zu beschreiben. Im Verkaufsbereich entsteht häufig die Notwendigkeit zur Bildung neuer Wörter wenn technische und wirtschaftliche Innovationen oder gesellschaftliche Veränderungen kommuniziert werden müssen. Zur Bildung neuer Wörter gibt es folgende Handlungsalternativen:

- Wortzusammensetzungen (Personalkosten, Stoßstange etc.) und die dann bestehende Möglichkeit zur Wortzusammenziehung (spiced ham = Spam),
- Wortableitungen, d.h. Hinzufügung von Vorsilben und Endungen (z.B. fügen, hinzufügen) oder
- Schaffung zusätzlicher Bedeutungen für bereits bekannte Wörter durch Bildung von Analogien (z.B. Blatt als flacher dünner Körper in Anlehnung an das Baumblatt). Um Missverständnisse soweit wie möglich zu vermeiden, werden solche Analogien häufig in Verbindung mit Wortzusammensetzungen gebildet wie z.B. Sägeblatt, Glühbirne, Flussbett.

Geht es um die Vermarktung innovativer Leistungen, kann man auf die Suche nach einem allgemeingültigen neuen Wort verzichten und dazu übergehen, mit einem selbst gebildeten Eigennamen zu operieren. Unter Umständen entwickeln sich diese Eigennamen wiederum zu Allgemeinbegriffen (z.B. Tempo statt Papiertaschentuch).

Ist die inhaltliche Wortsuche erfolgreich abgeschlossen, muss der Verfasser festlegen, welche **Wortart** dem gedanklichen Konstrukt am besten entspricht. Die Wortart ist entscheidend für die Wiedergabe der Funktion, die ein in Worte gefasstes gedankliches Konstrukt im Rahmen des Gedankenmodells einnimmt: Für die Bezeichnung von **Merkmalsträgern** sowie die generalisierte Bezeichnung von **Merkmalen und Beziehungen** sind Nomen die adäquate Wortart, sei es in Form von Allgemeinbegriffen (z.B. Produkt, Geld, Kosten, Verbrauch) oder sei es in Form von Eigennamen (z.B. Persil, US-Dollar). Im Textverlauf können Nomen auch durch kürzere Pronomen ersetzt werden, sofern aus dem Gesamtzusammenhang eindeutig klar ist, über was gesprochen wird. Für die Charakterisierung von **Merkmalsausprägungen** kommen Adjektive in Betracht, soweit es sich um die Merkmalsausprägungen von Merkmalsträgern handelt. Für die Beschreibung der **Zustände und der Veränderungen**, die durch kausale Zusammenhänge hervorgerufen werden, sind Verben die entsprechende Wortart. Zur genaueren Beschreibung der über Verben ausgedrückten **Ursachen-Wirkungs-Beziehungen** eignen sich die Adverbien.

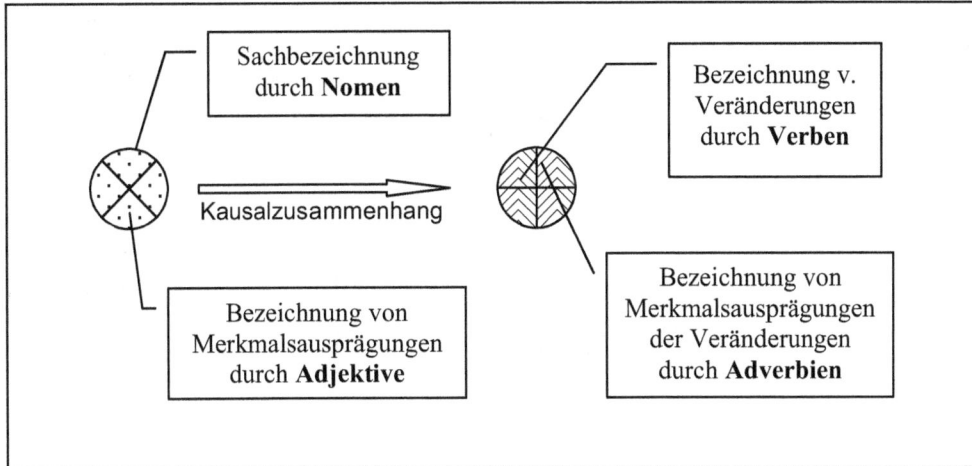

Abb. 20: Funktion gedanklicher Konstrukte und die dazugehörenden Wortarten

Die Verfasser müssen die Wahl der Wortart also an der Funktion ausrichten, die ein gedank-liches Konstrukt im Rahmen des modellierten Sachverhalts einnimmt. Grundsätzlich kann der Verfasser

- durch Bildung von Substantiven aus Verben oder Adjektiven (wählen – Wahl),
- durch Verbbildung aus Substantiven oder Adjektiven (rissig – reißen) oder
- durch Bildung von Adjektiven aus Substantiven oder Verben (Arbeit – arbeitsam)

die Stellung eines gedanklichen Konstrukts im definierten Gesamtmodell zum Ausdruck bringen.

Sobald inhaltlich adäquate Worte gefunden sind und die Wortarten bestimmt wurden, muss der Verfasser noch dafür sorgen, durch geeigneten **Gebrauch der Worte** im Satzzusam-menhang eine möglichst klare Wiedergabe des modellierten Sachverhalts zu erreichen. Die nachstehende Tabelle enthält die Ausgestaltungsmöglichkeiten für die einzelnen Wortarten:

Tab. 2: Gestaltungsdimensionen für den Gebrauch der wichtigsten Wortarten

Wortart	Gestaltungsdimensionen	Ausprägungsspektrum
Nomen	Anzahl	Singular, Plural
	Deklination	Nominativ... Akkusativ
Verben	Sichtweise des Geschehens	Aktiv, Passiv
	Modus des Geschehens	Indikativ, Konjunktiv
	Zeitpunkt des Geschehens	Vergangenheit..Zukunft
Adjektive	Deklination	Nominativ...Akkusativ
	Steigerungsformen	Positiv..Superlativ
Adverbien	–	–

Wie bereits geschildert, können mit einzelnen Worten lediglich isolierte gedankliche Kon-strukte vermittelt werden. Die Wiedergabe von Zuordnungen oder Zusammenhängen erfor-dert in der Regel die Verknüpfung mehrerer Worte in einem Satz. Häufig sind für komplexere Gedankengänge mehrere Sätze erforderlich. Bei der Bildung von Sätzen sind zum einen die **Satzglieder**, d.h. die Teile eines Satzes zu spezifizieren und zum anderen die Art und die Anzahl der **Gliedsätze**, d.h. die Art und Anzahl der Nebensätze festzulegen. Nicht alle Satzglieder eines Satzes sind frei wählbar: Subjekt und Prädikat sind jeweils zwingend notwendiger Bestandteil eines Satzes.

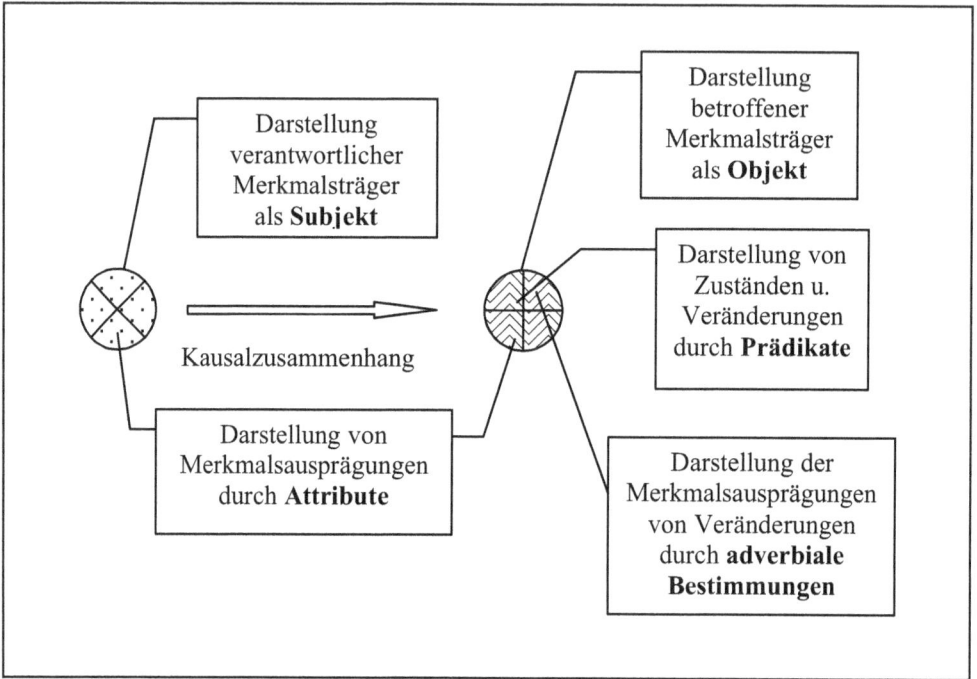

Abb. 21: Funktionen gedanklicher Konstrukte und die dazugehörenden Satzglieder

Während das Subjekt sich mit einem **Merkmalsträger, einem Merkmal oder einer Beziehung** befasst, beschreibt das Prädikat **Geschehnisse**, also die Veränderungen oder die Zustände, die sich als Resultat einer Veränderung zeigen. Die von den Geschehnissen **betroffenen oder berührten Elemente** können in Form von Objekten Bestandteil eines Satzes sein. Die als Subjekte oder Objekte zum Ausdruck kommenden Elemente können über Attribute konkretisiert werden. Prädikate wiederum lassen sich bei Bedarf über adverbiale Bestimmungen genauer beschreiben.

Ist eine größere Zahl von Zuordnungen wiederzugeben, kann man **Sätze erweitern,** indem einzelne Satzglieder durch komplette Teilsätze ersetzt werden, sogenannte Gliedsätze. Üblicherweise wird der gedanklich als Kern empfundene Zusammenhang im Rahmen eines Hauptsatzes ausgedrückt, während die Konkretisierung von Subjekten, Objekten sowie die genauere Beschreibung der Prädikate durch Nebensätze erfolgt.

Tab. 3: Möglichkeiten zur Ergänzung von Satzgliedern

zu ergänzendes Satzglied	**Subjekte und Objekte**	**Prädikate**
Gliedsätze	Attributsätze (Relativsätze)	Adverbialsätze

Subjekte, Objekte und Prädikate lassen sich innerhalb desselben Satzes bei Bedarf durch geeignete Gliedsätze spezifizieren. Sind weitere Konkretisierungen nötig, kann man einzelne Gliedsätze durch zusätzliche untergeordnete Gliedsätze ergänzen. Die Gliedsätze selbst lassen sich ausgestalten als

- Nominalsätze (z.B. „wir hoffen, dass wir das Ziel noch erreichen..."),
- Infinitivsätze (z.B. „wir hoffen, das Ziel noch zu erreichen...") oder als
- Partizipialsätze (z.B. „am Umsatzziel angekommen, erhielten die Kunden einen Bonus").

Komplexe Sachverhalte, die sich nur über mehrere Sätze ausreichend beschreiben lassen, können durch Bildung von Satzreihen und Aufzählungen miteinander verknüpft werden. Als Koordinationsinstrumente kommen bei Satzreihen **Konjunktionen** oder **Adverbien** in Betracht. Welche Formen der Verknüpfung sich damit jeweils darstellen lassen, zeigt die folgende Tabelle:

Tab. 4: Verknüpfung von Sätzen – Koordinationsleistung von Adverbien und Konjunktionen

Koordinationsleistung	Konjunktionen	Adverbien
temporal (Zeitpunkt u. Dauer)		jetzt, sofort, gleich, dann
		immer, stets, oft...
lokal (Ort, Raum, Richtung)		hier, dort, oben, unten, vorne, drinnen…
		rechts, vorwärts, drum herum, bergauf....
modal (Art und Weise)	nur	anders, gern, umsonst, fast, nur, kaum, außerdem…
kausal (Ursache, Folge)	denn	da, darum,, daher, deshalb, deswegen, somit, also, denn
kopulativ (verbindend)	und, sowie, sowohl als auch, das ist, das heißt	
adversativ (ausschließend)	aber, sondern, jedoch, nur, allein	
alternativ	oder, entweder ...oder	

Mit den oben genannten Gestaltungsmöglichkeiten auf Wort und Satzebene sind nun die prinzipiellen Ansatzpunkte zur sprachlichen Wiedergabe modellierter Sachverhalte vorgestellt worden. Die nächste Aufgabe besteht nun darin, die sprachlich erfassten modellierten Sachverhalte mit Hilfe eines Kommunikationskanals an die Beschaffungsverantwortlichen zu übermitteln. Damit befasst sich der folgende Abschnitt.

4.1.4   Umsetzung von Informationen in Signale

Nachdem für die modellierten Sachverhalte eine sprachliche Fassung vorliegt, besteht nun noch die Aufgabe, den bestmöglichen Kommunikationskanal für die Weitergabe an die Empfänger zu bestimmen. Als Kommunikationskanäle kommen in Betracht:

- die menschliche Stimme,
- der menschliche Körper,
- die Handlungen des Menschen,
- die Schrift mit den dazu erforderlichen Kommunikationsmitteln und
- die sonstigen Gegenstände mit ihren Merkmalen.

Die für Worte und Sätze am besten geeigneten Kommunikationsweisen sind die

- mündliche Übermittlung sowie die
- schriftliche Übermittlung.

Dabei bietet die schriftliche Übermittlung zusätzlich die Chance, Bilder oder Grafiken einzubeziehen, d.h. auch nichtsprachlich gefasste Gedankenmodelle abzubilden.

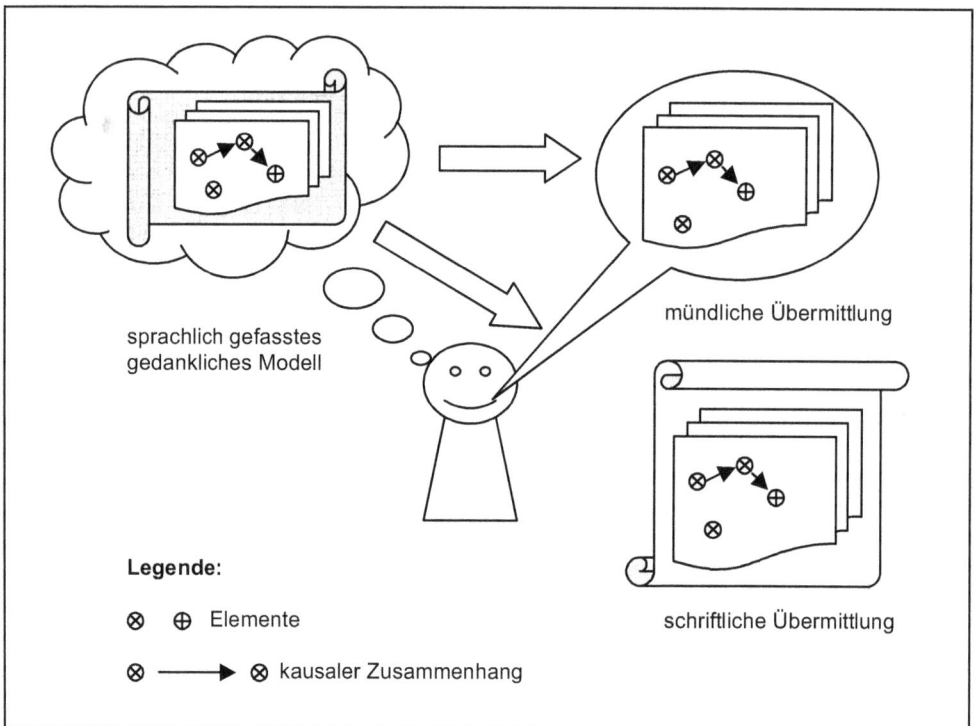

Abb. 22: Kommunikationskanäle zur Übermittlung sprachlich gefasster Konzepte

Die Kommunikation über **Körpersprache** (mit der ausgefeiltesten Form der Gebärdensprache) ist gegenüber den beiden eben genannten Kommunikationsweisen bereits erheblich eingeschränkt. Die Kommunikation durch **Handlungen** der Person ist ebenso wie die Kommunikation über **sonstige Gegenstände** nur für den Transport vergleichsweise weniger Worte geeignet – ganze Sätze können hierdurch nur selten an den Gesprächspartner weitergegeben werden (z.B. wenn durch Gegenstände jeweils der gesamte Prozess ihrer Entstehung zum Ausdruck kommt).

Entscheidet sich der Verfasser für eine **mündliche Weitergabe** seiner sprachlich gefassten Modelle, besteht auf **Wortebene** Entscheidungsbedarf bezüglich

- der Aussprache (Artikulierung, lautsprachliche Umsetzungsmöglichkeiten) einzelner Buchstaben oder Silben, sofern diese auf verschiedene Weise ausgesprochen werden können (z.B. Cent als S oder als Z, Chemie Ch als K oder als Sch),
- der Aussprache von Wörtern und Sätzen, sofern diese sowohl in der Hochsprache als auch im Dialekt (des Verfassers) ausgedrückt werden können und
- der Aussprache von Fremdwörtern, sofern diese nach Herkunft des Wortes oder nach der Landessprache des Verfassers erfolgen soll.

Eine Klarstellung der **Satzgestaltung** – d.h. der gewählten Satzart und der Satzenden – kann der Verfasser bei mündlicher Übermittlung erreichen durch

- entsprechende Pausengestaltung,
- Variation der Tonhöhe,
- Betonung von Satzgliedern und Gliedsätzen,
- ggf. durch Lautstärken- und Geschwindigkeitsanpassungen und
- im Einzelfall durch konkrete Aussprache der gedachten Satzzeichen.

Entscheidet sich der Verfasser für eine schriftliche Übermittlung, bestehen in Bezug auf die Worte und gegebenenfalls sogar für ganze Sätze folgende grafische Umsetzungsmöglichkeiten:

- Verwendung von Abkürzungen statt der ausgeschriebenen Worte (z.B. Ebit statt Earnings before interest and tax). Teilweise sind die Abkürzungen so gebräuchlich, dass sie auch in Lexika (z.B. im Duden) in ihrer abgekürzten Form aufgeführt werden.
- Verwendung einer zahlenbasierten Schreibweise anstelle einer buchstabenbasierten Schreibweise bei quantitativen Ausdrücken.
- Verwendung von Sonderzeichen anstelle der buchstabenbasierten Schreibweise ($, §).
- Verwendung von fachsprachlichen Symbolen (wie z.B. >; @; 18° C; µ; H_2O für mathematische Ausdrücke, chemische oder physikalische Formeln oder Notenzeichen für musikalische Ausdrücke). Gerade mit fachsprachlichen Symbolen können ggf. auch ganze Sätze zum Ausdruck gebracht werden.
- Verwendung von Satzzeichen, Klammern und Parenthesen zur Abgrenzung und Gliederung von Sätzen bzw. zur Bestimmung der Satzart und damit zur Intention der Sätze.

Mit der Entscheidung für eine Kommunikationsweise bzw. einen Kommunikationskanal muss ein Verfasser auch überprüfen, ob die gewünschten Worte und Sätze auch (problemlos) ausgedrückt werden können. So kann es sich herausstellen, dass

- insbesondere Fremdwörter als nahezu unaussprechbar entpuppen oder
- bestimmte Silbenfolgen oder Wortfolgen Zungenbrecher sind.

Bei der schriftlichen Übermittlung stellt sich manchmal heraus, dass Worte einzelner Dialekte nicht unbedingt eine schriftsprachliche Entsprechung haben (schwäbisch z.B. ha no, bayrisch z.b. ja mei). In einzelnen Fällen können auch umgangssprachliche Formulierungen ohne schriftsprachliche Ausdrucksform sein.

Zur bestmöglichen Wiedergabe der in Gedanken modellierten Worte und Sätze bietet es sich an, **mehrere Kommunikationskanäle gleichzeitig oder nacheinander zu nutzen**. Auf diese Möglichkeit greifen Verkäufer in der Praxis häufig zurück, um dem Beschaffungsverantwortlichen die Chance zu geben, die Botschaft so eindeutig und so nachhaltig wie möglich aufzunehmen.

Der **Einsatz mehrerer Kommunikationskanäle** kann bedeuten, dass für die Übermittlung einer Information

- mehrere gleichartige Kommunikationskanäle eingesetzt werden (z.B. Anzeigen in mehreren Zeitschriften, mündliche Artikulation derselben Information durch verschiedene Personen z.B. Innendienstmitarbeiter und Außendienstmitarbeiter) oder
- mehrere verschiedene Kommunikationskanäle genutzt werden.

Mit der Entscheidung zum Einsatz mehrerer Kommunikationskanäle ist vom Verfasser festzulegen, ob

- einzelne Informationen **gleichzeitig** über mehrere Kommunikationskanäle versandt werden sollen (redundanter Einsatz von Kommunikationskanälen z.B. schriftlich, mündlich, körpersprachlich und gegenstandsbasierend) und ob
- für den Versand einer größeren Zahl von Informationen **nacheinander** verschiedene Kommunikationskanäle benutzt werden sollen (komplementärer Einsatz von Kommunikationskanälen).

In beiden Fällen ist zu überlegen, für welche Informationen welche Kanäle am besten geeignet sind und wie der Empfänger auf den Einsatz des alternativen bzw. zusätzlichen Kommunikationskanals am besten aufmerksam gemacht wird. Um die Aufmerksamkeit Empfängers auf einen anderen Kommunikationskanal zu lenken, wird man meist entsprechende Hinweisinformationen geben müssen (z.B. wenn bei einer mündlichen Präsentation mit dem Satz „...Schauen Sie bitte kurz hierher..." auf eine gegenstandsbasierte Informationsübermittlung hingewiesen wird).

Mit der Wahl der Kommunikationskanäle und der Darstellung der innerhalb der Kommunikationskanäle bestehenden Verhaltensspielräume sind die grundlegenden senderseitigen Handlungsmöglichkeiten im Zusammenhang mit der Generierung und Übermittlung von Informationen beschrieben. Das folgende Teilkapitel befasst sich mit den Empfängern und ihren Aktivitäten, wenn sie gesendete Informationen wahrnehmen, entschlüsseln und interpretieren möchten.

4.2   Die Interpretation von Informationen durch den Beschaffungsverantwortlichen

Die Empfänger von Informationen, d.h. die Beschaffungsverantwortlichen, stehen regelmäßig vor der Aufgabe,

- die vom Verkäufer gesendeten Signale zu erfassen,
- die Signale in Worte, Sätze bzw. Bilder zu transformieren und
- daraus möglichst eindeutig die dahinter stehenden gedanklichen Modelle des Lieferanten abzuleiten.

Auf jeder dieser Ebenen muss der Empfänger damit rechnen, dass die wahrgenommenen Signale (Inputs) nicht identifiziert werden können oder Unklarheiten durch Mehrdeutigkeit der Inputs entstehen. Mehrdeutigkeiten sind aus Sicht des Empfängers dann gegeben,

- wenn unterschiedliche Sachverhalte zu denselben gedanklichen Modellen führen,
- wenn unterschiedliche Gedankenmodelle zu denselben Worten und Sätzen führen oder

- wenn unterschiedliche Worte und Sätze zur selben lautlichen oder schriftlichen Artikulation führen.

Ob sich der Empfänger vorrangig mit Identifikationsproblemen oder eher mehr mit Mehrdeutigkeiten befassen muss, hängt wesentlich von seinen eigenen Kenntnissen und Fähigkeiten ab. Das Spektrum der individuellen Kenntnisse und Fähigkeiten des Empfängers wird hier nicht weiter vertieft.

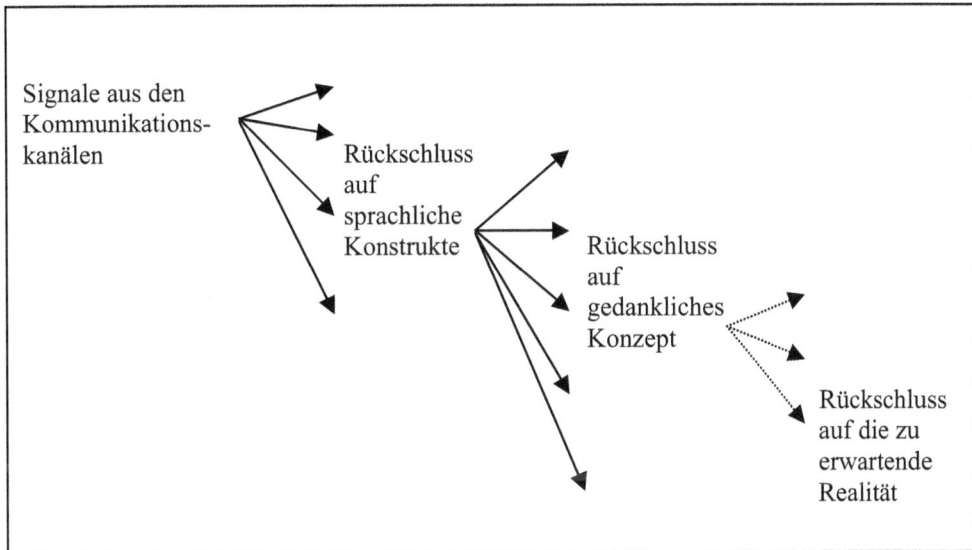

Abb. 23: Auslegungsspielräume bei der Rückwandlung von Signalen in gedankliche Modelle

Die einzelnen Aktivitäten innerhalb der drei eben genannten Aufgabenbereiche sowie die damit verbundenen Unsicherheiten auf Seite des Empfängers werden in den folgenden Unterabschnitten erläutert.

4.2.1   Interpretation der Signale

Im Zusammenhang mit den durch die Kommunikationskanäle zum Ausdruck kommenden Signale entstehen für den Empfänger zunächst folgende Problemkreise:

- Wurden überhaupt alle Signale des Kommunikationskanals wahrgenommen?
- Lassen sich die wahrgenommenen Signale den Zeichen einer bekannten Sprache zuordnen?

Denkbare Ursachen, die die Wahrnehmung von Signalen erschweren, enthält die nachstehende Tabelle:

Tab. 5: Ursachen für unzureichende Wahrnehmbarkeit von Signalen:

Kommunikationskanal	
mündlich	**schriftlich**
zu geringe Lautstärke	zu kleine Zeichen,
	unzureichender Zeichenabstand / Überlappung
zu laute Hintergrundgeräusche	zu geringer Kontrast zum Hintergund
nicht hörbare Tonhöhe	unzureichender Farbauftrag

In Bezug auf die **Zuordenbarkeit** zu einer Sprache kann sich herausstellen, dass Signale

- eindeutig keine Sprachzeichen darstellen,
- eventuell Zeichen einer Sprache sein könnten oder
- eindeutig Zeichen einer bekannten Sprache sind.

Unsicherheiten ergeben sich sowohl auf mündlicher als auch schriftlicher Ebene durch die bereits in Tabelle 5 genannten Faktoren. Bei mündlicher Übermittlung sorgen insbesondere eine **undeutliche Aussprache** (beispielsweise bedingt durch die fremdländische Herkunft des Senders) oder eine **unvollständige Artikulation** (z.B. wenn Teile der Botschaft verschluckt werden oder Wörter versehentlich zusammengezogen werden) für Probleme. Bei schriftlicher Übermittlung können eine **schlecht leserliche Handschrift** oder schwer lesbare Schriftarten die Identifikation von Sprachzeichen erschweren, wenn unterschiedliche Buchstaben oder Zahlen sehr ähnliche Formen besitzen. Auch bei der schriftlichen Informationsübermittlung kann es vorkommen, dass **nicht alle Zeichen vollständig** auf dem Trägermedium erscheinen, beispielsweise, wenn das beschriftete Papier vor oder während der Beschriftung Falten wirft.

Selbst wenn die wahrgenommenen Signale hinreichend genau als komplette Zeichen oder zumindest als Zeichenfragmente identifiziert worden sind, ist für den Empfänger noch keineswegs klar, **ob diese überhaupt zum Zweck der Kommunikation artikuliert worden sind**. Bei Schriftzeichen wird der Empfänger normalerweise davon ausgehen können, dass sie der Kommunikation dienen, sofern es sich nicht um eine Schriftprobe oder ähnliches handelt.

Im Rahmen der mündlichen Kommunikation sind nicht unbedingt alle vernehmbaren Laute dazu vorgesehen, eine Mitteilung an andere zu machen. Oft werden angefangene Worte, die dem Gesprächspartner nicht zu Ohren kommen sollen, abrupt unterbrochen. Auch die sogenannten Freudschen Versprecher, die in Form kompletter Worte auftreten oder durch Verknüpfung von Silben aus verschiedenen Worten zustande kommen, sind dieser Kategorie zuordenbar. Der Empfänger wird hier versucht sein, aus den ungewollt kommunizierten Wortteilen auf die eigentliche Gedankenwelt des Senders zurückzuschließen.

Das Risiko eines nicht kommunikativen Gebrauchs von Kommunikationskanälen ist bei den außersprachlichen Übermittlungsformen besonders hoch einzuschätzen: Körpersprachliche Signale wie Augenzwinkern, Grimassen schneiden, Kratz- und Putzbewegungen mit den Händen, Verschränken der Arme oder unruhige Sitzhaltung des Körpers können kommunikative Absichten zum Ausdruck bringen, können aber genauso gut eine Reaktion des Körpers auf innere Reize (z.B. Beschwerden) oder äußere Reize, wie z.B. bei unangenehmem Lichteinfall oder bei unbequemen Sitzgelegenheiten sein. Deshalb ist die alleinige Beobachtung körpersprachlicher Signale stets mit dem Risiko einer Fehlinterpretation verbunden. Gleiches gilt für die gegenstandsbasierten Signale und die darin vermeintlich erkannten Zeichen. Eine kommunikative Absicht lässt sich allenfalls dann unterstellen, wenn der Sender erheblichen Einfluss auf den betreffenden Gegenstand ausgeübt hat, beispielsweise durch seine Herstellung (künstlerische Objekte), seine Verarbeitung, seine Platzierung oder seine Handhabung (z.B. Auspacken, Benutzung) vor den Augen des Gesprächspartners.

4.2.2   Interpretation der sprachlichen Fassung

Mit der Identifikation und der gegebenenfalls notwendigen Ergänzung von Signalen in Sprachzeichen liegen nun Voraussetzungen vor, um die Identifikation einzelner Worte und die Abgrenzung einzelner Sätze vorzunehmen. Sowohl bei schriftlicher als auch bei mündlicher Übermittlung können hier Zuordnungsprobleme entstehen:

Auf mündlicher Ebene kann es vorkommen, dass

- die gehörten Sprachlaute keinen eindeutigen Rückschluss auf ein Wort erlauben (z.B. vage oder Waage, heute oder Häute). Eine eindeutige Identifikation ist im Zweifelsfall nur möglich, wenn genügend Kontext vorhanden ist, in den der gehörte Laut eingebettet ist.
- anhand der gehörten Sprachlaute keine eindeutige Abgrenzung einzelner Worte möglich ist, was z.B. bei sehr schneller Sprechweise, bei pausenlosem Sprechen, durch die Zusammenziehung von Worten oder durch das Verschlucken von Wortendungen am ehesten eintritt. Daneben tritt dieses Phänomen vor allem bei fremdsprachlicher Konversation auf, wenn man bei vergleichsweise geringen Kenntnissen schnell sprechenden Muttersprachlern gegenübersteht.
- auch die Abgrenzung von Satzgliedern, Gliedsätzen und ganzen Sätzen schwer fällt, wenn der Sender
  - keine Pausen einbaut,
  - durchgängig sehr schnell spricht,
  - keine Betonung einzelner Satzglieder oder Gliedsätze vornimmt oder
  - Satzglieder, Gliedsätze bzw. Sätze vor ihrer Vollendung abbricht. Diese Gefahr besteht leicht bei mehrfach verschachtelten Sätzen, in denen der Sender nicht mehr zum Hauptsatz zurück findet.

Auf schriftlicher Ebene kann es zu Identifikationsproblemen kommen, wenn

- aus den Schriftzeichen kein eindeutiger Rückschluss auf die Wortbedeutung gezogen werden kann (Rabatte = Plural eines Preisnachlasses oder eine Bezeichnung aus der Botanik?; verkauft = Anweisung oder Zustand eines Verkaufsobjekts?).
- aus der Ansammlung von Schriftzeichen allein keine eindeutige Abgrenzung von Worten möglich ist, insbesondere wenn unterstützende Kennzeichnungen wie Buchstabenabstände, Groß- und Kleinschreibung sowie Satzzeichen fehlen (z.B. f l i e g e n f l i e g e n = Fliegen fliegen = fliegen, fliegen! = fliegen Fliegen? oder z.B. Falls Fallen fallen, fallen Fallen! überzeugen überzeugen = über Zeugen überzeugen?). Bei fremdsprachlichen Texten mit anderen Syntaxregeln können Abgrenzungsprobleme eine noch größere Rolle spielen.

4.2.3   Interpretation des gedanklichen Modells

Mit der Identifikation von Worten und Sätzen allein ist der Empfänger einer Information im Zweifel immer noch nicht in der Lage, einen eindeutigen Rückschluss auf die vom Sender intendierte Botschaft zu ziehen.

Die Kenntnis der **Worte** allein reicht – auch wenn man die nicht bedeutungstragenden Wortarten wie Präpositionen (z.B. in, an, unter) außen vor lässt – noch nicht zur Identifizierung der damit gemeinten Inhalte aus, wenn

- einzelne Worte oder Sätze **mehrere Bedeutungen** haben können, sogenannte Homonyme, wie z.B. beim von einem deutschen Paketdienst verwendeten Slogan „mehr als geschickt". Ohne weitere Erläuterungen kann bei diesem sprachlichen Kippbild nicht entschieden werden, wie der Slogan nun ausgelegt werden soll, als abgewandelte Form einer Redewendung oder als Andeutung des Leistungsspektrums? Bei Substantiven mit schwankendem Geschlecht reicht die Angabe eines Artikels aus, um zu einer Klarstellung zu gelangen (der Tau, das Tau).

- einzelne Worte auch in einem **übertragenen Sinn**, d.h. metaphorisch gebraucht werden können, wie z.B. knallige Farbe, drückende Stimmung, gesunde Kleidung. Auch hier wird erst im Zusammenhang mit anderen Worten (in den Beispielen dem Nomen) oder Sätzen klar, welcher Sinn einem Wort zugedacht wurde.

- **zusammengesetzte Begriffe**, insbesondere im Zuge von Wortneubildungen, keinen eindeutigen Rückschluss auf den gemeinten Sachverhalt erlauben, wie z.B. bei dem Begriff Gewinnwarnung, der vor einem Gewinn zu warnen scheint, in Wirklichkeit aber einen bevorstehenden Gewinnrückgang ankündigen soll.

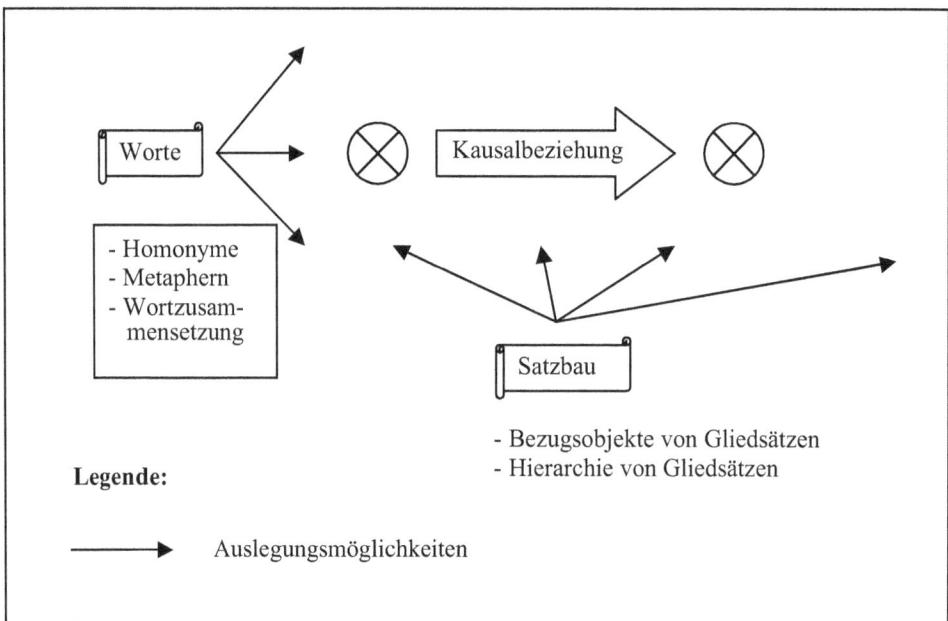

Abb. 24: Auslegung von Worten und Satzkonstruktionen

Auf Ebene des **Satzbaus** kann es zu Mehrdeutigkeiten kommen, wenn aus Satzgliedern (z.B. Attributen) Gliedsätze (insbes. Nebensätze) gebildet werden, dabei aber die Bezugsobjekte unklar bleiben. Probleme entstehen bei der Konstruktion von Relativsätzen, die sich auf mehrere Bezugsobjekte im Hauptsatz beziehen lassen. Zuordnungsprobleme entstehen auch dann, wenn unklar ist, ob ein Gliedsatz einem anderen Gliedsatz untergeordnet ist oder dem übergeordneten Hauptsatz (z.B. Er bezahlte mit der Karte, die seiner Frau gehörte, die sehr alt war).

Obwohl der Empfänger einer Botschaft sowohl auf der Ebene einzelner Worte (Semantik) als auch auf der Ebene des Satzbaus (Syntax) ab und zu Auslegungsspielräume in Betracht ziehen muss, kann er insgesamt darauf vertrauen, dass die syntaktischen, d.h. grammatikalischen Regeln (z.B. Konjugation von Verben, Deklination von Nomen und Adjektiven, Steigerung von Adjektiven, Regeln zur Anordnung von Satzgliedern) eine eindeutige Identifikation des auszudrückenden Gedankengangs innerhalb des modellierten Sachverhalts erlauben.

Mit den bisherigen Aktivitäten kann der Empfänger einer Botschaft auf das gedankliche Modell schließen, das der Sender mitteilen wollte. Sobald der Gedankengang bekannt ist, rückt die Beziehung zwischen dem modellierten Sachverhalt und den vom Sender empfundenen realen bzw. zu erwartenden Sachverhalt ins Zentrum des Interesses: Auf welcher Basis wurde der reale Sachverhalt durch den Sender modelliert? Dabei sind von Interesse

- die Art des Modells (Beschreibungs- oder Erklärungsmodell),
- die Art der Definitionsbildung (Inklusions- oder Exklusionsprinzip),
- der Konkretisierungsgrad von Merkmalsträgern, Merkmalen und Beziehungen
- (Grad der Intensionalität),
- die Perspektive bei der Betrachtung von Kausalketten (progressiv oder retrograd) und
- die Übertragbarkeit, d.h. die Verallgemeinerungsfähigkeit des Modells.

zu Art des Modells:

Ob die Aussagen lediglich eine Beschreibung darstellen oder auf einer Erklärung anhand kausaler Zusammenhängen fußen, ist für den Beschaffungsverantwortlichen vor allem bei Behauptungen zum Anwendungsnutzen eines Beschaffungsobjekts von Interesse. Hier erhöht sich der Wert der Aussage, wenn es sich um einen erkennbaren Kausalzusammenhang handelt.

zu Art der Definitionsbildung:

Die Art der Definitionsbildung gibt Aufschluss über die Fähigkeit zur Abgrenzung eines Sachverhalts und der darunter fallenden Merkmalsträger. Grundsätzlich liefern **positive Abgrenzungen** - durch die Suche nach Gemeinsamkeiten aus dem Kern des Definitionsgegenstands heraus - eine genaueres Bild, weil hier die erforderlichen Merkmalsausprägungen herausgestellt werden müssen. Demgegenüber ist bei einer negativen Begriffsabgrenzung nur klar, welche Merkmalsausprägungen nicht vorhanden sein dürfen. Werden nur wenige Merkmalsausprägungen ausgeschlossen, können immer noch sehr verschieden ausgestaltete Merkmalsträger definitionskonform sein. Im Zweifelsfall kauft der Beschaffungsverantwortliche damit immer noch die Katze im Sack. Die Komplexität der betreffenden Gedankenmodelle bleibt damit für den Betrachter relativ hoch, was die Handhabbarkeit der gedanklichen Konstrukte bzw. der Modelle beeinträchtigen kann.

Die Verwendung des Exklusionsbegriffs bei Definitionen zeigt sich in der Verwendung von Gegenwörtern (z.B. gut und schlecht) oder in der Verwendung von Negationen (Vorsilben

Nicht- und Un-,). In den aufbauenden Aussagen müssen die gewählten Begriffe entweder wiederum negiert werden (nicht schlecht) oder die Zusammenhänge werden innerhalb der Exklusionssicht positiv formuliert (z.B. Nichtraucher leben länger).

zu Konkretisierungsgrad der Definitionen:

Definitionen beziehen sich idealerweise auf möglichst gut bekannte und einheitlich verwendete Allgemeinbegriffe (z.B. Unternehmen, Angestellter etc.). Sie können ergänzend weitere Merkmale explizit enthalten. Die verwendeten Allgemeinbegriffe enthalten implizit bereits ein oder mehrere Merkmale (z.B. Unternehmen – ein wirtschaftlich-rechtlich selbständiges Gebilde, in dem auf nachhaltig ertragbringende Leistung gezielt wird (nach Gabler Wirtschaftslexikon). Solange ein einheitliches und vollständiges Begriffsverständnis vorliegt, kann die Verwendung von Allgemeinbegriffen bereits ausreichen, um eine eindeutige Abgrenzung der unter den Begriff fallenden Merkmalsträger herbeizuführen. Bei zu erwartenden Unterschieden im Begriffsverständnis kann es sinnvoll sein, weitere **unabhängige Merkmale** explizit im Rahmen der Definition zu benennen. Die Unabhängigkeit eines Merkmals von einem anderen ist gegeben, wenn sich jede Merkmalsausprägung beliebig mit den Merkmalsausprägungen des anderen Merkmals kombinieren lässt. Der Konkretisierungsgrad hängt auch davon ab, um welche **Art von Merkmal** es sich handelt und wie die Merkmalsausprägungen beschaffen sind. Kardinalskalierte Merkmale sind den ordinalskalierten und den nominaskalierten Merkmalen vorzuziehen. Gerade bei nominal- und ordinalskalierten Merkmalen ist der Interpretationsspielraum der Merkmalsausprägungen hoch (z.B. welche Farbnuancen zählen zur Farbe rot). Innerhalb der einzelnen Kategorien liefern die Angaben, die den kleinsten Ausschnitt aus dem Spektrum an Merkmalsausprägungen repräsentieren, den höchsten Grad an Konkretisierung.

zu Übertragbarkeit:

Häufig ist für einen Beschaffungsverantwortlichen von Interesse, ob sich eine Aussage auf alle gleichartigen Sachverhalte übertragen lässt, d.h. verallgemeinert werden kann. Weder die sprachlichen Ausdrücke noch die aus den sprachlichen Ausdrücken abgeleiteten Gedankenbilder lassen hier einen eindeutigen Schluss zu. Der Satz „die Kosten müssen gesenkt werden" lässt ohne weitere Erläuterung offen ob, der Verfasser

- mit seiner Aussage überhaupt schon spezifische Kostenblöcke wie z.B. Personalkosten, Materialkosten, Energiekosten oder Kapitalkosten im Visier hat, oder ob es sich lediglich um eine Pauschalaussage handelt (sogenannte absolute Supposition[19]),
- für jeden einzelnen Kostenblock diese Forderung aufstellt (sogenannte persönliche Supposition,
- nur für einige Kostenblöcke eine Absenkung fordert (sogenannte disjunktive Supposition) oder
- ob der Verfasser meint, die Kosten müssen in der Summe gesenkt werden müssen, wobei einzelne Kostenblöcke gleichzeitig durchaus auch höher ausfallen dürfen (sogenannte kollektive Supposition).

Fehlende Hinweise auf die intendierte Suppositionsform lassen den Empfänger im Unklaren darüber, inwieweit er eine Botschaft verallgemeinern kann bzw. muss. Diesbezüglich kann der Sender Eindeutigkeit erreichen, indem er seine Botschaft durch Indefinitpronomen wie z.B. alle, jeder, einige, manche, etliche, einer, irgendeiner, keine, sämtliche etc. kennzeichnet.

---

[19]　Zum Suppositionsbegriff vgl. Menne, Albert, Einführung in die Logik, S. 20f.

4.2.4   Interpretation der Informationsgewinnung

Auch die einzelnen Methoden der Informationsgewinnung des Verkäufers bergen spezifische Interpretationsspielräume für den Beschaffungsverantwortlichen. So ist beim **aufnehmendem Zuhören** für den Beschaffungsverantwortlichen nicht unmittelbar ersichtlich, welche Aussagenteile für den Verkäufer am wichtigsten sind. Nur die Positionierung der Zwischenlaute im Redefluss kann dafür Anhaltspunkte liefern. Redet der Beschaffungsverantwortliche aber schnell und ohne Pausen, sind für den Verkäufer die Möglichkeiten zur Platzierung von Zwischenlauten begrenzt. Letztlich kann der Beschaffungsverantwortliche also nur mutmaßen, in welche Richtung er mit seinen nächsten Äußerungen gehen könnte.

Interpretationsspielräume ergeben sich auch beim **beschreibenden Zuhören**, vor allem, wenn sich der Verkäufer mehr oder weniger auf eine reine **Wiederholung einzelner Begriffe** beschränkt. Hier hat der Beschaffungsverantwortliche zwar den Hinweis, welcher Begriff die Aufmerksamkeit des Zuhörer erregt hat, was aber keineswegs heißen muss, dass die übrigen Bestandteile nicht genauso intensiv wahrgenommen wurden. Was den Zuhörer dazu bewegt, ein bestimmtes Wort zu wiederholen, weiß der Beschaffungsverantwortliche letzlich nicht. Lediglich aus dem Tonfall (eher fragend oder feststellend) kann der Schluss gezogen werden, dass noch Erläuterungsbedarf im Zusammenhang mit dem Begriff besteht. Ohne weitere Hinweise muss der Beschaffungsverantwortliche aber autonom entscheiden, ob und in welcher Weise er auf die Bemerkung reagiert. Als Reaktionsmöglichkeiten kommen dann in Betracht

- Fortsetzung der eigenen Aussagen unter Vernachlässigung des Zwischenrufs,
- Wiederholung des Gesagten,
- Wiederholung des Gesagten mit anderen Worten,
- Definition des betreffenden Wortes,
- Modifikation oder gar Widerruf des Gesagten sowie
- die metasprachliche Reaktion (z.B. „...welche Reaktion erwarten Sie jetzt von mir?...“).

Beschreibt der Zuhörer die Botschaften mit eigenen Worten oder fasst sie gar zusammen, wird für den Beschaffungsverantwortlichen schon deutlicher, was der Verkäufer inhaltlich wahrgenommen hat. Dementsprechend reduziert sich der Interpretationsspielraum. Der Beschaffungsverantwortliche kann die Bemerkungen des Verkäufers

- bestätigen (z.B. „...ja das habe ich gemeint....“, „...das trifft den Kern...“)
- noch weiter konkretisieren oder differenzieren (z.B. „ ....wenn ich nochmals genau überlege, müsste ich noch ergänzen, dass...“) oder
- von seiner Aussage abrücken (z.B. „...ich sehe, dass dieser Punkt doch nicht so relevant ist für...“).

Am geringsten sind die Interpretationsspielräume tendenziell, wenn der Verkäufer mit konkreten **Fragen** versucht, Informationen zu gewinnen. Inwieweit Interpretationsspielräume bestehen, hängt vorrangig davon ab, ob aus der Frage klar hervorgeht

- auf welchen Sachverhalt sie sich bezieht und
- was den Fragesteller am Sachverhalt interessiert.

Geht man von dieser Perspektive aus, hängt das Verständnis zunächst einmal vor allem von den kommunikativen Fähigkeiten des Fragestellenden ab. Daneben entscheidet auch die gewählte **Frageform** darüber, inwieweit Interpretationsspielräume bestehen. Die geringsten Spielräume sind bei **geschlossenen Fragen**, d.h. bei Bestätigungsfragen zu erwarten, die lediglich ein Ja oder ein Nein als Antwort zulassen. Auch bei geschlossenen Fragen in Form von Alternativfragen gibt es aus der Frageform heraus kaum Unsicherheiten, da letztlich nur aus den vorgegebenen Alternativen eine positive oder negative Auswahl getroffen werden muss. Problematisch wird es für den Beschaffungsverantwortlichen erst dann, wenn die Gesprächspartner ein unterschiedliches Begriffsverständnis haben.

Viel größer sind die Interpretationsspielräume bei **offenen Fragen**, d.h. den Ergänzungsfragen, die typischerweise W-Fragen sind, also die Fragepartikel, wer, wie, wo, wann, was, wozu, warum und dergleichen enthalten. Vor allem bei kausalen und finalen Fragen (warum und wozu) sind vielfältige Antworten möglich, wenn zahlreiche Faktoren eine Rolle spielen. Der Beschaffungsverantwortlich muss sich dann zusätzlich fragen, ob er z.B. alle Gründe, nur die wichtigsten, die zeitlich ersten oder nur markante Beispiele anzugeben braucht. Eine eindeutige Vorgabe macht der Fragesteller nur dann, wenn er mit der Frage zugleich auch die gewünschte Suppositionsebene angibt.

In Bezug auf **indirekte Fragen** entwickelt der Beschaffungsverantwortliche Interpretationsspielräume meist nur dann, wenn er sie als solche erkennt. Für ihn stellt sich dann die Frage, welches der eigentlich interessierende Sachverhalt ist, auf den die eigene Antwort passen sollte. In erster Linie wird sich der Beschaffungsverantwortliche hier um die – hinter der Frage stehenden – manipulativen Absicht interessieren.

Um Zweifel zu vermeiden, sollte der Verkäufer seinen Fragen erst eine Bemerkung voranstellen und anschließend eine Begründung mitliefern, wie das folgende Beispiel verdeutlicht:

„Sie sind unzufrieden mit der letzten Lieferung" (Statement).

„Was genau ist bei der Anlieferung durch den Spediteur passiert?" (Frage).

„Ich frage Sie das, weil ich gegenüber dem Spediteur nur dann um Verbesserungsvorschläge bitten kann, wenn ich die Geschehnisse im einzelnen kenne." (Begründung).

Nebenbei erhöht sich mit dieser Vorgehensweise auch die **Akzeptanz der Frage**, da der Beschaffungsverantwortliche nicht unnötig über die Absicht der Frage spekulieren muss.

Unklarheiten ergeben sich manchmal auch im Hinblick auf die Reaktionserwartungen des Fragestellers. Manchmal wünscht sich der Fragesteller gar keine Antwort und stellt deshalb eine **rhetorische Frage**, die äußerlich aber nicht unbedingt so leicht als solche erkannt werden kann. Hier kann der Beschaffungsverantwortliche oft lediglich aus dem Kontext heraus (z.B. gleicher kultureller Hintergrund oder bisherige Gesprächsthemen) schließen, ob eine Frage als rhetorische Frage aufzufassen ist. Viel leichter ist die Identifikation rhetorischer Fragen, wenn durch spezifische Formulierungen (z.B. „...Sind Sie nicht auch der Meinung, dass...") eine eindeutige Kennzeichnung vorliegt.

4.3   Die Qualifizierung von Informationen durch den Beschaffungsverantwortlichen

Mit der Wahrnehmung der vom Verkäufer gesandten Signale und der bestmöglichen Rekonstruktion des vom Verkäufer gemeinten Inhalts hat der Beschaffungsverantwortliche die Grundlage für die Qualifizierung des Inputs geschaffen. Die Informationen der Verkäufer kommen stets vor dem Hintergrund ihrer eigenen Interessen und denen ihrer Arbeitgeber zustande. Deshalb ist damit zu rechnen, dass die gelieferten Informationen die zu erwartende

Realität nicht immer deckungsgleich abbilden. Die Gefahr von Inkongruenzen ist oft noch größer wenn,

- die Leistungen nicht unmittelbar an der Realität überprüft werden können (keine Muster, keine Referenzen),
- die Kunden für den Verkäufer vergleichsweise uninteressant sind (z.B. insbes. durch zu geringes Umsatzpotenzial) oder
- der Wettbewerbsdruck vergleichsweise hoch ist und damit die Leistungen besonders positiv und die Schwachstellen besonders zurückhaltend dargestellt werden müssen, um Chancen auf einen Auftrag zu haben.

Ungewollt können sich auch Inkongruenzen einstellen, wenn

- der Verkäufer nicht die für seine Tätigkeit erforderlichen Informationen erhält,
- wenn der Verkäufer nicht alle ihm bekannten relevanten Informationen preisgeben darf oder
- er nicht die Fähigkeit besitzt, sich alle relevanten Informationen zu behalten und zu übermitteln.

Deshalb werden Beschaffungsverantwortliche also – teils bewusst, teils unbewusst – eine Qualifizierung der eintreffenden Botschaften vornehmen.

Um seine Ziele erreichen zu können, braucht der Beschaffungsverantwortliche geeignete Informationen der Lieferanten als Input. Informationen können den Beschaffungsverantwortlichen einen Nutzen im Hinblick auf die Zielerreichung bieten, wenn sie

- die vom Beschaffungsverantwortlichen wahrgenommenen Ziele berühren,
- dem Beschaffungsverantwortlichen Möglichkeiten zur Zielerreichung aufzeigen – also Steuerungsmöglichkeiten und deren Machbarkeit offenlegen und wenn sie
- einen möglichsten engen Bezug zu der – zu erwartenden – Realität aufweisen, also wahr sind.

Informationen, die weder die Ziele im Beschaffungssektor berühren (Zielbezug) noch Möglichkeiten zur Zielerreichung aufzeigen (Handlungsbezug) können vom Beschaffungsverantwortlichen vernachlässigt werden (z.B. wenn der Verkäufer eine passende Problemlösung erläutert, diese aber – aufgrund anderweitig vergebener Nutzungsrechte – dem Einkäufer nicht anbieten kann). Dasselbe gilt für Informationen, die nicht der Wahrheit entsprechen oder Teile der Realität aussparen. **Zielbezug und Handlungsbezug werden im folgenden unter dem Stichwort Prüfung des Zielbezugs behandelt, während die Wahrheitsprüfung als Prüfung der Realitätsnähe bezeichnet wird** (siehe Abb. 25).

Die Prüfreihenfolge kann prinzipiell beliebig sein. Eine pragmatische Vorgehensweise besteht darin, die vermutlich kritischsten Punkte zuerst zu prüfen, denn mit dem ersten negativen Prüfergebnis kann man auf die Fortsetzung der Prüfung verzichten. Möchte man sich das Prüfverfahren vereinfachen, empfiehlt es sich, mit den einfachsten Aspekten zu beginnen und sich dann den schwierigeren Bereichen zuzuwenden.

Die Prüfung des Zielbezugs und die Prüfung der Realitätsnähe werden in den folgenden Unterabschnitten die jeweils unter Berücksichtigung der einzelnen Schritte der Informationsverarbeitung dargestellt. Innerhalb der betreffenden Unterabschnitte werden jeweils die wichtigsten Aspekte auf Ebene der Elemente und der Kausalzusammenhänge aufgezeigt.

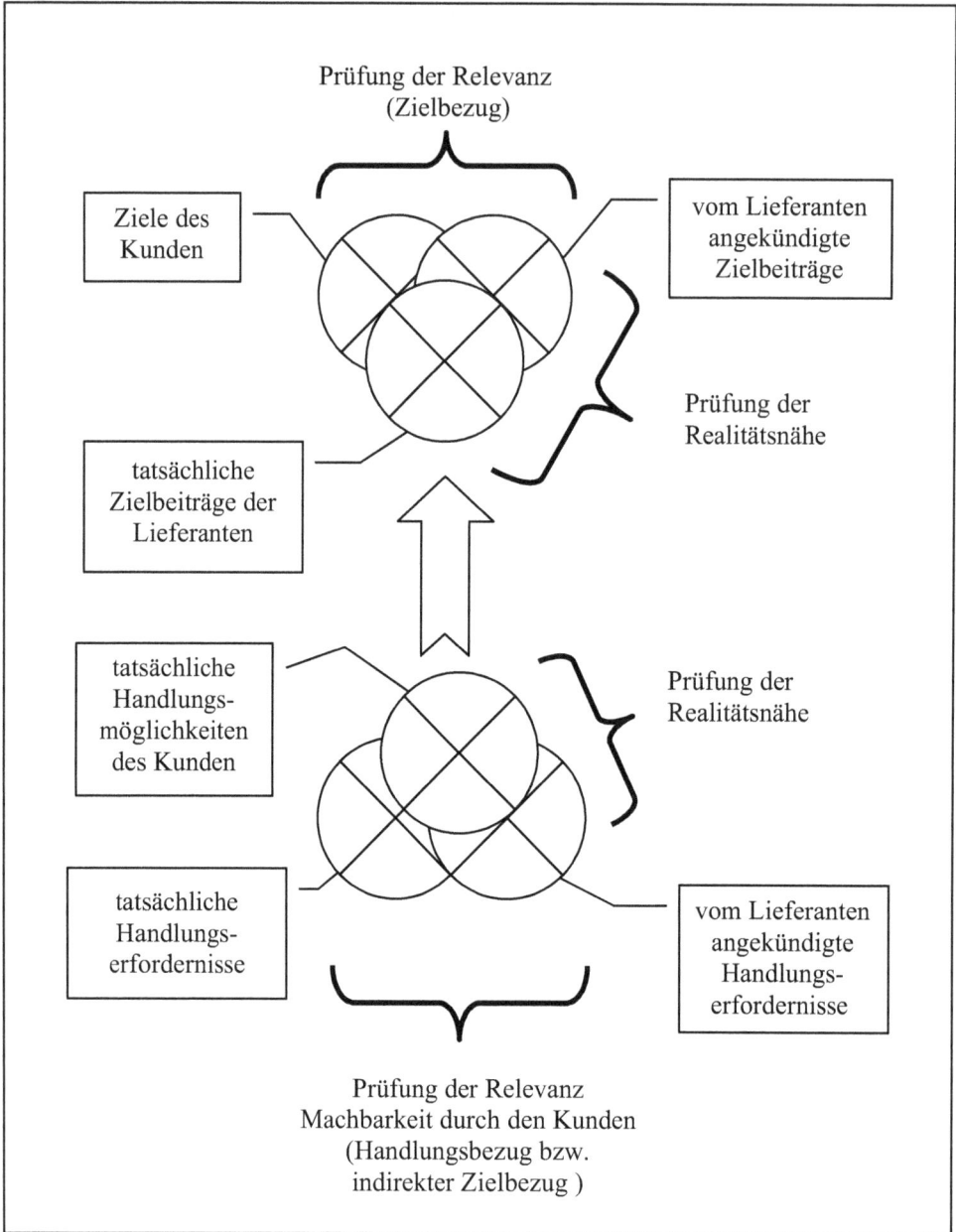

Abb. 25: Ebenen der Qualifizierung von Lieferanteninformationen

Tab. 6: Vorgehensraster für die Qualifizierung von Informationen

	Prüfung des Zielbezugs	Prüfung der Realitätsnähe
Art der Informationsgewinnung		
gedankliche Modellbildung		
sprachliche Fassung des Modells		
Übermittlungn durch Kommunikatioskanäle		

4.3.1   Feststellung des Zielbezugs von Informationen

Die Feststellung der Zielbezugs wird zunächst auf der Ebene der Informationsgewinnung mit ihren Einzelheiten beschrieben, bevor die gedankliche Modellierung, die sprachliche Fassung und die Kommunikationskanäle folgen.

4.3.1.1 Zielbezug der Informationsgewinnung

Bereits die Art und Weise der Informationsgewinnung durch die Verkäufer kann Hinweise auf deren Zielorientierung liefern. Allerdings ist der Grad des Zielbezugs nicht bei allen Formen der Informationsgewinnung gleich gut feststellbar:

Beim **aufnehmendem Zuhören** bestehen für den Beschaffungsverantwortlichen kaum Ansatzpunkte, um den Zielbezug herauszufinden. Beschränkt sich der Verkäufer über weite Teile des Gesprächs auf das aufnehmende Zuhören, kann der Beschaffungsverantwortliche sogar auf den Gedanken kommen, dass kein tiefergehendes Interesse am Gesprächsthema besteht. Im Extremfall kann der Eindruck entstehen, dass der Gesprächspartner schlichtweg zu faul ist, um eigene Aussagen zu formulieren. Der Beschaffungsverantwortliche kann lediglich aus den Reaktionszeitpunkten bzw. aus den wiederholten Begriffen ableiten, ob sich die Informationsgewinnung auf irgendwelche zielrelevante Aspekte bezieht. Nur wenn sich der Beschaffungsverantwortliche aufgrund der Reaktionen des Verkäufers zu immer konkreteren Aussagen in Bezug auf zielrelevante Aspekte hinreißen lässt, kann eindeutig der Zielbezug der Informationsgewinnung diagnostiziert werden. In allen anderen Situationen, bleibt dem Beschaffungsverantwortlichen weitgehend verborgen, in welcher Form das aufnehmende Zuhören einen Zielbezug herstellt.

Beim **beschreibenden Zuhören** hat der Beschaffungsverantwortliche schon mehr Möglichkeiten, den Zielbezug der Informationsgewinnung festzustellen. Mit der **Wiedergabe und der Zusammenfassung von Äußerungen mit eigenen Worten** zeigt der Verkäufer im allgemeinen an, welche Aspekte er als besonders wichtig einstuft. Die in den Statements der Verkäufer verbalisierten Aspekte verdeutlichen, wie und mit welchem Detaillierungsgrad die Informationen des Beschaffungsverantwortlichen verarbeitet wurden. Damit ist erkennbar, welche Sachverhalte, Elemente und Merkmale das Interesse des Verkäufers besonders geweckt haben. Aus den Inhalten der Zusammenfassungen lässt dann ableiten, inwieweit die Informationsgewinnung einen Zielbezug aufweist.

Auch beim **aktiven Zuhören**, d.h. bei der Informationsgewinnung durch **gezielte Fragen** muss der Verkäufer einen Teil seiner Gedanken offenlegen. Den tiefsten Einblick in seine

Gedankenwelt gestattet der Verkäufer, wenn er **geschlossene Fragen** stellt. Hier ist unmittelbar ersichtlich, welche Sachverhalte, Elemente oder Merkmale der Verkäufer thematisiert und wie er diese miteinander verknüpft. Bei **offenen Fragestellungen** treten die Verknüpfungen noch nicht eindeutig zutage. Dies wird dem Beschaffungsverantwortlichen überlassen. Dennoch kann auch hier immerhin ein Teil der – vom Verkäufer zugrunde gelegten – Kausalketten identifiziert werden. Die Prüfung des Zielbezugs ist damit auch bei offenen Fragen ohne weiteres möglich. Nicht immer reicht der Blick auf den offensichtlichen Frageinhalt aus, um den Zielbezug der Informationsgewinnung in Erfahrung zu bringen: **Indirekte Fragen** zeichnen sich dadurch aus, dass der eigentliche Frageinhalt nicht offenbart wird. Erst wenn indirekte Fragen als solche identifiziert worden sind, kann der Beschaffungsverantwortliche bestimmen, ob ein Zielbezug gegeben ist oder nicht. Prinzipiell ist es wahrscheinlich, dass indirekte Fragen auf einen relevanten Sachverhalt zielen, denn sonst würde sich der Verfasser nicht die Mühe machen, über eine indirekte Fragestellung an eine Antwort zu kommen.

4.3.1.2 Zielbezug des gedanklichen Modells

Relevant sind Informationen für den Beschaffungsverantwortlichen nur, wenn sie dessen Ziele in irgendeiner Weise berühren. Richtung und Ausmaß der Veränderungen an der Zielgröße entscheiden darüber, ob ein Beschaffungsverantwortlicher aufgrund dieser Erkenntnis handelt. Bewegen sich die Veränderungen der Zielgröße in einem kleinen Rahmen, kann es zweckmäßig sein, keine weitere Zeit in die Auswertung der betreffenden Informationen zu investieren. Daneben ist für den Beschaffungsverantwortlichen auch von Bedeutung, mit welcher Eintrittswahrscheinlichkeit bzw. mit welcher Häufigkeit die Zielgröße betroffen sein wird. Ist die Eintrittswahrscheinlichkeit bzw. die Wiederholungshäufigkeit niedrig einzustufen, sinkt die Notwendigkeit, sich mit den betreffenden Informationen auseinanderzusetzen.

Analog verhält es sich mit der Prüfung der Machbarkeit aus Sicht des Kunden: Sind die vom Lieferanten vorgeschlagenen Handlungsempfehlungen identisch mit den verfügbaren Möglichkeiten des Beschaffungsverantwortlichen und kann der Beschaffungsverantwortliche die empfohlenen Verhaltensweisen in dem erforderlichen Ausmaß und mit der erforderlichen Wiederholungshäufigkeit darstellen?

4.3.1.3 Zielbezug der sprachlichen Fassung

Die Prüfung der Relevanz kann auch in Bezug auf die sprachliche Fassung gedanklicher Konzepte vollzogen werden. In diesem Zusammenhang ist in erster Linie das gemeinsame Sprachverständnis von Verkäufer und Beschaffungsverantwortlichem von Interesse.

Die Feststellung der Identität des Sprachverständnisses ist notwendige Voraussetzung für die zweifelsfreie Identifikation der vom Verkäufer genannten Zielbeiträge und ihre Gleichsetzung mit der eigenen Zielsetzung. Der Abgleich des Sprachverständnisses kann sich wiederum erstrecken auf die **Wortebene** und die Ebene des **Satzbaus**.

Auf der **Wortebene** können, wie bereits in Kapitel 4.2.2 geschildert, die Inhalte der einzelnen Worte, die Wortarten und der Wortgebrauch auf Identität hin geprüft werden, wobei die größten Unterschiede beim semantischen Vergleich, d.h. dem inhaltlichen Vergleich der Worte zu erwarten sind.

Der Sprachschatz der Verkäufer und der Beschaffungsverantwortlichen wird in den wenigsten Fällen absolut deckungsgleich sein, sodass die Wahrscheinlichkeit groß ist, dass die

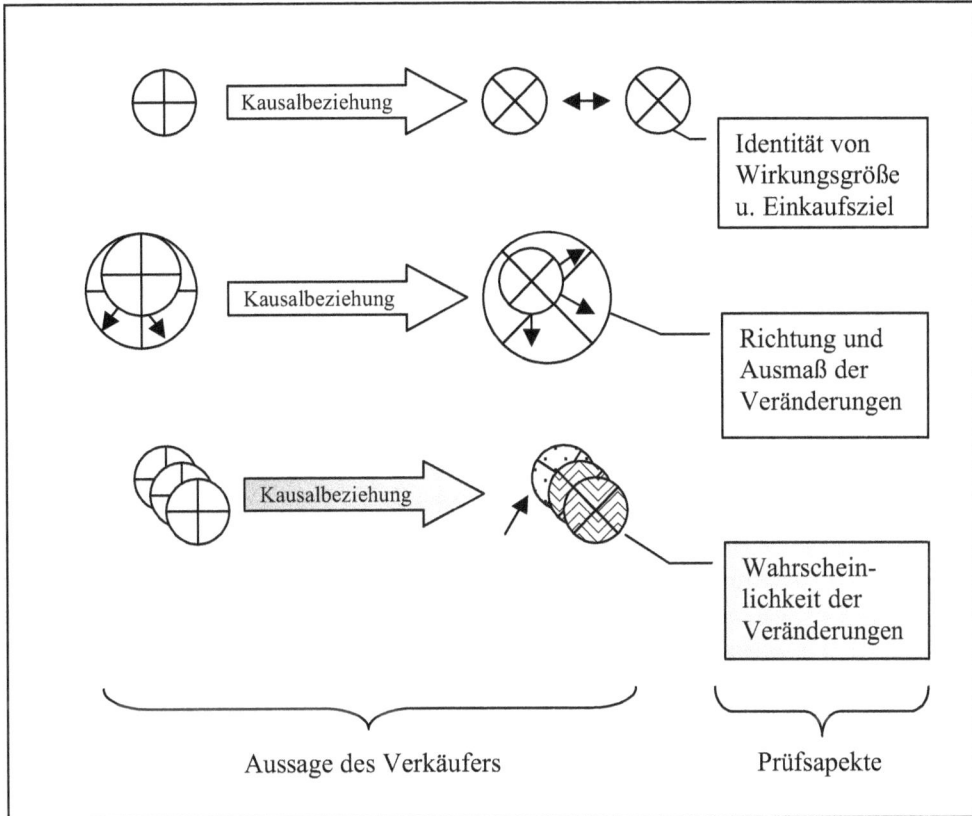

Abb. 26: Aspekte der Relevanzprüfung bei gedanklichen Modellen

vom Verkäufer gewählte sprachliche Fassung nicht gänzlich identisch mit der des Beschaffungsverantwortlichen ist. Der **Sprachschatz** der Beteiligten kann **Unterschiede** aufweisen

- durch die in der Branche verwendete **Fachsprache,**
- durch die **unternehmensspezifische Terminologie (corporate language)** und
- durch persönliche Faktoren. Aus der Gruppe der persönlichen Faktoren sind einerseits die Sozialisationserfahrungen im Zusammenhang mit **Elternhaus und Schulausbildung** und andererseits die körperlichen Voraussetzungen hervorzuheben. Bei den körperlichen Voraussetzungen sind die besonders **ausgeprägten Sinne zur Wahrnehmung und die vorrangig eingesetzten Hirnareale zur Verarbeitung von Informationen** von Bedeutung. Mit diesen Faktoren setzt sich unter anderem die Neurolinguistische Programmierung (NLP) auseinander.

Infolgedessen kann es vorkommen, dass die vom Verkäufer gewählten Worte nicht mit den eigenen Begriffen übereinstimmen, angefangen bei der Charakterisierung der Probleme, der Darstellung der Produkte und Dienstleistungen bis hin zur Erläuterung der Vor- und Nachteile eines Angebots. Die Gesprächspartner stehen hierbei vor der Aufgabe, durch geeignete Definitionen festzustellen, ob es sich um synonyme Worte handelt. Diese Aufgabe besteht selbst dann, wenn der Verkäufer die vom Beschaffungsverantwortlichen benutzte Terminologie verwendet. Im Allgemeinen wird der Beschaffungsverantwortliche hier aber darauf vertrauen, dass er bei Streitigkeiten seine Interessen durchsetzen kann, wenn die Lieferanten seine Terminologie verwendet haben.

In Bezug auf die **Wahl der Wortarten** lassen sich ebenfalls unterschiedliche Philosophien vertreten. Verhältnismäßig viele Nomen werden zu Lasten des Verbgebrauchs häufig bei wissenschaftlichen Texten eingesetzt (z.B. statt „...die Maschinen produzieren...", formuliert man „...die Produktion der Maschinen...") Andererseits wird für Werbetexte empfohlen, verstärkt Verben einzusetzen, um so einen dynamischeren Eindruck beim Leser zu wecken.

Größere Unterschiede kann es schließlich auch beim **Gebrauch der Wortarten** geben. Gerade beim Einsatz von Verben bestehen hier viele Spielräume: Eine gegenwartsorientierte Betrachtungsweise durch den Verkäufer muss noch nicht unbedingt signalisieren, dass der beschriebene Sachverhalt sich allein auf die Gegenwart bezieht (z.B. „...Die Maschine läuft mit einer Geschwindigkeit von..."). Außerdem kann die sprachliche Abbildung von Zeitabschnitten individuell unterschiedlich sein, nachdem der Gegenwartsbegriff durchaus dehnbar ist. Unterschiedliche Auslegungen kann es auch beim Gebrauch von Konjunktiven und Modalverben geben. Im Bereich der Nomen lässt sich manchmal beobachten, dass der Plural eingesetzt wird, obwohl der Singular gemeint ist, beispielsweise wenn der alleinige Geschäftsführer eines Lieferanten in der Verhandlung seinem Kunden mitteilt: „...Wir versprechen Ihnen, dass ..."

Auf der **Ebene des Satzbaus** bestehen – wie bereits in Kapitel 4.1.3 aufgezeigt – nur eingeschränkt Spielräume bei der Gestaltung von Satzgliedern und Gliedsätzen. Eine unternehmens- oder branchenspezifische Bildung von Sätzen gibt es im Allgemeinen nicht. Allenfalls die in gedruckten Formularen oder in Computertemplates verwendeten Formulierungen können unternehmensspezifische Satzkonstruktionen enthalten, deren Zustandekommen aber häufig eher durch Platzbeschränkungen beeinflusst wird, also durch systematische Formulierungsrichtlinien.

Ein unterschiedliches inhaltliches Verständnis ist durch die Gestaltung der Sätze in den wenigsten Fällen zu erwarten. Mit dem **Verzicht auf nicht unbedingt notwendige Satzglieder** wie Objekte oder Attribute wird im allgemeinen keine Divergenz im Verständnis entstehen, eher das ungute Gefühl beim Zuhörer, dass nicht alles gesagt wurde. Umgekehrt wird auch bei der **Hinzufügung optionaler Satzglieder und Gliedsätze** kaum ein unterschiedliches inhaltliches Verständnis entstehen, sofern der Zuhörer in der Lage ist, lange und verschachtelte Sätze zu verarbeiten. Verständnisunterschiede könnten sich aber ergeben, wenn die **Reihenfolge der Satzglieder** verändert wird. Je nach Stellung im Satz werden die betreffenden Satzglieder eventuell vom Empfänger mit einer stärkeren Gewichtung versehen als vom Sender, der vielleicht nur nach einem günstigen Anschluss zum vorausgegangen Satz gesucht hat. Der Strukturierung der Reihenfolge kommt noch stärkere Bedeutung zu, wenn es um die Reihenfolge von Aufzählungen innerhalb eines Satzes geht oder um die Aneinanderreihung verschiedener Sätze. Es ist immer noch strittig, ob die wichtigsten thematischen Aspekte zu Beginn einer Aufzählung bzw. einer Satzreihe genannt werden sollen oder eher am Ende.

Mit der Feststellung von Gemeinsamkeiten und Unterschieden im Sprachverständnis kann von den Beteiligten eruiert werden ob über ein und dasselbe Thema gesprochen wird. **Zur Feststellung des Ausmaßes der Zielbeiträge und der Handlungserfordernisse** sollten die Gesprächsteilnehmer auch wissen, inwieweit der Gesprächspartner Änderungen in den modellierten Merkmalsausprägungen auf **sprachlicher Ebene nuancieren** kann. Dabei ist von besonderem Interesse, ab welchem. Ausmaß Änderungen auf der Modellebene sich auch auf sprachlicher Ebene niederschlagen (z.B. wie dringend ist ein Vorgang, der mit dem Hinweis „Eilt sehr" oder „dringend" versehen wurde?).

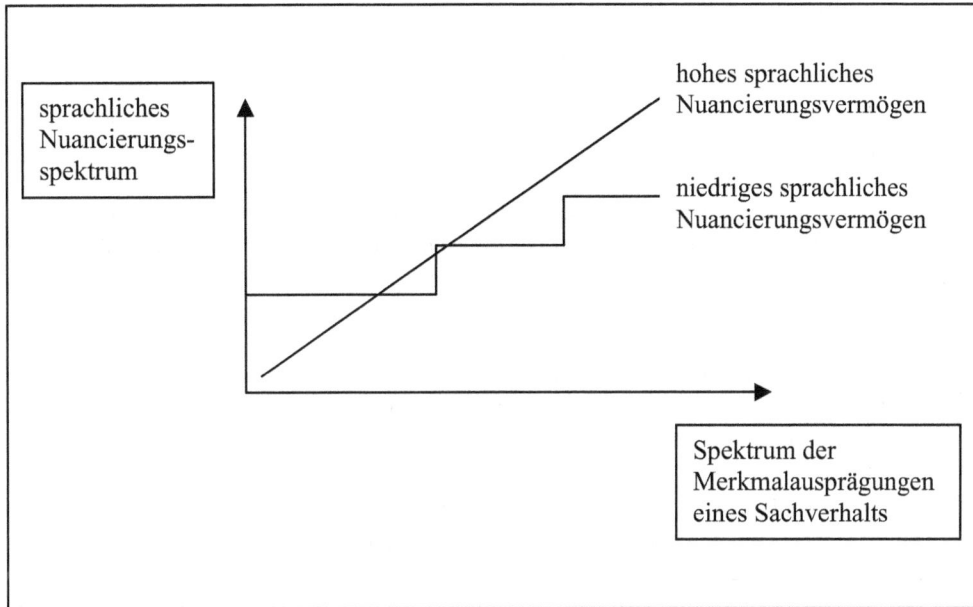

Abb. 27: sprachliches Nuancierungsvermögen von Gesprächsteilnehmern

Im Einzelfall lässt sich dies natürlich wiederum auf dem Definitionswege abfragen, effektiver wäre es aber, etwas über die sprachliche Fähigkeiten des Gesprächspartners Erfahrung zu bringen.

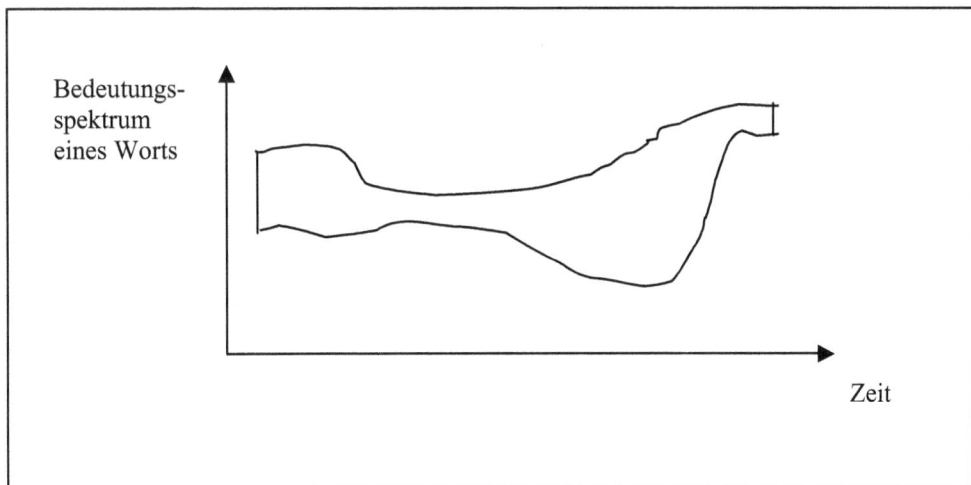

Abb. 28: Verschiebung von Wortbedeutungen im Zeitablauf

Die Relevanz von Aussagen ist grundsätzlich auch in Frage gestellt, wenn die Formulierungen des Verkäufers **im Zeitablauf nicht konstant** sind: In langen und komplexen Ausarbeitungen, bei der Fortsetzung von Gesprächen zu späteren Zeitpunkten oder beim Wechsel des Kommunikationskanals tritt manchmal das Phänomen auf, dass sich die mit einem Wort **gemeinten Inhalte sich langsam oder schlagartig verändern**. D.h. man steigt in das Gespräch mit einem bestimmten Wortverständnis ein und wechselt dieses im Zeitablauf bewusst oder unbewusst. Mit anderen Worten: Definitionen werden nicht durchgehalten.

Einen ähnlichen Eindruck kann der Empfänger auch gewinnen, wenn der Verfasser für zwei oder mehrere Sachverhalte dasselbe Wort einsetzt und mal vom einen mal vom anderen Sachverhalt die Rede ist. Im Prinzip besteht diese Gefahr auch auf Satzebene, denn auch ganze Sätze können von solchen Verschiebungen betroffen sein. Derartige Veränderungen des Begriffsverständnisses beziehen sich auf die Häufigkeit des Wortgebrauchs und drücken damit die Eintrittswahrscheinlichkeit eines gleich bleibenden Sprachverständnisses aus.

4.3.1.4 Zielbezug der Signale

Die **Prüfung der Relevanz** kann sich schließlich auch auf die – über Kommunikationskanäle – kommunizierten Signale erstrecken. In diesem Zusammenhang ist in erster Linie das gemeinsame Verständnis über die Kommunikationskanäle und ihre Einsatzmöglichkeiten von Interesse.

Analog zur sprachlichen Fassung der Konzepte können hier die Gesprächspartner durch Verwendung desselben Zeichensystems (z.B. Formelsprache), zum Ausdruck bringen, dass sie dasselbe inhaltliche Verständnis eines Begriffs haben. Interpretationen in die gleiche Richtung liegen für den Beschaffungsverantwortlichen nahe, wenn der Verkäufer die **kundenspezifischen Zeichen und Abkürzungen** aufgreift. Im Rahmen der mündlichen Kommunikation bestehen in Bezug auf die Aussprache weniger Möglichkeiten, den Abgleich des Begriffsverständnisses zu erleichtern. Auf vokaler Ebene kann sich ein Verkäufer an den Beschaffungsverantwortlichen anpassen durch entsprechende Gestaltung

- der Lautstärke,
- der Betonung und
- der Sprechgeschwindigkeit.

Damit lassen sich die Gemeinsamkeiten der Gesprächspartner und ihres Verständnisses über den Sachverhalt unterstreichen. Mit der Feststellung des grundsätzlichen Einsatzes von Zeichensystemen innerhalb eines Kommunikationskanals können sich die Beteiligten also einen Eindruck verschaffen, inwieweit überhaupt ein gemeinsames Verständnis über einen Sachverhalt, d.h. die zu erreichenden Ziele und die hierzu durchzuführenden Handlungen möglich ist. Je stärker die Nutzung der Kommunikationskanäle voneinander abweicht, desto aufwändiger wird es, die Identität thematisierter Sachverhalte festzustellen.

Zur Feststellung des Ausmaßes der Zielbeiträge und der Handlungserfordernisse reicht es meist nicht aus, die grundsätzlich eingesetzten Zeichensysteme des Gesprächspartners zu kennen. Man sollte auch wissen, inwieweit der Gesprächspartners Kommunikationskanäle nuanciert nutzen kann, d.h. wichtige Punkte hervorzuheben und unwichtige Aspekte unbetont zu lassen.

Im Rahmen der **schriftlichen Kommunikation** stehen zur Hervorhebung wichtiger Worte und Passagen zahlreiche Möglichkeiten zur Verfügung, wie z.B. der Einsatz von

KAPITÄLCHEN, **Fettschrift**, *Kursivschrift*, Unterstreichungen – Verwendung von Parenthesen – oder

die Einrückung von Worten und ganzen Sätzen.

Im Rahmen der **mündlichen Kommunikation** kann insbesondere durch Wort- und Satzwiederholungen, Pausen, Reduktion der Sprechgeschwindigkeit, lauteres oder auch ziemlich leises Sprechen sowie durch Betonung der entsprechenden Wörter eine Hervorhebung erreicht werden.

In beiden Fällen ist für den Empfänger wichtig zu wissen, ab welchem Bedeutungsgrad entsprechende Hervorhebungen vorgenommen werden. Im günstigsten Fall haben die Gesprächspartner dasselbe Verständnis darüber, ab wann ein Aspekt hervorzuheben ist und in welcher Form dies geschehen soll.

Die Relevanz von Aussagen ist grundsätzlich zu hinterfragen, wenn die Kommunikationskanäle von den Verkäufern **im Zeitablauf nicht in gleicher Weise** benutzt werden. So kann es sein, dass im Zeitablauf für die Darstellung derselben Sachverhalte bei **schriftlicher Übermittlung** plötzlich andere grafische Symbole eingesetzt werden (z.B. Rechtecke für eine Wirkgröße statt runde Kreise und vermehrter Einsatz von Grafiken statt Texten) oder andere Zeichensysteme benutzt werden (z.B. Spiegelstriche statt Nummerierungen in Aufzählungen). Bei **mündlicher Übermittlung** können allmähliche oder abrupte Änderungen auf der vokalen Ebene für Irritationen sorgen, wenn

- die Lautstärke erhöht oder verringert wird,
- die Tonhöhe für dieselben Begriffe häufig variiert,
- die Sprechgeschwindigkeit immer weiter beschleunigt oder reduziert wird,
- die Betonungen immer wieder auf anderen Satz oder Wortteilen liegen und
- die Pausen vor und nach Worten, Satzteilen oder ganzen Sätzen auch bei denselben Inhalten unterschiedlich lang sind.

Derartige Änderungen sind nicht auszuschließen, wenn

- innerhalb eines Gesprächs die Kommunikationskanäle mehrfach gewechselt werden,
- die Gespräche lang andauern und schwierig sind oder
- sich der Informationsaustausch auf mehrere Folgekontakte verteilt.

Die eben geschilderten Situationen machen zugleich deutlich, dass nicht alle Änderungen vom Sender wirklich gewollt sein müssen. Ermüdungserscheinungen und Ungeduld in langen Gesprächen, geänderte Stimmungslagen in Folgegesprächen und erhöhte Anforderungen an die eigene Konzentration beim Wechsel der Kommunikationskanäle können Ursachen für eine ungewollte Veränderung bei der Artikulierung von Worten und Sätzen sein: Die Eintrittswahrscheinlichkeit einer gleichbleibenden Handhabung von Kommunikationskanälen sinkt damit. Beim Empfänger kann mit derartigen Veränderungen Unsicherheit darüber entstehen, ob die kommunizierten Sachverhalte auch wirklich vom Sender als einheitliches Konstrukt aufgefasst werden. Damit werden für den Beschaffungsverantwortlichen Vorhersagen über die Identität von Zielen, das Ausmaß von Zielbeiträgen und die Eintrittswahrscheinlichkeit von Zielbeiträgen erschwert.

4.3.2   Feststellung des Realitätsbezugs von Informationen

Zu Beginn des Kapitels 4.3 wurde bereits kurz dargelegt, dass es aus verschiedenen Gründen zu Diskrepanzen zwischen der vom Verkäufer verkündeten Botschaft und der zu erwartenden Realität kommen kann. Angebote mit erkennbaren Schwachstellen sowie hoher Wettbewerbsdruck verleiten den Verkäufer dazu, die starken Seiten seines Angebots überproportional hervorzuheben und gleichzeitig die Schwachstellen herunterzuspielen. Die nachstehende Tabelle zeigt die denkbaren Verhaltensweisen des Verkäufers und ordnet sie den in 4.3.1 genannten Kriterien zur Überprüfung des Zielbezugs zu:

Tab. 7: Ansätze zur Beschönigung von Angeboten

Prüfkriterien	typisches Verkäuferverhalten bei	
	vermeintlich starker eigener Wettbewerbsposition	vermeintlich schwacher eigener Wettbewerbsposition
Identität der Wirkungsweisen des Angebots mit den Zielgrößen des Beschaffungs-verantwortlichen	Suche nach **Gemeinsamkeiten** zwischen genannter Wirkgröße und Kundenziel zum Nachweis der Identität; Suche nach Hinweisen für einen **hohen Rang** des betreffenden Ziels in der Zielhierarchie des Kunden	Suche nach **Unterschieden** zwischen genannter Wirkgröße und Kundenziel zur Widerlegung der Identität; Suche nach Hinweisen für einen **niedrigen Rang** des betreffenden Ziels in der Zielhierarchie des Kunden
Ausmaß der Veränderungen an den Zielgrößen	Erhöhung des Ausmaßes der Veränderungen an der Wirkgröße d.h. dem Ziel	Verringerung des Ausmaßes der Veränderungen an der Wirkgröße, d.h. dem Ziel
Wahrscheinlichkeit der Veränderungen an den Zielgrößen	Erhöhung der Eintrittswahrscheinlichkeit der Wirkungen, Erhöhung der Zahl möglicher Wiederholungen	Verringerung der Eintrittswahrscheinlichkeit der Wirkungen, Verringerung der Zahl denkbarer Wiederholungen
	Ausschmückung der betreffenden Aspekte ↓ Hervorhebung der starken Aspekte durch Verzicht auf langen irrelevanten Kontext (bzw. Schwachstellen) ↑	Verkürzte Darstellung der betreffenden Aspekte ↑ Verschleierung der Schwachstellen durch Hinzufügung von irrelevantem Kontext ↓

Die Überprüfung der Realitätsnähe, d.h. des Wahrheitsgehalts von Aussagen ist daher eine zentrale Aufgabe für den Beschaffungsverantwortlichen im Rahmen seiner Informationsverarbeitung. Die Realitätsnähe der Lieferanteninformationen ist konstituierend für das Vertrauen des Beschaffungsverantwortlichen zu seinen Lieferanten. Wie in Tabelle 7 bereits angedeutet, kann die Kongruenz zwischen einer Aussage und dem von ihr referenzierten Sachverhalt durch nachstehende Manipulationen beeinträchtigt sein:

- verkürzte Darstellung, d.h. Unterschlagung oder Verdichtung relevanter Aspekte,
- Hinzufügung von irrelevantem Kontext, d.h. Hinzufügung von Aspekten ohne Zielbezug,
- Verfälschung (bzw. Veränderung) relevanter Aspekte – betroffene Bereiche in Tabelle 7: alle Veränderungen in Bezug auf die Identitätsfeststellung, das Ausmaß der Veränderungen und die Eintrittswahrscheinlichkeit der Veränderungen.

Die Verkürzung, Hinzufügung und Veränderung von Aspekten kann sich auf

- die Elemente, d.h. die Merkmalsträger mit ihren Merkmalsausprägungen,
- die Veränderungen, d.h. die kausalen Beziehungen und auf die
- die Angaben zu den Eintrittswahrscheinlichkeiten bei mehrfach auftretenden Sachverhalten erstrecken.

Die einzelnen Manipulationsformen können dabei

- bereits bei der Informationsgewinnung,
- bei der gedanklichen Modellierung von Sachverhalten,
- bei der Suche nach einer sprachlichen Fassung und
- bei der Nutzung der verschiedenen Kommunikationskanäle auftreten.

Dementsprechend werden im folgenden zunächst die Manipulationsformen für die Informationsgewinnung dargestellt, bevor die Ebene der Modellbildung, die sprachliche Ebene und die Kommunikationskanäle betrachtet werden.

4.3.2.1 Realitätsbezug der Informationsgewinnung

Aufnehmendes, beschreibendes und aktives Zuhören ermöglichen dem Verkäufer in unterschiedlichem Maße, Einfluss auf das Verhalten des Beschaffungsverantwortlichen zu nehmen:

Beim **aufnehmenden Zuhören** besteht für den Beschaffungsverantwortlichen praktisch kein Grund zu der Annahme, dass der Verkäufer unmittelbar manipulieren will. Letztlich steht es in der freien Entscheidung des Beschaffungsverantwortlichen, welche Informationen er in welcher Form und in welcher Reihenfolge preisgibt. Aber auch das aufnehmende Zuhören schließt natürlich nicht aus, dass der Verkäufer die wahrgenommenen Informationen interessengeleitet auswertet und für sich nutzbar macht. Hat der Beschaffungsverantwortliche diesbezüglich Befürchtungen, wird er sich vor seinen Äußerungen jeweils überlegen, welche Konsequenzen für ihn entstehen könnten und den Gedanken im Zweifelsfall für sich behalten. Dies gilt in gleicher Weise für das beschreibende und aktive Zuhören.

Beim **beschreibenden Zuhören** hat der Verkäufer schon mehr Möglichkeiten, Einfluss auf den Beschaffungsverantwortlichen zu nehmen. Mit der **Wiederholung einzelner Worte** wird die Aufmerksamkeit des Beschaffungsverantwortlichen auf die betreffenden Passagen gelegt. Schon die Festlegung des zu wiederholenden Worts bedeutet, dass ein bestimmter Aspekt herausgehoben worden ist und andere Aspekte **zunächst einmal verkürzt wurden**

oder gar nicht auftauchen. Bei der wortwörtlichen Wiederholung stehen dem Fragesteller kaum Möglichkeiten offen, irrelevante Aspekte hinzuzufügen oder zu verfälschen. Durch entsprechende Stimmführung, d.h. insbesondere Lautstärke, Tonfall, Geschwindigkeit und Deutlichkeit der Aussprache kann der Verkäufer aber Akzeptanz, Zweifel oder Ablehnung signalisieren und damit den Beschaffungsverantwortlichen zu entsprechenden Reaktionen anregen. Die **Wiedergabe und Zusammenfassung von Äußerungen mit anderen Worten** zeigt dem Beschaffungsverantwortlichen, wie der Verkäufer den Sachverhalt inhaltlich verstanden hat und was er daran wichtig findet. Selbstverständlich kann dies den Zweck haben, den Beschaffungsverantwortlichen zu einer bestimmten Sichtweise des betreffenden Sachverhalts zu bewegen: Die **Wiedergabe bzw. Zusammenfassung mit eigenen Worten eröffnet dem Verkäufer vielfältige Möglichkeiten zur Verkürzung, Addition oder Verfälschung von Teilaspekten.** Der Beschaffungsverantwortliche muss sich nun dafür entscheiden,

- ob er mit diesen Inhalten einverstanden ist, d.h. sie übernimmt oder
- ob er mit dem Verkäufer in eine Diskussion eintritt, um seine Position zu verdeutlichen.

Die größten Möglichkeiten zur Beeinflussung besitzt der Verkäufer im Rahmen der Informationsgewinnung durch **gezielte Fragen**. Bei **geschlossenen Fragestellungen** ist das Risiko eines Manipulationsversuchs aus Sicht des Beschaffungsverantwortlichen am größten, denn er wird mit einer Aussage konfrontiert, die er lediglich bejahen oder verneinen kann. Viele Sachverhalte können aber nicht einmal dann eindeutig beantwortet werden, wenn alle relevanten Aspekte bekannt sind, beispielsweise weil sich die Aspekte immer wieder ändern. Mit der geschlossenen Frage kann der Befragte genötigt werden, so oder so eine unbefriedigende Antwort geben zu müssen. **Inhaltlich kann der Verkäufer mit geschlossenen Fragen eine Verkürzung, Erweiterung oder Veränderung von Sachverhalten kommunizieren**, die vom Befragten nur bestätigt oder verneint werden soll.

Oft verbirgt sich die Verkürzung, Veränderung oder Erweiterung eines Sachverhalts nicht in einer Frage, sondern im Zusammenspiel mehrerer Fragen: Teilweise stellen Verkäufer eine Reihe von geschlossenen Fragen hintereinander, in der Erwartung, eine sogenannte „Ja-Straße" betreten zu können. Damit soll der Befragte dazugebracht werden, am Ende auch kritische Fragen unwillkürlich mit „ja" zu beantworten. In der Literatur wird dies als Ja-Fragen-Technik, Ja-Schiene oder auch als sokratische Frage bezeichnet. Ähnliche Bedenken liegen auch bei den sogenannten **Alternativfragen** vor. Dem Befragten wird nahegelegt, dass der Diskussionraum lediglich die angesprochenen Alternativen umfasst und nur aus diesen ausgewählt werden kann. Gerade wenn es um die Generierung von Lösungsalternativen für ein Beschaffungsproblem geht, werden auf diese Weise von den Verkäufern gerne **horizontverengende Alternativenräume** gebildet und dem Beschaffungsverantwortlichen weitere denkbare Möglichkeiten vorenthalten[20]. Neben dieser Form der **Verkürzung ist auch vorstellbar, den Alternativenraum mit unrealistischen Vorschlägen anzureichern oder einzelne Alternativen zu verändern.**

Der Beschaffungsverantwortliche kann derartigen Einschränkungen entgegentreten, indem er

- um Spezifizierungen oder Veränderungen der Frageinhalte bittet,
- eigene Vorschläge dagegensetzt oder
- die Vorgehensweise des Verkäufers thematisiert.

---

[20]   In Anlehnung an Bredemeier, Karsten, Provokative Rhetorik? Schlagfertigkeit, S. 95f.

Noch größere Bedenken drängen sich dem Beschaffungsverantwortlichen auf, wenn er zu dem Schluss kommt, dass es sich bei einer Frage nicht um eine **direkt formulierte Frage** handelt, sondern um eine sogenannte **indirekte Frage**. Die indirekte Frage beruht darauf, die eigentlichen Aspekte zu umgehen, indem sie **gegen andere Aspekte ausgetauscht** werden. Indirekte Fragen werden im allgemeinen vom Verkäufer nur gestellt, wenn er weiß, dass er auf direktem Weg

- keine oder nur eine verzerrte Antwort erhält,
- den Beschaffungsverantwortlichen langweilt oder
- sein Misstrauen gegenüber dem Beschaffungsverantwortlichen bekundet.

Hier drängt sich die Frage nach dem Motiv auf: Geht es in Wirklichkeit

- um noch unbekannte geheimhaltungspflichtige Daten des Unternehmens,
- um noch unbekannte persönliche Informationen über den Beschaffungsverantwortlichen,
- um noch unbekannte Daten über den Wettbewerb oder
- um die Kontrolle bzw. Plausibilisierung bereits bekannter Daten aus anderen Antworten?

Sobald Fragen als indirekte Fragen identifiziert oder eingestuft worden sind, wird sich der Beschaffungsverantwortliche entscheiden, ob er

- ob er auf den Manipulationsversuch (zum Schein) eingeht oder
- ob er die Vorgehensweise des Verkäufers an sich thematisiert.

Einen Manipulationsversuch kann der Beschaffungsverantwortliche auch bei **rhetorischen Fragen** unterstellen, denn hier wird nicht einmal mehr eine Antwort erwartet, sondern die Zustimmung bereits vorweggenommen. Bei rhetorische Fragen können – wie bei geschlossenen Fragen – **inhaltlich problematische Aspekte eliminiert oder verändert werden oder durch Hinzufügung weiterer Aspekte kaschiert werden**. Auch hier kann es sein, dass sich der Beschaffungsverantwortlich über Einwände zur Wehr setzt.

Um den Eindruck eines Manipulationsversuchs von vornherein zu vermeiden, empfiehlt es sich für den Verkäufer, die schon beim Kapitel Interpretation 4.2.1 geschilderte Vorgehensweise einzuschlagen, indem

- vor der Frage erst ein Statement im Sinne einer Bestätigung geäußert wird,
- dann die Frage gestellt wird und
- direkt anschließend eine Begründung für die Frage geliefert wird.

Damit gibt der Verkäufer dem Beschaffungsverantwortlichen die Chance, den Informationswunsch sowohl inhaltlich als auch von der Intention her richtig zu verstehen. Der Beschaffungsverantwortliche kann die Bedeutung seiner Information für die Arbeit des Verkäufers besser abschätzen. Wenn er in diesem Zusammenhang zudem eine Vorstellung davon bekommt, wie sich die gelieferten Informationen auf die Angebotserstellung des Lieferanten auswirken, kann mit einer erhöhten Auskunftsfreudigkeit gerechnet werden.

4.3.2.2 Realitätsbezug des gedanklichen Modells
Die Manipulationsmöglichkeiten im Zuge der Modellierung von Sachverhalten werden im Folgenden nach Elementebene, Beziehungsebene und quantitativer Ebene differenziert (siehe Kapitel 4.3.1.2).

zu Elementebene:

Auf der **Ebene der Elemente** können hiervon prinzipiell der Merkmalsträger, die Merkmale und die Merkmalsausprägungen betroffen sein:

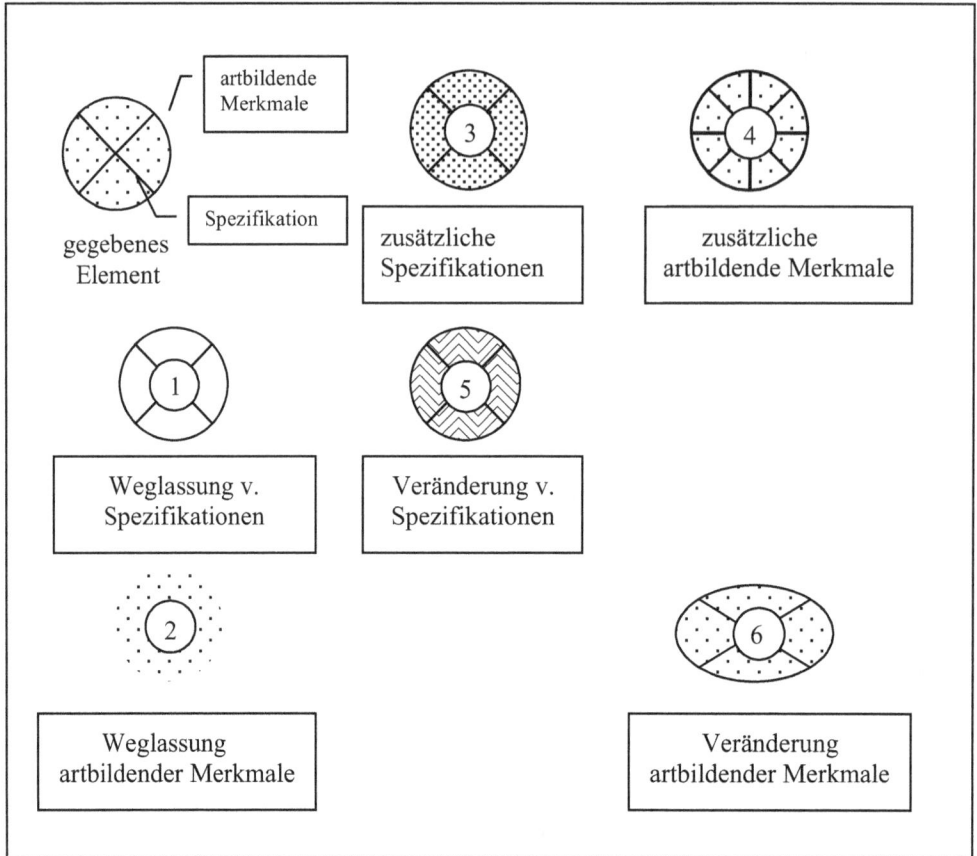

Abb. 29: Manipulationsmöglichkeiten auf Elementebene

Mit dem Weglassen relevanter Aspekte, d.h. der **Verkürzung der Darstellung** kann sich der Verkäufer um die Mitteilung unangenehmer Informationen herumdrücken, ohne direkt die Unwahrheit sagen zu müssen. Die Unterschlagung von Aspekten kann auf Elementebene durch Weglassung von Merkmalen geschehen, die zur Beschreibung der Erscheinungsform dienen (1) z.B. Farbe eines Autos oder Computers. Daneben könnte man auch – einen Teil der – artbildenden Merkmale ignorieren (2) z.B. durch Verzicht auf eine allgemeine Definition und alleinigen Rückgriff auf die Merkmalsträger beispielsweise durch Benennung des Produkt- oder Markennamens (d.h. eines Eigennamens). Produkt- und Markennamen können dabei durch Merkmale zur Charakterisierung der Erscheinungsform ergänzt werden. Ein anderer Manipulationsansatz besteht in der **Hinzufügung weiterer Aspekte**. Denkbar ist Benennung weiterer Merkmale bezüglich der Erscheinungsform, die aber keinerlei Zielbezug aufweisen und damit beliebige Merkmalsausprägungen aufweisen könnten (3) z.B. Name des Produktionswerks, indem das Produkt hergestellt wurde. Daneben kann der Verfasser auch artbildende Merkmale hinzufügen (4): Im einfachsten Fall werden dieselben artbildenden Merkmale mit einem weitgehend synonymen Begriff belegt, sodass eine redundante Begriffsabgrenzung entsteht (z.B. das Merkmal „Materialart" wird ergänzt um das Merkmal „Baustoff"). Veränderungen ergeben sich aber, wenn zusätzliche artbildende Merkmale eingefügt werden, mit denen die Zahl der unter das Element fallenden Objekte (Merkmalsträger) verändert wird. Dadurch ändert sich meist auch die Eintrittswahrscheinlichkeit der Beziehungen. Schließlich gibt es auf der Ebene der Elemente noch die Möglichkeit, die Erscheinungsform (5) und die Art des Elements (6) durch **Veränderung bzw. Verfälschung** der betreffenden **Merkmale und ihrer Merkmalsausprägungen** zu beeinflussen. Die Veränderung der **Merkmale** könnte durch Erweiterung oder Einengung des Merkmals stattfinden (z.B. Billigprodukte umfassen bisher alle Artikel bis 10 Euro und sollen künftig alle Artikel bis 20 Euro einbeziehen). Die Erweiterung und Einengung des Merkmals wird hier durch die Veränderung des **zulässigen Spektrums an Merkmalsausprägungen** erreicht. Alternativ besteht die Möglichkeit durch Rückgriff auf Merkmale mit einem **weiteren oder engeren inhaltlichen Verständnis** zuzugreifen. Die inhaltliche Veränderung wird hier durch Wahl von Ober- und Unterbegriffen auf Merkmalsebene dargestellt (beispielsweise „anlagenintensive Herstellung" als inhaltlich engeres Merkmal, weil es sich allein auf die erforderlichen Maschinen bezieht und „kapitalintensive Herstellung" als inhaltlich weiterem Merkmal, weil dies zusätzlich auch die erforderlichen Roh-, Hilfs- und Betriebsstoffe in die Betrachtung einbezieht). Sowohl bei der anlagenintensiven als auch bei der kapitalintensiven Produktion können jetzt die Wertebereiche eingeschränkt oder ausgeweitet werden z.B. Berücksichtigung von Werten über einer Million Euro etc. Im weitesten Sinne könnte ein Merkmal auch durch andere Merkmale ersetzt werden, die überhaupt nichts miteinander zu tun haben (z.B. Materialart eines Produkts durch Größe eines Produkts).

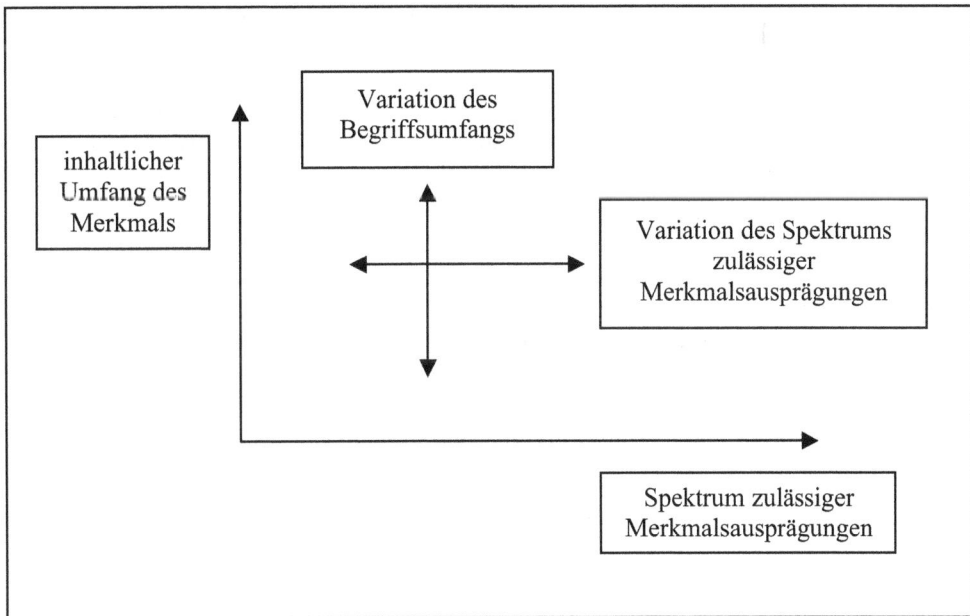

Abb. 30: Möglichkeiten zur Manipulation von Merkmalen

Die Möglichkeiten zur Veränderung und zur Verfälschung von **Merkmalsausprägungen** lassen sich wie folgt kategorisieren: Zum einen kann der Autor eine Ausweitung oder eine Einengung gegenüber den **gegebenen** Merkmalsausprägungen vornehmen. Zum andern kann er eine Verschiebung der Merkmalsausprägungen erzeugen. Ausweitungen und Verschie-

bungen können innerhalb des durch die Definition festgelegten Wertebereichs liegen oder die
Grenzen des Wertebereichs überschreiten:

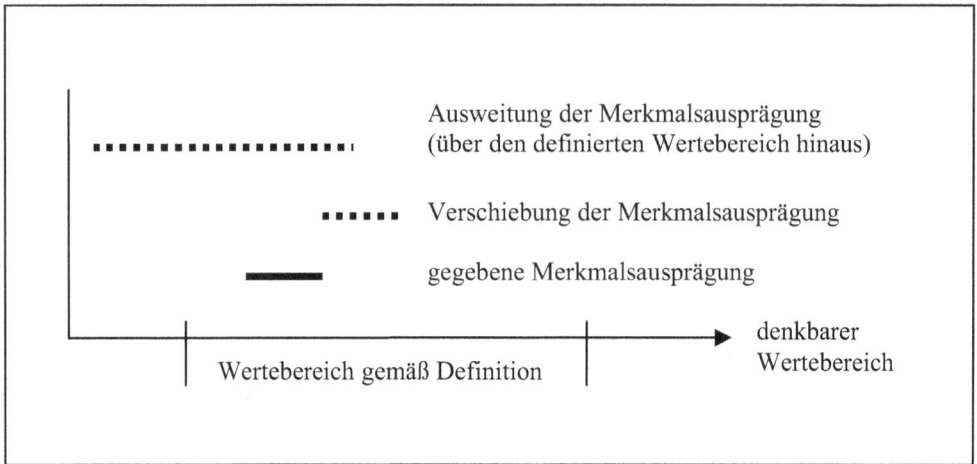

Abb. 31: Möglichkeiten zur Verfälschung von Merkmalsausprägungen

Eine Ausweitung der Merkmalsausprägungen liegt vor, wenn beispielsweise anstatt einer
exakten Ausprägung **eine Bandbreite** vorgegeben wird (aus der Ausprägung 1000 Euro
Stückpreis wird beispielsweise die Ausprägung Stückpreis liegt zwischen 800 und 1200
Euro). Eine definitionsgerechte **Verschiebung** läge vor, wenn als Preis 1100 Euro angegeben
würde. Ein Verlassen des definierten Wertebereichs läge vor, wenn der Preis offensichtlich
so niedrig angesetzt wird, dass nicht einmal der Materialwert des Produkts gedeckt wäre –
beispielsweise 300 Euro.

Eine Ausweitung oder Einengung von Merkmalsausprägungen kann auch durch die Einsetzung eines **synonymen Ausprägungsbegriffs** geschehen, der **mit einem anderen Skalenniveau** belegt ist. So liegt z.B. bei der Definition von Lieferterminen gegenüber dem Kunden
mit der Auskunft: „Anfang nächster Woche" allenfalls eine ordinalskalierte Merkmalsausprägung vor, weil man lediglich feststellen kann ob etwas früher oder später da ist als z.B.
„zur Wochenmitte". Die Auskunft „am Dienstag" oder „Dienstag 12.00 Uhr" stellt eine kar-
dinalskaliertes Merkmalsausprägung dar, weil hier der Abstand zu anderen Zeitangaben im
Wochenverlauf exakt ausgerechnet werden könnte.

Zu Beziehungsebene:

Die eben genannten grundsätzlichen Manipulationsmöglichkeiten auf der Ebene der Elemente
lassen sich auch auf der Ebene der **kausalen Beziehungen** anwenden. Nachdem es auf der
Ebene der Kausalzusammenhänge zahlreiche Ansatzpunkte gibt, werden die einzelnen Möglichkeiten getrennt nach den Manipulationsformen Verkürzung (Unterschlagung), Hinzufügung
(Erweiterung) und Verfälschung. Im folgenden wird jeweils nur die Kausalbeziehung an sich
skizziert und von den dahinter stehenden korrespondierenden Elementen abstrahiert.

Die Unterschlagung bestehender relevanter Kausalbeziehungen erlaubt dem Verfasser auch
hier, mit dem was er sagt, bei der Wahrheit zu bleiben, ohne aber die ganze Wahrheit mitteilen zu müssen. Dabei kann der Verfasser sogar die korrespondierenden Elemente der nicht
geschilderten Zusammenhänge korrekt und vollständig wiedergeben – er verzichtet lediglich

auf die Angabe der Kausalzusammenhänge und auf die Angabe der dadurch entstehenden Veränderungen. Bei dieser Vorgehensweise reduziert der Verfasser seine Aussagen so, dass von dem **Erklärungsmodell letztlich nur ein Beschreibungsmodell übrig bleibt.** Die nachstehende Abbildung zeigt die Bereiche, in denen die Möglichkeit zur Unterschlagung von Kausalbeziehungen bestehen:

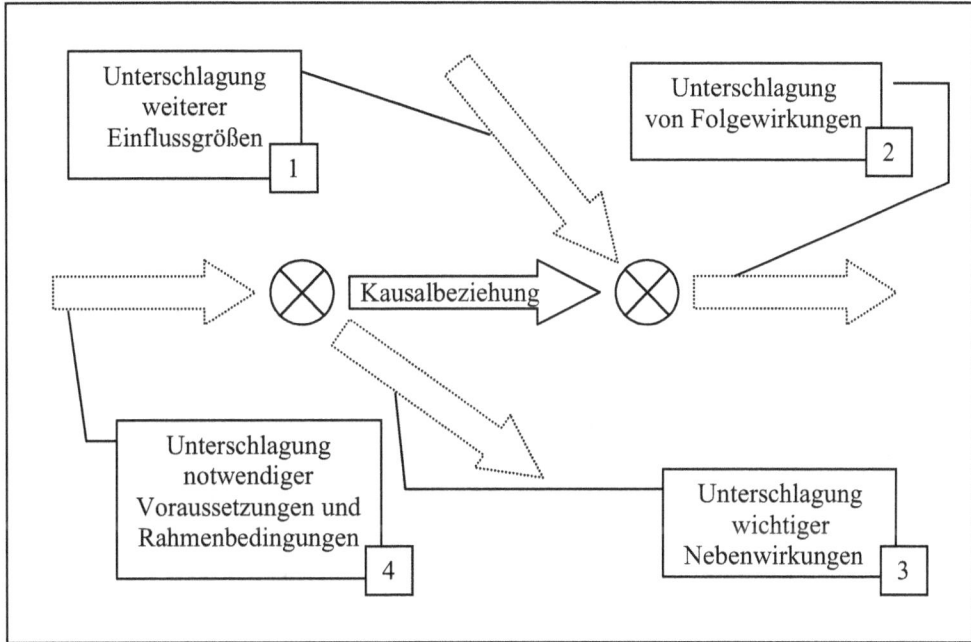

Abb. 32: Ansätze zur Unterschlagung von Merkmalsträgern und Beziehungen

Die genannten Bereiche können einzeln oder auch kombiniert unterdrückt werden. Selbstverständlich kann auch die zentrale Kausalbeziehung Gegenstand einer Unterschlagung sein. Die Unterschlagung **weiterer Einflussgrößen** (1) bezieht sich im Verkaufsbereich oft auf alternative Lösungswege, alternative Angebote oder alternative Bezugsquellen: Man nennt dem Beschaffungsverantwortlichen also nicht alle gangbaren Wege. Die Unterschlagung von **Folgewirkungen** (2) kann aus Sicht des Verkäufers sinnvoll sein, wenn mit der Annahme und Umsetzung des Angebots die vermuteten positiven Effekte aufgrund von verkäuferseitigen Erfahrungswerten weniger ausgeprägt auftreten werden als vom Kunden angenommen und negative Effekte stärker zu Buche schlagen als vom Kunden gedacht (z.B. wenn der Kunde seine eigenen Marktanteile durch den Kauf der Lieferantenleistung weniger stark erweitern kann als von ihm geplant). Die Möglichkeit zur Unterschlagung unmittelbarer Nebenwirkungen (3) ist verlockend, wenn **Nebenziele** des Beschaffungsverantwortlichen schlechter oder gar nicht erreicht werden können, z.B. wenn der Lösungsvorschlag eine aufwändige Kooperation von Seiten des Beschaffungsverantwortlichen erfordert und somit dessen Prozesswirtschaftlichkeit beeinträchtigt. Die Neigung zur Unterschlagung notwendiger **Voraussetzungen und Bedingungen** (4) entsteht, wenn die Entscheidung für ein Angebot mit entsprechenden Vorbereitungsmaßnahmen wie Schulungen, organisatorischen Maßnahmen, baulichen Veränderungen, Installationsaufwand, Beratungsleistungen, Bereitstellung von Sicherheiten und dergleichen mehr verbunden ist.

Ein unzutreffendes Bild der Realität lässt sich auch durch **Hinzufügung** – vorhandener oder zu erwartender – aber nicht relevanter Kausalbeziehungen zeichnen. Mit dieser Vorgehensweise kann der Verkäufer den Beschaffungsverantwortlichen leichter von anderen unangenehmen aber wichtigen Aspekten ablenken. Die nachstehende Abbildung zeigt auf, wie durch Hinzufügung von Beziehungen eine Verschleierung der eigentlich wichtigen Themen erreicht werden kann:

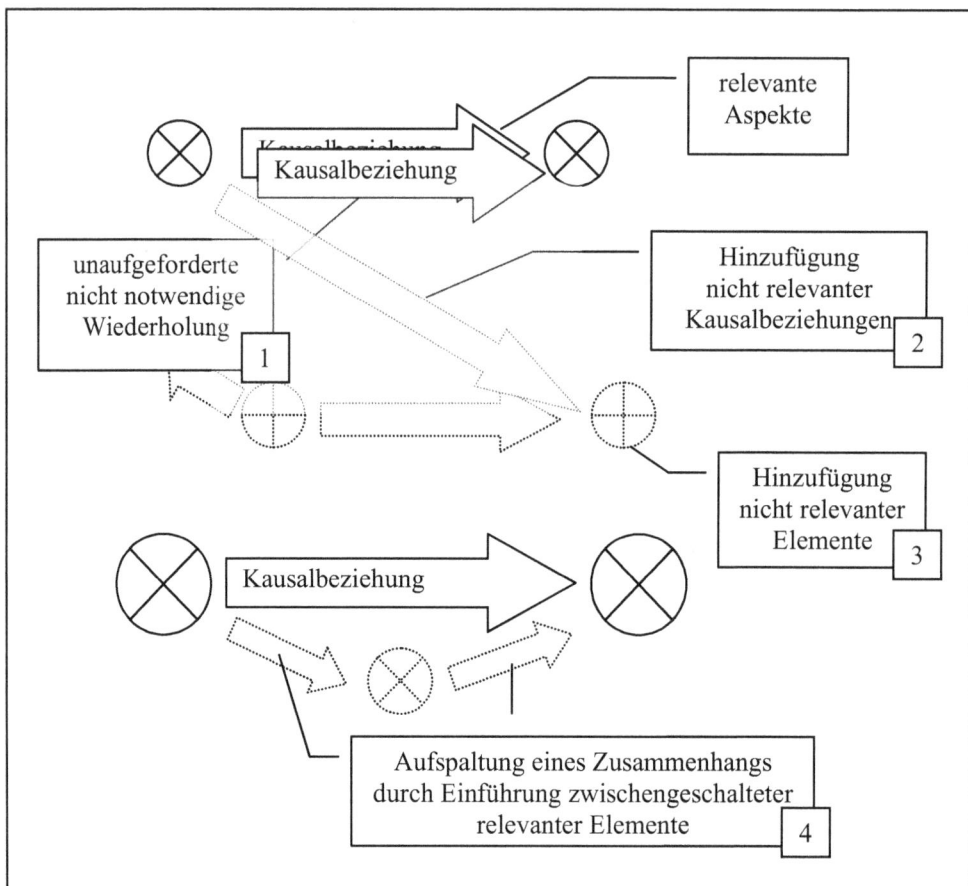

Abb. 33: Ansätze zur Hinzufügung nicht relevanter Beziehungen

Im einfachsten Fall wird eine Kausalbeziehungen einfach **doppelt formuliert** und ggf. mit anderen ähnlichen Begriffen belegt (1). Die Addition von weiteren Kausalbeziehungen (2) kann allein auf Basis der bereits einbezogenen Elemente geschehen oder auch unter Hinzuziehung weiterer Elemente erfolgen (3).

Oft ist es auch einfach, zusätzliche Kausalbeziehungen zu bilden, indem man weitere nicht relevante Elemente hinzufügt und diese mit bereits eingeführten Elementen verknüpft (2 und 3). Dies ist im Rahmen von Verkaufsgesprächen immer dann zu beobachten, wenn ein Verkäufer – ohne die Anforderungen seines Kunden zu berücksichtigen – die allgemeinen Vorteile seines Angebots „herunterbetet" (so genannter „feature dump"). Die allgemeinen Vorteile beinhalten dann die neu eingeführten nicht relevanten Elemente.

Ein Spezialfall der Vermehrung von Zusammenhängen liegt vor, wenn ein Verkäufer den Zusammenhang zwischen zwei Elementen aufspaltet (4), indem er eine relevante, aber bisher nicht thematisierte Zwischengröße einführt (z.B. die Aussage „...wenn Sie heute den Auftrag erteilen, erhalten Sie bis Anfang nächster Woche die Ware..." wird aufgespaltet in „...wenn Sie heute den Auftrag erteilen, werden wir bis Ende dieser Woche die Ware produzieren und Sie erhalten dann mit dem Paketdienst bis Anfang nächster Woche die Ware..."). Solche zwischengeschaltete Elemente sind häufig lieferanteninterne Gegebenheiten, die den Kunden im Normalfall zunächst nicht interessieren, aber dessen Augenmerk gerade auf Sachverhalte lenken sollen, die dem Wettbewerb derzeit womöglich Schwierigkeiten bereiten.

Die Vermehrung der Zahl der Zusammenhänge kann auch ein Mittel sein, um die eigentlichen Zusammenhänge nachträglich abzuschwächen, beispielsweise wenn plötzlich zusätzliche Bedingungen im Sinne von höherer Gewalt eingeführt werden beispielsweise in Form von „...wenn keiner meiner Mitarbeiter aufgrund von Krankheit ausfällt, dann erhalten Sie die Ware Anfang nächster Woche...", „...wenn unsere Maschinen alle ordnungsgemäß laufen, dann...").

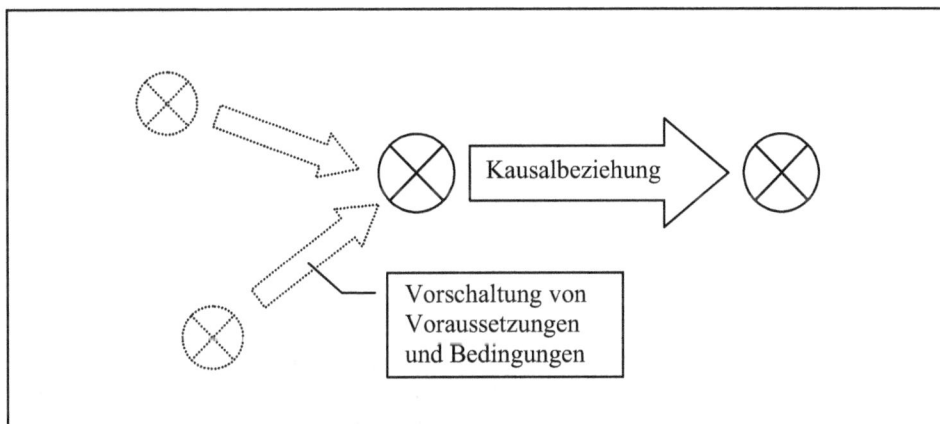

Abb. 34: Vermehrung der Zahl der Zusammenhänge zur Abschwächung anderer Kausalbeziehungen

Wenn die beiden eben genannte Methoden nicht ausreichen, kann der Verfasser eine kausale Beziehung direkt **verfälschen**, d.h. wahrheitswidrig formulieren. Diese Vorgehensweise ist mit großem Risiko verbunden, da im Falle einer Entdeckung das Vertrauen des Beschaffungsverantwortlichen nicht oder kaum mehr wiederhergestellt werden kann. Die Verfälschung von Informationen kann auf Ebene der Beziehungen folgende Ausprägungen annehmen:

• Verkürzung oder Verlängerung eines Zusammenhangs,
• Negierung des Zusammenhangs zwischen Elementen,
• Vorgaukelung eines nicht vorhandenen Zusammenhangs zwischen Elementen,
• Abschwächung oder Verstärkung eines Zusammenhangs in Bezug auf sein Ausmaß,
• Abschwächung oder Verstärkung eines Zusammenhangs in Bezug auf seine Eintrittswahrscheinlichkeit und die
• Richtungsumkehr eines Zusammenhangs.

Die nachstehende Abbildung zeigt die Manipulationsmöglichkeiten:

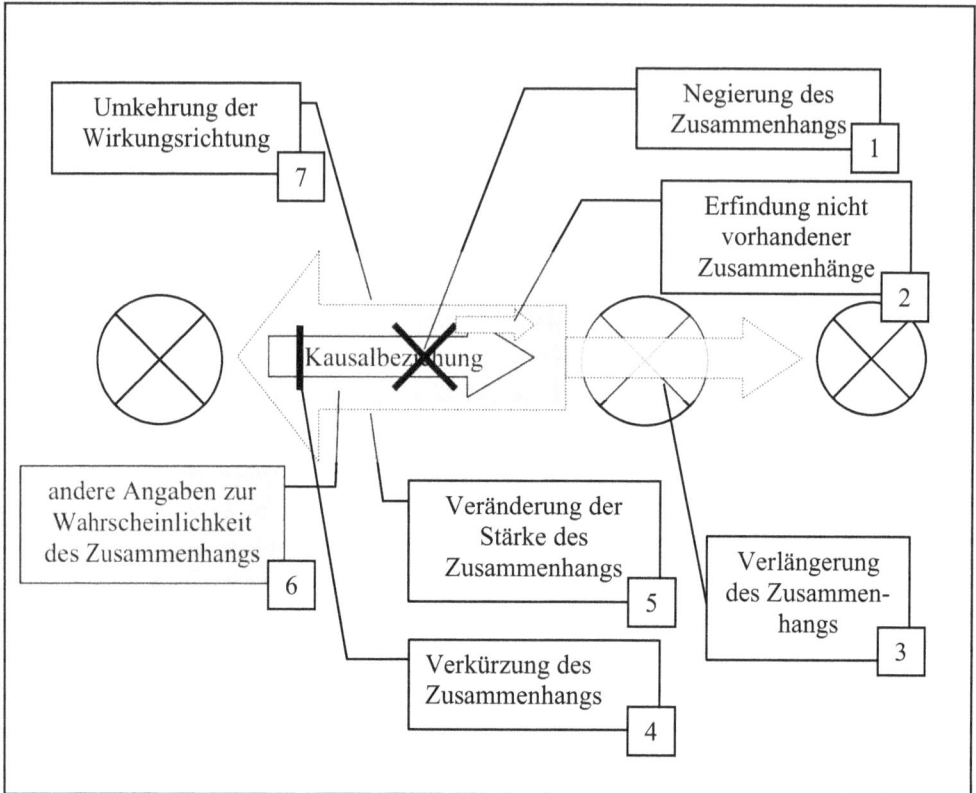

Abb. 35: Ansätze zur Verfälschung von Merkmalsträgern und Kausalbeziehungen

Die Gefahr, dass ein **Zusammenhang** vom Verfasser **negiert** wird (1), ist insbesondere bei unerwünschten Auswirkungen gegeben. Der Verkäufer könnte versuchen, die Unabhängigkeit der involvierten Elemente aufzuzeigen, indem er darauf hinweist, dass zu jeder Ausprägung der ursächlichen Größe jeweils alle denkbaren Ausprägungen bei der Wirkungsgröße auftreten können (z.B. wenn der Verkäufer darauf hinweist, dass auch umfangreiche kundenindividuelle Produktanpassungen bei gleichzeitig kurzer Lieferzeit durchaus möglich sind, weil genügend Kapazitäten zur Verfügung stehen).

Umgekehrt kann auch die **Erfindung eines nicht vorhandenen Zusammenhangs** (2) den Blick von anderen wesentlichen Aspekten ablenken.

Die **Verlängerung eines Zusammenhangs** (3) kommt als Alternative in Betracht, wenn zwar der geforderte Kausalzusammenhang nicht eingehalten werden kann, aber die Chance besteht, dahinter liegende Schritte in der Kausalkette beispielsweise über Zusatzmaßnahmen erfüllen zu können (beispielsweise wenn die Anlieferung von Messeprospekten bis Dienstag übernächster Woche nicht klappt, aber die Lieferung direkt an den Messestand zum Messestart am darauf folgenden Donnerstag.

Die **Verkürzung eines Zusammenhangs** (4) ist ein naheliegender Ausweg, wenn Unsicherheit darüber besteht, ob die Wirkgröße tatsächlich wie gewünscht beeinflusst werden kann. Der Verfasser versucht daher, den Wirkungszusammenhang in kleinere Teilschritte mit Zwischengrößen zu zerlegen und geht in seinen Ausführungen nur bis zu der Zwischengröße, die er aus seiner Sicht mit größerer Sicherheit zusagen kann. Z.B. Kunde wünscht die Ware am Montag übernächster Woche, der Verkäufer kann aber lediglich zusagen, dass mit der Produktion spätestens am Donnerstag der nächsten Woche angefangen wird.

Die **Abschwächung oder Verstärkung eines Zusammenhangs in Bezug auf das Ausmaß der zu erwartenden Wirkungen** (5) dürfte eine der am häufigsten eingesetzten Verfälschungsmethoden sein, weil sie je nach Skalenniveau beliebig fein und damit gegebenenfalls auch unauffällig angewendet werden kann. Der Verfasser kann sich bei ordinalskalierten und kardinalskalierten Merkmalen dafür entscheiden, ob mit der Angabe der benachbarten Merkmalsausprägung einen vergleichsweise geringen Verfälschungsgrad verantworten möchte (z.B. Eintreffzeitpunkt der Ware 11.00 Uhr obwohl sie erst um 11.30 Uhr eintreffen wird). Verfälschungen durch Veränderung der Merkmalsausprägungen werden oft erst dann offensichtlich, wenn die definitionsgemäß vorgegebenen Wertebereiche überschritten werden (siehe auch Abschnitt Elemente).

Die **Abschwächung oder Verstärkung eines Zusammenhangs in Bezug auf seine Eintrittswahrscheinlichkeit** (6) zählt ebenfalls zu den bevorzugten Manipulationsansätzen. Solange kein eindeutiger kausaler Zusammenhang, also eine 100 %ige Eintrittswahrscheinlichkeit vorliegt, kann eine Änderung der Eintrittswahrscheinlichkeit eine verlockende Methode zur Beschönigung von Zusammenhängen sein, insbesondere, wenn die später zu erbringende Menge an Leistungen zu gering ist, um zufällige Zielabweichungen durch statistische Nachweise auszuschließen.

Schließlich kann auch versucht werden, die **Kausalzusammenhänge umzukehren** (7), im Sinne der Henne-Ei-Problematik. Beispielsweise wenn der Verkäufer erklärt, dass die Teilnahme des Kunden bei einer bestimmten Messe das Image der Messe aufwertet, obwohl nach Meinung des Verkäufers so ist, dass hierdurch eher das Image des Kunden aufgebessert wird.

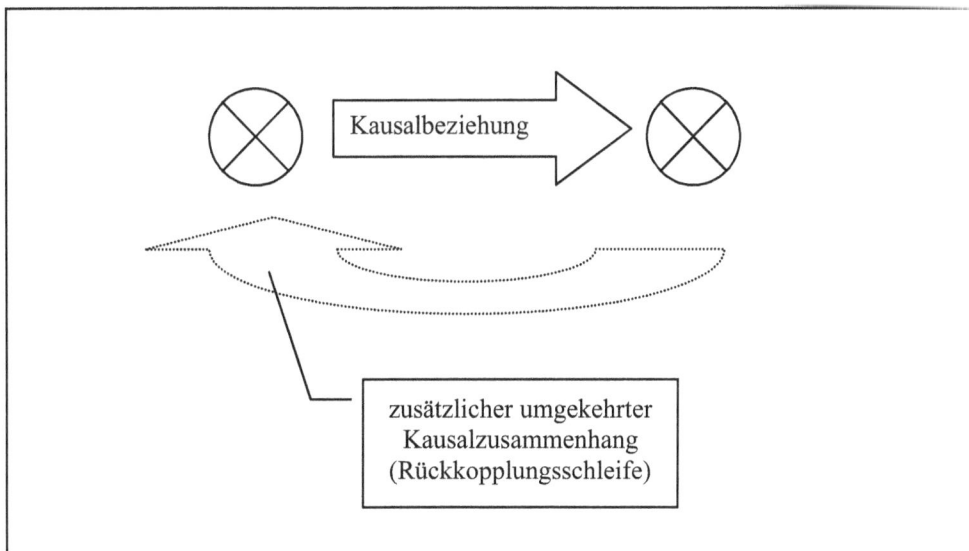

Abb. 36: Einführung von Feedbackschleifen zur Relativierung von Kausalzusammenhängen

Es bietet sich an, bei dieser Maßnahme gleich auch eine Vermehrung der Kausalzusammenhänge vorzunehmen: Man lässt den eigentlichen Zusammenhang stehen und fügt den umgekehrten Zusammenhang im Sinne einer positiven oder negativen Rückkopplungsschleife hinzu.

zu quantitativer Ebene:

Für den Verfasser von Botschaften besteht neben der Möglichkeit zur Manipulation von Elementen und Beziehungen auch die Chance, durch Veränderung quantitativer Angaben seinen Aussagen einen freundlicheren oder verbindlicheren Anstrich zu geben. Die Veränderung quantitativer Angaben kann sich beziehen auf die **Häufigkeit des Auftretens** einzelner Elemente als auch die Häufigkeit der Beziehungen zwischen den Elementen.

Im einzelnen könnte man

- auf die Angabe von Häufigkeiten verzichten,
- die Zahl der Häufigkeitsangaben verringern oder
- weitere Häufigkeitsangaben hinzufügen.

Möchte der Verkäufer den geringstmöglichen Aufwand betreiben, verzichtet er auf die Angabe von Häufigkeiten. Oft hat der Verkäufer selbst keine gesicherten Angaben, sodass er ohnehin allenfalls in der Lage wäre, Schätzwerte abzugeben. Mit dem Verzicht auf Angaben vermeidet der Verkäufer zugleich, eventuell die Unwahrheit verkünden zu müssen. Oft wird dann versucht, den Beschaffungsverantwortlichen mit **ausgewählten Beispielen entgegenzukommen**. Dabei können die Beispiele

- zufällig,
- mit Hinblick auf die Aktualität des betreffenden Projekts,
- mit Hinblick auf die (vermuteten) Anforderungen der Kunden,
- mit Hinblick auf extreme Anforderungen (sogenannte Härtetests) oder
- im Hinblick auf bekannte Referenzprojekte bzw. Referenzkunden

ausgewählt werden.

Wenn der Beschaffungsverantwortliche quantitative Angaben fordert, kann bei Verkäufern die Neigung entstehen, ungünstige Tatsachenwerte in die gewünschte Richtung zu verändern. Dies gilt vor allem, wenn die Elemente auslegungsfähige Begriffsabgrenzungen aufweisen. Durch den **Verweis auf die Auslegungsspielräume** kann der Verkäufer nicht selten weitere Nachfragen des Beschaffungsverantwortlichen unterbinden und das Risiko eines Glaubwürdigkeitsverlust eindämmen.

Schließlich kann der Verkäufer auch zur Schaffung einer **Datenflut** eine Vermehrung der quantitativen Angaben zur Häufigkeit von Elementen und Beziehungen herbeiführen. Als Ausgangspunkt kann der Verkäufer die bestehenden Daten nehmen und durch verschiedene Differenzierungen in zusätzliche separate Werte aufspalten, insbesondere durch Aufteilung nach

- den einzelnen notwendigen vorgelagerten Voraussetzungen und Bedingungen (beispielsweise „...selbst bei einer schlechten Konjunktur können Sie mit einem Verkauf von 20 Einheiten rechnen…"),
- den unterschiedlichen Verhaltensausprägungen und Häufigkeiten der Ursachengröße (beispielsweise „...dass jemand unsere Maschine überhaupt nicht bedienen kann, kommt nur in 3 % der Fälle vor...“),

- den gleichzeitig wirksamen flankierenden, konkurrierenden und beeinträchtigenden Ursachengrößen (beispielsweise Aufstellen einer Häufigkeitsmatrix mit und ohne gleichzeitigen Einsatz des Konkurrenzprodukts),
- den unterschiedlichen Wirkungen an der Wirkgröße (separate Auflistung der Häufigkeiten für die einzelnen Merkmalsausprägungen),
- den Nebenwirkungen (wie eben) und
- eine Aufspaltung nach den Folgewirkungen (wie eben).

4.3.2.3 Realitätsbezug der sprachliche Fassung

Der Realitätsbezug von Informationen kann nicht nur durch die Art und Weise der gedanklichen Modellierung beeinträchtigt werden, sondern auch durch die Ausgestaltung der sprachlichen Fassung des gedanklichen Konzepts. Auch auf sprachlicher Ebene besteht die Möglichkeit, durch

- Hinzufügung,
- Unterschlagung und
- Veränderung

von Worten und Sätzen die Realitätsnähe von Aussagen zu beeinflussen. Die einzelnen Möglichkeiten können wiederum die unterschiedlichsten Wirkungen auf Elemente, ihre Beziehungen sowie auf die damit korrespondierende quantitative Ebene haben, wie die nachstehende Tabelle kurz aufzeigt. Die Anwendbarkeit eines Manipulationsprinzips für verschiedene Ebenen und für verschiedene Manipulationsrichtungen innerhalb einer Ebene kommt dabei durch die zeilenweise einheitliche Schattierung zum Ausdruck.

Tab. 8: Manipulationsmöglichkeiten auf sprachlicher Ebene und ihre Wirkungsbereiche

Manipulations- bereich	Manipulationswirkungen								
Sprachfassung	Elementebene			Beziehungsebene			quantitative Ebene		
Aktion	+	-	△	+	-	△	+	-	△
Worte +									
Worte -									
Worte △									
Sätze +									
Sätze -									
Sätze △									

Legende:

+   Hinzufügung

–   Unterschlagung, Unterdrückung

△   Veränderung

Prinzipiell sind die Manipulationen in der sprachlichen Fassung – unabhängig von der betroffenen Ebene – in gleicher Weise gestaltbar und anwendbar (z.B. kann die Auswechslung eines Worts durch ein Synonym gleichermaßen auf Elementebene, auf Beziehungsebene und auf der quantitativen Ebene Wirkungen erzielen). Außerdem kann die Anwendung eines Manipulationsprinzips wie z.B. der Einsatz von Synonymen in einem Bereich unterschiedlichste Wirkungen hervorrufen, wenn die Synonyme jeweils bestimmte Eigenschaften eines Sachverhalts nahelegen und damit die Existenz von Zusammenhängen mit anderen Begriffen nahelegen, unwahrscheinlich erscheinen lassen oder eine andere Bewertung zutage fördern: Die Aussage „...unsere Kundenberater / Außendienstmitarbeiter sind 10 Tage im Monat auf Kundenbesuch..." kann eine hohe Kontaktintensität suggerieren, wenn mit dem Begriff Kundenberatung alle *Beratungstätigkeiten* unabhängig von der Kontaktform gemeint sind oder eine niedrige Kontaktintensität, wenn durch den Begriff Außendienstmitarbeiter vor allem die *Kontaktform* ins Blickfeld des Empfängers gerückt wird.

Nachdem die sprachbezogenen Manipulationsprinzipien auf allen Ebenen wirksam sein können und die Wirkungsrichtung dort nur einzelfallbezogen im jeweiligen Kontext bestimmt werden kann, beschränken sich die Ausführungen dieses Teilkapitels auf die Beschreibung der Manipulationsprinzipien. Die Beschreibung der jeweiligen Ausgestaltung erstreckt sich auf den Wort- und den Satzbereich. Auf ihre Wirkungen werden die Ausgestaltungsformen punktuell anhand von Einzelbeispielen hin untersucht (vgl. Tabelle 9).

Die in Kapitel 4.1.2 eingeführte Strukturierung für die sprachliche Fassung von gedanklichen Modellen soll auch für die nachstehenden Betrachtungen herangezogen werden.

Tab. 9: Vorgehensraster für die Qualifizierung der sprachlichen Fassung von gedanklichen Modellen

	Hinzufügung	Unterschlagung	Veränderung
Wortebene • Wortinhalte • Wortarten • Wortgebrauch			
Satzebene • Satzglieder • Stellung d. Satzglieder • Hierarchie d. Satzglieder			

zu Wortinhalten:

Die mit Worten zu transportierenden Inhalte lassen sich durch Hinzufügung, Reduktion und Veränderung von Worten in vielfältiger Weise verzerren. Die Aufmerksamkeitslenkung mittels **Hinzufügung von Worten** erfolgt meistens

• durch reine Aufzählung mit oder ohne Konjunktionen oder
• durch Beistellung von Adjektiven bzw. Adverbien.

Bei der Hinzufügung von Worten muss der Verfasser entscheiden, ob er

• dieselben Wortstämme nochmals verwendet (Wortäußeres),
• sich auf denselben Diskussionsgegenstand beziehen möchte (Wortinneres) und
• ob er sich innerhalb desselben Diskussionsgegenstands für eine Bestätigung oder Widerlegung einsetzt.

Die Handlungsmöglichkeiten und ihre rhetorischen Bezeichnungen (rhetorische Figuren) enthält die nachstehende Tabelle:

Tab. 10: Aufmerksamkeitslenkung und Bedeutungsverschiebungen durch Wortvermehrung

Wortinneres	Wortäußeres	
	gleicher Wortstamm	**verschiedene Wortstämme**
gleicher Diskussionsgegenstand: Bestätigung	Geminatio, d.h. reine Wortwiederholung Bsp.: „günstig, günstig ist der heutige Preis"	1. Hendiadyoin, d.h. Verwendung von zwei Wörtern für eine Bedeutung Bsp.: „klipp und klar"; „Hab und Gut"; „immer und ewig" 2. Pleonasmus, d.h. Verwendung verschiedener Wortarten, wobei beide Worte jeweils den Gesamtbegriff beinhalten Bsp.: „sparsamer Schottenpreis" 3. Litotes, meist in Form der doppelten Verneinung Bsp.: „nicht schlecht"
gleicher Diskussionsgegenstand: Widerlegung		Oxymoron, d.h. Verwendung zweier widersprüchlicher Begriffe, insbesondere in Form des Contradictio in adjecto, d.h. dem Einsatz eines widersprüchlichen Adjektivs Bsp: „teure Einsparmaßnahme"
anderer Diskussionsgegenstand		beispielsweise Synästhesie, d.h. Verbindung verschiedener Sinneseindrücke Bsp: „schreiende Farben"; „schreiendes Unrecht"

Durch die Vermehrung der für einen Sachverhalt verwendeten Worte wird also in erster Linie eine **Betonung des betreffenden Inhalts** erreicht, was gleichzeitig zur Ablenkung von anderen wichtigen Aspekte dienen kann. Teilweise bewirken Wortvermehrungen im Rahmen rhetorischer Figuren aber auch eine **Aufhebung oder eine Negierung des Inhalts** mit entsprechenden Konsequenzen für die davon betroffenen Elemente und ihren Beziehungen.

Mit der **Unterschlagung eines Worts** kann ebenfalls eine Verzerrung von Botschaften herbeigeführt werden. Die Elimination einzelner Worte ist praktisch nur im Kontext ganzer Sätze oder Texte einsetzbar und wirkt damit ähnlich wie eine Ellipse (siehe unten folgende Erläuterungen im Zusammenhang mit dem Satzbau). Gegebenenfalls ergibt sich die Möglichkeit, durch Einsatz mehrdeutiger Begriffe so genannte Homonyme bzw. (Polysemie), auf einzelne Worte zu verzichten, z.B. mit dem Paketdienstslogan „Mehr als geschickt" Die Elimination einzelner Worte bietet sich als Manipulationsinstrument im wesentlichen dann an, wenn die betreffenden Bedeutungsinhalte allein durch

- mehrteilige Begriffe (z.B. Vereinigte Staaten von Amerika, graue Eminenz, beiseite legen) charakterisiert werden können oder wenn
- die eben genannten – mit Wortvermehrung verbundenen – rhetorischen Figuren vorliegen.

Teilweise lässt sich aus mehrteiligen Begriffen ein Wort herauslösen ohne dass die Bedeutung darunter leidet (z.B. die Staaten). In der Regel wird mit einer Unterdrückung einzelner Worte der Sinn entstellt (z.B. die Eminenz). Weitgehend sinnlos ist die Elimination einzelner Worte, wenn mit den Resten keine sinnvollen Sätze mehr gebildet werden können (beiseite). Die Unterschlagung einzelner Worte ist aufgrund der beschränkten Einsatzmöglichkeiten für den Beschaffungsverantwortlichen keine besonders zu beachtende Manipulationsform. Ihre Realisation hängt oft von den eingesetzten Kommunikationskanälen ab (siehe hierzu auch Kapitel 4.3.2.4).

Die größten Manipulationsrisiken entstehen aus Sicht des Beschaffungsverantwortlichen durch die **Veränderung von Worten**. Die Veränderung von Worten kann durch manipulative

- Erweiterung oder Zusammensetzung,
- Verkürzung (Zusammenziehung) oder Aufspaltung sowie durch
- Austausch gegen synonyme Bezeichnungen erfolgen.

Zur Erweiterung von Worten eignen sich gegebenenfalls eine oder mehrere **Vorsilben** sowie **Endungen**. Nicht immer erhöht sich mit der Erweiterung von Wortstämmen für den Beschaffungsverantwortlichen der Informationsgehalt (z.B. Preise senken, Preise absenken). In vielen Fällen wird mit der Erweiterung von Wortstämmen das Augenmerk des Empfängers auf ein bestimmtes Begriffsdetail gelenkt (z.B. die Richtung einer Handlung mit dem Wort Preise drücken / Preise hinunterdrücken). Auch kann damit ein Sachverhalt rasch umgekehrt werden (Sicherheit und Unsicherheit), ohne auf die Grundwirkung des Stammworts verzichten zu müssen, die mit der Wahl eines Gegenworts eintreten könnte (Unsicherheit – Risiko).

Noch größere Spielräume zur Manipulation ergeben sich durch die **Zusammensetzung verschiedener Worte**. Hier können im Prinzip beliebige andere Begriffe verwendet werden, d.h. wie bei der Vermehrung der Begriffe können insbesondere

- gleichsinnige Wörter (sogenannte Pleonasmen, z.B. „Sparrabatt", „Rabattnachlass"),
- gegenteilige Wörter (sogenannte Oxymorone, z.B. „Originalkopie unseres Angebots")

und Worte mit gänzlich anderem Bedeutungsgehalt (als sogenannte Analogien, z.B. „Schottenpreis" oder als sogenannte Metapher z.B. der „Hammerpreis", der kleingehämmert wurde). Sind die Worte mit anderem Bedeutungsinhalt außerhalb des üblichen Vorstellungsrahmens, sodass die Wortverbindung als Über- oder Untertreibung empfunden wird, spricht man auch von einer Hyperbel (z.B. könnte man auch den Schottenpreis als Hyperbel auffassen).

Unabhängig davon kann der Verfasser einer Botschaft versuchen, durch **Verkürzung oder Aufspaltung von Wörtern** eine Bedeutungsverschiebung herbeizuführen. In der Regel werden dazu die eben genannten Worterweiterungen und Wortzusammensetzungen wieder rückgängig gemacht. Die Verkürzung von mehrteiligen Begriffen wie z.B. die Verkürzung von reflexiven oder mehrteiligen Verben wird kaum ohne erhebliche Bedeutungsveränderungen machbar sein und ist für Manipulationen insgesamt ein wenig geeignetes Feld.

Möchte der Verkäufer gezielt Botschaften verzerren, bietet die Suche nach **synonymen Worten** die meisten Spielräume. Mit dem Einsatz von Synonymen entsteht regelmäßig die Gefahr, dass

- das Augenmerk auf bestimmte Merkmale bzw. Aspekte des betreffenden Sachverhalts gelenkt wird (z.B. „Kundenberater" vs. „Außendienstmitarbeiter") oder dass
- die Aufmerksamkeit des Empfängers auf die typischen Anwender des betreffenden Wortes gerichtet wird, wobei meist unbewusst oder bewusst auf die charakteristischen Eigenschaften der Anwender gezielt wird.

Diesen Perspektiven folgend, lassen sich die verschiedenen Synonyme unterteilen in vorrangig sachbezogene Synonyme einerseits und vorrangig personenbezogene bzw. anwenderbezogene Synonyme andererseits. Bei **sachbezogenen Synonymen** kommen – ausgehend vom Begriffskern - vor allem folgende Merkmale in Betracht:

- direkte Bestandteile des Ganzen (sogenanntes pars pro toto z.B. „...die Schlote rauchen wieder..." mit den Schloten als Synonym für Produktionsbetrieb) des betreffenden Sachverhalts,
- das Ganze, das für einen bestimmten Teil steht (sogenanntes totum pro parte z.B. „...Deutschland kauft wieder..." mit dem Wort Deutschland als Synonym für die deutschen Käufer)
- Merkmale des betreffenden Sachverhalts (sogenannte Synekdoche z.B. „Greenback" als Synonym für US-Dollar),
- das Gegenteil und dessen Ausschluss (sogenannter Litotes, z.B. „...die Konkurrenzaktivitäten sind mittlerweile ein offenes Geheimnis..."),
- die über eine - wie auch immer geartete Beziehung – mit dem Sachverhalt verbundenen Aspekte (sogenannte Metonymie). Hierzu zählen ursächliche oder finale Kausalbeziehungen aus Sicht des betrachteten Sachverhalts (z.B. „...die Kassen klingeln..." mit den Kassen als Synonym für guten Umsatz, „...die Telefone stehen nicht still..." mit den Telefonen als Synonym für eine rege Nachfrage) und
- die Aspekte beliebiger anderer Bereiche, sofern sie gewisse strukturelle Ähnlichkeiten besitzen, die sich auf den Sachverhalt übertragen lassen (sogenannte Metaphern, z.B. Lebenszyklus eines Produkts, weil es wie im richtigen Leben eine Entstehungs-, Wachstums- und Niedergangsphase gibt. Weitere Beispiele sind der Konjunkturmotor, die Jobmaschine und ähnliches mehr).

Ansatzpunkte für die Bildung **personenbezogener Synonyme** sind grundsätzlich

- die räumliche Herkunft (Fremdwörter, Dialektwörter),
- die gesellschaftlichen Gruppierungen (Soziolekte z.B. Jugendsprache) und ihre Einstellungen (Anmutung von Begriffen als Einsatzkriterium für die Wahl eines Worts z.B. „Kohle" statt „Geld" etc.),
- die unterschiedlichen Berufsgruppen (Fachwörter) und
- die einzelnen zeitlichen Epochen (sogenannte Archaismen – z.B. Chronometer statt Uhr und sogenannte Neologismen, d.h. die Bildung und Einführung neuer Wörter).

zu Wortarten:

Teilweise bestehen für den Verfasser auch durch die Entscheidung für eine andere Wortart Möglichkeiten zur Erreichung einer Bedeutungsverschiebung. Allerdings lassen sich Wortarten nur dann eliminieren bzw. hinzufügen, wenn zuvor geeignete Entscheidungen über die Anzahl der Worte getroffen worden sind.

Die **Hinzufügung von Wortarten** ist nur möglich, wenn man sich zuvor für eine rhetorische Figur entschieden hat, die eine Vermehrung der Worte beinhaltet. Die nachstehende Tabelle gibt die Handlungsmöglichkeiten wieder:

Tab. 11: Rhetorische Figuren und die Möglichkeit zur Hinzufügung von Wortarten

rhetorische Figur	zusätzliche Wortarten möglich?	Beispiele
Geminatio	meist nein	
Hendiadyoin	meist nein	
Homonyme	meist nein	
Pleonasmen	ja	saubilliger Sparpreis
Oxymoron	ja	offenes Geheimnis
Litotes	ja	nicht schlecht

Vergleichsweise einfach fällt die Hinzufügung von Adjektiven, wenn als Ausgangspunkt ein Nomen zur Verfügung steht. Die Benennung von Adjektiven sorgt dann zum einen für eine stärkere Betonung des betreffenden Sachverhalts und suggeriert zugleich einen höheren Konkretisierungsgrad.

Die **Elimination von Wortarten** kann nur in Verbindung mit der Reduktion der Zahl der Worte (z.B. im Zuge einer Wortzusammensetzung) stattfinden. Damit bestehen für den Verfasser von Botschaften keine nennenswerten Handlungsspielräume.

Mit der **Substitution einer Wortart** durch eine andere, lässt sich die Aufmerksamkeit des Empfängers am besten steuern. Der Verfasser kann dazu

- die Wortart der vorhandenen Wörter ändern (z.B. „synonym", „Synonym"), was im Regelfall mit einer kompletten Umstellung des Satzverständnisses einhergehen muss, da mit den einzelnen Wortarten spezifische Funktionen im Satzbau verbunden sind (wie z.B. nach der Umwandlung eines Verbs in ein Substantiv) oder er kann
- andere – synonyme – Begriffe verwenden, die einer anderen Wortart oder einer anderen Untergruppe der Wortart (z.B. Tätigkeitsverben, Vorgangsverben, Zustandsverben) entstammen. Hier übernimmt der Substitutionsbegriff teilweise, aber nicht immer eine andere Funktion im Satzgefüge. In den nachstehenden Erläuterungen finden sich entsprechende Hinweise, sobald ein Substitutionsbegriff abweichende Funktionen im Satzaufbau übernimmt.

Die Möglichkeiten zur Substitution einer Wortart durch andere Wortarten über die Verwendung anderer Worte zeigt die folgende Tabelle:

Tab. 12: Substitution einer Wortart durch andere Wortarten

Wortarten	alternative Wortart
Nomen	Pronomen
Adjektive	Verben (als Partizipien) und i.w.S. Nomen (als Genitivattribut)
Verben	
Adverben	Adjektive (adverbialer Gebrauch) und i.w.S. auch Präpositionen + Nomen oder Pronomen

Die von der Grammatik standardmäßig vorgesehene Substitutionsmöglichkeit bezieht sich auf die **Nomen** (Substantive), für die sie eigens eine stellvertretende Wortart bereithält. Durch den Einsatz von **Pronomen** kann der Verfasser eine **fast beliebig feine Konkretisierung bzw. Verallgemeinerung** bei der Beschreibung von Sachverhalten vornehmen, da es mehrere Untergruppen von Pronomen gibt. Die folgenden exemplarisch aufgeführten Untergruppen beschreiben einen Sachverhalt bzw. die für einen Sachverhalt verantwortlichen Personen **zunehmend ungenauer**:

*   Personalpronomen (ich, du...),
*   Demonstrativpronomen (dieser; jener; derjenige; derselbe; solche sowie die Artikel der, die und das, sofern sie betont werden) und am wenigsten genau die
*   Indefinitpronomen (niemand, nichts, keiner, kein, jemand, irgendjemand, einzelne, ein paar, wenige, manche, einige, mehrere, viele, sämtliche, alle, jeder, jedermann...).

Die Kategorien machen deutlich, dass der Verfasser mit der Verwendung von Pronomen, insbesondere mit den Indefinitpronomen die **Zuordnung von Verantwortlichkeiten auf Personen oder Institutionen verwässern kann**. Selbst innerhalb einer Pronomengruppe können die Verantwortlichkeiten unterschiedlich stark zum Ausdruck kommen: So bringt der Sender einer Botschaft durch Verwendung des Personalpronomens „ich" ein **höheres Maß an Verbindlichkeit** zum Ausdruck als mit dem Personalpronomen „wir". Die Beschaffungsverantwortlichen erlangen in allen Fällen, wo Pronomen zum Einsatz kommen, im Zweifel erst durch konkretes Nachfragen über die hinter den Pronomen stehenden Sachverhalte und Personen Gewissheit.

Der Einsatz von Pronomen kann auch zur **Konkretisierung von Sachverhalten oder verantwortlichen Personen** dienen, wenn beispielsweise Personal- oder Demonstrativpronomen ergänzend zum Nomen gebraucht werden z.B. „...ich, Wolfgang Pokow..." oder z.B. „...dieses Angebot zeigt, dass...")

Während für die Substitution von Nomen eine eigene Wortkategorie zur Verfügung steht, können **Adjektive** allenfalls durch andere bereits bestehende Wortarten annähernd ersetzt werden. Die gebräuchlichste Form ist dabei die **adjektivische Nutzung von Verben durch Bildung von Partizipien** wie z.B. „...die sinkenden Preise..." oder „...die gestiegene Nachfrage...". Der Gebrauch von Partizipien **suggeriert dem Empfänger eine höhere Dynamik** als mit herkömmlichen Adjektiven. Daneben kann man auch versuchen, Adjektive durch **Nomen in Form eines Genitivattributs** zu ersetzen (z.B. „...Die Größe des Rechungsbetrags..." statt „...großer Rechnungsbetrag..."). Mit der Entscheidung für ein Genitivattribut wird das Augenmerk des Empfängers **meist mehr auf die Eigenschaft selbst als auf den Träger der Eigenschaft** gelenkt. Dies ist vor allem dann von Bedeutung, wenn das so hervorgehobene Merkmal entweder überhaupt nicht oder aber umgekehrt absolut notwendig für die an den Sachverhalt anschließenden kausalen Beziehungen ist. Weitere systematische Verzerrungen sind durch den Gebrauch von Genitivattributen in der Regel nicht zu erwarten.

Aus der obigen Tabelle geht hervor, dass **Verben** nicht durch andere Wortarten ersetzt werden können. Ausweichmöglichkeiten bestehen lediglich innerhalb der Verben durch Rückgriff auf andere Verbkategorie, also durch einen **Wechsel von Handlungsverben hinüber zu Vorgangs- oder Zustandsverben**. Das unten stehende Beispiel zeigt, dass ein und dasselbe Verb mehreren Kategorien angehören kann. Mit solchen Änderungen kann der Verfasser – in Kombination mit entsprechenden Änderungen beim Nomen – versuchen, die Ursachen einer Kausalkette, d.h. die **Verantwortlichen einer Kausalkette in den Hintergrund**

treten zu lassen oder den Eindruck erwecken, dass **etwas nicht änderbar ist**: Z.B. „...die gering motivierten Mitarbeiter treiben die Herstellungskosten beträchtlich in die Höhe..." (Handlungsverb - jemand tut etwas), „...die geringe Motivation der Mitarbeiter treibt die Herstellungskosten beträchtlich in die Höhe..." (Vorgangsverb - etwas geschieht), „...der Anstieg der Herstellungskosten ist durch die geringe Motivation der Mitarbeiter beträchtlich..." (Zustandsverb - etwas ist so).

Adverben lassen sich teilweise durch Einsatz **adverbial gebrauchter Adjektive** substituieren (z.B. „...die Kosten sind stark gestiegen..."). Der adverbiale Gebrauch von Adjektiven erlaubt damit eine **nahezu beliebige Konkretisierung von Veränderungen,** weil im allgemeinen mit zusätzlichen Merkmalen eine Verringerung der Interpretationsspielräume eintritt. Im Einzelfall können adverbial gebrauchte Adjektive auch einmal eine Verringerung des Detaillierungsgrads bewirken, beispielsweise, wenn die Adjektive im Sinne eines Oxymorons widersprüchlichen Charakter zum eigentlichen Geschehen aufweisen. Daneben könnte man die mit Adverbien ausgedrückten Inhalte prinzipiell auch durch **Präpositionen in Verbindung mit** den hierzu erforderlichen **Nomen** wiedergeben (statt „...deshalb...", „...aus diesem Anlass..."). Die Präpositionen ermöglichen in Verbindung mit geeigneten Nomen ebenfalls die Abbildung

- zeitlicher,
- lokaler,
- modaler und
- kausaler Umstände

Oft **steigt** durch den notwendigen Einsatz von Nomen der **Konkretisierungsgrad** der betreffenden Information, wenn man beispielsweise statt dem Adverb „bald" die präpositionale Bestimmung „am Montag" gebraucht. Diese Ausdrucksform zieht innerhalb des Satzgefüges deshalb tendenziell auch **mehr die Aufmerksamkeit** des Empfängers auf sich als die Benutzung von Adverben. Das Risiko, von anderen wichtigen Aspekten abgelenkt zu werden, erhöht sich also für den Empfänger, wenn der Sender bei unwichtigen Themenbereichen zu einer detaillierten präpositionalen Bestimmung greift.

zu Wortgebrauch:

Selbst Wahl der Wortformen birgt einige Chancen zur Steuerung des Textverständnisses. Jedoch werden die Handlungsmöglichkeiten stark beeinflusst durch die zuvor getroffenen Entscheidungen über die Anzahl der Worte. Im folgenden sollen die verschiedenen Entscheidungsspielräume auf die Bereiche beschränkt werden, die weitgehend unabhängig von den übrigen Worten eines Satzes sind. D.h. die Beugungsformen wie Konjugation und Deklination sind nicht Bestandteil der folgenden Betrachtung. Zwar können auch die Beugungsformen als rhetorisches Mittel des sogenannten Solözismus im Satzzusammenhang beliebig ausgestaltet werden (z.B. „...hier werden Sie gezahlt..."). Allerdings muss der Verkäufer damit rechnen, dass seine kommunikative Kompetenz als Sender in Frage gestellt wird, weil er scheinbar die Sprache nicht korrekt beherrscht.

Die **Hinzufügung von Wortformen** ist nur möglich, wenn man sich zuvor für eine rhetorische Figur entschieden hat, die eine Vermehrung der Worte beinhaltet. Die nachstehende Tabelle zeigt für die möglichen Wortarten die bekanntesten Ausgestaltungsmöglichkeiten:

Tab. 13: Rhetorische Figuren und die Möglichkeit zur Hinzufügung von Wortformen

Wortart	rhetorische Figuren mit unterschiedlichem Wortgebrauch	Beispiele
Nomen	Polytopton	„...der Preis, die Preise sind...“
Adjektive	Klimax	„...billig, billiger am billigsten ist...“
	Antiklimax	„...am teuersten, teuer wäre es...“
Verben	–	
Adverbien	–	

Bei rhetorischen Figuren, die standardmäßig durch Hinzufügung einer weiteren Wortart zustande kommen, muss letztlich auch eine Wortform gewählt werden, die aber nicht als unabhängige Entscheidung aufgefasst werden kann und deshalb hier nicht weiter als separate Manipulationsinstrument berücksichtigt werden muss.

Die **Elimination von Wortformen** kann nur in Verbindung mit der Reduktion der Zahl der Worte (z.B. im Zuge einer Wortzusammensetzung) stattfinden. Damit bestehen für den Verfasser von Botschaften keine nennenswerten Handlungsspielräume.

Eine Fülle von Manipulationsmöglichkeiten bietet sich den Verkäufern durch die **Veränderung der Wortformen**. Die nachstehende Tabelle gibt einen Überblick gegliedert nach den einzelnen Wortarten:

Tab. 14: Wortarten und die Möglichkeiten zur Änderung der Wortformen

Wortarten	Wortformen / Wortgebrauch
Nomen	Anzahl der Sachverhalte
Adjektive	Steigerungsformen
Verben	Zeitformen
	Sichtweise des Geschehens
	Einschätzung des Geschehens
Adverben	–

Beim Einsatz von **Nomen** ist die Zahl der berührten Sachverhalte vom Verfasser festzulegen, d.h. zwischen **Singular und Plural** zu entscheiden. Der Plural kann bei Bedarf durch Zahlenangaben (Numerale) weiter spezifiziert werden. Mit der Verwendung des Plurals anstelle des Singulars kann der Verfasser dem Empfänger die **Allgemeingültigkeit eines Sachverhalts vorspiegeln**. Die Aussage „...die Unternehmer sind der Ansicht, dass die Infrastruktur verbessert werden muss...“, kann jetzt alle Unternehmer einschließen oder auch nur einen Teil davon (siehe auch Suppositionen Kapitel 4.2.3). Umgekehrt kann es das Ziel sein, durch die Verwendung des Singulars **allgemeingültige Zusammenhänge auf exemplarische Fälle zu reduzieren** (z.B. mit der Aussage „...das Problem besteht darin, dass...“, obwohl in Wirklichkeit vielleicht viele Probleme bestehen).

Beim Einsatz von **Adjektiven** kann eine Änderung der Wortform durch **Wechsel der Steigerungsstufe** erreicht werden. Mit dem Einsatz von Komparativ und Superlativ wird dem Empfänger suggeriert, dass der so beschriebene Sachverhalt mir einem oder mehreren anderen (konkurrierenden) Sachverhalten verglichen wurde. Mit dem Komparativ lenkt der Verfasser die **Aufmerksamkeit auf das Vergleichsobjekt**, das mit seinen Merkmalen wiederum weitere irreführende Assoziationen beim Empfänger wecken kann.

Die breitesten Spielräume für Manipulationen eröffnen die **Verben**, wo die Wahl zwischen alternativen Zeitformen, alternativen Sichtweisen des Geschehens und zwischen verschiedenen Einschätzungen des Geschehens besteht. Mit der Selektion einer **Zeitform** wird dem Empfänger gegebenenfalls nahegelegt, in welchem Zeitabschnitt das Geschehen vorrangig stattfindet oder stattgefunden hat: Aus Sicht des Verkäufers bietet es sich an, **problembehaftete Geschehnisse in die Vergangenheit zu legen**, um die inzwischen eingeleiteten oder geplanten Maßnahmen zur Behebung der Schwierigkeiten besser anbringen zu können. Aber auch ohne derartige Zusätze wird dem Empfänger damit suggeriert, dass diese gegenwärtig und künftig nicht mehr in demselben Umfang zu erwarten sind (z.B. Bemerkung des Verkäufers: „Dieser Umstand hat uns in der Vergangenheit einige Probleme bereitet ...").

Mit dem Wechsel der **Sichtweise des Geschehens** lassen sich ebenfalls beträchtliche Bedeutungsverschiebungen beim Empfänger erreichen. Während bei einer aktiven Formulierung neben der Handlung **das Subjekt im Vordergrund** steht, rücken bei passiven Formulierungen die **betroffenen Objekte verstärkt ins Blickfeld**, ohne dass der Kausalzusammenhang sich strukturell verändert (z.B: „...Wir liefern Ihnen die Ware..." wird ersetzt durch „...Sie werden von uns mit der Ware beliefert..."). Im Textzusammenhang können einzelne Sachverhalte in den Mittelpunkt gerückt werden, indem sie als Ursachengröße immer die Rolle eines Subjekts in Aktivsätzen übernehmen, während ihnen als Wirkgröße stets die Funktion eines Objekts in Passivsätzen zugeteilt wird. Passivsätze eignen sich auch dazu, die **verantwortlichen Sachverhalte bzw. Personen offen zu lassen**, wenn sich der Autor dazu entschließt, anstelle eines sogenannten **täterabgewandten Passivs** ein **täterloses Passiv** zu verwenden (statt „...Sie werden von uns mit der Ware beliefert..." nur noch „...Sie werden mit der Ware beliefert...") Immer wenn der Beschaffungsverantwortliche oder dessen Arbeitgeber am Ende einer Kausalkette stehen, ist das täterlose Passiv wenig geeignet, um Vertrauen zu schaffen. **Noch weniger vertrauenserweckend** wirkt der Verfasser, wenn er anstelle eines täterlosen Vorgangspassivs ein **täterloses Zustandspassiv** verwendet („...Die Ware wurde kontrolliert..." wird zu „...die Ware ist kontrolliert...").

Die **Einschätzung des Geschehens** bezieht sich auf die Wahl zwischen **Wirklichkeitsform und Möglichkeitsform** einerseits sowie den Einsatz von **Modalverben** andererseits. Mit der Anwendung der Möglichkeitsform drückt der Verfasser direkt aus, dass seine Aussagen nicht unbedingt in derselben Weise eingetreten sind oder eintreten (werden). Manipulationsspielräume ergeben sich insofern, als **meist unklar bleibt, welche Eintrittswahrscheinlichkeit der Verfasser zugrunde legt**. Lediglich die Verwendung des Indikativs, d.h. der Wirklichkeitsform ist eindeutig. Der Einsatz von **Modalverben** bezieht sich auf die Einschätzung

- der Fähigkeiten (können),
- der Motivation, d.h. der Bedürfnisse und des Willens (mögen, möchten, wollen),
- der Befugnisse (dürfen) und
- der einzelnen Verpflichtungen (sollen, müssen) einer Person.

Bei genauer Betrachtung **kommt eine Handlung durch die betreffende Person nur zustande, wenn alle vier Faktoren gleichzeitig gegeben sind**. Mit der Angabe einzelner Modalverben drückt der Verfasser aus, dass zwar einzelne Voraussetzungen vorliegen, um das mit dem Verb beschriebene Geschehen herbeizuführen: Letztlich muss das Geschehen aber nicht zwangsläufig eintreten, weil die übrigen Voraussetzungen eventuell nicht vorliegen.

Inwieweit die übrigen Voraussetzungen vorliegen, bleibt für den Empfänger im Dunkeln, was im Zweifel eine entsprechende Nachfrage des Beschaffungsverantwortlichen erfordert. Immerhin kann der Empfänger ableiten, welche Voraussetzungen gegeben bzw. nicht gegeben sind.

Da **Adverbien** im Sprachgebrauch **unveränderlich** sind, erübrigt sich eine Diskussion auf Ebene der Wortformen.

Zu Satzbau:

Die mit Sätzen transportierten Sachverhalte lassen sich durch

- Hinzufügung,
- Elimination und
- Veränderung

von Satzgliedern und Gliedsätzen in vielfältiger Weise beeinflussen. **Einschränkungen** ergeben sich durch die zwingend notwendigen Satzglieder Subjekt und Prädikat, die bei Verwendung bestimmter Verben auch die Definition von Objekten erfordern.

Möchte der Verfasser **Satzglieder hinzufügen**, um bestimmte gedankliche Konstrukte weiter zu vertiefen, kann er dies erreichen durch eine Ergänzung mit

- **Objekten,**
- **Attributen** oder
- **adverbialen Bestimmungen**.

Mit der Verwendung von fakultativ einsetzbaren Objekten, Attributen und adverbialen Bestimmungen kann der Verfasser einer Botschaft seine **Aussagen** einerseits **konkretisieren und verstärken.** Andererseits kann man damit aber auch Aussagen abschwächen oder in ihrem **Allgemeinheitsgrad reduzieren**, wenn man über die zusätzlichen Satzglieder Einschränkungen vornimmt (z.B. alle Mitarbeiter, alle motivierten Mitarbeiter, alle hoch motivierten Mitarbeiter, alle immer hoch motivierten Mitarbeiter...). Mit der Hinzufügung von Attributen und adverbialen Bestimmungen wird gleichzeitig auch die **Aufmerksamkeit des Empfängers** auf eben diese Satzbestandteile gelegt und damit von anderen wichtigen Satzinhalten abgelenkt. Da sich Attribute sowohl bei Subjekten als auch bei Objekten einsetzen lassen, kann auch **innerhalb der Kausalkette vom Verfasser noch eine Gewichtung vorgenommen werden**. Deshalb empfiehlt es sich für den Empfänger grundsätzlich, die Notwendigkeit von Attributen und adverbialen Bestimmungen für das richtige und vollständige Verständnis des Satzinhalts zu prüfen. Dies gilt insbesondere, wenn ein Satz mehrere Attribute bzw. mehrere adverbiale Bestimmungen enthält.

Die **Elimination von Satzgliedern** lässt sich in grammatikalisch korrekter Form nur bis zum Erreichen der Minimalstrukturen eines Satzes anwenden. D.h., zur Elimination eignen sich insbesondere Attribute, adverbiale Bestimmungen und ggf. auch Objekte, sofern die in den Prädikaten verwendeten Verben ohne Objekt auskommen. Auf dieses Maß beschränkt, lässt die Elimination von Satzgliedern die Akteure und die Betroffenen eines Geschehens deutlicher zutage treten und eröffnet damit meist **kaum Spielräume zur Manipulation**. Allerdings können mit dem Wegfall einzelner Satzglieder auch konkrete Merkmalsausprägungen verloren gehen, die vielleicht sogar konstituierend für einen Kausalzusammenhang sind. Der Verfasser einer Botschaft hat schließlich auch die Möglichkeit, mit der Elimination von Satzgliedern über die grammatikalisch erlaubte Grenze hinaus zu greifen (sogenannte **Ellipse**). Hier werden dann beliebige Satzglieder (also auch Prädikate, Subjekte und erforderliche Objekte) weggelassen, solange man davon ausgehen kann, dass der Empfänger die nun erforderliche Ergänzung gedanklich bewerkstelligen wird. Sender mit schlechten Absichten können **damit die unangenehmen Teile ihrer Botschaft unausgesprochen lassen und überlassen die Ergänzung bzw. Auslegung dem Empfänger**.

Eine **Veränderung von Satzgliedern** lässt sich

- bei den meisten Satzgliedern durch Erweiterungen mit Hilfe von **Aufzählungen**,
- bei Attributen und adverbialen Bestimmungen durch Rückgriff auf **andere Ausgestaltungsformen** und
- bei allen Satzgliedern - mit Ausnahme des Prädikats – durch **Einsetzung von Gliedsätzen** erreichen.

Aufzählungen kommen insbesondere für Subjekte, Objekte und Prädikate in Betracht. Beispiele enthält die folgende Tabelle:

Tab. 15: Beispiele für Aufmerksamkeitslenkung durch Aufzählungen in Satzgliedern

Satzglied	Beispiele
Subjekt	„...Beirat, Geschäftsführung und Verkauf sind sich einig, dass die Preise zu senken sind...“
Objekt	„...die Preissenkung richtet sich an Großhandel, Einzelhandel und Endverbraucher...“
Prädikat	„...unsere Verkäufer beraten und betreuen ihre Kunden...“

Durch die Aufzählungen **steigt die Bedeutung des betreffenden Satzglieds** in den Augen des Empfängers, auch wenn es sich dabei nicht um rhetorische Figuren handelt. Dies gilt in gleicher Weise für die Subjekte als Ausgangspunkt von Kausalketten als auch für die Objekte als den Endpunkten von kausalen Beziehungen. Durch die Aufzählung mehrerer Verben im Prädikat werden dem Subjekt zeitgleich mehrere Geschehnisse zugeschrieben, was genau genommen bedeutet, dass **ein Satz nun mehrere Kausalketten enthält (im Sinne einer Doppel- oder Mehrfachbindung**. Durch die Aufzählung verliert die ursprünglich gemeinte Handlung an Gewicht und ggf. wird auch die Rolle des Handelnden hervorgehoben. Dabei klingen Aufzählungen **ohne Konjunktionen** (sogenanntes Asyndeton z.B. „...Aufsichtsrat, Geschäftsführung und Vertriebsleitung sind...“) dynamischer, während Aufzählungen **mit Konjunktionen** (sogenanntes Polysyndeton z.B. „...Aufsichtsrat und Geschäftsführung und Vertriebsleitung....“) dem Sachverhalt eine größere Bedeutung verleihen.

Zu den beiden Satzgliedern **Attribut und adverbiale Bestimmung** finden sich zahlreiche alternative Ausgestaltungsformen, um die kommunikative Wirkung in der gewünschten Weise zu steuern. Für das Attribut kommen unter anderem in Betracht:

Tab. 16: Alternative Ausgestaltungsformen von Attributen

Ausgestaltungsformen des Attributs	Beispiele
Adjektive	„...niedrigerer Preis...“
Partizipien	„...gesunkener Preis...“
Satzglieder mit Präpositionen	„...der Preis mit seinem niedrigen Niveau...“
nachgestellte Nomen (Apposition)	„...der Preis, der Günstige ist...“

Mit den Ausgestaltungsformen können die Attribute und die adverbialen Bestimmungen den unterschiedlichsten kommunikativen Motiven der Verfasser Rechnung tragen: Dem Wunsch nach einem **dynamischeren Eindruck durch Partizipien ebenso wie dem Wunsch nach mehr Stabilität und Gewicht z.B. durch Satzglieder mit Präpositionen.**

Die meisten Satzglieder – eine Ausnahme bildet das Prädikat – können durch ganze Gliedsätze (Nebensätze) ausgewechselt werden. Mit der Möglichkeit, vertiefende und perspektiverweiternde Informationen aufnehmen zu können, sind Gliedsätze prädestiniert zur Lenkung der Aufmerksamkeit. Regelmäßig werden die als Gliedsätze ausgestalteten Satzglieder im Satzgefüge mehr Aufmerksamkeit erhalten als es bei der herkömmlichen Gestaltung der Fall wäre. Die nachstehende Tabelle enthält die für die einzelnen Satzglieder bestehenden Ausweichmöglichkeiten.

Tab. 17: Substitution von Satzgliedern durch Gliedsätze

Satzglied	Substitutionsmöglichkeiten
Subjekt	Subjektsatz
Prädikat	–
Objekt	Akkusativobjekt durch Objektsatz
	Präpositionalobjekt durch Gliedsätze beginnend mit „dafür",„dass..."
Attribut	Attributsätze und
	Parenthesen
adverbiale Bestimmung	Adverbialsätze,
	satzwertige Infinitive oder
	satzwertige Partizipien

Die bisher auf Satzebene vorgestellten Handlungsmöglichkeiten bezogen sich auf Hinzufügung, Elimination oder Veränderung **einzelner Satzglieder.** Nachdem Sätze in der deutschen Sprache regelmäßig mehrere Satzglieder umfassen müssen, kann auch die **Positionierung einzelner Satzglieder im Satzgefüge** als Instrument zur Beeinflussung des Empfängers dienen. Gerade in der deutschen Sprache besteht bezüglich der Positionierung von Satzgliedern und Gliedsätzen eine große Wahlfreiheit, sodass die Systematisierung der denkbaren Ansätze hier von Nutzen ist. Bei der Positionierung von Satzgliedern und Gliedsätzen geht es einerseits um

• die Reihenfolge innerhalb eines Satzes und andererseits um
• die Notwendigkeit zur Aufteilung von Satzgliedern bzw. Gliedsätzen, d.h. die Notwendigkeit zur Klammerbildung.

Im weitesten Sinne entsprechen die beiden Problemkreise dem bisher angewandten Schema: Während die Klammerbildung letztlich **die Zahl der Positionen eines Satzglieds** definiert (im Sinne von Elimination oder Hinzufügung von Positionen), lässt sich die Festlegung der Reihenfolge auch als **Änderung der Positionierung** begreifen.

Bezüglich der Reihenfolge von Satzgliedern bestehen in der deutschen Sprache im wesentlichen nur zwei Einschränkungen:

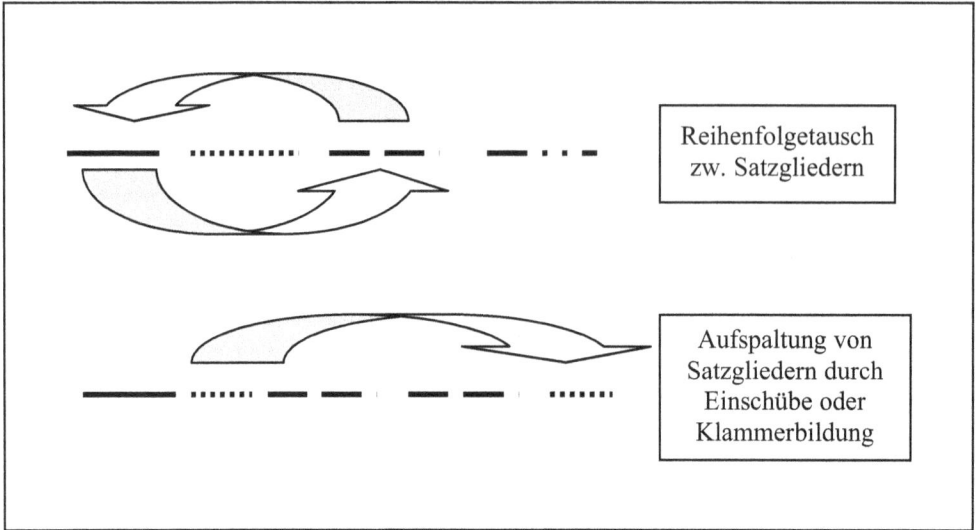

Abb. 37: Möglichkeiten zur Positionierungsgestaltung von Satzgliedern und Gliedsätzen

- 1. Die Personalform des Verbs steht im Aussagesatz normalerweise an zweiter Stelle und
- 2. die Personalform des Verbs steht in Nebensätzen an letzter Stelle.

Einen Überblick über die Positionierungsspielräume gibt die folgende Tabelle:

Tab. 18: Positionierungsmöglichkeiten von Satzgliedern und Gliedsätzen

Satzglied, Gliedsatz	mögliche Stellungen im Satz
Subjekt	Satzanfang; andernfalls direkt hinter dem gebeugten Verb des Prädikats
Prädikat	an 2. Stelle im normalen Aussagesatz und bei Ergänzungsfragen, an 1. Stelle in Aufforderungssätzen und bei Entscheidungsfragen, am Ende bei Nebensätzen
Objekt	relativ beliebig
Attribut	vor dem Bezugswort oder nach dem Bezugswort
adverbiale Bestimmung	am Satzanfang, beim Verb oder am Satzende

Damit lassen sich die einzelnen Satzglieder und Gliedsätze meist so positionieren, dass sie den gewünschten Grad an Aufmerksamkeit erhalten. Da die Satzglieder am **Anfang eines Satzes oft überproportional viel Aufmerksamkeit auf sich ziehen**, wird der Empfänger sich überlegen müssen, aus welchem Grund diese Positionierung vom Sender gewählt worden sein könnte (z.B. „...diesen Auftrag haben wir noch nicht produziert..."). Im einfachsten Fall könnte der Redner beabsichtigen, einen möglichst **klaren Anschluss an die vorherigen Sätze** zu finden, indem er die betreffenden Inhalte mit anderen Worten nochmals aufgreift.

Verwendet er dabei dieselben Worte, kann dies in der Absicht geschehen, erhöhte Aufmerksamkeit für den betreffenden Sachinhalt zu generieren (sogenannte Anadiplose z.B. Verkäufer zum Kunden: „...Hier haben Sie das Angebot. Das Angebot liegt im Preis ..."). Eine Verfeinerung lässt sich **durch Überkreuzstellung von Elementen** eines Satzglieds, von Satzgliedern oder Gliedsätzen erreichen, der als Chiasmus bezeichnet wird (z.B. „...Produkte des Verkaufs, Verkauf der Produkte..."). In komplizierten Fällen könnten auch sachliche Probleme der entscheidende Beweggrund für die Wahl einer besonderen Satzstellung sein.

Im Rahmen der Positionierung von Satzgliedern und Gliedsätzen ist außerdem zu entscheiden, ob zusammengehörige **Satzteile räumlich getrennt werden sollen oder als Einheit im Satz auftauchen sollen**. Prinzipiell lassen sich alle wichtigen Satzglieder auftrennen. Einen Überblick enthält die folgende Tabelle:

Tab. 19: Möglichkeiten zur Aufspaltung von Satzgliedern und Gliedsätzen im Satzgefüge

Satzglieder und Gliedsätze	Aufspaltung des Satzglieds
Subjekt	Subjektklammer, Einschübe in Aufzählungen
Prädikat	Prädikatklammer
Objekt	Einschübe in Aufzählungen
Attribut	Einschübe ins Attribut
adverbiale Bestimmung	Einschübe in die adverbiale Bestimmung

Bei der **Subjektklammer** werden zwischen Artikel und Substantiv geeignete Attribute eingeschoben, wie z.B. „...die gestiegenen Anforderungen...". Einschübe sind auch bei Aufzählungen von Substantiven denkbar, wie z.B. „...Aufsichtsrat, die neu ernannten Geschäftsführer und die Vertriebsleiter...". Dies lässt sich analog auch für Objekte durchführen. Gerade bei Aufzählungen werden **die betreffenden Bezugsworte** durch Einschübe aus der Liste der übrigen Substantive **herausgehoben**.

Am häufigsten findet sich die Klammerbildung bei den **Prädikaten**. Die **Klammerbildung** ist für manche Verben, wie insbes. die Reflexivverben bei manchen Satzkonstruktionen sogar die einzig grammatikalisch korrekte Form. Dasselbe gilt auch für den Einsatz von Hilfsverben oder die Benutzung von Modalverben, weshalb der Empfänger im Regelfall **nicht** davon ausgehen kann, dass die Klammerbildung **eigenständigen kommunikativen Absichten dient**.

Auch bei den **Attributen** und den adverbialen Bestimmungen sind Einschübe denkbar wie z.B. in „...die Kunden mit ihren *ständig steigenden* Anforderungen...", wo das Attribut selbst ein weiteres *kursiv* gedrucktes Attribut enthält.

Mit der Klammerbildung bzw. den Einschüben kann der Verfasser die aufgespalteten Satzglieder genauer zu erläutern und mit größerer Aufmerksamkeit belegen. Andererseits geschieht die Bildung tief gestaffelter Einschüben oft auch in der Absicht, die **Aufnahmefähigkeit des Empfängers zu überschreiten** und so die Aufmerksamkeit des Gesprächspartners zu schwächen.

Sobald ein Satz Gliedsätze enthält, sind auch die Hierarchieverhältnisse der Satzbestandteile festzulegen. Möglichkeiten zu Bedeutungsverschiebungen bestehen,

- indem man die Zahl der Hierarchiestufen in einem Satz vermehrt bzw. verringert oder
- indem man die Anordnung der einzelnen Hierarchiestufen im Satzverlauf ändert.

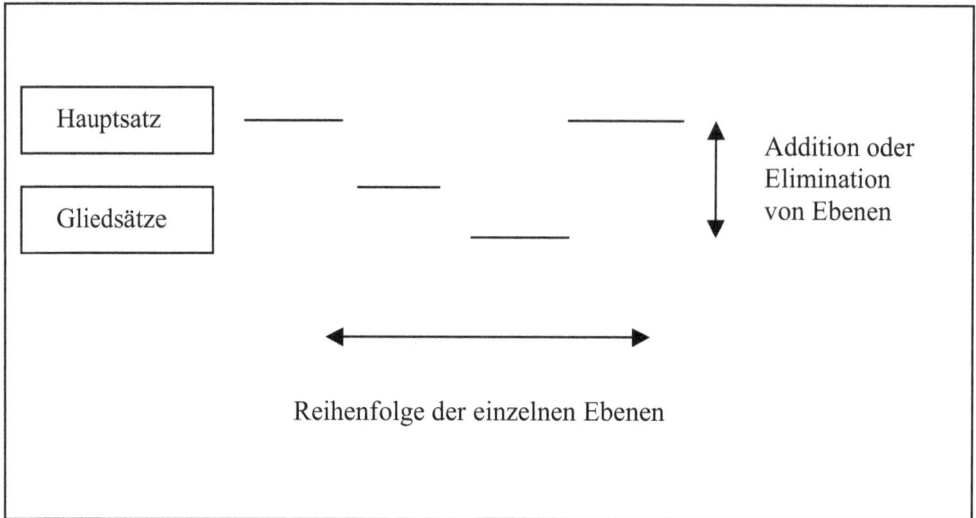

Abb. 38: Möglichkeiten bei der hierarchischen Gestaltung von Sätzen

Im weitesten Sinne entsprechen auch diese beiden Problemkreise damit dem bisher angewandten Schema Hinzufügung, Elimination und Veränderung.

Die **Hinzufügung von Hierarchieebenen** kann durch Bildung untergeordneter Gliedsätze zu bereits bestehenden Haupt- und Gliedsätzen geschehen (z.B. „...die Rechnung wurde nicht bezahlt, + weil die Lieferung nicht vollständig war, + was zurückzuführen ist auf den kleinen LKW, + der zudem noch andere Artikel geladen hatte, + die einen Sicherheitsabstand zur restlichen Ladung erfordern...“). Mit zunehmender Zahl an Hierarchieebenen fällt es dem Empfänger der Botschaft immer **schwerer**, die enthaltenen Kausalketten zu erkennen und die konkretisierenden Beschreibungen den Elementen und **Geschehnissen korrekt zuzuordnen**. Dies kann dann im Sinne des Verfasser sein, wenn die entscheidenden Aspekte nicht seinen Vorstellungen entsprechen und er diese Teilthemen deshalb in ihrer Bedeutung herabsetzen möchte. Argwöhnische Beschaffungsverantwortliche werden tief gestaffelte Sätze des Verkäufers deshalb genau unter die Lupe nehmen.

Zur **Reduktion der Zahl der Hierarchieebenen** kann durch **Verwendung geeigneter Konjunktionen** eine Nebeneinanderstellung von Gliedsätzen erreicht werden (z.B. „...der LKW war klein und er wurde mit anderen Artikeln beladen, die einen Sicherheitsabstand zur restlichen Ladung erfordern. Infolgedessen war die Lieferung nicht vollständig und deshalb wurde die Rechnung nicht bezahlt...“). Damit erhalten die einzelnen Teile einer Aussage – eventuell auch zu unrecht – eine in etwa gleich hohe Bedeutung. Durch **Trennung in mehrere kleine Sätze kann der Empfänger aber meist leichter folgen**.

Eine Änderung der Hierarchisierung kann prinzipiell durch

- eine Umwandlung von Hauptsätzen in Nebensätze und umgekehrt sowie durch
- eine Änderung der Reihenfolge von Haupt- und Nebensätzen erfolgen.

Die **Umwandlung von Hauptsätzen in Gliedsätze** ist oft gleichbedeutend mit einer **Umkehrung der Sachlage** und deshalb am ehesten bei Sachverhalten, die untereinander wechselseitig Einflüsse aufeinander ausüben, ohne größeres Aufsehen realisierbar (z.B. „...Die Motivation unserer Mitarbeiter, die aufgrund des guten Betriebsklimas zustande kommt...“;

„...Das gute Betriebsklima, das durch die Motivation unserer Mitarbeiter zustande kommt...“). In den übrigen Fällen wird dem aufmerksamen Empfänger vergleichsweise schnell auffallen, dass die Verhältnisse gegebenenfalls fälschlicherweise verändert worden sind.

Daneben kann der Verfasser versuchen, durch eine **Vertauschung der Reihenfolge von Gliedsätzen** eine Änderung in der Hierarchiestruktur herbeizuführen. Eine erste Entscheidung ist dabei die **Stellung des Hauptsatzes, der am Anfang, in der Mitte oder am Ende eines Satzes** positioniert sein kann, sofern er nicht aufgespalten wurde („...die Rechnung wurde nicht bezahlt, weil...“ oder „...weil der LKW zu klein war, wurde die Rechnung nicht bezahlt...“). Die hiermit erzielbaren **Effekte sind jedoch begrenzt** und sicherlich noch von weiteren Faktoren wie z.B. der Art der Gliedsätze abhängig. Dasselbe gilt für die **Staffelung voneinander abhängiger Gliedsätze**. Nur wenn man vermeiden möchte, dass der Empfänger den Satzinhalt vollständig aufnimmt, wird man eine größere Zahl hierarchisch abgestufter von Gliedsätze an den Anfang stellen. **Misstrauisch** wird der aufmerksame Beschaffungsverantwortliche auch reagieren, **wenn innerhalb eines Satzes höherrangige Satzglieder sich mit hierarchisch niedriger angesiedelten Gliedsätzen mehrfach abwechseln** (z.B. „...Die Rechnung wurde nicht bezahlt (HS), weil die Lieferung nicht vollständig war (GS 1. Ordnung), was zurückzuführen ist auf den kleinen LKW (GS 2. Ordnung), der auch mit anderen Artikeln beladen war (Gliedsatz 3. Ordnung) und weil die Lieferung schlecht war (GS 1. Ordnung), weil die Ware im LKW schlecht gesichert war (GS 2. Ordnung), aufgrund der mangelnden Motivation des Fahrers (GS 3. Ordnung), der bereits übermüdet die Fahrt antreten musste (GS 4. Ordnung) Hier wäre es für den Empfänger einfacher, die Determinanten 1. Ordnung zunächst einmal im Überblick zu sehen, bevor diese dann in eigenen Sätzen jeweils weiter erläutert werden.

4.3.2.4 Realitätsbezug der Signale

Die Realitätsnähe von Informationen kann nicht nur in der Phase der gedanklichen Modellbildung und bei der Generierung der sprachlichen Fassung berührt werden, sondern auch bei der Verwendung der Kommunikationskanäle. Innerhalb eines Kommunikationskanals besteht die Möglichkeit, **bedeutungstragende Signale**

- hinzuzufügen,
- zu unterschlagen oder
- zu verändern.

Dadurch kann die sprachliche Fassung sowohl in Bezug auf einzelne Wörter als auch in Bezug auf die Satzglieder bis hin zum gesamten Satzgefüge beeinflusst werden. Die Wirkungen reichen letztlich bis in die Ebene des Sachverhalts hinein und betreffen dort gegebenenfalls Elemente, Beziehungen oder die dazugehörende quantitative Dimension. Die nachstehende Tabelle verdeutlicht die möglichen Wirkungsweisen in Bezug auf die sprachliche Fassung. Das Wirkungsspektrum der Manipulationsprinzipien kommt dabei jeweils durch die zeilenweise einheitliche Schattierung zum Ausdruck.

Die bei den Signalen angewandten Manipulationsstrategien lassen sich grundsätzlich also sowohl auf einzelne Wörter als auch ganze Sätze anwenden (so kann man beispielsweise die Wiederholung von Signalen auf einzelne Wörter beschränken oder aber auf ganze Sätze ausdehnen. Außerdem kann die Anwendung eines Manipulationsprinzips wie z.B. die Unterdrückung von Zeichen in einem Bereich unterschiedlichste Wirkungen hervorrufen. So kön-

Tab. 20: Manipulationsmöglichkeiten auf Ebene der Kommunikationskanäle und mögliche Wirkungen auf sprachlicher Ebene

Manipulations-bereich		Manipulationswirkungen					
		Wortebene			Satzebene		
	Aktion	+	–	△	+	–	△
Signale	+						
	–						
	△						

Legende:

+   Hinzufügung

-     Unterdrückung

△   Veränderung

nen gegebenenfalls durch die Weglassung von Zeichen andere Wortbedeutungen entstehen, zwei Worte zusammengezogen werden oder gar eine Aufspaltung von Worten mit sich bringen (z.B. „Anfangs bestand der Verdacht...." – Anfangsverdacht..., „Andacht...").

Da die an den Kommunikationskanälen eingesetzten Manipulationsprinzipien auf allen Ebenen der sprachlichen Fassung wirksam sein können und die Wirkungsrichtung dort nur einzelfallbezogen im jeweiligen Kontext bestimmt werden kann, beschränken sich die folgenden Darstellungen auf die Beschreibung der Manipulationsprinzipien und ihre jeweilige Ausgestaltung. Die Aussagen werden punktuell anhand von Einzelbeispielen auf ihre Wirkungen hin betrachtet.

Viel entscheidender ist die Zahl der eingesetzten Kommunikationskanäle. Grundsätzlich kann die Übermittlung von Botschaften beeinflusst werden durch

• eine Erhöhung der Zahl der eingesetzten Kommunikationskanäle,

• eine Verringerung der Zahl der eingesetzten Kommunikationskanäle oder durch

• einen Austausch der Kommunikationskanäle.

Auf eine hohe Zahl an einsetzbaren Kommunikationskanälen kann der Verkäufer im **persönlichen Verkaufsgespräch** zurückgreifen, wo neben schriftlicher und mündlicher Kommunikation gegebenenfalls auch Muster und alle körpersprachliche Kommunikationskanäle zur Verfügung stehen. Diese Variante wird vom Verkäufer bevorzugt, wenn er sich nicht sicher ist, inwieweit schriftlich übermittelte Botschaften allein schon zur erfolgreichen Gestaltung des Kundenkontakts ausreichen. Geschickte Verkäufer versuchen dann, durch den Einsatz weiterer Kommunikationskanäle die Beschaffungsverantwortlichen von ihren Leistungsangeboten zu beeindrucken. Mit der Zuschaltung zusätzlicher Kommunikationskanäle kann der Sender gezielt entweder die Aufmerksamkeit des Empfängers auf die so präsentierten Sachverhalte lenken. Umgekehrt besteht bei einer hohen Zahl gleichzeitig eingesetzter Kommunikationskanäle stets das Risiko, **dass sich die Signale der einzelnen Kanäle widersprechen**. Mit diesem Problem muss der Verkäufer dann rechnen, wenn er die einzelnen Kommunikationskanäle nicht vollständig kontrollieren kann. Gerade die Körpersprache umfasst eine Fülle von Bereichen, was eine vollkommene Steuerung wesentlich erschwert.

Aus letztgenanntem Grund kann es für den Verkäufer sinnvoll sein, die Zahl der Kommunikationskanäle zu minimieren, indem er sich auf einen schriftlichen Kontakt beschränkt. Störende Nebensignale anderer Kommunikationskanäle entfallen hier. Auch bei telefonischen Kontakten ist die Zahl der einsetzbaren Kommunikationskanäle stark reduziert, weil im Zweifel weder auf schriftliche oder objektbezogene Kanäle noch auf die sichtbare Körpersprache im weitesten Sinn zurückgegriffen werden kann.

Tab. 21: Nutzbare Kommunikationskanäle und Formen des Kundenkontakts

Nutzbare Kommuni-kationskanäle	Art des Kontakts		
	persönliches Gespräch	Telefongespräch	Schriftverkehr
Stimme	ja	ja	nein
Körper	ja	optische und akustische Körperwahrnehmung bei Videotelefonie	nein
Schriftdokumente (sowie Bild- und Tonmaterial)	ja	sofern auf beiden Seiten Unterlagen vorhanden	ja
Handlungen/Versuche	ja	nur akustisch wirksame Handlungen	physisch greifbare und versandfähige Handlungsergebnisse
Verkaufsobjekte	sofern transportierbar	i.d.R. nein	sofern versandfähig
sonstige Gegenstände	sofern transportierbar	i.d.R. nein	sofern versandfähig

Aus den eben genannten Schilderungen wurde bereits ersichtlich, dass **objekt- und körperbezogene Kommunikationskanäle eine wesentliche Rolle spielen, wenn es um die Verschiebung von Bedeutungsinhalten geht.** Umgekehrt bieten die objekt- und körperbezogenen Kommunikationskanäle auch für den Beschaffungsverantwortlichen zahlreiche Ansatzpunkte, um die Realitätsnähe der wahrgenommenen Botschaften zu überprüfen. Beide Aspekte sind jeweils Grund genug, sich in diesem Teilkapitel auch mit diesen Kommunikationskanälen zu befassen.

Im folgenden sind für die einzelnen Kommunikationskanäle die wichtigsten Formen zur Hinzufügung, Elimination und Veränderung von Signalen aufgelistet:

zu Stimme als Kommunikationskanal:

Im Rahmen **der mündlichen Kommunikation** kann der Sprecher **Signale hinzufügen** und die entsprechenden Sachverhalte betonen

- durch **mehrfaches sprachliches Ansetzen** (z.B." ...die Ge... die Geschäftsführung hat den Preis..."),
- ggf. durch **Räuspern** und – sofern es vereinzelt geschieht – durch **Verlegenheitslaute** „hm", „äh", „ja" und dergleichen. Allerdings ist zu beachten, dass eine gehäufte Anwendung dem Sprecher eher als Unsicherheit bei Suche nach geeigneten Worten und Satzformulierungen ausgelegt wird,

- durch **sprachliche Ankündigungen** (d.h. Rückgriff auf die Metasprache z.B. *„und dies ist besonders wichtig zu wissen*, die Geschäftsführung hat den Preis...") oder
- durch **Buchstabieren** (d.h. dies stellt wiederum einen Rückgriff auf die Metasprache dar, häufig bei kompliziert geschriebenen Eigennamen genutzt wird, wobei diese Namen üblicherweise zuerst normal ausgesprochen und dann nachträglich buchstabiert werden).

Prinzipiell ist zwar auch das Stottern mit einer Signalvermehrung und erhöhter Aufmerksamkeit für die betreffende Passage verbunden, allerdings wird der Empfänger dabei vermutlich die Sprachkompetenz oder die Sachkompetenz des Senders hinterfragen.

Die **Unterdrückung von Signalen** und den entsprechenden Botschaften kann zum Ausdruck gebracht werden

- durch **„Verschlucken"** von Wortteilen, Worten oder gar ganzer Passagen,
- durch **Ankündigung**, d.h. Anspielung (Rückgriff auf die Metasprache, die sogenannte Allusion z.B. „äh ... na Sie wissen schon, was ich meine ...") oder
- im weitesten Sinne auch durch **Verschieben auf spätere Zeitpunkt** unter Verwendung entsprechender Hinweise (metasprachliche Ebene, in der Verkaufsliteratur bekannt als Zurückstellungstechnik z.B. „...darauf würde ich gerne später nochmals zu sprechen kommen...").

Die **Veränderung von Signalen** kann vorgenommen werden durch

- **undeutliche oder unübliche Aussprache**,
- Benutzung von **Dialekten oder fremdsprachlicher Artikulation** sowie
- auf **vokaler Ebene** insbesondere durch
  - Veränderung der Lautstärke,
  - Veränderung der Betonungen,
  - Veränderung der Pausengestaltung in den einzelnen Passagen,
  - Veränderung der Tonhöhe oder durch die
  - Veränderung des Tonfalls.

zu Körper als Kommunikationskanal:

Der menschliche Körper bietet zahlreiche Möglichkeiten zur **Unterstützung und Verfeinerung der sprachgestützten Kommunikation** (z.B. durch ein Nicken mit dem Kopf). Andererseits kann der menschliche Körper aber genausogut zur **Abschwächung und Verschleierung kommunizierter Inhalte** verwendet werden. Allerdings gibt es nur vergleichsweise **wenige körpersprachliche Signale**, die **sich als vollwertige Signale** zur Übermittlung von Sachverhalten einsetzen lassen und damit die sprachgebundene Kommunikation komplett ersetzen könnten (z.B. rasches wiederholtes Aneinanderreiben von Daumen und Zeigefinger als Zeichen für Geld). Aus dieser Erkenntnis heraus ist es sinnvoll, zwischen

- bedeutungtragenden körpersprachlichen Signalen und
- bedeutungsverstärkenden bzw. bedeutungsschwächenden körpersprachlichen Signalen

zu unterscheiden.

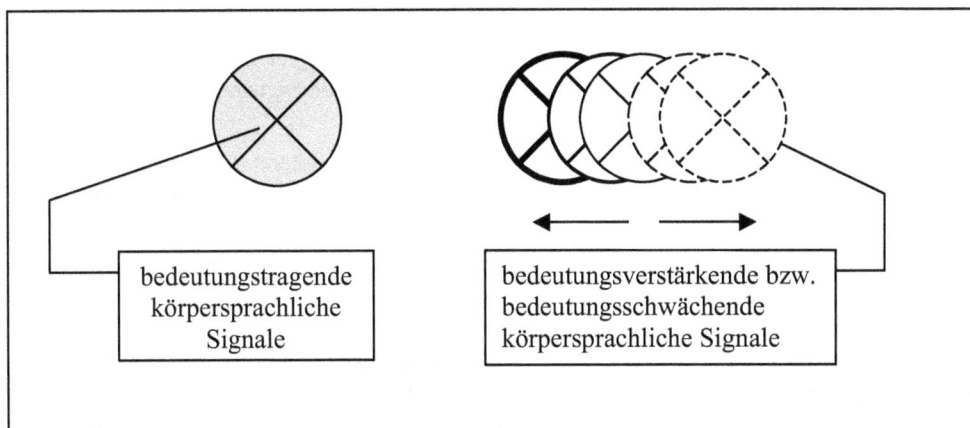

Abb. 39: Kategorien körpersprachlicher Signale und ihre Leistungen

Die körpersprachlichen Signale können unter Einbeziehung verschiedenster Körperpartien gebildet werden und es bietet sich aus Gründen der Übersichtlichkeit an, körperliche Aspekte als Klassifizierungskriterium zu verwenden:

- Kopf und Gesicht mit Augen, Nase und Mund (Mimik),
- Oberkörper (Gestik i. w. S.),
- Arme und Hände mit ihren Fingern (Gestik i. e. S., Haptik) sowie die
- Beine (Gestik i. w. S.).

Zunächst soll ein Überblick über wesentliche bedeutungstragende Signale gegeben werden. Die meisten bedeutungstragenden körpersprachlichen Signale existieren in Bezug auf

- die **körperlichen Wahrnehmungsorgane** (z.B. hören durch eine offene ans Ohr gelegte Hand),
- die **körperlichen Empfindunge**n (z.B. Schmerzen durch angespanntes verzerrtes Gesicht und gegebenenfalls Drücken der betroffenen Stelle mit der Hand, z.B. Hunger durch die geschlossene Hand, die mit den Fingerspitzen auf den eigenen Mund deutet),
- allgemeine **körperliche Tätigkeiten** (z.B. Imitation von Hammerschlägen mit der Faust),
- die **Beschreibung von Gegenständen** (z.B. Höhen, Abstände, glatte Oberflächen und Formen mit den Händen)
- wichtige **Dinge des täglichen Lebens** (z.B. Geld s.o., oder z.B. Liebe, charakterisiert durch ein mit Handbewegungen angedeutetes Herz),
- die **Bewertung von Sachverhalten** (z.B. Faust mit erhobenem Daumen für gut oder ok, oder mehrfaches Achselzucken als Zeichen für z.B. ich weiß es nicht) sowie
- für die **Bewertung anderer Personen**, wobei hier Signale für abschätzige Bewertungen weitaus überwiegen.

Daneben werden durch Fingerzeige und entsprechende Kopfbewegungen auch Hinweise auf den **Aufenthaltsort** thematisierter Gegenstände und Personen gegeben, wobei es als unhöflich gilt, mit Fingern auf Personen zu deuten.

Aus den Beispielen wurde bereits deutlich, dass manche Signale durch einzelne Körperteile dargestellt werden können, andere wiederum das Zusammenspiel mehrerer Körperpartien erfordern. Die meisten bedeutungstragenden körpersprachlichen Signale werden unter Zuhilfenahme der Hände gebildet.

Auch bei den bedeutungstragenden körpersprachlichen Signalen kann manchmal eine Bedeutungsverschiebung von Informationen über die Prinzipien **Hinzufügung, Unterdrückung oder Veränderung** erreicht werden.

Die **Hinzufügung von Signalen** geschieht in aller Regel durch **Wiederholung** derselben Signale. Variationsspielräume ergeben sich gerade bei den bedeutungstragenden Signalen aus Mangel an Synonymen kaum, selbst wenn man alle Körperpartien in die Synonymsuche einbezieht. Mit zunehmender Wiederholungshäufigkeit muss der Sender damit rechnen, dass die Wirkung stark abnimmt und ziemlich schnell sogar ihre Wirkung umkehrt, weil der Empfänger sich durch die Intensität körpersprachlicher Botschaften oft schnell belästigt fühlt.

Aus dem **Verzicht auf bedeutungstragende körpersprachliche Signale** ergeben sich meist keine besonderen Wirkungen, da sie – zumindest im mitteleuropäischen Raum – regelmäßig nicht Bestandteil von Verkaufsgesprächen sind und damit in aller Regel vom Beschaffungsverantwortlichen auch nicht erwartet werden.

Anders sieht dies bei **der Abwandlung allgemein verständlicher Signale** aus, weil der Empfänger hier mit einer allgemein üblichen Ausgestaltung rechnet. Der Sender kann meist durch **Variation** von

- Richtung (z.B. wenn der Daumen nur schräg nach oben zeigt),
- Ausmaß (z.B. stärker als erwartete Ausbreitung der Arme für eine Abstandsangabe) ,
- Dauer (z.B. kurzes oder längeres Zeichen für Geld) und
- Geschwindigkeit (z.B. sehr langsames Zeichnen einer Figur)

eine **Verstärkung oder Abschwächung** des bedeutungstragenden Signals herbeiführen. Gerade die unerwartete Ausgestaltung hat die Chance, die Aufmerksamkeit des Empfängers überproportional auf sich zu ziehen und damit die sprachliche Fassung zu ergänzen, zu verstärken oder auch zu konterkarieren.

Die bedeutungsverstärkenden und bedeutungsschwächenden Körpersignale sind dadurch charakterisiert, dass sie die bedeutungstragenden Signale anderer Kommunikationskanäle nur unterstützen oder abschwächen können. Mit anderen Worten, **sie bestätigen** die damit verbundenen inhaltlichen Botschaften **oder sie stellen** diese Botschaften bis zu einem gewissen **Grad in Frage**. Eine körpersprachlichen Bestätigung drückt normalerweise aus, dass der Sender **auch innerlich zu dem steht, was er gesagt hat. Widersprüchliche Signale sind ein Indiz dafür, dass der Sender selbst nicht ganz an seine Aussagen glaubt.** Beide Interpretationen setzen jedoch voraus, dass der Sender nicht in der Lage ist, seine Körpersprache zu kontrollieren und zu steuern. Nachdem jedoch in vielen Verkaufsbüchern Handlungsempfehlungen zur Steuerung der Körpersprache gegeben werden, wird der professionelle Beschaffungsverantwortliche sich hiervon nicht unbedingt beeindrucken lassen und gegebenenfalls nach den hinter der Körpersprache liegenden Absichten fahnden. Gleichgültig, wie der Beschaffungsverantwortliche das Ausmaß der körpersprachlichen Kontrolle beim Verkäufer einschätzt, geht der weiterreichenden Interpretation der Signale zunächst einmal die klassische Einteilung in eher bestätigende und eher widerlegende Zeichen voraus.

Die bestätigend wirkenden körpersprachlichen Signale sind in erster Linie durch Offenheit und Zuwendung charakterisiert. Diese kommen normalerweise zum Ausdruck, wenn der Sender von seinen Aussagen überzeugt ist und er auch eventuelle Einwände des Gesprächspartners problemlos entkräften kann. Die folgende Tabelle enthält für die wichtigsten Körperpartien die entsprechenden Verhaltensweisen:

Tab. 22: Körpersprachliche Signale für Offenheit beim Informationsversand

Körperpartie	körpersprachliche Handlung	
	zuwenden	öffnen
Kopf und Gesicht	Vorstrecken des Kopfes; Gesicht schaut zum Gesprächspartner; erhobenes Haupt; Augenkontakt; ggf. leicht geöffneter Mund;	ganz geöffnete Augen; lächelnder Mund; lachender Mund;
Oberkörper	frontal zum Gesprächspartner; aufrechte Haltung des Oberkörpers oder vorstrecken zum Gesprächspartner	„geschwellte" Brust; herunterhängende Schultern
Arme und Hände	Arme zeigen Richtung Gesprächspartner; Hände schütteln bei Begrüßung und Verabschiedung; Gesten, bei denen Handflächen sichtbar sind	ausgebreitete Arme; hinter dem Kopf verschränkte Arme; geöffnete Hände; Gesten mit leicht aufgespreizten Fingern
Beine	Beine (d.h. Knie) zeigen zum Gesprächspartner	entspannte nebeneinander gestellte Beine

Die eben genannten Signale können darüber hinaus anzeigen, inwieweit die betreffende Person gegenüber hereinkommenden Informationen bzw. gegenüber deren Sender offen ist. Daneben gibt es aber auch einige spezifische körpersprachliche Signale, anhand derer man die Offenheit für hereinkommende Botschaften festmachen kann:

Tab. 23: Körpersprachliche Signale für Offenheit beim Informationsempfang

Körperpartie	körpersprachliche Handlung
Kopf und Gesicht	Kopfnicken; seitlich geneigter Kopf mit Blickkontakt zum Sender; ggf. Kopf nach vorne strecken
Oberkörper	ggf. sich mit dem Oberkörper dem Gesprächspartner nähern
Arme und Hände	entspannte Hände und Finger; mit Händen nach angebotenen Gegenständen, Getränken oder Unterlagen greifen
Beine	Annäherung im Stehgespräch; leicht angewinkelte weitgehend ausgestreckte Beine

Zweifel an den sprachlich geäußerten Inhalten entstehen, wenn der Sender körpersprachliche Signale mit verschließendem Charakter an den Tag legt. Dies erklärt sich unter anderem aus dem Verteidigungs-, Schutz- und Fluchtbedürfnis (alles Teilbedürfnisse zur Einhaltung der Sicherheitsbedürfnisse), das beim Sender aktiviert wird, wenn er sich mit seinen (falschen) Aussagen zu weit vorwagt und damit gegenüber Einwänden verwundbar geworden ist. In diesem Zusammenhang kann der Sender versuchen, Körperpartien

- mehr als üblich zu **verbergen** (Schutzbedürfnis im Sinne von Verstecken),
- zu **verdecken** (Verteidigungsbedürfnis) oder
- **abzuwenden** (Fluchtbedürfnis).

Die weitestgehende Form ist die Bedeckung der entsprechenden Partien durch irgendwelche Gegenstände, Kleidungsstücke oder Accessoires. Diese Form wirkt in vielen Fällen über das gesamte Gespräch hinweg, weil diese Maßnahmen meist nicht ohne verhältnismäßig großen Aufwand geändert werden können. Demgegenüber sind die übrigen Maßnahmen innerhalb von Sekunden durchführbar.

Die nachstehende Tabelle zeigt für die wichtigsten Körperpartien die entsprechenden Verhaltensweisen auf:

Tab. 24: Körpersprachliche Signale für Verschlossenheit beim Informationsversand

Körperpartie	körpersprachliche Handlung		
	abwenden	verbergen	verdecken
Kopf und Gesicht	Kopf senken; Kopf zur Seite drehen; Augen blicken nach oben, unten oder zur Seite; geschlossener Mund mit gepressten Lippen; Mund zur Seite ziehen;	Kopf einziehen bzw. Schulter hochziehen, Augen schließen, Augen zusammenkneifen; Zucken der Augenlider; Flaches Atmen; Abbrechen der Aussage und Schließen des Mundes; nach Aussage auf die Unterlippen beißen; Zungenspiele bei geschlossenen Lippen ——— Hände über den Kopf schlagen; Hand vor den Kopf oder Stirn halten, Kopf in die Hände nehmen; sich an die Nase fassen;	Vollbart; übertriebenes Make up bei Frauen; dunkle Brille aufsetzen; hochgeschlossene Kleidung tragen, sodass der Hals verdeckt wird, dies verdeckt z.B. Schluckbewegungen

		Hand vor Nase und / oder Mund halten; Hand an Wange legen; u.U. auch Kopf auf Hand aufstützen	
Oberkörper	Oberkörper abwenden – die kalte Schulter zeigen; gekrümmter Oberkörper – buckeln; unruhiger Oberkörper als angedeuteter Fluchtversuch; möglichst große Distanz zum Gesprächspartner beim Sitzen	Schultern einziehen; Arme vor Oberkörper verschränken;	weite Kleidung; Unterlagen vor dem Körper festhalten; Gegenstände wie z.B. eigene Muster oder Notebook vor Oberkörper aufbauen
Arme und Hände	rasche, fahrige Arm- und Handbewegungen als angedeuteter Fluchtversuch; nur sehr kurzes Händeschütteln bei Begrüßung und Verabschiedung mit raschem Zurückziehen der Hand; nur den Handrücken zeigen;	Arme gegenseitig festhalten; Hände hinter Körper verschränken; Hände übereinander legen; Hände falten; Hände bilden Faust;	Hände im Ärmel verstecken; Hände in Hosentasche; Hände unter dem Tisch halten; Festhalten des Tisches mit Händen, sodass nur Daumen sichtbar bleiben; Hände beschäftigen sich mit Unterlagen, sodass sie nur teilweise sichtbar sind
Beine	(übereinandergeschlagene) Beine vom Gesprächspartner abwenden,	Beine übereinanderschlagen; Füße aufeinanderstellen; übermäßig angewinkelte an den Körper gezogene Beine	weite Beinkleider; lange Mäntel im Winter; große Aktentasche vor Unterleib und Beinen halten; Positionierung hinter undurchsichtigem Schreibtisch; Umschlingen der Stuhlbeine mit den Beinen

Die in der Tabelle aufgelisteten Signale können Aufschluss über die **Glaubwürdigkeit** der von einer Person **gesendeten Botschaften** geben. Teilweise geben die eben genannten Verhaltensweisen auch Aufschlüsse über die Einstellung der betreffenden Personen gegenüber hereinkommenden Informationen (z.B. Arme vor dem Oberkörper verschränken). Daneben gibt es aber auch körpersprachliche Signale, die spezifisch darüber Auskunft geben, inwie-

Tab. 25: Körpersprachliche Signale für Verschlossenheit beim Informationsempfang

Körperpartie	körpersprachliche Handlung
Kopf und Gesicht	Kopf hin und her wiegen; Kopf nach hinten werfen – Hochnäsigkeit; Kopfschütteln; Stirn runzeln, Stirn in Falten legen; ggf. mit Fingern Stirn reiben; mit Zeigefinger an der Schläfe kratzen; Augenbrauen hochziehen oder zusammenziehen; Augen zusammenkneifen; Augen verdrehen; ggf. dem Gesprächspartner bohrend in die Augen starren; Augen vom Gesprächspartner abwenden und z.B. demonstrativ in Unterlagen schauen; Nase rümpfen; Luft deutlich hörbar durch die Nase ziehen; Grinsen oder gar Auslachen; geschlossenen Mund verziehen; Mund kräuseln; Gähnen (mit oder ohne vorgehaltener Hand); Vorschieben des Unterkiefers; Mahlen mit den Kiefern; Aufblasen der Backen (insbes. bei überraschenden Informationen)
Oberkörper	Zurückweichen mit dem Oberkörper; Körper hin und her wiegen; Zurücklehnen des Oberkörpers; starkes ruckartiges Vorneigen des Oberkörpers Richtung Gesprächspartner mit hochgezogenen Schultern; tiefes Einatmen und Aufblasen des Oberkörpers;
Arme und Hände	Arme werden in die Hüften gestemmt; Hände bilden mit Handflächen nach vorn eine abwehrende Haltung; Hände werden zur Faust geballt; Hände umklammern verkrampft den Tisch; Hände spielen mit Gegenständen; mit den Fingern trommeln; Zurückschieben von Gegenständen oder Unterlagen des Gesprächspartners; Hände lassen achtlos umklammerte Gegenstände fallen oder werfen sie weg; Hände nehmen Gegenstände und bauen eine Barriere zw. Sender und Empfänger auf; Hände ziehen Gegenstände z.B. benachbarte Stühle zum Empfänger her; Hände fassen Gesprächspartner fest an;

Beine	mit den Beinen wippen; Füße spielen miteinander oder treten sich gegenseitig; Vergrößerung der Distanz bei Stehgesprächen durch Zurückweichen; ruckartige Verkürzung der Distanz bei Stehgesprächen und Positionierung direkt vor dem Gesprächspartner (Aggression);
allgemein	einsetzende Ticks wie z.B. Muskelzuckungen

weit sich die betreffende Person gegenüber **eingehenden Botschaften verschließt**, ungeduldig auf sie wartet oder sie langweilig findet. Gleichzeitig können diese spezifischen Signale auch andeuten, inwieweit der Empfänger **gegenüber dem Sender verschlossen** ist. Fühlt er sich dem Sender unterlegen, werden die Signale eher den Charakter von Abwehrmechanismen in Form von Verbergungs-, Schutz oder Fluchtmechanismen haben. Fühlt sich der Empfänger überlegen, können auch Verhaltensweisen mit **aggressivem Charakter** (z.B. Wut, Ärger) auftreten. Die in Tab. 25 aufgezeigten Beispiele sind wiederum nach den Körperpartien gegliedert, unabhängig davon, ob es sich um sicherheits- oder um dominanzgespeiste Verhaltensweisen handelt.

Bei vielen bedeutungsunterstützenden und bedeutungsschwächenden Signalen kann der Sender eine Akzentuierung durch die Variation von

- Richtung,
- Ausmaß,
- Dauer und / oder
- Geschwindigkeit herbeiführen.

Bei fast allen körpersprachlichen Signalen ist zu beachten, dass sie durch bewusste oder unbewusste kommunikative Absichten zustande kommen können aber nicht müssen. Ein Hin- und Herrutschen mit dem Oberkörper kann auch den Zweck haben, die unangenehme Belastung einzelner Körperpartien zu kompensieren. Der erfahrene Beschaffungsverantwortliche wird deshalb die Summe der körpersprachlichen Signale auf ihre Konsistenz hin untersuchen und dann zu seinen Schlüssen kommen.

zu schriftlichen Dokumenten als Kommunikationskanal:

Ähnlich wie bei der mündlichen Übermittlung kann auch bei schriftbasierender Kommunikation die Aufmerksamkeit durch Hinzufügung, Elimination oder Änderung von Zeichen auf einzelne Textpassagen gelenkt werden.

Die **Hinzufügung von Zeichen** kann erfolgen durch

- Verwendung der ausgewählten Passage als **Überschrift oder Titel** für einen Textteil (d.h. die betreffenden Worte werden metasprachlich als Orientierungshilfe eingesetzt).
- die **Ankündigung eines Sachverhalts** in der Einleitung, zu Beginn eines Kapitels oder am Ende des vorangehenden Kapitels (ebenfalls metasprachliche Orientierungshilfe),
- Einsatz von **ordnenden Sonderzeichen** wie Spiegelstrichen, Pfeilen, Häkchen, Symbolen (sic!) und dergleichen **bei Aufzählungen** sowie beispielsweise durch Einrahmung und Unterlegung von wichtigen Textpassagen,
- die **grafische oder bildliche Darstellung** des zu betonenden Sachverhalts mit der Möglichkeit zur Wiederholung bzw. Akzentuierung der Botschaften in Form von **Symbolkennzeichnungen, Legenden oder Bildunterschriften.**

Gegebenenfalls könnte man auch die **wiederholende Zusammenfassung** einzelner Sachverhalte am Ende eines Abschnitts oder Kapitels als Hinzufügung von Zeichen deklarieren, weil auch hier die Aufmerksamkeit erneut auf die dort beschriebenen Sachverhalte gelenkt wird.

Die **Elimination von Zeichen** lässt sich realisieren

- durch **Auslassung von Textteilen** und Kennzeichnung mit „...",
- durch **Schwärzung einzelner Passagen** (z.B. wenn der Verkäufer die Preise des eigenen Vorlieferanten auf seinen Unterlagen schwärzt) und
- im weitesten Sinne auch durch **Verschiebung des Sachverhalts in andere Textstellen**, in Fußnoten oder in den Anhang mit einem entsprechenden Verweis (metasprachliche Ebene)

Der **Veränderung von Zeichen** zur Erreichung von Bedeutungsverschiebungen kann geschehen durch

- **Veränderung der Schriftart** (dynamischere oder antiquiertere Schriftarten wie z.B. an das Mittelalter erinnernde Frakturschriften) mit Auslösung entsprechender Konnotationen,
- **Einsatz von Farben** (z.B. Rechnungsbeträge mit rotem Farbton),
- **Veränderung der Schriftgröße** (z.B. das Kleingedruckte, das deshalb kaum gelesen wird),
- **Einsatz von Hervorhebungen** (sic! wie z.B. *Kursivdruck*, der dem Sachverhalt einen dynamischeren Anstrich gibt oder S p e r r s c h r i f t als Hürde für den Lesefluss) oder
- durch **Umwandlung von Schriftzeichen in Bilder, Grafiken oder Symbole** (z.B. Rauchverb⊗t, Anlieferung der Ware per).

Daneben kann auch durch geeignete **Positionierung von Textpassagen** innerhalb des Seitenaufbaus eine aufmerksamkeitssteigernde Wirkung erzielt werden. Am weitesten verbreitet sind die Positionierungsmöglichkeiten durch Bildung von

- Absätzen
- Einrückungen oder durch
- zentrierte bzw. rechtsbündige Formatierung.

Die stärksten inhaltlichen Wirkungen sind insgesamt bei den **Verschiebungen von Sachverhalten in andere Textteile** zu erwarten, da hier die Informationsaufnahme unter einem völlig anderen Kontext erfolgt und damit beim Leser andere Interpretationsrichtungen aktualisiert werden. Auch die zusätzlich oder alternativ eingesetzten Bilder bzw. Grafiken eröffnen zahlreiche Möglichkeiten für eine weiter reichende bzw. eine andere Auslegung von Sachverhalten. Berühmt berüchtigt ist das Kleingedruckte, das meist bei den Allgemeinen Geschäftsbedingungen realisiert wird.

zu Handlungen des Verkäufers als Kommunikationskanal:

In eingeschränkter Form kann der Verkäufer auch mit seinen Handlungen kommunikativ wirken. Während die Körpersprache vorwiegend kommunikativen Zwecken dient, richten sich Handlungen in erster Linie auf die Handhabung von Gegenständen und erfüllen dabei auch kommunikative Funktionen. Durch **Produktpräsentationen und Produktvorführungen** lassen sich Aussagen ersetzen, unterstreichen, belegen oder erweitern. Ein Risiko besteht für den Verkäufer allerdings in den berühmten Vorführeffekten, die dann seine Aussagen eventuell völlig konterkarieren. Ähnlich wie bei den körpersprachlichen Signalen kann man unterscheiden zwischen bedeutungstragenden Handlungen einerseits, wo man auf den Einsatz anderer Kommunikationskanäle verzichten könnte und den bedeutungsverstärkenden bzw. bedeutungsschwächenden Handlungen andererseits.

Auch Handlungen eignen sich mit ihrer kommunikativen Seite zur Bedeutungsverschiebung: Über die Hinzufügung, Unterdrückung und Veränderung von Handlungen kann der Verkäufer versuchen, entsprechende Effekte zu erzielen.

Als eine **Hinzufügung von Handlungen** kann bereits der Entschluss des Verkäufers gewertet werden, im Verkaufsgespräch Produktpräsentationen und Vorführungen anhand von Mustern vorzunehmen. Im engeren Sinne kann die Hinzufügung von Handlungen

- durch reine **Wiederholung,**
- durch **mehrfaches Ansetzen** oder
- durch – mehrfaches – **Unterbrechen und Fortführung**

der Aktivitäten inszeniert werden, unabhängig davon, ob der Verkäufer währenddessen schweigt, seine Verhaltensweisen mündlich erläutert oder über völlig andere Dinge redet (z.B. könnte er während seiner Handlungen über den Preis reden und darauf spekulieren, dass der Gesprächspartner den Preis nun im Kontext der Handlungen registriert und damit eher honoriert). Das mehrfache Wiederholen, Ansetzen oder Unterbrechen verschafft ihm den zeitlichen Spielraum bzw. die Möglichkeit sich auf die Formulierung der Botschaft zu konzentrieren.

Andererseits kann sich der Verkäufer auch dazu entschließen, **Handlungen**

- **nur anzudeuten,**
- **abzukürzen oder**
- **abzubrechen.**

Damit könnte er dem Empfänger nur den förderlichen Teil einer Botschaft übermitteln. **Die Verkürzung von Handlungen könnte durch entsprechende Präparierung der Objekte arrangiert werden.** Weist der Sender auf derartige Veränderungen nicht hin, kann allerdings seine Glaubwürdigkeit sinken, wenn die Empfänger diese Manöver durchschauen. Alle drei Handlungsweisen dienen letztlich dazu,

- die **Neugier des Empfängers** anzuregen,
- die **Aussagen des Verkäufers zu bestätigen** oder
- sie sollen den Empfänger von anderen Sachverhalten **ablenken.**

Umgekehrt schützt sich der Sender mit der technischen Vorbereitung von Mustern ggf. vor unliebsamen Überraschungen, wenn beispielsweise die Handhabung von Objekten viel Know How oder Konzentration erfordert. Empfehlenswert ist diese Vorgehensweise auch, wenn der Verkäufer mit neu entwickelten noch nicht gänzlich ausgereiften Leistungen hantiert.

Dieselben Motive spielen eine Rolle, wenn die Handlungen des Verkäufers von der üblichen Handhabung abweichen, d.h. wenn er eine **Änderung der Handlung** vornimmt.

zu Verkaufsobjekten und sonstigen Gegenständen als Kommunikationskanal:

Die kommunikativen Wirkungen von Verkaufsobjekten und sonstigen Gegenständen sind in aller Regel kaum steuerbar. Die Gegenstände können vom Empfänger theoretisch direkt mit ihren Eigenschaften und Verhaltensweisen optisch betrachtet und haptisch begriffen werden.

Gegenstände sind für den Beschaffungsverantwortlichen die einzige Alternative, in der er sämtliche Sinne zur Informationsaufnahme einsetzen kann, um einen möglichst zuverlässigen Eindruck von den relevanten Sachverhalten zu bekommen. Trotzdem lässt sich auch hier die Wahrnehmung beeinflussen, wenn der Verkäufer gleichzeitig verbale Erläuterungen abgibt oder den Gegenstand in einer bestimmten Weise handhabt: Ein pfleglicher Umgang mit dem Objekt, die Erklärung von Details oder die Erläuterung von Funktionsprinzipien aus dem Innenleben eines Objekts können erheblichen Einfluss auf die Gewichtung und Wahrnehmung von Teilthemen haben. Um erwünschte Eindrücke zu verstärken oder unerwünschte Wahrnehmungen abzuschwächen, kann der Verkäufer auch bei Mustern Manipulationen vornehmen, indem er sie entsprechend präpariert, d.h. Eigenschaften

- hinzufügt,
- eliminiert oder
- ändert

wodurch die Ausstattung dann gegenüber dem Angebot oder gegenüber der späteren Lieferung abweicht. Für den Verkäufer ist dies vergleichsweise risikolos, wenn sich die Eigenschaften ohnehin nicht exakt zusichern lassen oder der Käufer keine unmittelbaren Nachprüfungen anstellen kann. In diesen Fällen ist daher die generelle Vertrauenswürdigkeit des Lieferanten ein wichtiger Aspekt bei Beschaffungsentscheidungen.

Zusammenfassend lässt sich also feststellen, dass die einzelnen Kommunikationskanäle für den Verkäufer zahlreiche Ansatzpunkte bieten, um die eigenen Interessen zum Ausdruck zu bringen und die Wahrnehmung des Empfängers zu beeinflussen. Aufgrund der Vielzahl der gleichzeitig zu beachtenden Aspekte werden die Beschaffungsverantwortlichen normalerweise nicht jede interessengeleitete Ausgestaltung in den Verkäuferinformationen frühzeitig aufdecken können. Aus diesem Grund werden die **Beschaffungsverantwortlichen ihr Augenmerk** zweckmäßigerweise vor allem **auf die Konsistenz der** über die verschiedenen Kommunikationskanäle wahrgenommenen verschiedenen **Signale legen**, denn umgekehrt wird auch der Verkäufer selbst bei sorgfältigster Verhaltenslenkung meist nicht alle Facetten seiner Kommunikation vollständig kontrollieren können.

4.4   Schlussfolgerungen und Handlungsempfehlungen für Verkäufer

In den vorangegangenen Teilkapiteln wurde deutlich, dass der Beschaffungsverantwortliche zahlreiche Möglichkeiten hat, Verkäufer anhand ihres Kommunikationsverhaltens zu beurteilen. Die meisten Verhaltensalternativen der Verkäufer können nicht nur positive sondern auch kritische Einschätzungen beim Beschaffungsverantwortlichen auslösen. Dies wurde durch die Betrachtung aus dem Blickwinkel des Beschaffungsverantwortlichen veranschaulicht. Damit stellt sich für die Verkäufer die Frage, welche Verhaltensweisen überhaupt anwendbar sind, ohne sofort auf Ressentiments zu stoßen. Glücklicherweise werden in der Praxis vom Beschaffungsverantwortlichen nicht immer alle Aspekte gleichgewichtig herangezogen. Es ist anzunehmen, dass Art und Zahl der bei einer Bewertung herangezogenen Aspekte abhängig ist

- vom Erfahrungshorizont und den Charaktereigenschaften der Beschaffungsverantwortlichen,

- von den generellen Aufgaben und Rahmenbedingungen, mit denen die Beschaffungs-verantwortlichen konfrontiert sind,
- von der Bedeutsamkeit und der Struktur der Beschaffungsvorgänge,
- von der Attraktivität des Angebots sowie
- von den Verhaltensweisen der Verkäufer.

Mit zunehmendem **Erfahrungsschatz** gewinnen Beschaffungsverantwortliche Spielraum für eine intensivere Beurteilung ihrer Gesprächspartner, da sie sich weniger mit Verständnisfra-gen auseinandersetzen müssen. Auch bei misstrauischen Beschaffungsverantwortlichen ist damit zu rechnen, dass die Informationen und das Verhalten der Verkäufer kritischer beäugt werden. Die **Charaktereigenschaften des Beschaffungsverantwortlichen** entscheiden darüber, auf welche Bereiche sich das Augenmerk verstärkt richtet (z.B. körpersprachliche Signale, gedankliche Modellierung, sprachliche Umsetzung,...). Die **Aufgaben und ihre Verteilung im Buying Center** bestimmen, welche Sachverhalte vorrangig für einen Be-schaffungsverantwortlichen von Bedeutung sind und daher genauer analysiert werden. Das-selbe gilt für **die Struktur des einzelnen Beschaffungsvorgangs**: Je geringer der Definiti-onsgrad des Projekts desto intensiver wird im allgemeinen die Bewertung der Verkäufer und ihrer Aussagen ausfallen. Eine ausführliche Betrachtung des Verkäufers und seiner Aussagen ist auch dann zu erwarten, wenn das **Angebot** interessant genug ist, um weiter verfolgt zu werden. Demgegenüber ist mit einem geringeren Grad an Aufmerksamkeit zu rechnen, wenn sich der Beschaffungsverantwortliche innerlich bereits für oder gegen das Angebot entschie-den hat. Last but not least sind es auch die **Verhaltensweisen des Verkäufers**, die die Auf-merksamkeit des Beschaffungsverantwortlichen beeinflussen. Häufig wiederkehrende, stö-rende oder widersprüchliche Verhaltensweisen (z.B. Differenzen zwischen mündlichen und körpersprachlichen Signalen) regen den Beschaffungsverantwortlichen zu einer intensiveren Prüfung des Verkäufers und seiner Botschaften an.

Um abschätzen zu können, wo und wie stark man als Verkäufer bei einem Gespräch unter Beobachtung stehen wird, sollten möglichst viele Informationen zu den oben genannten Bereichen in Erfahrung gebracht werden. Ist aufgrund der Recherchen zu erwarten, dass die Beobachtungsintensität hoch ist, kann der Verkäufer entscheiden,

- ob er sich dieser Beobachtung stellen will oder
- ob er die Aufmerksamkeit des Beschaffungsverantwortlichen proaktiv beeinflussen möchte.

Eine reaktive Haltung des Verkäufers ist denkbar, wenn er ein in allen relevanten Aspekten überlegenes Angebot unterbreiten kann oder er seine Verhaltensweisen perfekt beherrscht. Eine proaktive Vorgehensweise kann in den übrigen Situationen von Vorteil sein. Um die Aufmerksamkeit zu beeinflussen, kann der Verkäufer versuchen,

- die erfahrenen Beschaffungsverantwortlichen in Teilbereichen **zu verunsichern**, und so Verständnisfragen ein größeres Gewicht zu verleihen (Verunsicherungstaktik). Dazu könnte er beispielsweise seinen Gesprächspartner mit einer ungewohnten Verknüpfung von Sachverhalten oder Kriterien konfrontieren.
- das Misstrauen kritischer Beschaffungsverantwortlicher zu reduzieren. Dies könnte der Verkäufer beispielsweise durch **geeignete Vorleistungen** erwirken.
- den Beschaffungsverantwortlichen zu einer Fokussierung auf das eigene **Aufgabenge-biet** oder zu einem Blick über den Tellerrand zu bewegen. Bietet der Verkäufer an, die Koordination zwischen den Mitgliedern des Buying Centers zu unterstützen, könnte der

Gesprächspartner sich auf sein angestammtes Aufgabengebiet konzentrieren. Umgekehrt kann eventuell der Blick über den Tellerrand angeregt werden, wenn man als Verkäufer die Probleme anderer Bereiche des Buying Centers ins Spiel bringt.

- dem Beschaffungsverantwortlichen bei der Strukturierung von Projekten zu helfen und so die **Bedeutsamkeit** des Vorgangs zu relativieren.
- von seinen Kollegen im Unternehmen einen problemorientierten Lösungsvorschlag zu erhalten, um auf Wettbewerbsniveau anbieten zu können.
- eigene Verhaltensweisen regelmäßig kritisch zu hinterfragen, um Schwachstellen nach und nach zu beseitigen.

Auf eine detaillierte Liste mit inhaltlichen Empfehlungen kann an dieser Stelle verzichtet werden, denn das folgende Kapitel 5 – Schwerpunkte des Informationsaustauschs – liefert diesbezüglich einen breitgefächerten Themenkatalog.

Literaturhinweise

Bänsch, Axel, Verkaufspsychologie und Verkaufstechnik (7. Auflage), Oldenbourg Verlag, München 1998.

Behle, Christine; vom Hofe, Renate, Handbuch Aussendienst, MI-Fachverlag, Landsberg 2006.

Bredemeier, Karsten, Provokative Rhetorik? Schlagfertigkeit, Goldmann Verlag, München 2000.

Bredemeier, Karsten, Provokatives Verkaufen? GesprächsVerführung, Orell Füssli Verlag, Zürich 2006.

Bünting, Karl Dieter; Ader Dorothea, Grammatik auf einen Blick: Die deutsche Sprache und ihre Grammatik mit einem Grammatiklexikon, Isis Verlagsgesellschaft, Chur 1992.

Chmielewicz, Klaus, Forschungskonzeptionen der Wirtschaftswissenschaft, 3. Auflage Schäffer-Poeschel Verlag, Stuttgart 1994.

Cole, Kris, Kommunikation klipp und klar: Besser verstehen und verstanden werden (4. Auflage), Beltz Verlag, Weinheim, Basel, Berlin 2003.

Heitsch, Dieter, Das erfolgreiche Verkaufsgespräch, Verlag Moderne Industrie, Landsberg 1983.

Hill, Werner, Fehlbaum; Raymond, Ulrich; Peter, Organisationslehre 1: Ziele, Instrumente und Bedingungen der Organisation sozialer Systeme, 5. Auflage, Verlag Paul Haupt, Bern, Stuttgart, Wien 1994.

Jachens, Thomas H., Professionelles Verkaufen, Redline Wirtschaft, Frankfurt 2004.

Koeppler, Karlfritz, Strategien erfolgreicher Kommunikation, Lehr- und Handbuch, Reihe Lehr- und Handbücher der Kommunikationswissenschaft (Hrsg.: Mohr, Arno), Oldenbourg Verlag, München, Wien 2000.

Kuhlmann, Anne; Zelms, Regina, Der Verkäufer-Knigge: Money machen mit Manieren, Gabler Verlag, Frankfurt 2000.

Menne, Albert, Einführung in die Logik, 6. Auflage, Francke Verlag Tübingen, Basel 2001.

Pepels, Werner et al., Schlüsselqualifikationen im Marketing Band 14, Fortis Verlag, Starnberg 1999.

Ruhleder, Rolf H., Einfach besser verkaufen: Intensivtraining für mehr Verkaufserfolg, 3. Auflage, Redline Wirtschaft, Frankfurt 2004.

Ruhleder, Rolf H., Methoden: Arbeitstechniken – Rhetorik – Streßbewältigung, 4. Auflage, Vogel Buchverlag, Würzburg.

Schulz von Thun, Friedemann, Miteinander reden: Störungen und Klärungen (Band 1), Rowohlt Taschenbuch Verlag, Reinbek 1981.

Ueding, Gert; Steinbrink, Bernd, Grundriss der Rhetorik: Geschichte, Technik, Methode, 4. Auflage, Metzlersche Verlagsbuchhandlung, Stuttgart 2005.

Weis, Verkaufsgesprächsführung, 4. Auflage, Kiehl Verlag, Ludwigshafen 2003.

Weisbach, Christian-Rainer, Gesprächsführung und Verhandlungstechnik in: Pepels, Werner et al., Schlüsselqualifikationen im Marketing Band 14, Fortis Verlag, Starnberg 1999, S. 65 -106.

Weisbach, Christian-Rainer, Professionelle Gesprächsführung: Ein praxisnahes Lese- und Übungsbuch, 5. Auflage, DTV, München 2001.

Westphal, Rainer; Körpersprache für Verkäufer: Signale erkennen, selbstbewusst auftreten, Metropolitan Verlag, Düsseldorf, Regensburg 1999.

Wißmann, Volker H., Das erfolgreiche Verkaufsgespräch: Strategien für Beratung und Verkauf, Humboldt-Taschenbuchverlag, München 1999.

5   Der Informationsaustausch im Laufe des Beschaffungsprozesses

In den vorangegangenen Kapiteln wurden die Ziele der Beschaffungsverantwortlichen, die Erwartungen der Beschaffungsverantwortlichen an die Lieferanten und der Informationsaustausch mit dem Lieferanten betrachtet. Die im Kapitel 4 – Informationsaustausch – genannten Aspekte gelten unabhängig vom Inhalt der Informationen generell für alle Kunden-Lieferanten-Kontakte und können daher als **formale Aspekte** eingestuft werden. Einschränkungen ergeben sich allenfalls in Bezug auf die Form des Kontakts (z.B. Telefongespräch, schriftlicher Kontakt, persönliches Gespräch), der die einsetzbaren Kommunikationskanäle determiniert. Bisher noch nicht thematisiert wurden die **inhaltlichen Aspekte des Informationsaustauschs**. Die inhaltlichen Aspekte lassen sich unterscheiden in **Themenbereiche, die bei allen Kunden-Lieferanten-Kontakten weitgehend in gleicher Form vorkommen** und in **Themenfelder, die stark mit dem Zweck des jeweiligen Kontakts verwoben sind**. Dieser Abschnitt befasst sich daher zunächst mit den – unabhängig vom Gesprächszweck gleich bleibenden – Themenbereichen Begrüßung, Agenda-Setting, Sitzordnungen und Smalltalk. Anschließend wird erläutert, wie im weiteren Verlauf des Kapitels die inhaltlichen Aspekte aufbereitet werden, die in erster Linie vom Zweck des jeweiligen Kundenkontakts abhängen.

Betrachtung der phasenübergreifenden inhaltlichen Aspekte

Zu den wichtigsten in jedem Kundenkontakt wiederkehrenden thematischen Episoden zählen die **Begrüßung, Zuweisung bzw. Wahl der Sitzplätze, Small-Talk, Agenda-Setting und die Verabschiedung**[21]. Grundsätzlich empfiehlt sich bei einem persönlichen Kontakt die **Begrüßung per Handschlag**. Sollte bislang noch kein persönliches Treffen zwischen den Gesprächspartnern stattgefunden haben, wird man sich in diesem Zusammenhang mit seinem Namen und dem Firmennamen vorstellen. Auf körpersprachlicher Ebene empfiehlt es sich für den Verkäufer, den Händedruck weder zu stark noch zu schwach zu dosieren. Damit wird der Gesprächspartner einerseits vor Schmerzen zu bewahrt und andererseits wird der Eindruck vermieden, dass man nicht genügend Selbstvertrauen besitzt. Weitere körpersprachliche Elemente der Begrüßung sind

- der Augenkontakt,
- ein offener freundlicher Gesichtsausdruck,
- eine vergleichsweise kurze Distanz (ca. 50–80 cm-angewinkelter Arm) zum Gesprächspartner und
- eine angemessene Dauer des Händeschüttelns.

Dasselbe gilt für die **Verabschiedung**, unabhängig davon, wie erfreulich oder unerfreulich das Gespräch zuvor verlaufen ist.

---

[21]   vgl. hierzu beispielsweise Eisler-Mertz, Christiane, Nonverbale Kommunikation, S. 43ff. und Weis, Hans Christian, Verkaufsgesprächsführung, S. 224f.

Die **Zuweisung von Sitzplätzen** sollte der Verkäufer – sofern er nicht Gastgeber ist – **dem Beschaffungsverantwortlichen überlassen**. Lässt der Beschaffungsverantwortliche den Verkäufer einige Minuten in einem Besprechungszimmer warten, sollte sich der Verkäufer nicht davor scheuen, eine Sitzgelegenheit auszusuchen. Bei der Auswahl der Sitzgelegenheit ist

- die Position der Sitzplätze am Tisch,
- die Lage der Türen,
- die Lage der Fenster und
- die Entfernung des Tischs zu den Wänden

zu berücksichtigen.

Grundsätzlich sollte der Verkäufer **Sitzgelegenheiten an der Stirnseite von Tischen vermeiden**, denn diese sind dem ranghöchsten Gesprächsteilnehmer vorbehalten und das kann nur eine Person der Kundenseite sein. In der Praxis sind viele Tische in Besprechungsräumen eher klein, sodass die Partner sich meist jeweils an die Längsseite setzen und von Angesicht zu Angesicht miteinander sprechen.

Es empfiehlt sich, die **Sitzgelegenheiten wahrzunehmen, die seitlich zur Tür angeordnet sind oder den direkten Blick zur Tür gestatten**. Obwohl diese Position etwas mehr Sicherheit bedeutet, dürfte der Beschaffungsverantwortliche als Gastgeber bzw. als Hausherr keine Probleme damit haben, wenn er mit dem Rücken zur Tür Platz nehmen muss.

Hinsichtlich der Fenster ist zu prüfen, ob der **Lichteinfall** den Gesprächspartner blenden könnte. Bestehen Wahlmöglichkeiten, sollte der Verkäufer sich mit dem Gesicht zum Fenster platzieren, damit der Beschaffungsverantwortliche einen Platz wählen kann, bei dem er nicht geblendet wird.

Steht der **Besprechungstisch am Rande eines größeren Raums**, darf sich der Verkäufer durchaus für die Seite entscheiden, bei der er die Wand im Rücken hat und somit mehr Sicherheit gewinnt. Ist der Beschaffungsverantwortliche Gastgeber, kann er mit dem Gefühl, Hausherr zu sein, normalerweise problemlos auf einen Platz vor der Wand verzichten.

Widersprechen sich die Kriterien, sollte in erster Linie die Position am Tisch berücksichtigt werden, bevor die Lage der Tür, der Fenster und die Entfernung der Wände in Betracht gezogen werden.

Ist der Tisch nicht abgeräumt, sollte der Verkäufer nicht eigenmächtig versuchen, sich Platz zu schaffen, insbesondere, wenn es sich offensichtlich um Unterlagen oder Muster zu anderen Vorgängen handelt. Hier sollte der Verkäufer erst um Zustimmung des Beschaffungsverantwortlichen bitten und die Gegenstände mit ihm gemeinsam beiseite räumen.

Kommt der Beschaffungsverantwortliche zum Verkäufer, gelten für ihn dieselben Verhaltensregeln, die soeben für den Kunden als Gastgeber genannt wurden.

Ein weiteres phasenübergreifendes Gesprächselement ist der sogenannte **Small-Talk**. In vielen Verkäufer-Einkäufer-Beziehungen spielen nicht nur die fachbezogenen Themen eine Rolle, sondern auch private Themen. Nicht wenige Geschäftsbeziehungen kommen durch Berührungspunkte auf privater Ebene zustande, sei es durch gemeinsame Interessen oder gemeinsame Bekannte. Auch frühere Begegnungen auf beruflicher Ebene z.B. der Besuch derselben Ausbildungsinstitution schaffen Anknüpfungspunkte für Gesprächsthemen jenseits der fachlichen Ebene. Kennt man den Beschaffungsverantwortlichen nicht bereits, empfiehlt es sich, für den Small-Talk eher mit **unverfänglichen Themen** einzusteigen, d.h. Themengebiete mit großem Polarisierungspotenzial wie Politik, Religion, Sport und dergleichen sind zu vermeiden.

Der Verkäufer sollte von sich aus spezifischere Themen nur dann anschneiden, wenn er ein ernsthaftes Interesse daran verspürt und Möglichkeiten sieht, sich einzubringen. Beschaffungsverantwortliche mit einer größeren Zahl an Lieferantenkontakten werden naturgemäß häufig auf solche Themen angesprochen, sodass sie sehr rasch feststellen können, ob das Interesse nur vorgeschoben ist. Letztlich weiß der professionelle Beschaffungsverantwortliche zwar immer, weshalb der Verkäufer ihn kontaktiert, trotzdem kann er aber auf derartige Manipulationsversuche empfindlich reagieren. Als außerfachliche Themenbereiche kommen prinzipiell in Betracht

- Urlaubsorte, Urlaubsreisen,
- Gegenstände, Ereignisse und Fragen des täglichen Lebens (z.B. Entwicklungen in der Kommunikationstechnologie, kulinarische Trends in der Gastronomie etc.),
- Ereignisse, die beide Gesprächspartner berühren (z.B. lokale Ereignisse, wenn man in derselben Wohngegend aufgewachsen ist),
- gemeinsame Bekannte auf privater oder beruflicher Ebene,
- persönliche und familienbezogene Themen (z.B. Geburtstage, Familienfeiern, Wohnung, Karrierefragen, Kindererziehung, Ausbildung der Kinder, Gesundheit, Altersvorsorge und dergleichen) oder
- persönliche Interessengebiete (z.B. Kunst und Kultur) sowie Hobbys (z.B. gemeinsam betriebene Sportarten).

Es kann davon ausgegangen werden, dass Verkäufer mit solchen Themen besonders gut beim Beschaffungsverantwortlichen ankommen, auf die die anderen Verkäufer keinen Zugriff haben (z.B. gemeinsame Bekannte). Bei allen Themen besteht das Risiko, dass der Gesprächspartner davon nichts hören möchte (beispielsweise wenn er an den Wohnort seiner Jugend überwiegend schlechte Erinnerungen hat), was sich aber vergleichsweise leicht heraushören lässt. Je stärker beim Beschaffungsverantwortlichen die sozialen Bedürfnisse und die Anerkennungsbedürfnisse ausgeprägt sind, desto besser sind die Chancen, mit außerfachlichen Themen das Gesprächsklima zu verbessern.

Im Zusammenhang mit den privaten Themen kann der Verkäufer

- die **Funktion eines Informationslieferanten übernehmen** (z.B. über neueste Entwicklungen berichten),
- als **Zuhörer und** auf Wunsch als **Ratgeber fungieren** (z.B. sich die Probleme der Gesprächspartner anhören) oder
- auch **selbst aktiv werden** (z.B. dem Beschaffungsverantwortlichen Kontakt zu einer bestimmten Person verschaffen), wobei hier stets darauf zu achten ist, ob eine Aktivität bereits als Bestechung ausgelegt werden kann (siehe auch Kapitel 3.3).

Bei privaten Themen muss sich der Verkäufer nicht auf eine ernste Position beschränken, sondern kann auch etwas Humor mit ins Spiel bringen, denn der Small-Talk sollte die Gesprächsatmosphäre etwas auflockern und dem Beschaffungsverantwortlichen die Möglichkeit geben, sich auf die anstehende Besprechung einzustimmen. Deshalb kann der Verkäufer sich hier durchaus auf humorvolle Weise äußern, solange damit weder der Beschaffungsverantwortliche noch andere Personen gekränkt werden.

Small-Talk kann an unterschiedlichen Stellen des Gesprächs zweckmäßig sein. In der Regel wird zu Beginn des Gesprächs ein Small-Talk zur gegenseitigen Einstimmung geführt.

Auch nach dem fachlichen Austausch – am Ende des Gesprächs – kann der Small-Talk einen wohlwollenden Ausklang des Gesprächs bewirken. Meist empfiehlt es sich, in Anbetracht knapper Zeitbudgets, den anfänglichen Small-Talk eher kurz zu halten, um nicht hinterher einen Abbruch des Gesprächs zu riskieren, bevor die fachlichen Gesprächsziele erreicht wurden.

Dies lässt sich vermeiden, wenn der Small-Talk schwerpunktmäßig auf das Gesprächsende verlagert wird. Ein Small-Talk kann auch inmitten des Gesprächs sinnvoll sein, beispielsweise, wenn

- auf das Eintreffen weiterer Gesprächsteilnehmer gewartet wird,
- auf Informationen, Muster und dergleichen gewartet werden muss,
- sich ein Teil der Gesprächsteilnehmer für kurze Zeit anderen Aufgaben widmen muss,
- bei langen Gesprächen eine Gesprächspause notwendig wird oder wenn
- nach dem Abschluss eines Themas ein weiteres Themengebiet aufgegriffen werden soll.

Gelegenheit zu Small-Talks ergibt sich darüber hinaus tageszeitabhängig bei gemeinsamen Restaurantbesuchen, vor, nach oder inmitten von Besprechungen.

Den Startschuss für den Small-Talk sollte der Verkäufer normalerweise dem Beschaffungsverantwortlichen überlassen. Nur wenn der Kunde offensichtlich vergleichsweise unerfahren ist oder das Gespräch beim Lieferanten stattfindet, sollte der Verkäufer den Small-Talk einleiten. Meist sind jedoch die Stationen eines Gesprächsverlaufs so eindeutig abgrenzbar, dass keine zusätzlichen Hinweise erforderlich sind.

Da Small-Talk-Themen also weitgehend unabhängig von der Phase im Beschaffungsprozess bei sämtlichen Kontaktgelegenheiten angeschnitten werden können, findet im folgenden keine separate Betrachtung mehr statt.

Vorgehensweise für die Betrachtung der phasenspezifischen inhaltlichen Aspekte
Es wurde bereits angedeutet, dass die wesentlichen Inhalte eines Verkaufsgesprächs vom Zweck des jeweiligen Kundenkontakts abhängen. Der Kontaktzweck wiederum ist eng verknüpft mit den Phasen des Beschaffungsprozesses, die der Beschaffungsverantwortliche im Rahmen eines Beschaffungsprojekts durchlaufen muss. Weil der Beschaffungsverantwortliche die Kontakte mit den Lieferanten aufsplitten und somit auf einzelne Phasen beschränken kann, wird die **Diskussion der inhaltlichen Aspekte auf die kleinste denkbare Kontakteinheit herunter gebrochen**. Im einzelnen sollen in die Betrachtung einfließen

- die Kontaktaufnahme und die Kaltakquisition,
- der Erstkontakt,
- das Anfragengespräch,
- das Angebotsgespräch,
- das Nachfassgespräch,
- die Einwandbehandlung und Preisverhandlungen,
- das Abschlussgespräch,
- das Reklamationsgespräch und losgelöst von einzelnen Beschaffungsvorgängen
- das Planungs- bzw. Jahresgespräch.

Die Betrachtung der inhaltlichen Aspekte des Informationsaustauschs soll möglichst genau auf die Erfordernisse der einzelnen Phasen im Beschaffungsprozess zugeschnitten werden. Deshalb thematisieren die einzelnen Teilkapitel – ausgehend von in Kapitel 2 geschilderten Zielkategorien in der Beschaffung – jeweils

- die möglichen Ausgangskonstellationen in Bezug auf das Beschaffungsobjekt,
- die situativen Anforderungen in Bezug auf den Beschaffungsprozess,
- die situative Aktualisierung von Bedürfniskategorien und
- die daraus resultierenden Erwartungen an den Verkäufer.

Diese Aspekte bilden das Fundament für die Herleitung der phasenspezifischen Schwerpunktthemen und Handlungsempfehlungen. Die möglichen Ausgangssituationen in Bezug auf das **Beschaffungsobjekt** lassen sich vor allem durch den **Neuigkeitsgrad bzw. den Definitionsgrad** des Beschaffungsobjekts charakterisieren. Der Definitionsgrad ergibt sich aus dem Kenntnisstand des Beschaffungsverantwortlichen über

- das kausale Beziehungsgeflecht aus Zielen und Handlungserfordernissen sowie über
- die geeigneten Ausgestaltungsmöglichkeiten von Zielen und Handlungserfordernissen.

Inwieweit Beschaffungsverantwortliche mögliche Informationsdefizite als bedeutsam empfinden, hängt zusammen mit

- der Komplexität der Beschaffungsobjekte,
- der Wertigkeit der Beschaffungsobjekte und
- der Dringlichkeit des Bedarfs.

Aus dem Definitionsgrad der Beschaffungsobjekte ergeben sich für die Beschaffungsverantwortlichen die jeweiligen Informationsdefizite und daraus wiederum bestimmt sich das erforderliche **Aktivitätsniveau in den einzelnen Phasen des Beschaffungsprozesses.** Dazu werden unter Berücksichtigung der Ausgangskonstellation die phasenspezifischen Aktivitäten zur Beschaffung und Verarbeitung von Informationen beschrieben.

Die Konstellationen in Bezug auf das Beschaffungsobjekt und die daraus resultierenden Ausprägungen der Informationsbeschaffungs- und Informationsverarbeitungsaktivitäten beeinflussen bis zu einem gewissen Grad auch die phasenspezifische **Aktualisierung persönlicher Ziele und Bedürfnisse.** Die von den aktualisierten persönlichen Bedürfnissen ausgehenden Feedbackwirkungen zurück auf die Handhabung des Beschaffungsprozess werden in diesem Kapitel nur dann thematisiert, wenn sie von erheblicher Bedeutung für die Aufgabenerfüllung sind (zu den generell von den persönlichen Bedürfnissen möglicherweise ausgehenden Wirkungen auf die Definition der Beschaffungsobjekte und die Handhabung des Beschaffungsprozesses siehe Kapitel 2 – Ziele in der Beschaffung).

Auf Basis dieser Überlegungen werden jeweils die **Erwartungen an die Verkäufer** zusammengefasst und die dazu möglichen inhaltlichen Schwerpunkte beschrieben. Weil die **inhaltlichen Schwerpunkte** in verschiedenster Weise akzentuiert werden können, werden im Teilkapitel **Handlungsempfehlungen für den Verkäufer** Hinweise formuliert, wie er zu der **bestmöglichen Ausgestaltungsform** gelangt. Die **Handlungsempfehlungen zur Identifizierung der am besten geeigneten Ausgestaltung von Themen beschränken sich auf die Ansatzpunkte, die sich jeweils innerhalb der betrachteten Gesprächssituation ergeben.** Die im Vorfeld eines Kontakts möglichen Recherchen und Vorbereitungen werden hier nicht weiter behandelt. Hierzu sei auf die einschlägige Verkaufsliteratur verwiesen.

5.1   Kontaktanbahnung und Kaltakquisition

In der Regel muss der Verkäufer zuerst einen Gesprächstermin vereinbaren, bevor ein persönliches Gespräch mit dem Beschaffungsverantwortlichen zustande kommen kann. Zwar stehen die Chancen, vom Beschaffungsverantwortlichen ohne Voranmeldung empfangen zu werden, nicht so schlecht wie häufig vermutet, dennoch sind mit zunehmender Leistungsverdichtung die Spielräume für spontane Gespräche geringer geworden. In größeren Unternehmen findet sich zwar dann oft ein alternativer Ansprechpartner, es ist aber immer fraglich, ob dieser die relevanten Aufgabengebiete genauso kompetent abdeckt.

Die Anbahnung eines Kontaktes wird im allgemeinen auf telefonischem Wege am effektivsten sein, weil hier unmittelbar auf die terminliche Situation des Beschaffungsverantwortlichen reagiert werden kann und bei geeigneter Ansprache erste Informationen gesammelt bzw. mitgeteilt werden können.

5.1.1   Objektspezifische Ausgangskonstellationen

Wird die Kontaktanbahnung vom Verkäufer angeregt, ist für ihn unklar, in welcher Situation sich die Beschaffungsverantwortlichen befinden:

- es existiert kein Bedarf,
- es zeichnet sich ein Bedarf ab, ohne dass die Beschaffungsverantwortlichen davon wissen,
- es zeichnet sich ein Bedarf ab mit Wissen der Beschaffungsverantwortlichen oder
- es besteht laufend Bedarf, der nicht oder anderweitig abgedeckt wird.

Existiert kein Bedarf, signalisiert dies, dass die Kundenqualifizierung des Verkäufers an dieser Stelle nicht ausreichend war. Wiederholen sich derartige Vorkommnisse, wird der Verkäufer seinen Ansatz zur Kundenqualifizierung kritisch überprüfen müssen. **Zeichnet sich ohne Wissen des Beschaffungsverantwortlichen ein Bedarf ab**, kann der Verkäufer mit dem höchsten Maß an Aufmerksamkeit rechnen, weil sich hier für den Beschaffungsverantwortlichen die größten Chancen aber auch Unsicherheiten verbergen. Beschaffungsverantwortliche, bei denen soziale Bedürfnisse oder Anerkennungsbedürfnisse besonders ausgeprägt sind, werden sich offen für ein Gespräch zeigen, das ihnen Profilierungsmöglichkeiten im eigenen Buying Center verspricht. **Zeichnet sich ein Bedarf mit Wissen des Beschaffungsverantwortlichen ab**, wird eine Kontaktaufnahme und die Chance auf eine Beratung positiv gesehen, wenn die Spezifikation des Bedarfs noch sehr vage ist. **Im letztgenannten Fall** wird das Interesse des Beschaffungsverantwortlichen an einem Gespräch verhältnismäßig niedrig sein, es sei denn, man ist mit der aktuellen Handhabung nicht zufrieden.

5.1.2   Prozessspezifische Anforderungen

Bei einer vom Verkäufer initiierten Kontaktanbahnung wird der Beschaffungsverantwortliche normalerweise nicht in einen für den Verkäufer relevanten Beschaffungsvorgang involviert sein. Aus dieser Sicht ergeben sich für die Ebene des Beschaffungsprozesses also noch keine spezifischen Anforderungen. Selbstverständlich wird mit der Kontaktaufnahme durch den Verkäufer die Bearbeitung anderer Beschaffungsprozesse oder anderer Vorgänge unterbrochen bzw. verzögert. Dies bewegt viele Beschaffungsverantwortliche dazu, sich am Telefon möglichst kurz zu fassen.

5.1.3 Spezifische Aktualisierung von Bedürfniskategorien

In der Phase der Kontaktanbahnung ist nicht mit einer spezifischen Aktualisierung einzelner Bedürfniskategorien zu rechnen. Die jeweils aktuell wirksamen Bedürfniskategorien ergeben sich vielmehr aus den sonstigen Aktivitäten und Geschehnissen des Beschaffungsverantwortlichen zu diesem Zeitpunkt.

5.1.4 Erwartungen an den Verkäufer

Bei der Kontaktanbahnung erwartet der Beschaffungsverantwortliche, dass der Verkäufer

- sich telefonisch an den am besten geeigneten Wochentagen bzw. Tageszeiten meldet,
- sich in verständlicher Form vorstellt,
- sein Anliegen mit wenigen Sätzen vortragen kann und dabei wichtige Problemstellungen des Beschaffungsverantwortlichen adressiert,
- die zu besprechenden Punkte kurz benennt,
- ausreichend flexibel in seiner Terminplanung ist, wenn er einen Gesprächstermin vorschlägt und
- im Gesprächsverlauf nicht versucht, die Zeit des Beschaffungsverantwortlichen mit Small-Talks zu vergeuden.

5.1.5 Wichtige Gesprächsthemen

Die telefonische Kontaktanbahnung nimmt ihren Anfang mit der Begrüßung, die so langsam erfolgen sollte, dass der Zuhörer in der Lage ist, den Anrufer zu identifizieren und sich den Namen vielleicht sogar zu merken. Übliche Elemente einer Begrüßung sind die

- Grußformel mit Tageszeitangabe,
- Vorname,
- Nachname,
- Firmenkurzbezeichnung und
- Ortsangabe.

Kennt man den Namen des Beschaffungsverantwortlichen, kann auch dieser noch als Bestandteil in die Begrüßung einfließen. In begrenztem Umfang sind Variationen denkbar, indem nicht unbedingt notwendige Bestandteile weggelassen werden (z.B. Vornamen, Ort) oder die Reihenfolge der Angaben leicht variiert wird soweit sie noch Sinn ergibt (z.B. Grußformel am Schluss).

Wurde der Verkäufer durch eine **Referenzperson** auf den zu kontaktierenden Gesprächspartner aufmerksam gemacht, sollte dieser Tatbestand direkt nach der Begrüßung mitgeteilt werden. Damit besitzt der Beschaffungsverantwortliche sofort einen Bezugspunkt, womit sein Sicherheitsbedürfnis adressiert wird.

Anschließend empfiehlt es sich, mit einem Satz den **Zweck des Gesprächs** mitzuteilen. Damit wird dem Beschaffungsverantwortlichen signalisiert, dass man nichts zu verbergen hat und er muss keine Energie darauf verschwenden, den Zweck des Anrufs aus den gehörten

Worten zu erraten – der letztendlich sowieso klar ist. Damit kann sich der Beschaffungsverantwortliche sofort auf die Ausführungen des Verkäufers konzentrieren. Allerdings hat diese
Vorgehensweise auch den Nachteil, dass sich der Beschaffungsverantwortliche auch sofort
mit der Formulierung von Einwänden befassen kann, um ein weiteres Gespräch abzublocken.

Nach der Mitteilung des Zwecks sollte der Verkäufer **fragen, ob der Beschaffungsverantwortliche kurz Zeit hat** und die dafür erforderliche realistische Minutenzahl nennen (zu
vermeiden sind die pauschalen 5 Minuten, außerdem sollte die genannte Zeitspanne mögliche Reaktionen und Fragen des Beschaffungsverantwortlichen beinhalten).

Erhält der Verkäufer grünes Licht für seine Ausführungen, sollte er mit einem **Frage- oder
Aussagesatz**

- ein Kernproblem („...ärgern Sie sich auch über zu hohe Kosten im Bereich... ?", „...wie
  viel Prozent ihrer Arbeitszeit verwenden Ihre Mitarbeiter für... ?"),
- ein wichtiges Ziel („...Sie haben sich vorgenommen, Ihren Marktanteil mittelfristig zu
  verdoppeln. Wir könnten Sie dabei unterstützen, indem...") oder
- ein möglicherweise unerkanntes Potenzial („...Sie könnten Ihr engmaschiges Vertriebs-
  netz noch zu ganz anderen Zwecken benutzen. Haben Sie schon einmal daran gedacht...?")

des Kunden thematisieren und sich gegebenenfalls die **Relevanz des genannten Aspekts
vom Beschaffungsverantwortlichen bestätigen lassen**. Mit wenigen weiteren Sätzen sollte
der Verkäufer skizzieren, dass der Anbieter hierzu Lösungen entwickelt hat, **ohne konkrete
Einzelheiten zu nennen.** Auch bei Nachfragen sollte der Verkäufer nur wenige allgemeine
Informationen preisgeben, wenn er nicht riskieren will, dass der Beschaffungsverantwortliche das Anliegen pauschaliert („...das machen Ihre Wettbewerber genauso gut...") und so
einem persönlichen Gespräch ausweicht. Hilfreich ist an dieser Stelle oft auch die Benennung von geeigneten Referenzen (s.o. nach Begrüßung oder andere Referenzen), sofern begründet vermutet werden kann, dass sie dem Gesprächspartner bekannt sein dürften.

Anschließend sollte der Verkäufer anbieten, bei einem **persönlichen Gespräch**

- die Leistung vor Ort (unter Berücksichtigung kundenspezifischer Bedingungen) zu de-
  monstrieren oder
- die kundenspezifischen Vorteile gemeinsam mit dem Beschaffungsverantwortlichen
  herauszuarbeiten.

Wichtig ist, dass der Verkäufer bei seinem Besuchsangebot auf **relevante Sachverhalte
hinweist**, die **nicht** oder nur mit großem Aufwand auf **fernmündlichem oder schriftlichem
Weg kommuniziert werden können.** Damit kann am einfachsten die Notwendigkeit für ein
persönliches Gespräch begründet werden.

Stimmt der Beschaffungsverantwortliche einem persönlichen Gespräch zu, gilt es, einen
gemeinsamen Gesprächstermin zu finden. Hier empfiehlt sich eine **zweistufige Vorgehensweise**

- in der zunächst der grobe Zeitraum eingegrenzt wird („...käme für Sie eine der beiden
  nächsten Wochen in Frage?...") bevor
- dann im zweiten Schritt zwei oder drei konkrete Termine zur Auswahl vorgeschlagen
  werden („...würden Sie Mittwoch 10.00 Uhr oder Donnerstag 15.00 Uhr bevorzu-
  gen?..."). Im Verneinungsfall sollte man dann den Beschaffungsverantwortlichen einen
  Vorschlag unterbreiten lassen.

Wichtig ist gerade bei telefonischen Kontakten, den **Gesprächstermin nochmals zu wiederholen**, insbesondere wenn zuvor von den Gesprächspartnern mehrere Termine mit
schwankendem Ergebnis durchgeprüft wurden. Damit lassen sich ärgerliche terminliche
Missverständnisse weitgehend ausschalten. Bei sehr wichtigen Terminen wird der Beschaffungsverantwortliche auch kein Problem damit haben, wenn der Verkäufer ihm nochmals
eine schriftliche Bestätigung z.B. per E-Mail zukommen lässt.

5.1.6   Handlungsempfehlungen für Verkäufer

Vor der Kontaktaufnahme muss sich der Verkäufer überlegen, wen er ansprechen möchte
und **wie er an die Kontaktdaten herankommt**. Prinzipiell kann der Verkäufer versuchen,
sich an

- die Einkaufsabteilung (das sind im Buying Center meist die Einkäufer),
- die Fachabteilungen (das sind im Buying Center meist die Nutzer) oder an
- die Führungskräfte (sind teilweise im Buying Center die relevanten Entscheider)

zu wenden. In vielen Fällen ist es günstiger, zunächst mit den Fachabteilungen oder den
Führungskräften Kontakt aufzunehmen. Die **Fachabteilungen** kennen die relevanten Probleme und die hierfür in Frage kommenden Anbieter oft besser als der Einkäufer, sodass den
Ideen der Lieferanten dort mehr Interesse geschenkt wird. Zugleich stehen eher die qualitativen Aspekte eines Sachverhalts im Vordergrund. Durch die **Kontaktierung von Führungskräften** ergeben sich zwar in größeren Unternehmen meist keine Ansatzpunkte für Fachge-
spräche. Allerdings können die Führungskräfte die zuständigen Ansprechpartner benennen.
Die Möglichkeit zur Bezugnahme auf eine hierarchisch höher stehende Person erzeugt dann
beim zu kontaktierenden Beschaffungsverantwortlichen anfangs eine erhöhte Aufmerksamkeit, solange nicht klar ist, in welchem Verhältnis Vorgesetzte und Verkäufer miteinander
stehen. Dieser Zeitraum sollte genügen, um den Beschaffungsverantwortlichen auch inhaltlich für das Angebot zu interessieren.

Sind die Namen und Kontaktdaten der interessanten Ansprechpartner weder durch entsprechende Hinweise auf der Homepage noch auf irgendwelchen Firmendokumenten oder aus
alten Vorgängen ersichtlich, muss der Verkäufer versuchen, über die **Telefonzentrale** oder
den **Empfang** an die Daten heranzukommen. Am unkompliziertesten ist es, die Telefonzentrale
bzw. den Empfang freundlich um ihre Hilfe zu bitten („...darf ich Sie um Ihre Hilfe bitten?..."). Erhält man auf diesem Wege unkompliziert Auskunft, kann der Verkäufer die
Chance nutzen, gleich die alleinige Zuständigkeit der genannten Person zu verifizieren
(„...Ist Frau / Herr X allein hierfür zuständig oder gibt es noch andere Personen, die sich
damit befassen?..."). Ist aus den allgemein üblichen Verhaltensweisen in der Branche zu
vermuten, dass Ansprechpartner nicht ohne weiteres genannt werden, kann es hilfreich sein,
beim Empfang Unterlagen oder kleine Aufmerksamkeiten zu hinterlassen und darum zu
bitten, diese an den Beschaffungsverantwortlichen weiterzureichen. In diesem Zusammenhang kann nach dem Namen des Beschaffungsverantwortlichen gefragt werden. Im Beisein
des Empfangs kann der Verkäufer ggf. damit beginnen, eine handschriftliche Bemerkung zu
erstellen, wofür man selbstverständlich den Namen des Ansprechpartners benötigt. Ergeben
sich über die Telefonzentrale und den Empfang keine Kontaktmöglichkeiten, kann der Verkäufer letztlich noch versuchen, einen Umweg über die Verkaufsabteilung oder andere Abteilungen zu wählen, die mit der Außenwelt in Kontakt stehen.

Sobald der Ansprechpartner und dessen Kontaktdaten bekannt sind, kann der Kontakt aufgenommen werden. Die **Kontaktaufnahme** fällt meist leichter, wenn sich der Verkäufer auf einen bestimmten **Anlass** beziehen kann. Deshalb ist es oft zweckmäßig, beispielsweise eine Werbebriefaktion vorzuschalten, in der die Kontaktaufnahme angekündigt wird.

Bei schwierigen Nachnamen empfiehlt es sich, während der **Begrüßung** den Nachnamen zu nennen und dann nochmals den kompletten Vor- und Nachnamen langsam anzufügen. Gerade bei neuen Kontakten ist es oft hilfreich, vor den Namen eine Grußformel zu setzen, denn die ersten Silben sind oft für den Empfänger am schwersten verständlich, sei es, weil die Telefonanlage erst später reagiert, weil sich der Zuhörer erst auf die Lautstärke einstellen muss oder weil er beispielsweise noch Zurufe von Kollegen verarbeiten muss.

Seine **inhaltlichen Anliegen** sollte der Verkäufer deutlich und mit etwas reduzierter Sprechgeschwindigkeit ankündigen, da der Empfänger ja noch nicht weiß, um was es geht. Je breiter das Aufgabenspektrum des Gesprächspartners ist, desto mehr Zuordnungsmöglichkeiten gibt es für ihn und desto sinnvoller ist es, ihm die Zeit für die Einordnung des Gesagten einzuräumen.

Während des Telefongesprächs sollte der Verkäufer auch seine **körpersprachlichen Verhaltensweisen** nicht außer Acht lassen, denn

- ein Lächeln überträgt sich auf die vokale Ebene und wird so vom Zuhörer unbewusst wahrgenommen,
- händische Aktivitäten wie Klimpern auf der Tastatur, Spielen mit Schreibgeräten und beiläufiges Aktenwälzen werden von den Gesprächspartnern gehört und als Zeichen für Nervosität, Unaufmerksamkeit oder Langeweile interpretiert und
- aufrechtes Sitzen oder Stehen verleiht der Stimme mehr Volumen und Ruhe, sodass die gesendeten Botschaften mehr Überzeugungskraft beim Empfänger entwickeln.

Der Verkäufer sollte sich **kurz fassen**, um

- den Beschaffungsverantwortlichen nicht länger als notwendig von anderen Aufgaben abzuhalten und
- nicht zu viele Details zu verraten. Dies könnte den Beschaffungsverantwortlichen dazu bewegen, das vorgebrachte Anliegen allein auf telefonischer Ebene abzuwickeln und auf ein persönliches Treffen zu verzichten.

Gegebenenfalls muss sich der Verkäufer auf einen oder zwei Aspekte konzentrieren, um zuverlässig eine kurze Fassung realisieren zu können.

5.2   Erstkontakt

Der Erstkontakt wie auch die Kaltakquisition sind dadurch gekennzeichnet, dass es derzeit noch keine Lieferbeziehungen mit den kontaktierten Interessenten gibt. Dies schließt natürlich nicht aus, dass es in früheren Zeiten bereits einmal Kontakte gegeben hat. Erstkontakt und Kaltakquisition sind meist losgelöst von einzelnen Beschaffungsprozessen, selbst wenn die Kontaktinitiative vom Beschaffungsverantwortlichen ausgeht. Gründe für die Einladung zu einer Firmenpräsentation könnten sein:

- ein Personalwechsel im Beschaffungssektor,
- absehbare Bedarfe beispielsweise durch Einstieg in neue Märkte oder Outsourcing von Leistungen,

- Veränderungen auf der Seite der Lieferanten oder
- eine interessante Werbeaktion des Anbieters.

Den Beschaffungsverantwortlichen geht in dieser Situation es vor allem um die Überlegung, ob der Anbieter für die interessierenden Leistungsbereiche als potenzieller Lieferant in Frage kommt.

5.2.1   Objektspezifische Ausgangskonstellationen

Selbst wenn die Initiative für den Kontakt vom Beschaffungsverantwortlichen ausgeht, können sehr unterschiedliche Definitionsgrade in Bezug auf das Beschaffungsobjekt vorliegen:

- Es besteht noch kein spezifischer Bedarf. Man weiß lediglich, dass ein genereller Bedarf an den Leistungen einer Branche entstehen könnte (z.B. wenn noch nicht klar ist, welche Teile eines geplanten neuen Produkts fremd bezogen werden sollen).
- Es ist bereits bekannt, dass (demnächst) Bedarf entsteht. Dieser ist aber noch nicht spezifiziert worden.
- Es liegt bereits ein konkreter Bedarf vor, aber der bisherige Lieferantenpool wird als zu klein eingeschätzt oder bisherige Lieferanten können nicht mehr anbieten, d.h., der Beschaffungsverantwortliche betreibt Lieferantenentwicklung[22].

In der zuletzt genannten Situation kann der Lieferant am ehesten damit rechnen, dass die Firmenpräsentation nach positivem Gesprächsverlauf in ein Anfragegespräch mündet.

5.2.2   Prozessspezifische Anforderungen

Zeichnet sich ein **Bedarf erst vage** ab, ergibt in diesem frühen Stadium ein Erstkontakt vor allem dann Sinn,

- wenn der Beschaffungsverantwortliche auf der Suche nach flexiblen Anbietern mit breitem Leistungsspektrum ist, die es ihm erlauben würden, die Zahl der Lieferanten aus einer Branche gering zu halten oder
- wenn der Beschaffungsverantwortliche auf der Suche nach einem Anbieter für einen (künftig) wichtigen Bereich ist, bei dem der Aufbau und die Erweiterung eines Lieferantenpools und die damit bestehenden Optimierungschancen den zusätzlichen Aufwand im Beschaffungsprozess rechtfertigen.

Ist ein **Bedarf schon absehbar, aber noch nicht spezifiziert**, ist die Anbahnung eines neuen Kontakts aus Sicht des Beschaffungsverantwortlichen zweckmäßig, wenn

- noch kein Lieferantenpool besteht oder
- die bisher für diesen Bereich in Frage kommenden Lieferanten nur in der Lage sind, nach genauen kundenseitigen Vorgaben zu liefern, selbst aber keine Entwicklungen initiieren können.

Handelt es sich um einen bereits **bestehenden und bekannten Bedarf** – macht die Erschließung neuer Bezugsquellen Sinn, wenn der Beschaffungsverantwortliche

- den Eindruck hat, dass der Kreis der bestehenden Lieferanten untereinander Verflechtungen aufweist,

---

[22]   Vgl. z.B. Kreuzpointner, Alexandra und Reisser, Ralf, Praxishandbuch Beschaffungsmanagement, S. 48f.

- damit konfrontiert wird, dass bestehende Lieferanten das Geschäftsfeld aufgeben oder durch Übernahmeaktivitäten die Zahl der Lieferanten sinkt und
- die Zufriedenheit mit dem bestehenden Lieferanten immer weiter abnimmt.

Alle diese Aspekte können Grund dafür sein, dass ein Beschaffungsverantwortlicher sich auf eine vom Anbieter ausgehende Kontaktinitiative in Form einer Kaltakquisition einlässt.

5.2.3   Spezifische Aktualisierung von Bedürfniskategorien

Die geschilderten Situationen bringen für den Beschaffungsverantwortlichen meist keine wesentlichen Herausforderungen mit sich. Eine Beeinträchtigung persönlicher Ziele bzw. Bedürfnisse tritt somit kaum ein. Auf der anderen Seite bietet das Kennenlernen neuer Lieferanten die Chance für den Beschaffungsverantwortlichen, **soziale Bedürfnisse** zu erfüllen. Daneben kann ein Beschaffungsverantwortlicher den Erstkontakt auch zur Erfüllung anderer Bedürfniskategorien nutzen, beispielsweise wenn er die im Erstkontakt erfolgende persönliche Vorstellung mit eigenem Werdegang und Erfahrungshorizont als Arena zur Erfüllung seines **Anerkennungsbedürfnisses** betrachtet.

5.2.4   Erwartungen an den Verkäufer

Die Erwartungen des Beschaffungsverantwortlichen an den Verkäufer können aufgrund der unterschiedlichen Situationen sehr vielschichtig sein. Gemeinsam ist allen Situationen, dass der Beschaffungsverantwortliche bereit ist, einen neuen, noch nicht genauer bekannten Lieferanten kennenzulernen. Deshalb richten sich seine Informationsbedürfnisse primär auf

- den Lieferanten als Ganzes sowie
- den Verkäufer als dem wichtigsten Ansprechpartner.

Je nach Situation sind dabei für den Beschaffungsverantwortlichen spezifische Aspekte von besonderer Bedeutung. Hat der Beschaffungsverantwortliche bereits Vorstellungen über mögliche Projekte, wäre es aus prozesswirtschaftlicher Sicht für ihn vorteilhaft, neben den allgemeinen Firmeninformationen auch bereits über spezifischere Teilthemen oder Vorhaben zu sprechen, um eine erste Einschätzung zu dem betreffenden Thema zu erhalten. Der Wunsch nach einer Stellungnahme durch die Verkäufer richtet sich zumindest darauf

- eine Bestätigung für die Art und Weise zu erhalten, in der das Thema wahrgenommen wird und
- Hinweise dafür zu erhalten, ob das Thema auch in anderen Unternehmen schon in vergleichbarer Form vorgekommen ist oder nicht.

Der Beschaffungsverantwortliche könnte natürlich auch schon im Rahmen des Erstkontakts weiterreichende Erwartungen entwickeln und so einen fließenden Übergang zum Anfragengespräch einleiten (zu den im Rahmen eines Anfragengesprächs verbundenen Erwartungen an den Verkäufer wird auf das folgende Teilkapitel verwiesen).

Die **Verkäufer** sind für den Beschaffungsverantwortlichen bereits im ersten Moment von herausragendem Interesse, weil er der zentrale Ansprechpartner ist,

- wenn es um die Weiterleitung der in der Anfangsphase des Beschaffungsprozesses zu formulierenden Wünsche an den Lieferanten geht,

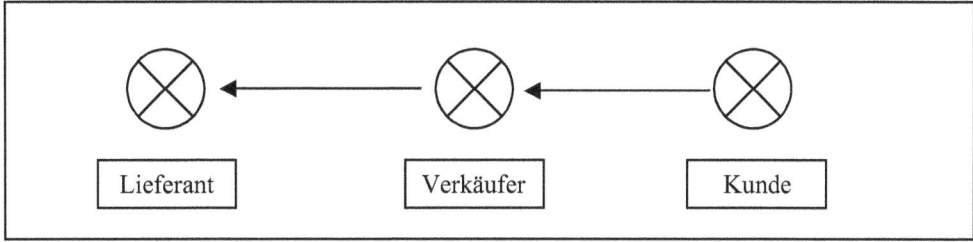

Abb. 40: Der Verkäufer als Anwalt des Kunden

- wenn diese während der Verhandlungsphase sich bei ihren Arbeitgebern für die Kundeninteressen einsetzen sollen und
- wenn es um die Anmeldung von Ansprüchen bei Leistungsabweichungen (Reklamationen) im Rahmen der Auftragsabwicklung geht.

Am Verkäufer interessieren den Beschaffungsverantwortlichen deshalb im einzelnen

- in fachlicher Hinsicht die Fähigkeiten, die Kompetenzen und die Motivation sowie
- in persönlicher Hinsicht die Gemeinsamkeiten und Unterschiede in Bezug auf die bedürfnisgeleiteten Verhaltensweisen, also z.B. gemeinsame Hobbys, vergleichbare Lebensumstände etc. Die persönlichen Aspekte liefern zugleich wiederum indirekt Hinweise auf die Motivation der Verkäufer und ihre Fähigkeit, ähnliche Sichtweisen bei der Wahrnehmung von Problemen zu entwickeln.

Innerhalb der fachlichen Fähigkeiten kann sich das Augenmerk des Beschaffungsverantwortlichen auf die Art und Weise richten

- wie Sachverhalte wahrgenommen werden (Wahrnehmungsfähigkeit),
- wie Sachverhalte und Probleme konzeptualisiert werden (Problemlösungsfähigkeit),
- wie Sachverhalte in Worte gefasst werden (Ausdrucksfähigkeit) und
- wie der Umgang mit Kommunikationskanälen gelingt (Präsentationsfähigkeit).

Bei den Kompetenzen kann den Beschaffungsverantwortlichen interessieren, inwieweit der Verkäufer

- technische Kompetenzen (insbesondere Vereinbarung kundenindividueller Sonderlösungen) und
- kaufmännische Kompetenzen (hauptsächlich Preisspielräume) besitzt.

5.2.5   Wichtige Gesprächsthemen

Bei den Erwartungen an den Verkäufer wurde bereits dargelegt, dass der Beschaffungsverantwortliche zunächst Informationen über den Anbieter und über den Verkäufer benötigt. Die folgenden Ausführungen befassen sich mit den möglichen inhaltlichen Aspekten einer solchen Präsentation. Abbildung 41 zeigt, welche **Angaben über den Lieferanten** für den Beschaffungsverantwortlichen zunächst von grundlegendem Interesse sind.

Ausgangspunkt für eine Firmenpräsentation ist meist die Leistungspalette mit ihrem unmittelbarem Nutzen, den sie für die Zielgruppen bietet. Über eine Beschreibung der Zielmärkte bzw. der Zielgruppen und dem einzigartigem Verkaufsvorteil kann dem Empfänger verdeutlicht werden, auf welche Verwender sich der Anbieter konzentriert. Zugleich kann der Beschaffungsverantwortliche herausfiltern, welche Gemeinsamkeiten und Unterschiede zwi-

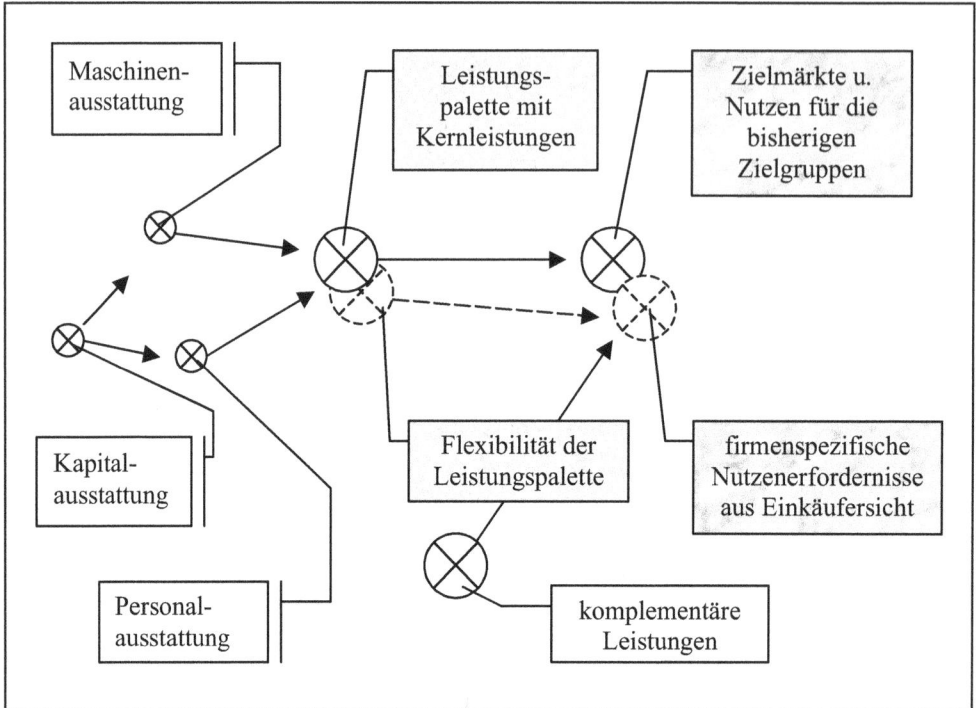

Abb. 41: Grundlageninformationen über den Lieferanten

schen ihm und den beschriebenen Zielgruppen bestehen. Aus den eventuell bestehenden Unterschieden zu den Zielgruppen begründen sich die Flexibilitätsanforderungen der Beschaffungsverantwortlichen, auf die der Verkäufer dann eingehen kann. Dabei kann der Verkäufer auch die Zusammenhänge mit eventuell erforderlichen komplementären Leistungen erläutern.

Werden die angebotenen Leistungen kundenindividuell auf Bestellung erstellt oder werden große Mengen benötigt, richtet sich das Augenmerk der Beschaffungsverantwortlichen auch auf die am Leistungserstellungsprozess beteiligten Ressourcen und die eingesetzten Organisationsprinzipien zur Sicherstellung einer maximaler Effizienz. Informationen über die technische Ausstattung und die Fähigkeiten des Personals, die jeweils vorhandenen Kapazitäten und eventuell geplante Investitionen können hier eine Entscheidungshilfe für den Beschaffungsverantwortlichen sein. Gegebenenfalls können in diesem Sinne auch die Kapitalausstattung, die Eigentümerstruktur, die Größe des Unternehmens und seine Biographie von Belang sein. Dies ist gerade für Beschaffungsverantwortliche von Bedeutung, die mit der Deckung langfristiger wiederholter Bedarfe betraut sind und bei denen die Sicherstellung eines kontinuierlichen Qualitätsniveaus oder die prozesswirtschaftliche Effizienz im Vordergrund stehen.

In **Bezug auf den Verkäufer** interessiert sich der Beschaffungsverantwortliche vorrangig für die Fähigkeiten, die Kompetenzen und die Motivation seines Gesprächspartners. Aus prozesswirtschaftlichen Überlegungen heraus ist es sinnvoll, dies bereits möglichst gut im Erstkontakt festzustellen. Dazu kann der Beschaffungsverantwortliche während des Erstkontakts

---

G.I.N.A.
Vertriebsgesellschaft mbH
71063 Sindelfingen

Dipl.-Kauffrau
Christiane Vendita
Verkaufsleiterin Industriekunden

Abb. 42: Die Informationsfunktionen von Visitenkarten

- die Visitenkarte des Verkäufers mit eventuellen Titel-, Funktions- und Positionsangaben beachten und / oder
- die persönliche Vorstellung des Verkäufers als Informationsquelle benutzen.

Titelangaben auf Visitenkarten signalisieren, in welchen thematischen Bereichen und mit welcher Vertiefung eine Ausbildung abgeschlossen wurde. Das Ausbildungsniveau ist dabei ein Indikator für die generelle Fähigkeit zur Lösung von Problemen. Für komplexe und innovative Problemstellungen kann deshalb ein fundiert ausgebildeter Ansprechpartner von Vorteil sein. **Funktionsangaben** (z.B. Verkauf Süd, Produktkategorie A) auf Visitenkarten zeigen an, welche Aufgabengebiete dem Stelleninhaber zugeordnet sind und drücken seinen Spezialisierungsgrad aus. Für diffizile Aufgabenstellungen in einem Produktbereich können entsprechende spezialisierte Verkäufer ideal als Ansprechpartner sein. **Positionsangaben** zeigen an, auf welchem hierarchischen Niveau der Stelleninhaber innerhalb seines Unternehmens angesiedelt ist (z.B. Verkaufsleiter, Geschäftsführer Verkauf und Marketing). Über die Funktionsangaben und vor allem über die Positionsangaben lässt sich abschätzen, welche Kompetenzen (Befugnisse) dem Stelleninhaber von seinem Arbeitgeber eingeräumt werden. Auch lässt sich mit diesen Angaben schlussfolgern, inwieweit die Geschäftsführung dem Stelleninhaber vertraut und wie hoch sie seine Motivation einschätzt. Je mehr Kompetenzen der Verkäufer hat, desto besser stehen die Chancen für den Beschaffungsverantwortlichen, seine Interessen beim Anbieter durchgesetzt zu bekommen.

Ergänzend kann der Beschaffungsverantwortliche weitere Informationen aus der persönlichen Vorstellung des Verkäufers gewinnen, weil hier regelmäßig auch kurz die bisherigen beruflichen Stationen sowie die Ausgestaltung des aktuellen Arbeitgebietes kurz skizziert werden. Teilweise geben die Verkäufer in diesem Zusammenhang auch Details über ihre Motivation zur Berufs- und Arbeitgeberwahl preis. Mit diesen Angaben kann der Beschaffungsverantwortliche sein Bild über den Verkäufer weiter konkretisieren. Aus der Art und Weise der Informationsdarstellung und der Verhaltensweisen beim Small Talk lassen sich weitere Schlüsse über die Fähigkeiten des Verkäufers ziehen.

Geht die Initiative für den Kontakt von den Verkäufern aus, erwartet der Beschaffungsverantwortliche nach der gegenseitigen Vorstellung normalerweise **Anregungen** zu seinem Aufgabenbereich. Interessant sind Anregungen, wenn sie

- zu erwartende bisher noch **nicht bekannte Soll-Ist-Abweichungen** ins Bewusstsein holen,
- **neue Lösungsvorschläge** für bisher noch nicht zufrieden stellend lösbare Aufgabenstellungen bringen oder wenn sie
- deutlich **effizientere Lösungswege** aufzeigen.

Der Beschaffungsverantwortliche benutzt als Maßstab dazu seine ergebnisbezogenen oder prozessbezogenen Ziele und führt vor diesem Hintergrund einen Vergleich mit den bisher von ihm eingesetzten Lösungsalternativen durch. Dieser Prüfprozess stellt die konkrete Ausgestaltungsform der in Kapitel 4.3.1 genannten Relevanzprüfung dar.

Beide Parteien müssen zu diesem frühen Zeitpunkt damit rechnen, dass die Vorschläge nicht unmittelbar umsetzbar sind, weil der Verkäufer die spezifische Ausgangslage aus der ersten Vorstellung und aus seinen vorangegangenen Recherchen meist nicht genau genug abschätzen kann. Beiden Seiten ist aber oft schon geholfen, wenn die Anregungen den Ausgangspunkt weiterer Überlegungen bilden, in deren Verlauf der Beschaffungsverantwortliche die Möglichkeit erhält,

- dem Verkäufer seine Situation konkreter zu schildern oder
- vom Verkäufer Informationen erhält, welche Aspekte für eine weitere Verfolgung der ursprünglichen Anregung bekannt sein müssen.

Mit der Schilderung seiner konkreten Situation generiert der Beschaffungsverantwortliche die Chance, einen auf seine Bedürfnisse zugeschnittenen Lösungsvorschlag zu erhalten. Auf persönlicher Ebene kann der Beschaffungsverantwortliche seine sozialen Bedürfnisse und gegebenenfalls auch seine Anerkennungsbedürfnisse erfüllen, wenn er durch seine Schilderungen gegenüber dem Verkäufer einen Expertenstatus einnehmen kann.

Mit der Benennung der zu klärenden Aspekte erhält der Beschaffungsverantwortliche die Möglichkeit, die Idee in seinem Haus weiter zu tragen und er kann bereits Auskünfte über die zu beschaffenden Informationen geben. Mit dem Hinweis auf die zu klärenden Aspekte kann der Beschaffungsverantwortliche zugleich einer vorzeitigen Ablehnung der Idee im eigenen Haus entgegenwirken. Auf persönlicher Ebene kann der Beschaffungsverantwortliche mit interessanten Ideen seine soziale Position im Kollegenkreis festigen und gegebenenfalls sogar auf Anerkennung hoffen.

Aus Sicht des Beschaffungsverantwortlichen ist es nur dann sinnvoll, die Initiative für einen Erstkontakt zu starten, wenn er zugleich über die – sich latent oder konkret abzeichnenden – Bedarfe sprechen möchte. Dazu ist es zweckmäßig, dem Verkäufer die Ausgangslage möglichst exakt zu kommunizieren. Bereits die Notwendigkeit zur Darlegung der Situation kann dem Beschaffungsverantwortlichen dabei helfen,

- Lücken zu erkennen,
- nicht notwendige Sachverhalte herauszufinden oder
- falsch wahrgenommene Sachverhalte zu erkennen.

Derartige Erkenntnisfortschritte sind nur möglich, wenn der Verkäufer durch **Zuhören** einen solchen Prozess ermöglicht und **nicht durch frühzeitige eigene Kommentierungen unterbricht**. Deshalb sollte der Verkäufer den Beschaffungsverantwortlichen in dieser Phase lediglich dazu anregen,

- eine genauere Spezifikation der wahrgenommenen Sachverhalte vorzunehmen,
- Vermutungen über die Wirkungen und Ursachen der Sachverhalte anzustellen,

- Vermutungen über die erforderlichen Voraussetzungen und Bedingungen des Sachverhalts aufzustellen und
- den Informationsverlust abzuschätzen, der durch den Ausschluss von Teilaspekten eintreten würde.

Nach einem Kontakt strebt der Beschaffungsverantwortliche oft auch, um vom Verkäufer zu erfahren,

- ob die entsprechende Problematik auch bei anderen Unternehmen schon einmal vorgekommen ist oder ob es sich um eine völlig neuartige Situation handelt.

Handelt es sich um eine Situation, die auch schon anderweitig vorgekommen ist, kann der Beschaffungsverantwortliche oder der Verkäufer danach schauen, wie man dort mit dem Problem umgegangen ist, um nicht zeit- und resourcenaufwändig das Rad von Neuem zu erfinden. Handelt es sich um eine neuartige Themenstellung, weiß der Beschaffungsverantwortliche zumindest, dass es hierzu vermutlich noch keine spezialisierten und erfahrenen Anbieter gibt und kann seinen Beschaffungsprozess frühzeitig auf die erhöhten Anforderungen anpassen. Zugleich liefern derartige Gespräche Hinweise auf die fachliche Kompetenz und erlauben Rückschlüsse auf die Problemlösungsfähigkeiten des Verkäufers.

Im günstigsten Fall kann der Verkäufer auf Basis dieser Informationen und unter Nutzung seiner Erfahrungen bereits erste Ideen skizzieren, im ungünstigsten Fall wird ein Hinweis kommen, dass es derzeit überhaupt keine technisch oder wirtschaftlich sinnvolle Lösungsmöglichkeit gibt. Sehr viel wahrscheinlicher ist es, dass der Verkäufer entweder auf andere Lieferanten verweist, oder aber dass mögliche Ideen erst noch in seinem Haus von den zuständigen Unternehmensbereichen entwickelt werden müssen.

Auch wenn der anfänglich gewählte Problemkreis keine Geschäftsbasis bietet, werden Beschaffungsverantwortliche und Verkäufer die Situation dazu nutzen, miteinander die weiteren denkbaren Themenfelder durchzugehen. Damit lassen sich dort entweder gemeinsame Ansatzpunkte finden oder man kann dann wenigstens sofort (übereinstimmend) zu der Entscheidung zu gelangen, dass derzeit keine Berührungspunkte für eine Geschäftsbeziehung gegeben sind.

Zeichnet sich ein konkreter Ansatzpunkt ab, kann sich der Beschaffungsverantwortliche darüber freuen, dass der Verkäufer die Themenstellung aufgenommen hat und vielleicht schon beim nächsten Kontakt tragfähige Ideen liefert. Sind beide Seiten an einer Fortführung des Kontakts interessiert, sollten sie sich über die nächsten Aktivitäten zu verständigen, um das weitere Prozedere auf dem Weg zu einer Problemlösung möglichst effizient gestalten zu können. Im einzelnen sollten die beiden Seiten

- die Informationen definieren, die der Beschaffungsverantwortliche bereitstellen soll,
- vereinbaren, bis wann der Beschaffungsverantwortliche gegebenenfalls eine konkrete Anfrage an den Verkäufer sendet,
- die Informationen festlegen, die der Verkäufer noch zur Verfügung stellen soll,
- vereinbaren, bis wann der Verkäufer gegebenenfalls Muster und Referenzen übersendet,
- regeln, in welcher Form und bis wann der Verkäufer Ideen zum thematisierten Sachverhalt skizziert und
- festlegen, wann und wo der nächste Kontakt stattfindet und welche zusätzlichen Personen eventuell daran teilnehmen sollten.

Auf diese Weise sparen sich beide Seiten unnötigen Aufwand für eine erneute terminliche und sachliche Abstimmung per Mail oder per Telefon. Auf diese Weise kann der Beschaffungsverantwortliche schon frühzeitig den Arbeitsstil des Verkäufers kennenlernen und dessen Fähigkeiten und Zuverlässigkeit überprüfen. Der Verkäufer hat den Vorteil, dass er einen Ansatzpunkt hat, um den Kontakt zu dem Bedarfsträger fortzuführen.

5.2.6   Handlungsempfehlungen für Verkäufer

Aus den Zielen, den Erwartungen des Beschaffungsverantwortlichen und den thematischen Schwerpunkten während des Erstkontakts ergeben sich folgende Handlungsempfehlungen für die Verkäufer:

Die oben genannten generellen Themen für eine **Unternehmenspräsentation** sind nicht für alle Beschaffungsverantwortlichen gleich bedeutsam. So könnte es beispielsweise sein, dass Beschaffungsverantwortliche aus dem Dienstleistungssektor dem Betriebsklima, der Motivation der Mitarbeiter und der Art ihrer Zusammenarbeit eine besondere Bedeutung beimessen, zu der sie gern genauere Informationen hätten. Demgegenüber liegen den Beschaffungsverantwortlichen anlagenintensiver Industriezweige vielleicht Angaben über den Maschinenpark besonders am Herzen. Deshalb wäre es vorteilhaft, wenn der Verkäufer zu Beginn seiner Präsentation Anhaltspunkte zur Gewichtung einzelner Teilthemen hätte. Hinweise kann der Verkäufer aus der Unternehmenspräsentation des Beschaffungsverantwortlichen ziehen, sofern diese zuvor erfolgt. Die Teilthemen, die dem Beschaffungsverantwortlichen bei seinem Unternehmen besonders wichtig sind, könnten auch bei der Auswahl der Lieferanten von größerem Interesse sein. Eine Ausnahme liegt hier vor, wenn explizit darauf hingewiesen wird, dass bestimmte Fähigkeiten absichtlich nicht selbst gebildet werden, sondern als komplementäre Leistung extern eingekauft werden wie z.B. bei Werbeagenturen, die sich auf Kreativleistungen konzentrieren und die produktionstechnische Umsetzung ihrer Konzepte in industriellem Maßstab von spezialisierten Lohnunternehmen vornehmen lassen. Hier wäre es bei der Präsentation des Lohnunternehmens also zweckmäßig, die komplementären Eigenschaften wie korrekte Umsetzung der Kreativkonzepte, pünktliche und wirtschaftliche Fertigung zu betonen. Muss der Verkäufer zuerst sein Unternehmen präsentieren, kann er lediglich auf die vorab recherchierten Informationen zurückgreifen. Im allgemeinen empfiehlt es sich für den Verkäufer, die typischen kritischen Faktoren der eigenen Branche detaillierter zu behandeln, damit der Einkäufer die Leistungsfähigkeit des Anbieters rasch abschätzen kann.

Diese Überlegungen können auch als Ausgangspunkt für die **persönliche Vorstellung des Verkäufers** dienen, die der eigenen Unternehmenspräsentation oft vorausgeht. Als Ansatzpunkt für die Selektion und Schwerpunktbildung von Themen im Rahmen der persönlichen Präsentation eignet sich gegebenenfalls auch die persönliche Präsentation des Beschaffungsverantwortlichen. Aus der **Funktion und der hierarchischen Einordnung** lassen sich schon einige Anforderungen an den Verkäufer ableiten. Die Funktion und die hierarchische Einbindung des Beschaffungsverantwortlichen erlauben Rückschlüsse darauf, ob dieser im Buying Center eher eine Rolle als

- Verwender,
- Einkäufer,
- Entscheider,
- Berater oder eher als
- Türsteher

wahrnimmt. In kleineren Unternehmen mag es oft so sein, dass eine Person alle Funktionen einnimmt, während in großen Unternehmen mit starker Arbeitsteilung einzelne Personen nur wenige oder gar nur eine Rolle ausfüllen. Der **Verwender** ist der Personenkreis, der später die Leistungen des Lieferanten konkret nutzt und am stärksten auf **Kriterien wie Qualität achtet**, weil seine eigenen Leistungen unter Umständen erheblich von der des Vorlieferanten abhängen. Die Verwender können aus unterschiedlichsten Abteilungen wie z.B. der Werbeabteilung, der Forschung und Entwicklung, dem Produktionsbereich, der Logistikabteilung etc. stammen.

Die **Einkäufer** sind oft den gleichnamigen Abteilungen oder dem Sektor Materialwirtschaft bzw. Logistik zugeordnet. **Primäre Kriterien** sind hier häufig die **Einhaltung von Beschaffungsbudgets** und die **effiziente Handhabung von Beschaffungsprozessen**.

Die **Entscheider** sind in der Regel die Vorgesetzten entweder der Einkäufer oder der Verwender. Die Entscheider wünschen, dass die Mitarbeiter ihres Verantwortungsbereichs die zugeordneten Aufgaben im Sinne der Unternehmensführung erfüllen. Damit stehen vor allem die **Ergebnisse** des betreffenden Verantwortungsbereichs im Vordergrund, was eine tendenziell gesamtheitliche Sichtweise befördert und damit eine **ausgewogene Berücksichtigung konkurrierender Teilziele**, d.h. Kriterien erfordert. Demgegenüber interessieren sich die Entscheider im Zusammenhang mit dem einzelnen Beschaffungsvorgang meist weniger für Detailinformationen.

Gegebenenfalls sind mit dem Beschaffungsvorgang auch interne oder externe **Berater** befasst. Die Berater könnten beispielsweise aus dem Controllingbereich oder aus dem Bereich des Sekretariats stammen oder es könnte sich um Einkaufsberater bzw. branchenspezifische Einkaufsvermittler handeln. Je nach Erfahrungshorizont stehen für die Berater formale Kriterien wie **Preis und Lieferzeit** aber auch inhaltliche Aspekte wie z.B. die **Qualität** der Leistungen oder die spätere Implementierung im Vordergrund. In der Regel fordern die Berater deshalb vergleichsweise detaillierte Informationen.

Daneben gibt es für den Beschaffungsbereich teilweise noch Personen, die eine Art **Türsteherfunktion** übernehmen und den Zutritt zu den Mitgliedern des Buying Centers reglementieren. Diese Funktion kann Mitarbeitern außerhalb des eigentlichen Buying Centers zufallen (z.B. Telefonzentrale, Sekretariate) als auch Mitgliedern des Buying Centers übertragen werden, wenn beispielsweise vereinbart wird, dass der Kontakt zu den Lieferanten nur über eine Person laufen soll. Die Personen mit Türsteherfunktion entscheiden einerseits, welche Lieferanten aus welchen Anlässen in Kontakt mit dem Buying Center treten dürfen und selektieren andererseits die schriftlich hereinkommenden Informationen nach definierten Kriterien.

Unter Umständen lässt sich die Funktion des Beschaffungsverantwortlichen über den Objektbereich, auf den der Stelleninhaber spezialisiert ist, weiter eingrenzen (z.B. bei einer Aufteilung der Beschaffungsabteilung nach Investitionsgütern und sonstigen Vorleistungen).

Je spezialisierter der Aufgabenbereich, desto tieferes Fachwissen ist im allgemeinen zu erwarten.

Weitere Hinweise auf Arbeitsstil (z.B. Sorgfalt) und Einstellungen (z.B. Innovationsfreude) lassen sich ableiten aus:

- dem Werdegang des Beschaffungsverantwortlichen,
- den Verhaltensweisen, der Kleidung und den Unterlagen des Beschaffungsverantwortlichen und aus

- der Ausstattung seines Arbeitsplatzes.

Nicht selten berichtet der Beschaffungsverantwortliche etwas über seinen schulischen und beruflichen Werdegang. Eventuell kann sich der Verkäufer ein Bild von den dort herrschenden Anforderungen machen und damit Rückschlüsse auf den vermutlichen Arbeitsstil und mögliche Einstellungen seines Gesprächspartners ziehen. Anhaltspunkte liefern bis zu einem gewissen Grad auch das aktuelle Verhalten des Beschaffungsverantwortlichen, seine Kleidung und seine Unterlagen. Wertvolle Hinweise auf den Arbeitsstil und die Einstellungen des Gesprächspartners lassen sich gewinnen, wenn der Verkäufer die Möglichkeit hat, das Gespräch am Arbeitsplatz des Beschaffungsverantwortlichen zu führen. Aus der Größe des Arbeitsplatzes, seiner technischen Ausstattung, aus der Art und der Zahl der sichtbaren Vorgänge sowie aus der Personalisierung des Arbeitsplatzes durch Fotos mit Familienangehörigen, Motiven auf Bildschirmschonern, Maskottchen am PC, individualisierte Schreibtischunterlagen, Bildern an den Wänden, Sportgeräten, Kunstgegenständen, Pokalen und dergleichen lassen sich erste Vermutungen über die Arbeitsweise anstellen und Eindrücke über die Prioritäten im privaten Bereich gewinnen.

Anhand dieser Erkenntnisse kann der Verkäufer entscheiden, ob er seine persönliche Vorstellung in ähnlicher Form strukturieren soll oder ob er den Schwerpunkt auf eine komplementäre Sichtweise legen soll (z.B. gleicher Anteil für Darstellung des aktuellen Aufgabenbereichs im Verhältnis zu anderen Angaben oder stärkere Betonung anderer Bereiche). Während es auf fachlicher Ebene durchaus sinnvoll sein kann, die komplementären Fähigkeiten herauszustellen, um die vom Beschaffungsverantwortlichen willentlich nicht abgedeckten Herausforderungen zu ergänzen, ist es auf der persönlichen Ebene tendenziell besser, die **Strukturen des Gesprächspartners zu spiegeln**, um die **vertrauensfördernden Gemeinsamkeiten stärker zu betonen** als die Unterschiede.

Nach der gegenseitigen Vorstellung muss der Verkäufer davon ausgehen, dass er den **ersten inhaltlichen Vorstoß** zu unternehmen hat, insbesondere, wenn er die Initiative für den Erstkontakt ergriffen hat. Damit rückt die Suche nach Ansatzpunkten für die Präsentation eigener Vorschläge in den Vordergrund. Am einfachsten stellt sich die Situation für den Verkäufer dar, wenn er hochgradig innovative Leistungen anbieten kann, zu denen es weder geeignete Konkurrenz- noch Substitutionsleistungen gibt. Hier kann der Verkäufer auch ohne einen konkreten Aufhänger das Interesse des Beschaffungsverantwortlichen wecken, sofern die Leistung einen erkennbaren Zielbeitrag beim Kunden erzeugen kann (siehe Abb. 43).

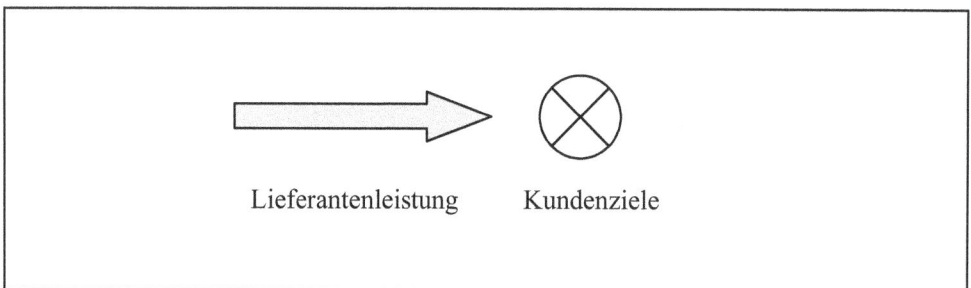

Abb. 43: Vorgehensweise bei der Unterbreitung hochinnovativer Vorschläge

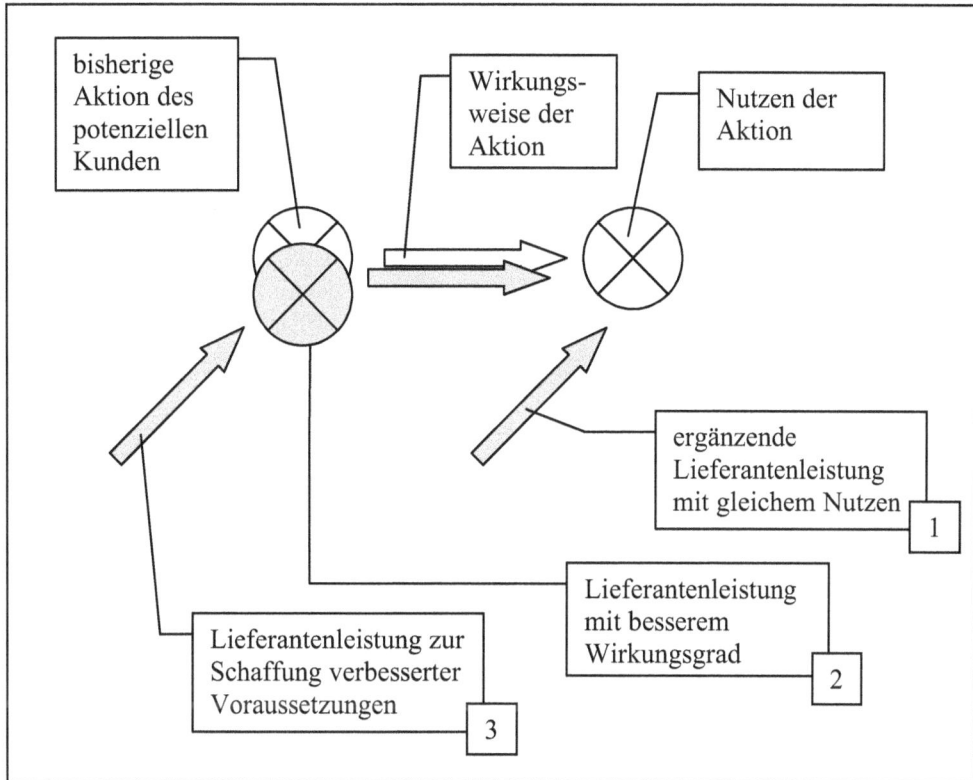

Abb. 44: Ansatzpunkte für Vorschläge bei bekannten Sachverhalten

Ganz anders stellt sich die Situation für den Großteil der Verkäufer dar, die in einem intensi-
ven Wettbewerbsumfeld agieren (siehe Abb. 44). Hier haben die Beschaffungsverantwortlichen meist schon etwas über die prinzipiellen Lösungsmöglichkeiten gehört, setzen bereits
auf Leistungen der Konkurrenz oder greifen auf die Anbieter von Substitutionsleistungen
zurück. In diesem Fall muss der Beschaffungsverantwortliche **zuerst für die dann noch
offenen Ziele und Probleme sensibilisiert werden**. Ansatzpunkte dazu kann der Verkäufer
im Vorfeld des Kontakts durch eigene Recherchen suchen, indem er beispielsweise dessen
Produkte analysiert, Firmenunterlagen, Homepages, Branchenberichte und dergleichen
durchleuchtet oder mit dessen Kunden und Mitarbeitern spricht. **Viel größere Aufmerksamkeit** ließe sich erreichen, wenn es dem Verkäufer gelänge, **direkt an die Aussagen der
Beschaffungsverantwortlichen anzuknüpfen** (z.B. eine stolz mitgeteilte Produktinnovati-
on) oder wenigstens auf Sachverhalte Bezug zu nehmen, die aus der unmittelbaren Bespre-
chungsumgebung ersichtlich sind (z.B. Ausstellungsmuster im Besprechungsraum des Beschaffungsverantwortlichen). Hier besteht die Chance, dass die betreffenden Aspekte entweder noch im Kopf des Beschaffungsverantwortlichen präsent sind oder leicht aktualisiert
werden könnten. Am besten eignen sich konkrete Arbeitsprozesse beim Kunden oder die
Produkte / Dienstleistungen des Kunden als Anknüpfungspunkt. Hier lassen sich Optimierungspotenziale veranschaulichen (siehe Abb. 44) durch Aufzeigen

- ergänzender Leistungen (1),
- beeinflussbarer Voraussetzungen und Bedingungen (2) oder durch Darlegung

- verbesserter Wirkungen (3).

Dabei nimmt der Verkäufer die Äußerungen des Beschaffungsverantwortlichen auf und versucht zunächst noch konkretere Informationen zu erhalten, weil bei einer kurzen Firmenpräsentation in aller Regel keine detaillierte Beschreibung möglich ist. Dadurch wird der Sachverhalt verstärkt ins Bewusstsein des Beschaffungsverantwortlichen gehoben. Gegebenenfalls erinnert er sich auch an die Schwierigkeiten bei der Umsetzung der Idee und die vielleicht noch offen gebliebenen Fragestellungen – sofern er an dem Projekt ausreichend mitwirken durfte.

Als Ausgangspunkt der Betrachtung empfiehlt sich jeweils der Endpunkt der kausalen Beziehungen, aus dem der Lieferant dann retrograd Lösungsvorschläge ableitet und begründet. Auf den Wettbewerb wird direkt nur bei der Vorstellung von Leistungen mit besserem Wirkungsgrad eingegangen.

Auf ein höheres Abstraktionsniveau muss sich der Verkäufer begeben, wenn er nicht an konkret bekannten Prozessen bzw. Outputs ansetzen kann. Hier sind die – in der Unternehmenspräsentation explizit genannten und hinter den Sachzielen stehenden – formalen Ziele des Beschaffungsverantwortlichen weiter zu spezifizieren (z.B. Gewinnsteigerung, Kostensenkung, Steigerung von Marktanteilen etc.), bevor sie als Ausgangspunkt für die Ableitung von Vorschlägen dienen können (siehe Abb. 45).

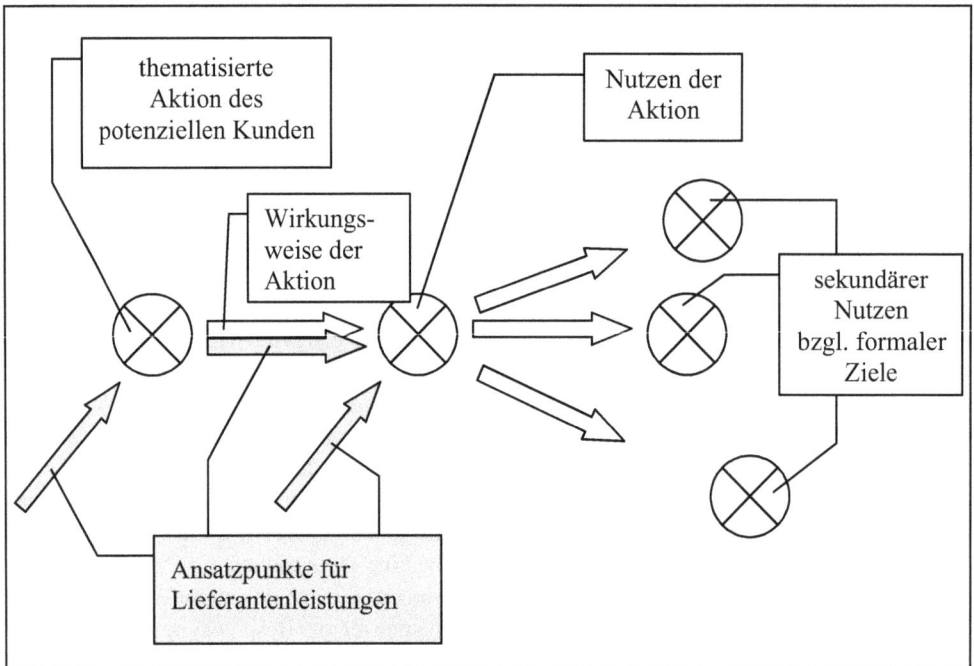

Abb. 45: Ansatzpunkte für Vorschläge bei alleiniger Kenntnis übergeordneter Formalziele

Durch die Bezugnahme auf die vom Beschaffungsverantwortlichen genannten Formalziele entsteht die Chance für eine erhöhte Aufmerksamkeit. Damit steigt die Bereitschaft des Beschaffungsverantwortlichen Optimierungspotenziale ins Bewusstsein zu heben und sich den Vorschlägen des Verkäufers zu öffnen.

Bringt der Beschaffungsverantwortliche selbst Problemstellungen ins Gespräch ein, ist es die Aufgabe des Verkäufers, den Beschaffungsverantwortlichen zu einer bestmöglichen **Konkretisierung des Sachverhalts zu bewegen**. Dazu muss er den Beschaffungsverantwortlichen dazu bringen,

- die von einem Sachverhalt betroffenen Objekte (Ziele) zu benennen,
- die Merkmale eines Sachverhalts zu charakterisieren,
- die denkbaren und die tatsächlichen Merkmalsausprägungen zu schildern,
- bereits beobachtete Veränderungen in den Merkmalsausprägungen zu beschreiben,
- die unbedingt notwendigen Bedingungen für die Existenz des Sachverhalts bzw. seiner aktuellen Merkmalsausprägungen aufzulisten,
- die unvermeidlichen Konsequenzen für andere Objekte oder Sachverhalte (Nebenziele) darzulegen und
- die Aspekte herauszukristallisieren, die unabhängig von den ringsum beobachteten Veränderungen konstant bleiben und damit nicht relevant sind.

zu Benennung der Objekte:

Mit der Benennung der betroffenen **Objekte** können sich die Gesprächspartner ein konkretes Gedankenbild machen, aus dem sie exemplarisch immer wieder ein Objekt entnehmen, um weitere Überlegungen zwecks Bestätigung durchzuspielen. Objekte können dabei z.B. Dinge, Personen, Vorgänge, Geschehnisse oder Ideen sein.

zu Charakterisierung der Merkmale:

Mit der Benennung von **Merkmalen** kann sich der Verfasser darüber klar werden, welche Aspekte die betroffenen Objekten vergleichbar machen und wodurch sie sich von anderen Objekten unterscheiden. Der Verkäufer kann eine weitere Spezifikation erreichen, wenn er den Beschaffungsverantwortlichen darum bittet, nominalskalierte Merkmale durch geeignete kardinalskalierte Merkmale zu ersetzen.

zu Benennung der Merkmalsausprägungen:

Die Benennung von tatsächlichen und möglichen **Merkmalsausprägungen** zeigt zunächst einmal auf, ob die Wahrnehmung überhaupt realistisch sein kann. Darüber hinaus gibt sie den Gesprächspartnern Hinweise darauf, dass es sich um variable Größen handelt und dass durchaus andere Ausprägungen in Betracht gezogen werden können, was insbesondere bei der Festlegung von Zielmerkmalen hilfreich sein kann.

zu Beschreibung der Veränderungen:

Durch das Nachzeichnen von **Veränderungen, die im Zeitablauf bei den Merkmalsausprägungen** auftreten, wird deutlich, dass es sich bei dem Merkmal um eine Variable handelt, die in eine kausale Beziehung eingebettet ist. Ursachen für dieses Merkmal sind dann entweder innerhalb desselben Sachverhalts oder in anderen Sachverhalten zu suchen.

zu Erfassung der Bedingungen:

Die zwingend für die Existenz eines Sachverhalts bzw. für seine aktuellen Merkmalsausprägungen **erforderlichen Bedingungen** zeigen zumindest die **notwendigen Ursachen** auf, und stellen den ersten Schritt in der Analyse von Kausalbeziehungen dar. Eine Offenlegung von ursachengerichteten Kausalbeziehungen gestaltet sich dann besonders aufwändig, wenn mehrere Faktoren zusammenwirken müssen, bevor der Sachverhalt die entsprechende Ausprägung annimmt. In diesem Fall sind die einzelnen Determinanten **jeweils notwendige aber für sich genommen keine hinreichenden Ursachen**. Vertiefende Analysen muss der

Verkäufer auch anregen, wenn sich herausstellt, dass die Ausprägungen des betrachteten Merkmals sich zwar beim Auftreten der vermuteten Ursache verändern, es aber auch Situationen gibt, wo dasselbe genau so ohne die vermutete Ursache geschieht. In diesem Fall ist die vermutete Ursache zwar als **hinreichend aber gleichzeitig auch als nicht zwingend notwendig** einzustufen, weil andere unabhängige Determinanten dieselben Wirkungen erzielen können.

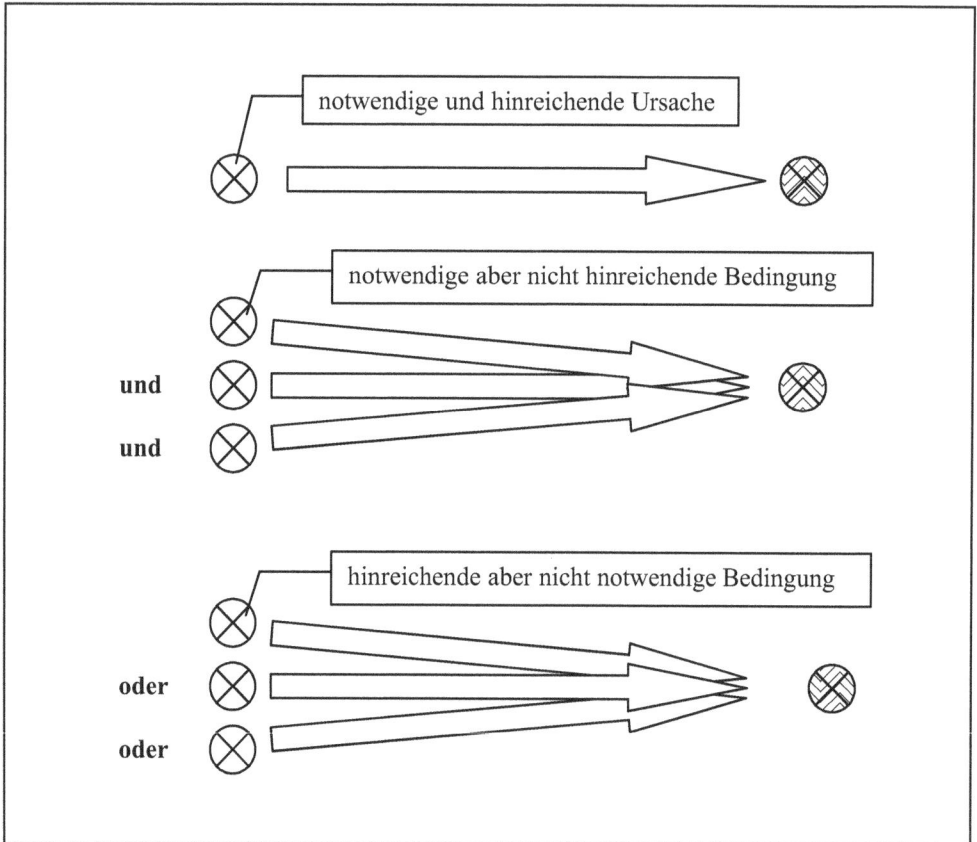

Abb. 46: Konstellationen kausaler Beziehungen

Aufgabe des Verkäufers ist es, unter Einbringung seiner Erfahrungen die Existenz weiterer Determinanten offenzulegen und Hinweise zu geben, welcher Natur diese zusätzlichen Determinanten sein könnten.

zu Darlegung der Konsequenzen:

In gleicher Weise soll der Verkäufer auch **Anstöße zur Identifikation wirkungsbezogener Kausalbeziehungen** liefern. Dazu kann er den Beschaffungsverantwortlichen nach den unmittelbaren und stets eintretenden Konsequenzen fragen, die sich aus dem betrachteten Sachverhalt ergeben. Suchhinweise kann der Verkäufer liefern, indem er die Aufmerksamkeit des Beschaffungsverantwortlichen auf

• mögliche Nutznießer des Sachverhalts,

- möglich Zwecke des Sachverhalts oder
- auf eventuell erforderliche komplementäre Sachverhalte lenkt.

zu Identifikation von Konstanten:

Schließlich ist es Aufgabe des Verkäufers, den Beschaffungsverantwortlichen darauf aufmerksam zu machen, die **konstant bleibende Aspekte zu benennen**, damit diese frühzeitig aus der weiteren Betrachtung ausgeschlossen werden können.

Mit derartigen Anregungen kann es dem Verkäufer gelingen, **den Beschaffungsverantwortlichen in seiner Problemsicht zu bestätigen**, soweit sie bereits umfassend war oder ihn **zu einer Erweiterung der Problemsicht zu führen**, falls zuvor nur einige Ausschnitte aus der Gesamtsituation beleuchtet wurden. Selbst wenn der Beschaffungsverantwortliche die entstandenen Fragen nicht sofort beantworten kann, hat er zumindest einen Leitfaden für eine effiziente Informationsbeschaffung. Darüber hinaus hat er bereits einen Eindruck über den Arbeitsstil des Verkäufers und seine Fähigkeiten gewonnen. Dies hilft dem Beschaffungsverantwortlichen dabei, über die weitere Ausgestaltung der Geschäftsbeziehung ein Urteil abzugeben.

Auch wenn gleich das erste inhaltliche Thema interessante Ansatzpunkte für eine Fortführung des Kontakts verspricht, empfiehlt es sich für den Verkäufer, während desselben Gesprächs weitere denkbare Themenbereiche anzureißen, denn einerseits herrscht bereits eine positive Gesprächsatmosphäre und andererseits kann man sich so eine erneute separate Kontaktaufnahme sparen. Selbst wenn die weiteren Themen keine unmittelbaren Anknüpfungspunkte ergeben, kann sich der Verkäufer gegen Ende des Kontakts wieder auf die erreichten Eckpunkte beziehen und die weiteren gemeinsamen Schritte vereinbaren (siehe vorhergehenden Abschnitt 5.1.5). Mit der Konkretisierung der weiteren Arbeitsschritte untermauert der Verkäufer seine Professionalität und seine Zielstrebigkeit. Der Lieferant kann mit den zu erbringenden Vorleistungen wie Musterversand, Angebotserstellung oder Bereitstellung zusätzlicher Informationen seine Leistungsfähigkeit und Zuverlässigkeit unter Beweis stellen.

5.3 Anfragegespräch

Das Anfragegespräch ist im Gegensatz zum Erstkontakt an einen konkreten Beschaffungsvorgang gebunden und die Kontaktinitiative geht hier in aller Regel vom Beschaffungsverantwortlichen aus. Die Initiierung eines Anfragegesprächs ist aus Sicht des Beschaffungsverantwortlichen dann sinnstiftend, wenn

- ein Projekt noch Klärungsbedarf aufweist,
- neue potenzielle Lieferanten am besten bei einem persönliches Gespräch über die einzelnen Anforderungen unterrichtet werden können oder wenn
- das aktuelle Beschaffungsprojekt grundlegende Unterschiede gegenüber früheren Vorgängen aufweist.

Die Beschaffungsverantwortlichen können damit besser sicherstellen, dass sie alle relevanten Kriterien berücksichtigt haben, bevor sie eine schriftliche Anfrage an eine größere Zahl potenzieller Lieferanten senden. Bei komplexen Projekten verbessern die Beschaffungsverantwortlichen so ihre Chancen, gleich im ersten Anlauf geeignete Angebote zu erhalten.

5.3.1   Objektspezifische Ausgangskonstellationen

Aus den eben genannten Schilderungen lässt sich bereits ableiten, dass die Ausgangssituation unterschiedlichste Ausprägungen aufweisen kann:

Im einfachsten Fall sind dem Beschaffungsverantwortlichen sämtliche Aspekte bereits aus früheren vergleichbaren Projekten bekannt und er instruiert nur einen neu hinzugekommenen potenziellen Lieferanten über die vorgangsbezogenen Anforderungen.

Sind dagegen bei einem Projekt noch nicht alle Aspekte bekannt, kann Informationsbedarf in zahlreichen Bereichen bestehen. Die nachfolgende Auflistung führt zuerst die vergleichsweise einfachen Informationslücken ohne Einfluss auf die Problemstellung auf, bevor dann die offenen Punkte mit grundlegendem Einfluss auf die Problemdefinition folgen. Die Punkte der Liste beginnen also mit späteren Phasen im Beschaffungsprozess und enden mit dem Anfang des Beschaffungsprozesses. Im einzelnen kann der Beschaffungsverantwortliche noch Informationsbedarf haben in Bezug auf

- die Handlungsalternativen sei es bezüglich des Wettbewerbs oder sei es in Bezug auf die Substitutionsmöglichkeiten,
- die Anforderungen und ihre Gewichtung,
- die Soll-Ist-Differenzen,
- die gegebenen oder zu erwartenden Ist-Zustände und eventuell sogar in Bezug auf die anzustrebenden Ziele, d.h. die Sollvorstellungen.

Derartige Informationslücken können entstehen durch

- ausgeprägten Wissensdrang oder Perfektionismus des Beschaffungsverantwortlichen,
- ein knappes Zeitbudget, das eine tiefergehende Auseinandersetzung nicht erlaubt,
- unzureichenden Informationsfluss innerhalb des Buying-Centers oder durch
- den Wunsch, sich erst vom Verkäufer beraten zu lassen bzw. ihn zu testen und damit die Effizienz des Beschaffungsprozesses zu erhöhen.

Gerade in der zuletzt genannten Situation hat der Verkäufer die Chance, seine fachliche und persönliche Kompetenz beratend unter Beweis zu stellen.

5.3.2   Prozessspezifische Anforderungen

Sofern alle Aspekte eines Vorgangs bekannt sind, macht die Anberaumung eines Anfragegesprächs in der Regel nur Sinn, wenn es sich um einen neuen potenziellen Lieferanten handelt, der aufgrund der Komplexität des Beschaffungsprojekts zuerst genau instruiert werden muss, bevor er ein Angebot im Sinne des Beschaffungsverantwortlichen abgeben kann. Die Einladung zu einem Anfragegespräch kommt in Betracht, wenn

- eine schriftliche Formulierung für den Beschaffungsverantwortlichen zu aufwändig ist,
- schriftliche Formulierungen Interpretationsspielräume offen lassen, die regelmäßig Rückfragen des Lieferanten initiieren,
- der Beschaffungsverantwortliche eine sofortige erste Stellungnahme des Lieferanten z.B. für seine Kollegen oder Vorgesetzten benötigt oder aber
- der Verkäufer gewechselt hat.

Sind nicht alle Aspekte eines Beschaffungsprojekts geklärt, kann der Verkäufer dabei helfen,

- den Informationsbedarf besser zu spezifizieren,
- den Rückgriff auf Kollegen des Buying Centers zu vermeiden, indem er an der Spezifikation des Informationsbedarfs mitwirkt sowie
- den Informationsbedarf schnell und ohne größeren Aufwand zu decken, weil der Beschaffungsverantwortliche durch die Verkäuferhilfe keine separaten Informationsbeschaffungsaktivitäten mehr starten muss.

Die ausführliche Spezifikation des vorgangsbezogenen Informationsbedarfs unter Mitwirkung eines Lieferanten benutzt der Beschaffungsverantwortliche häufig als Basis für eine Generalisierung der Anforderungen, die dann in eine breit gestreute schriftliche Anfrage einfließen und so die großzahlige Anberaumung von Anfragegesprächen erspart. Mit der Generalisierung der Anforderungen werden auch die Angebote der verschiedenen Lieferanten stärker strukturiert, was dem Beschaffungsverantwortlichen dabei hilft, die Bewertung der Handlungsalternativen zu beschleunigen.

5.3.3 Spezifische Aktualisierung von Bedürfniskategorien

Sind dem Beschaffungsverantwortlichen alle Aspekte eines Beschaffungsprojektes bekannt, handelt es sich aus seiner Sicht tendenziell um eine Aufgabe mit Routinecharakter, die nur dann eine nennenswerte Beeinträchtigung persönlicher Bedürfnisse mit sich bringt, wenn beispielsweise ein hoher Zeitdruck herrscht und damit nicht klar ist, ob es Lieferanten mit entsprechend kurzen Lieferzeiten gibt. Die Weitergabe bekannter Anforderungen eignet sich zur Aufrechterhaltung sozialer Kontakte, die übrigen Bedürfniskategorien werden aufgrund der Beschaffenheit des Vorgangs und seinem Status normalerweise nicht auffällig berührt.

Anders sieht es aus, wenn der Beschaffungsverantwortliche nicht alle Aspekte des Beschaffungsverantwortlichen kennt. Grundsätzlich besteht hier zunächst einmal Unsicherheit darüber, ob es überhaupt gelingen kann, ein ausreichendes Bild des Sachverhalts zu zeichnen. Nuanciert wird die Aktualisierung der Bedürfnisse durch die Gründe, die zu den Informationslücken führen und durch die Art der Informationslücken selbst.

Bei einem stark ausgeprägten **Wissensdrang oder Perfektionismus des Beschaffungsverantwortlichen** könnten Sicherheitsmotive oder eventuell auch das Bedürfnis nach Selbstverwirklichung im Vordergrund stehen. In beiden Fällen wirkt sich hier letztlich die psychische Grunddisposition des Beschaffungsverantwortlichen auf die Handhabung des Beschaffungsprozesses aus.

Ein **knappes Zeitbudget** kann verschiedenste Ursachen haben: Beispielsweise könnte der Zeitdruck von den eigenen Kunden ausgehen oder durch ein schlechtes Zeitmanagement innerhalb des Buying Centers bedingt sein. In jedem Fall werden die Sicherheitsbedürfnisse der Beschaffungsverantwortlichen mehr oder weniger stark beeinträchtigt.

Ein **unzureichender Informationsfluss** innerhalb des Buying-Centers kann durch mangelnden Zusammenhalt im Buying Center oder durch geringes Engagement bzw. durch mangelnde Fähigkeiten der Kollegen im Buying Center entstehen. Auch hier sind zunächst die Sicherheitsmotive des betrachteten Beschaffungsverantwortlichen berührt. Bei mangelndem Zusammenhalt erfahren daneben auch die sozialen Bedürfnisse und gegebenenfalls die Anerkennungsbedürfnisse eine Aktualisierung. Mangelt es an Zusammenhalt, kann es für den betrachteten Beschaffungsverantwortlichen auch wichtig sein, unabhängig von den übrigen Mitgliedern des Buying Centers seine Aufgaben erfüllen zu können. Das Streben nach Unabhängigkeit von den anderen Mitgliedern des Buying Centers ist damit auch als Sicherheitsbedürfnis einzustufen.

Der Wunsch, sich vom Verkäufer **beraten zu lassen bzw. ihn zu testen,** kann mit einem grundsätzlich hohen Maß an Sicherheitsbedürfnissen, an sozialen Bedürfnissen und unter Umständen auch mit einem hohen Maß an Selbstverwirklichungsbedürfnissen zusammenhängen. Dabei könnte die Selbstverwirklichung darin bestehen, zusammen mit dem Verkäufer die entscheidenden Aspekte des Projekts herauszuarbeiten und so dem Projekt die individuelle Sichtweise des Beschaffungsverantwortlichen aufzudrücken.

Inwieweit die persönlichen Bedürfnisse im einzelnen aktualisiert werden, hängt auch von der **Art der fehlenden Informationen** ab. Je wichtiger die fehlenden Informationen zur Charakterisierung des gesamten Beschaffungsprojekts sind, desto mehr dürften die Bedürfnisse des Beschaffungsverantwortlichen berührt sein. Während ein unvollständiges Wissen über die bestehenden Handlungsalternativen die Sicherheitsbedürfnisse nur dann wesentlich beeinträchtigt, wenn die bekannten Handlungsalternativen unzureichend für eine zufriedenstellende Problemlösung sind, greift eine Unsicherheit über die zu verfolgende Zielsetzung wesentlich tiefer in das Selbstverständnis der Beschaffungsverantwortlichen ein. Die Unsicherheit ist hier wesentlich höher, weil bei jedem einzelnen Schritt unklar ist, ob er überhaupt zweckmäßig ist. Umgekehrt können diese Unsicherheiten auch eine Herausforderung darstellen, wenn deren erfolgreiche Bewältigung eine Selbstverwirklichung für den Beschaffungsverantwortlichen bedeutet.

Zusammenfassend ist festzustellen, dass in der Anfragephase bei unvollständigem Wissen über die relevanten Aspekte in erster Linie die **Sicherheitsbedürfnisse** und teilweise auch die **Selbstverwirklichungsbedürfnisse** eine Aktualisierung erfahren dürften.

5.3.4   Erwartungen an den Verkäufer

Ausgehend von den verschiedenen Situationen staffeln sich die Erwartungen an den Verkäufer wie folgt:

In jedem Fall erwartet der Beschaffungsverantwortliche

- eine rasche Auffassungsgabe des Verkäufers, sodass nicht zuviel Zeit für die Übermittlung und Wiederholung der klar definierten Aspekte verloren geht,
- Hinweise auf nicht identifizierte oder falsch gewichtete Aspekte, sodass im weiteren Verlauf des Beschaffungsprojekts mit möglichst wenigen unliebsamen Überraschungen gerechnet werden muss,
- eine möglichst verbindliche Auskunft über die prinzipielle Realisierbarkeit der Anforderungen und
- eine verbindliche Auskunft des Verkäufers, ob der Lieferant bereit ist, das Projekt zu begleiten.

Sind dem Beschaffungsverantwortlichen die relevanten Aspekte nur teilweise bekannt, erwartet er vom Verkäufer zusätzlich

- Hilfestellungen bei der Aufdeckung relevanter Aspekte,
- die Benennung relevanter Aspekte und
- eine generalisierte Formulierung der relevanten Aspekte,

damit der Beschaffungsverantwortliche

- die Zahl der später im Beschaffungsprozess nachzuschiebenden Änderungen aufgrund unzureichender Spezifikationen möglichst gering halten kann,
- im Kreise seiner Kollegen das erforderliche Wissen besitzt, um seine Position im Buying Center zu festigen und
- mit Hilfe der generalisierten Formulierungen die Möglichkeit hat, die Zahl der Anfragegespräche klein zu halten und frühzeitig eine breit gestreute schriftlichen Anfrage zu starten.

5.3.5   Wichtige Gesprächsthemen

Zentrale Themen des Anfragegesprächs sind das Beschaffungsprojekt und der Stand des Beschaffungsprozesses. Dazu muss der Beschaffungsverantwortliche zunächst das Gespräch beginnen und Informationen an den Verkäufer weitergeben. Die Aufgabe des Verkäufers ist es, diese Informationen aufzunehmen und fehlende Informationen in Erfahrung zu bringen. Daneben liegt es im Interesse des Verkäufers, Einfluss auf die Anforderungen des Beschaffungsverantwortlichen zu nehmen. Die Möglichkeiten zur Einflussnahme werden im Abschnitt Handlungsempfehlungen 5.3.6 erläutert.

Zunächst ist es die **Aufgabe des Beschaffungsverantwortlichen**, relevante Ausschnitte seines Kenntnisstands darzulegen. Er wird sich allerdings vorbehalten, einige Informationen **nicht oder nicht korrekt weiterzugeben**, wenn er

- zur **Verschwiegenheit** verpflichtet ist, weil es sich um Betriebsgeheimnisse handelt,
- seine **Entscheidungsautonomie** gegenüber dem Verkäufer auch in kritischen Punkten erhalten möchte (z.B. wenn er die Gewichtung seiner Anforderungen nicht darlegt),
- gegenüber dem Verkäufer eine möglichst **gute Ausgangsposition** einnehmen möchte bzw. dem Verkäufer das Projekt schmackhaft machen möchte (z.B. wenn er höhere Mengenangaben macht als tatsächlich benötigt),
- **den Verkäufer** auf seine Beratungsfähigkeiten hin **testen** möchte (z.B. ob der Verkäufer kritische Aspekte erwähnt, auf die sein Wettbewerber schon hingewiesen hat) oder wenn er
- möglichst **wenig Zeit investieren** möchte und deshalb dem Verkäufer vertrauensvoll die komplette Informationsbeschaffung überlässt.

Um die vom Beschaffungsverantwortlichen gesetzten thematischen Schwerpunkte in ihrer Struktur besser greifen zu können, wird im folgenden auf die Aspekte zurückgegriffen, die bei der **gedanklichen Modellierung** von Sachverhalten in Kapitel 4.1.1 herausgearbeitet wurden. Im einzelnen sollen dazu nochmals die Merkmalsträger, die Abgrenzung von Sachverhalten, der Konkretisierungsgrad von Begriffen, die Art der Modelle und die Sichtweisen zur Betrachtung von Kausalbeziehungen zum Tragen kommen.

Zur Beschreibung einzelner Sachverhalte im Rahmen des Beschaffungsprojekts kann der Beschaffungsverantwortliche auf konkrete Einzelobjekte (Merkmalsträger) oder auf klassifikatorische Grundbegriffe zurückgreifen.

Der alleinige **Rückgriff auf konkrete Merkmalsträger** erfolgt in der Praxis häufig, indem der Beschaffungsverantwortliche dem Verkäufer ein **Muster** zeigt und ihn im Extremfall ohne weitere Hintergrundinformationen bittet, gemäß vorliegendem Muster anzubieten. Für den Beschaffungsverantwortlichen ist dies eine bequeme Vorgehensweise, weil

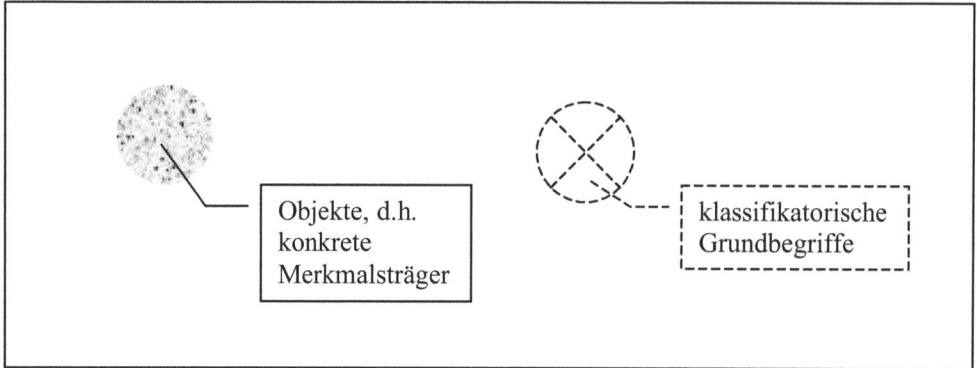

Abb. 47: Bevorzugte Vorgehensweise zur Beschreibung eines Sachverhalts

• er sich langwierige Erläuterungen sparen kann,
• er wenige oder gar keine verknüpfenden Hintergrundinformationen wie beispielsweise zur Zielgruppe geben muss.

Damit bewahrt der Beschaffungsverantwortliche zugleich seine Entscheidungsautonomie. Darüber hinaus kann sich der Beschaffungsverantwortliche durch die Übergabe von Mustern sicher sein, keine falschen Vorgaben gemacht zu haben. Außerdem vermeidet er so einen aus Mangel an Fachkenntnissen eintretenden Gesichtsverlust gegenüber dem Verkäufer. Je weniger Erfahrung der Beschaffungsverantwortliche bei den einzelnen Projekten hat, desto wichtiger ist dieser Faktor.

Mit einem Muster als konkretem Merkmalsträger steigt die ohnehin bestehende Neigung, die **Gemeinsamkeiten** des aktuellen Beschaffungsprojekts mit anderen Projekten stärker ins Bewusstsein dringen zu lassen als mögliche Unterschiede. Damit senken die Beschaffungsverantwortlichen – aber auch die Verkäufer – den vermeintlichen Grad an Unsicherheit und kommen so ihrem Sicherheitsbedürfnis entgegen.

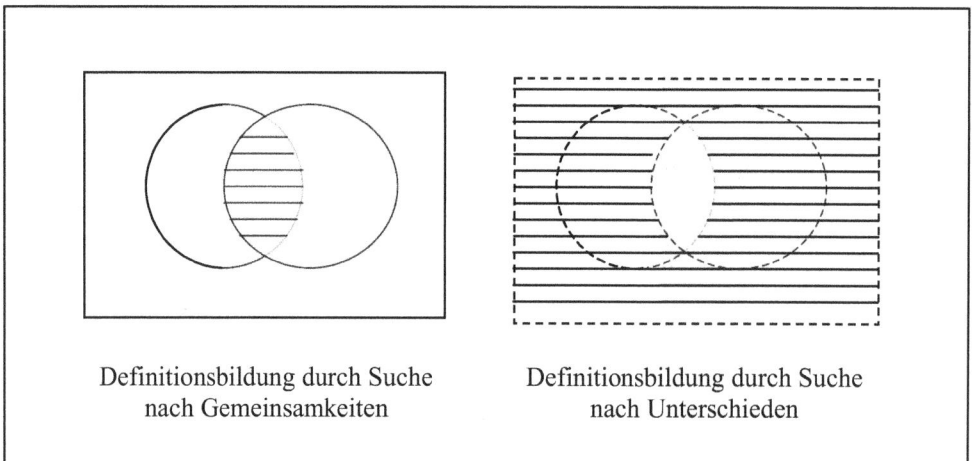

Definitionsbildung durch Suche   Definitionsbildung durch Suche
nach Gemeinsamkeiten   nach Unterschieden

Abb. 48: Bevorzugte Vorgehensweise bei der Definition von Sachverhalten

Zugleich sinkt der Aufwand für den Beschaffungsverantwortlichen, weil er diese Aspekte ohne zusätzliche Überlegungen auf den aktuellen Vorgang übertragen kann. Demgegenüber müssen Unterschiede allerdings oft explizit herausgearbeitet und am Muster erläutert werden.

Verwendet der Beschaffungsverantwortliche klassifikatorische Grundbegriffe, greift er normalerweise auf den spezifischsten Begriff zurück, der die explizite Benennung relevanter Merkmale überflüssig erscheinen lässt.

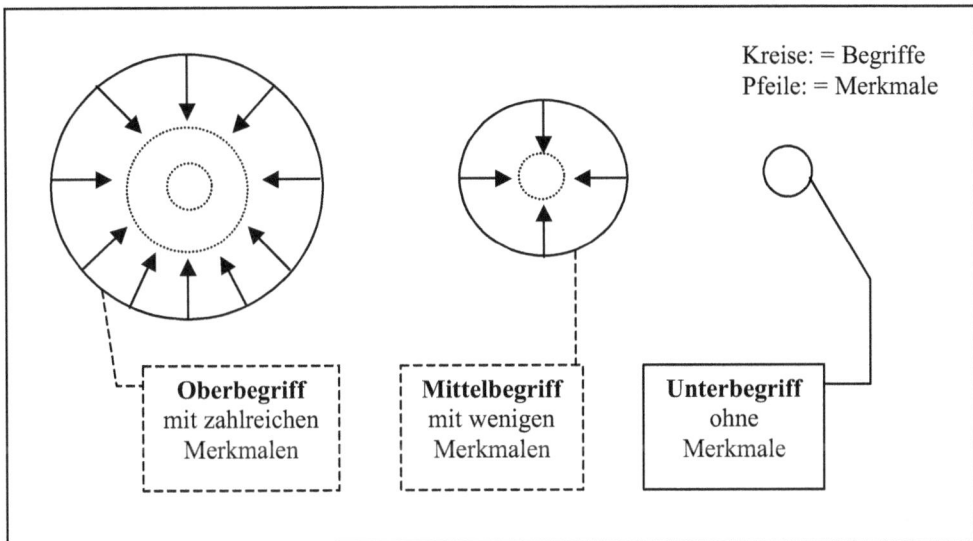

Abb. 49: Bevorzugte Grundbegriffe

Die Verwendung der spezifischeren **Unterbegriffe ermöglicht zwar eine kurze effiziente Darstellung von Sachverhalten.** Allerdings bleibt es den Gesprächsteilnehmern überlassen, welche Merkmale sie mit dem Begriff jeweils verknüpfen. Die Interpretationsspielräume **helfen dem Beschaffungsverantwortlichen** wiederum, **spätere Änderungen weitgehend ohne Gesichtsverlust** vornehmen zu können. Gleichzeitig birgt diese Vorgehensweise aber die **Gefahr, zunächst unbrauchbare Vorschläge,** d.h. Angebote zu bekommen.

Wenn der Beschaffungsverantwortliche eine eher merkmalsorientierte Betrachtung einschlägt, kann er sein Augenmerk stärker auf die eigenschaftsbezogenen oder stärker auf die beziehungsbezogenen Merkmale legen. Für den Beschaffungsverantwortlichen ist es oft **weniger aufwändig** sich bei seiner Beschreibung vor allem auf die **innengerichteten eigenschaftsbezogenen Merkmale** zu konzentrieren, da hier nicht komplizierte Wechselwirkungen mit anderen Sachverhalten problematisiert werden müssen.

Dem Verkäufer helfen allerdings häufig gerade die beziehungsgerichteten Merkmale besser, die tatsächlichen Anforderungen an die zu erbringende Leistung abzuschätzen.

In seinen Schilderungen hat der Beschaffungsverantwortliche die Möglichkeit, im weitesten Sinne die von ihm **gewünschten Ziele anzugeben, oder die dazu erforderlichen Handlungsalternativen** zu beschreiben. In vielen Fällen entscheidet sich der Beschaffungsverantwortliche im Gespräch mit den Lieferanten dafür, lediglich die Handlungsalternative und ihre gewünschte Ausgestaltung zu beschreiben.

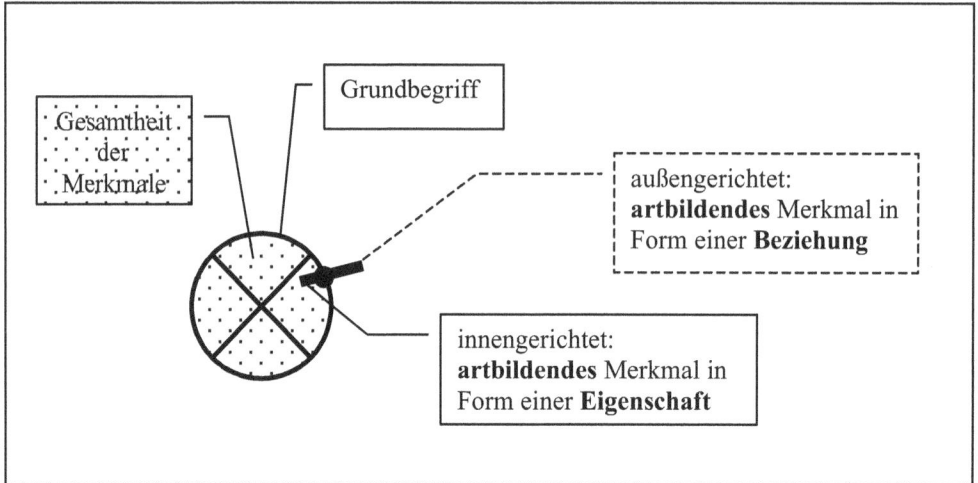

Abb. 50: Bevorzugte Merkmale zur Elementbeschreibung

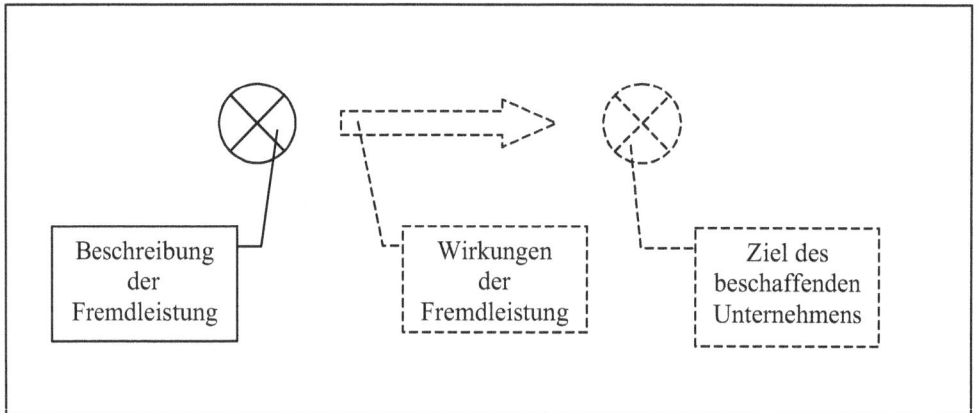

Abb. 51: Bevorzugt beschriebene Elemente von Kausalketten

Die Beschreibung des **Beschaffungsobjekts** wird oft von erfahrenen Beschaffungsverantwortlichen bevorzugt. Mit dieser Vorgehensweise kann sich der Beschaffungsverantwortliche ein hohes Maß an **Entscheidungsautonomie** bewahren, weil er die Ziele nicht offenlegen muss und damit ohne Gesichtsverlust eine Änderung der Anforderungen vornehmen kann. Zugleich hat er die Chance, gut **vergleichbare standardisierte Angebote** zu bekommen, weil die Lieferanten nicht die Möglichkeit haben, alternative Rückschlüsse aus abstrakt formulierten Zielen zu ziehen. Außerdem spart sich der Beschaffungsverantwortliche Zeit für eine ausführliche Erklärung von Kausalbeziehungen und zusätzlichen Elementen. Der Beschaffungsverantwortliche kann sich auf der Ebene von Beschreibungsmodellen bewegen und muss sich nicht in komplizierte Kausalbeziehungen einarbeiten. Dies gilt insbesondere für die **Mitglieder des Buying Centers**, die nachher nichts mit dem Einsatz bzw. der Verwendung der Leistung zu tun haben.

Wenn der Beschaffungsverantwortliche geeignete Angebote erhalten möchte, empfiehlt es sich für ihn, die Anforderungen an die Fremdleistungen so gut wie möglich offenlegen. Um möglichst wenig Aufwand zu haben und möglichst wenige Internas mitteilen zu müssen, kann der Beschaffungsverantwortliche sich darauf beschränken, allein die Anforderungen als Endpunkt einer kausalen Beziehung zu benennen und die ursächlichen Größen weitgehend im Dunkeln zu lassen. Insofern handelt es sich bei der Darstellung von Anforderungen um eine angedeutete retrograde Betrachtung kausaler Beziehungen.

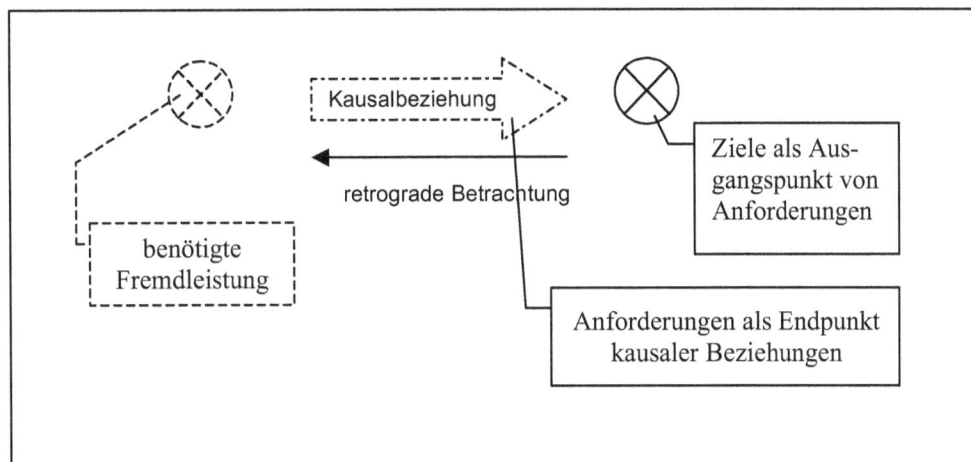

Abb. 52: Bevorzugt geschilderte Bestandteile von Kausalketten

Die so vom Beschaffungsverantwortlichen selektierten und modellierten Sachverhalte werden nicht selten mit firmenspezifischen Bezeichnungen und Ausdrücken in eine **sprachliche Fassung** eingebracht, was aus Sicht des Senders den Vorteil hat, dass er

- sich nicht in die Terminologie des Verkäufers einarbeiten muss und
- die Übersetzungsrisiken aus der Verwendung unterschiedlicher Wörter beim Verkäufer liegen.

Gleiches gilt sinngemäß bei der Ausgestaltung der Informationen innerhalb der einzelnen **Kommunikationskanäle**, wenn **beispielsweise firmenspezifische Abkürzungen** oder die in der Firma bevorzugten Zeichensysteme verwendet werden.

5.3.6   Handlungsempfehlungen für Verkäufer

Die Schilderungen des Beschaffungsverantwortlichen stellen den Input für die Ausgestaltung des Angebots dar. Das Anfragegespräch hat aus Sicht des Verkäufers in erster Linie die Funktion, die erforderlichen Informationen möglichst vollständig zu erhalten. In zweiter Linie bietet das Anfragegespräch die Chance, auf den Beschaffungsverantwortlichen und das Beschaffungsprojekt Einfluss zu nehmen.

Aus den bisherigen Schilderungen wurde bereits deutlich, dass der Beschaffungsverantwortliche nicht alle erforderlichen Informationen bereitstellt, entweder weil der die entsprechenden Informationen selbst nicht besitzt oder weil er die Informationen aus verschiedenen Gründen nicht weiterreichen will bzw. darf. Verkäufer geben sich in dieser Situation fälschlicherweise häufig mit den dargebotenen Informationen zufrieden, weil sie die Zeit des Beschaffungsverantwortlichen nicht über Gebühr in Anspruch nehmen wollen. Außerdem möchten sie den Eindruck eines kompetenten selbständig agierenden Ansprechpartners wahren. Diese Vorgehensweise verschiebt den Aufwand aber nur, wenn

- zu viele Fragen offen geblieben sind, um ein Angebot formulieren zu können,
- die abgegebenen Angebote abgewandelt oder ergänzt werden müssen oder
- sich vielleicht erst nach der Erbringung der Leistung herausstellt, dass die Spezifikation unzureichend war und aufwändige Korrekturen erforderlich sind.

Deshalb ist es die Pflicht des Verkäufers, bereits während des Anfragegesprächs die aus seiner Sicht offenen Punkt anzusprechen. Klärungsbedarf kann sich ergeben in Bezug auf

- die übermittelte Botschaft (1)
- die sprachliche Fassung (2),
- die gedankliche Modellierung des Beschaffungsprojekts (3) und in Bezug auf
- die Herkunft der vom Beschaffungsverantwortlichen verwendeten Daten (4)[23].

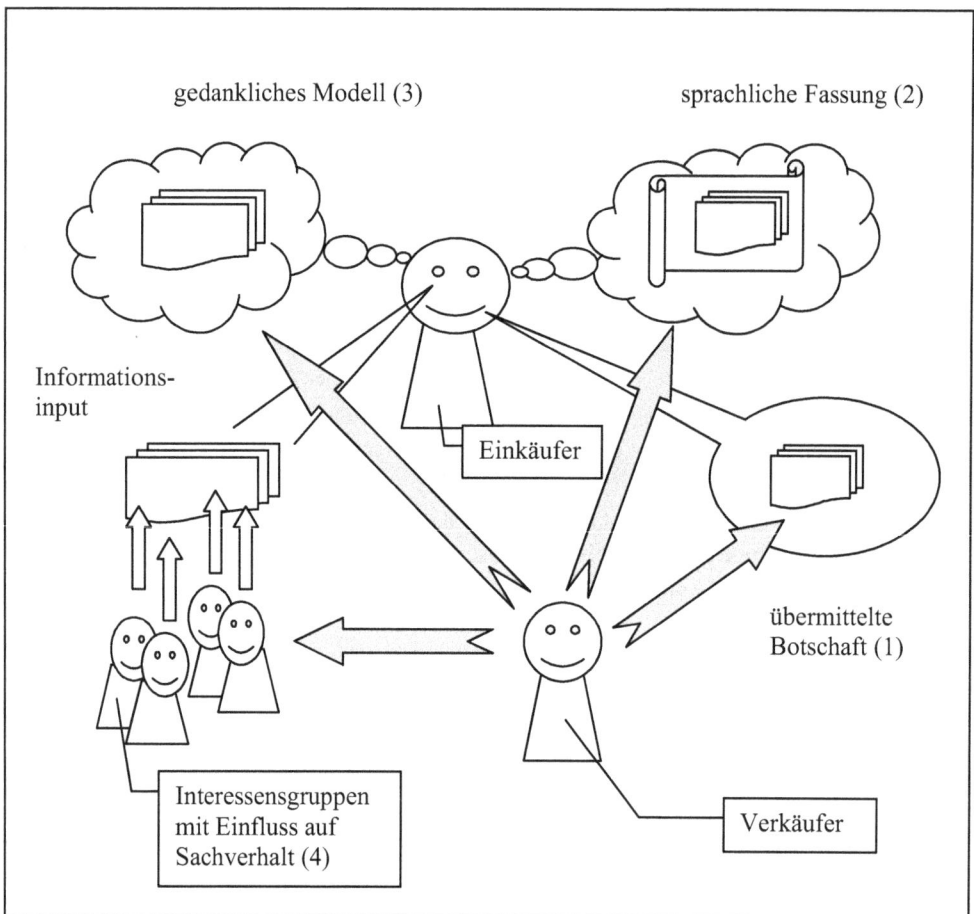

Abb. 53: Ansatzpunkte zur Klärung und Qualifizierung der Schilderungen des Beschaffungsverantwortlichen

---

[23]   Zum Einfluss der Kommunikationsquelle in der Kommunikation vgl. Koeppler, Karlfritz, Strategien erfolgreicher Kommunikation S. 182ff.

Der Verkäufer kann seinen mehr oder weniger umfangreichen Informationsbedarf meist nur decken, indem er den Beschaffungsverantwortlichen mit Fragen um Auskunft bittet. Um den Eindruck eines Verhörs zu vermeiden und um die Akzeptanz seiner Fragen erhöhen, kann der Verkäufer dem Beschaffungsverantwortlichen jeweils den Hintergrund seiner Frage erläutern. Dazu kann er

- bei Verständnisproblemen die verschiedenen Interpretationsmöglichkeiten aus seiner Sicht nennen,
- bei offenen Sachfragen die Möglichkeiten zur Ausgestaltung der Lieferantenleistungen sowie die daraus resultierenden Entscheidungsbedarfe beschreiben oder
- bei offenen Sachfragen die Wirkungen verschiedener Ausgestaltungsmöglichkeiten beim Kunden erläutern.

Der einfachste Einstieg bietet sich mit der **Klärung von firmenspezifischen Bezeichnungen**, Abkürzungen und Sprachzeichen, da der Beschaffungsverantwortliche Verständnisprobleme hier am leichtesten nachvollziehen kann.

Nach der Klärung von Verständnisproblemen kann der Verkäufer Fragen zur **gedanklichen Modellierung des Beschaffungsprojekts** stellen. Denn viele der im letzten Abschnitt beschriebenen Verhaltensweisen des Beschaffungsverantwortlichen haben zur Folge, dass der Verkäufer nur einen Teil der tatsächlich auf ihn zukommenden Anforderungen erfährt.

Mit der Betrachtung **konkreter Merkmalsträger** – z.B. in Form von **Mustern** – bleibt dem Verkäufer ohne weitere Erläuterungen häufig unklar,

- welche Aspekte nun im Sinne des Musters als **vorbildlich** einzustufen sind,
- welche Aspekte nur als **verbesserungsfähige Ist-Zustände** gelten,
- welche Aspekte gegebenenfalls völlig **irrelevant** sind und
- welche Verhaltensweisen das Objekt im Verhältnis zu **korrespondierenden Faktoren** (z.B. Komplementärleistungen) zeigt bzw. zeigen sollte.

Handelt es sich bei dem konkreten Merkmalsträger nicht um das Beschaffungsobjekt, sondern um eine Zielgröße (also eine Wirkgröße), ist ferner zu klären, inwieweit es sich hierbei um ein repräsentatives Exemplar handelt und in Bezug auf welche Aspekte es zu Abweichungen kommen kann. Wenn gegenüber dem vorgestellten konkreten Merkmalsträger Fortschritte erzielt werden sollen, müssen sich die Gesprächspartner zumindest mit den eben genannten Punkten auseinandersetzen.

Mit der Überlegung, Sachverhalte durch Suche nach **Gemeinsamkeiten** zu fassen, entsteht zugleich die Gefahr, die einzelnen Aspekte zu pauschalisieren, obwohl sie unterschiedlicher Natur sind. Die Pauschalisierung von Sachverhalten eignet sich dann, wenn man nach einheitlichen standardisierten Antworten sucht. **Standardlösungen, die sich für einen breiten Anwendungsbereich eignen sollen, erfordern aber regelmäßig eine Ausgestaltung, die allen Anforderungen gerecht wird.** Damit verbunden ist häufig der Einsatz von universell einsetzbaren Vorleistungen, Werkstoffen, Arbeitsmitteln oder Personen.

Der Einsatz von **universell einsetzbaren Ressourcen** ist wiederum häufig mit **höheren Kosten** verbunden, sodass es oft zweckmäßig ist, durch Suche nach **Unterschieden** offenzulegen, inwieweit bei den vom Beschaffungsverantwortlichen geschilderten Sachverhalten auch speziellere Verfahren und Methoden mit

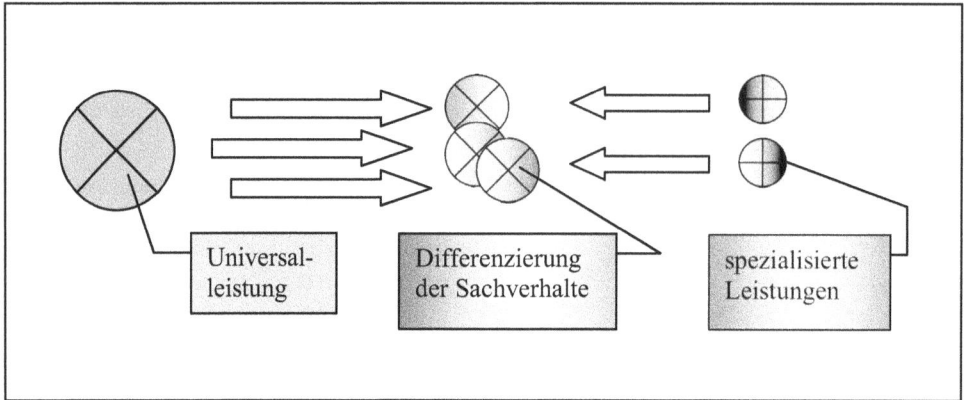

Abb. 54: Umstieg von Universalleistungen auf Spezialleistungen durch Differenzierungvon Sachverhalten

- günstigeren Spezialmaterialien,
- weniger komplexen Spezialmaschinen und
- kostengünstigeren Spezialisten

eingesetzt werden können, ohne Einbußen beim Nutzen zu erleiden (z.B. Umstieg von einer teuren universell einsetzbaren Klebebindung zu einer günstigeren Rückendrahtheftung bei Zeitschriften mit geringerem Seitenumfang).

Anregungen für die **Suche nach günstigeren Substitutionslösungen** ergeben sich für den Verkäufer unter Umständen auch, wenn er den Beschaffungsverantwortlichen dazu bringt, die hinter den Grundbegriffen steckenden Merkmale und Merkmalsausprägungen explizit zu benennen und dabei nicht nur die Eigenschaften anspricht, sondern auch die Beziehungen zu anderen Sachverhalten thematisiert. Damit besteht die Chance, zielrelevante Merkmale zu erkennen und von den wirkungslosen Merkmalen abzugrenzen. Der Verkäufer kann sich mit seinem Angebot auf die **zielrelevanten Bereiche fokussieren und hat bezüglich der übrigen Aspekte Gestaltungsfreiheit.**

Der Verkäufer kann am besten einen Gesamteindruck über das Beschaffungsprojekt gewinnen, wenn er vom Beschaffungsverantwortlichen nicht nur die Information erhält, wie die Fremdleistung auszusehen hat, sondern auch **Informationen über die anderen korrespondierenden Sachverhalte** geliefert bekommt. Zu den korrespondierenden Sachverhalten zählen

- die Zielgruppen und die dort zu erreichende Zwecksetzungen (1),
- die zu erreichenden Nebenziele (2),
- die zu schaffenden Voraussetzungen (3),
- die jeweiligen Rahmenbedingungen (4),
- die flankierend eingesetzten komplementären Maßnahmen und ihre Wirkungen (5) sowie
- die kontraproduktiv auf die Ziele wirkenden Störgrößen (5).

Die **Zielgruppen** und der **dort zu generierende Nutzen** sind die zentralen korrespondierenden Größen für ein Beschaffungsobjekt. Nur mit Kenntnis der dort zu beeinflussenden Merkmale kann der Verkäufer beurteilen, welche Ausgestaltung das Beschaffungsobjekt am besten haben sollte. Ob die so festgestellte Ausgestaltung in ihrer Wirksamkeit noch weiter

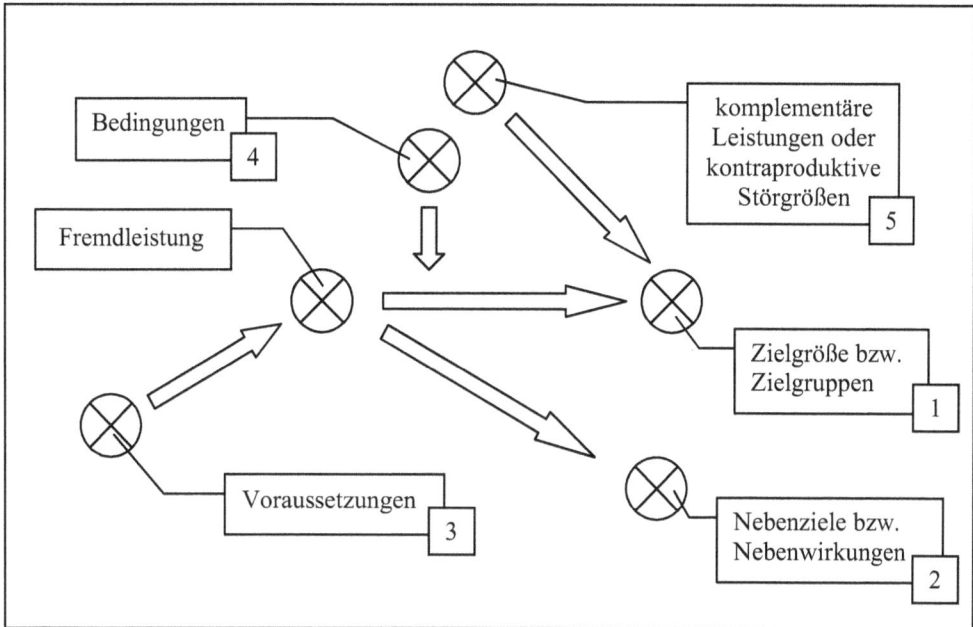

Abb. 55: Ansatzpunkte zur Ermittlung der Anforderungen an ein Beschaffungsobjekt

ausgebaut werden muss, hängt insbesondere von den direkt auf die Zielgröße wirkenden **kontraproduktiven Störgrößen** und den **Bedingungen** ab, die gleichzeitig ihre Wirkungen entfalten. Dabei sind die Bedingungen dadurch gekennzeichnet, dass sie selbst keine Wirkungen an der Zielgröße erzeugen, aber die Wirkungen des Beschaffungsobjekts verstärken oder beeinträchtigen können (z.B. stellt ein auf dem Boden liegender Nagel die Ursachengröße dar und der Autoreifen die Wirkgröße. Der Boden ist hierbei die Bedingung, die für sich keinen Platten auslösen kann aber mit ihrem Härtegrad das Eindringen des Nagels in den Reifen fördert oder verhindert). Ob die daraufhin empfohlene Ausgestaltung des Beschaffungsobjekts wieder herabgestuft werden kann, hängt von den **komplementären unterstützenden Leistungen** ab, die gleichzeitig auf die Zielgröße einwirken. Handelt es sich um dauerhaft wirkende Komplementärmaßnahmen, kann der Verkäufer Leistungsfähigkeit des eigenen Angebots zurückfahren. Gegebenenfalls müssen die komplementären Leistungen in einer bestimmten Form aufeinander abgestimmt werden, weshalb eine möglichst genaue Kenntnis der komplementären Wirkungsgrößen vonnöten ist.
Eine Korrektur der Spezifikation kann erforderlich werden, wenn die Fremdleistung zugleich bestimmte Nebenziele erfüllen soll. Deshalb sind unbedingt auch die Nebenziele in den Fragenkatalog des Verkäufers aufzunehmen.

Eine Abwandlung bzw. Reduzierung des Leistungsumfangs ist unter Umständen möglich, wenn der Beschaffungsverantwortliche über geeignete Voraussetzungen in Form von freien und kurzfristig nicht abbaubaren Ressourcen besitzt, mit denen er die Wirkungsfähigkeit der Fremdleistung sicherstellen kann (z.B. wenn er geeignetes frei verfügbares Bedienpersonal hat, sodass er auf eine vollautomatische Ausgestaltung der Fremdleistung verzichten kann).

Die eben genannte Analyse ist nicht nur für den eigentlichen Einsatz bzw. die eigentliche Nutzung der Leistungen in Erfahrung durchzuführen, sondern sollte sich auf den **gesamten**

Lebenszyklus des Produkts- bzw. der Dienstleistung erstrecken (z.B. bei Lebensmittel-verpackungen sollte die Analyse nicht nur die Phase einschließen, in der das Lebensmittel sich in der Verpackung befindet, sondern bereits mit der Anlieferung der Verpackung beim Lebensmittelhersteller beginnen und erst nach der Entsorgung und Verwertung enden).

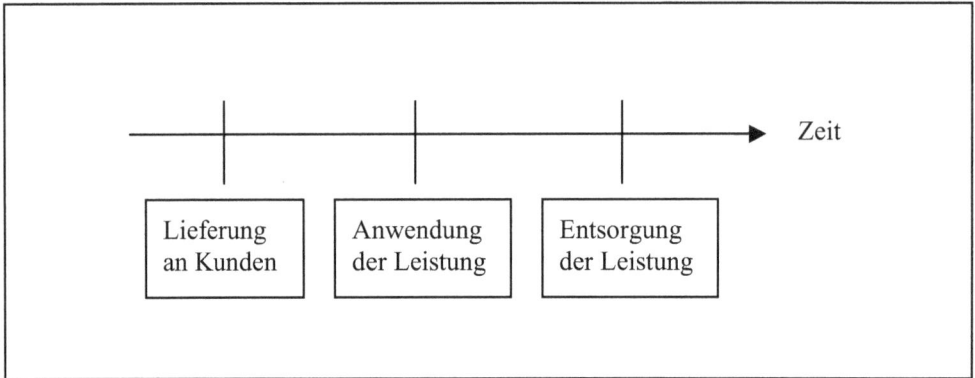

Abb. 56: Ausweitung des Fragenkatalogs auf den gesamten Produktlebenszyklus

Mit der Klärung der Anforderungen – über die einzelnen Stadien des Produktlebenszyklus hinweg – können schon frühzeitig unliebsame Überraschungen vermieden werden. Wider-sprüchliche Anforderungen werden so schneller erkannt und können entsprechend gewichtet werden.

Die Kenntnis der über Wirkungszusammenhänge miteinander verbundenen Sachhalte ist Grundlage für die Identifikation der tatsächlich zu erfüllenden Anforderungen. Bei allen eingehenden Informationen muss dem Verkäufer stets klar sein, welchen Status sie reflektie-ren: Handelt es sich bei den Angaben des Beschaffungsverantwortlichen um

- um Sollvorstellungen, d.h. Ziele,
- um gegebene oder zu erwartende Ist-Zustände,
- um Soll-Ist-Differenzen, d.h. Zielabweichungen oder
- um die tatsächlich zu bewirkenden Änderungen, d.h. Anforderungen an die betrachteten Sachverhalte?

Die Unterscheidung zwischen den genannten Statusausprägungen lässt sich bei allen invol-vierten Sachverhalten vornehmen:

So können bei den Zielgrößen die bisherigen Ausprägungen bekannt sein, aber nicht die künftig zu erreichenden Ausprägungen. In dieser Situation muss beim Beschaffungsverant-wortlichen zunächst ein Zielbildungsprozess in Gang kommen, bevor er sich sinnvoll dem zugehörenden Problemlösungsprozess widmen kann.

Gleiches gilt für die Fremdleistungen (Beschaffungsobjekte), deren aktuelle Ausprägungen bekannt sind, wenn beispielsweise bereits Wettbewerbsleistungen eingesetzt werden, wo aber noch unklar ist, welche Sollausprägungen wünschenswert wären, wie die Soll-Ist-Differenz aussieht und wie die Anforderungen festgelegt werden sollen.

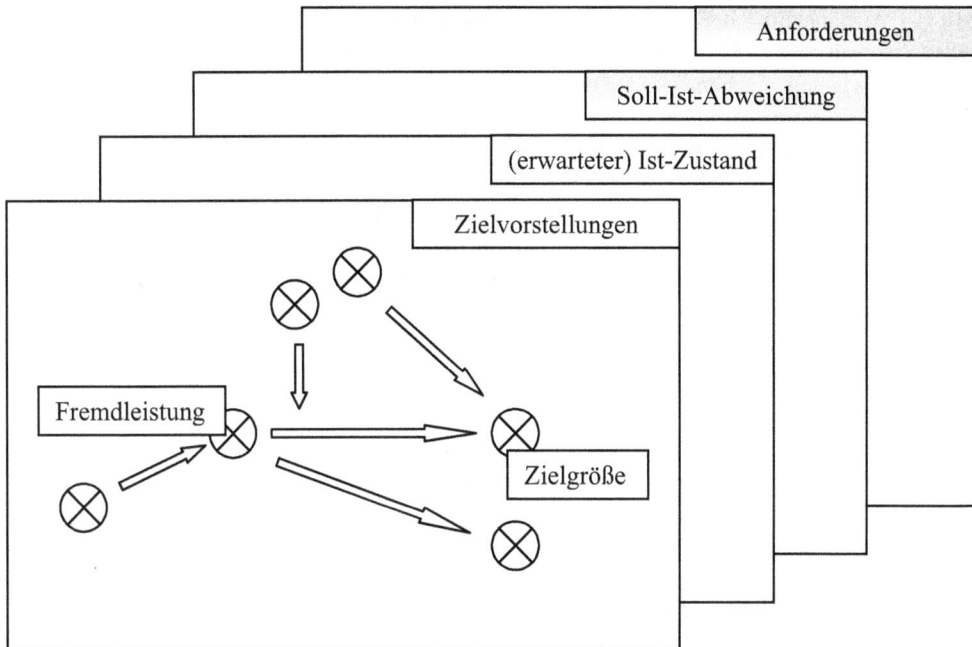

Abb. 57: Statusausprägungen von Informationen

Die Gesprächspartner können nur ein deckungsgleiches Verständnis zum Stand des Beschaffungsprojekts entwickeln, wenn ihnen jeweils klar ist, **welchen Status die ausgetauschten Mitteilungen besitzen**. Am besten wäre es, wenn beide Parteien sämtliche Statusausprägungen zu den einzelnen Sachverhalten kennen würden, dann könnten sie die Qualität der herausgebildeten Anforderungen für alle Sachverhalte überprüfen: **Denn die Anforderungen ergeben sich nicht zwangsläufig aus den Soll-Ist-Abweichungen.** Zwischen den Soll-Ist-Abweichungen und den Anforderungen kann es zu Unterschieden kommen, wenn

- die Soll-Ist-Abweichungen so gering sind, dass auf eine Beseitigung der Differenz verzichtet werden kann und somit auch keine Anforderungen entstehen.
- die Soll-Ist-Abweichungen teilweise auch durch andere Maßnahmen verringert werden sollen und damit für die betrachtete Maßnahme das Anforderungsprofil reduziert wird oder wenn
- umgekehrt, die Anforderungen ein höheres Ausmaß haben, als die tatsächlichen Soll-Ist-Abweichungen, weil die Lieferanten erfahrungsgemäß die Anforderungen nicht vollumfänglich erfüllen.

Vor allem in Bezug auf die Zielsetzungen und die Anforderungen sollte der Verkäufer auch in Erfahrung bringen, ob es sich um beliebig maximierungsfähige Größen handelt oder ob es optimierungsfähige Größen sind, bei denen eine Übererfüllung keinen zusätzlichen Nutzen bringt.

Naturgemäß interessiert sich der Verkäufer in erster Linie für die Anforderungen an die Beschaffungsobjekte. Die Aneignung von Hintergrundwissen hilft ihm unter Umständen aber dabei, sich auch noch sinnvolle Alternativangebote zu überlegen.

Mit der Ausleuchtung der noch fehlenden Einflussgrößen auf das Beschaffungsprojekt und ihren Statusausprägungen kann sich der Verkäufer ein erstes Bild zu den Anforderungen an die Fremdleistung machen. Unklar bleibt im Zweifel aber noch, welche **Qualität** die vom Beschaffungsverantwortlichen gemachten Aussagen haben. Zu Beginn dieses Abschnitts wurden bereits einige Gründe für mögliche Qualitätsmängel genannt. Oft sind die Beschaffungsverantwortlichen selbst auf Daten anderer involvierter Interessengruppen angewiesen und müssen darauf vertrauen, dass die gelieferten Angaben relevant und realitätskonform sind. **Deshalb kann es für den Verkäufer ganz nützlich sein, die Informationsquellen zu erfahren, auf die sich die Angaben des Beschaffungsverantwortlichen stützen.** Als Informationsquellen kommen in Betracht:

- gespeicherte Daten alter vergleichbarer Vorgänge,
- Kollegen des Buying Centers,
- Kunden des Kunden,
- andere Lieferanten, d.h. der eigene Wettbewerb,
- „neutrale" Dritte wie z.B. Verbände, Medien oder Branchenexperten,
- die Öffentlichkeit sowie
- gesetzgebende Instanzen und Behörden.

Es muss davon ausgegangen werden, dass alle Informanten mit der Bereitstellung von Daten jeweils auch eigene Zielsetzungen verfolgen[24].

Mit dem **Rückgriff auf alte Vorgänge** erspart sich der Beschaffungsverantwortliche zunächst eine Menge Arbeit und er kommt in Besitz eines Orientierungsrahmens, der seine Sicherheitsbedürfnisse stillt. Bei alten vergleichbaren Vorgängen ist zu prüfen, ob die Vergleichbarkeit auch in Bezug auf die im jetzigen Vorgang interessierenden Aspekte gilt. Möglicherweise ergeben sich gerade hier entscheidende Unterschiede, die alternative Lösungen begünstigen.

Stammen die Informationen aus dem **Kollegenkreis**, ist zu prüfen, welche Rolle die betreffenden Kollegen im Buying Center einnehmen. Die mit den Rollen in Verbindung stehenden Aufgaben und Pflichten zeigen an, bei welchen Aspekten der einzelne Kollege die Anforderungen tendenziell eher mit Sicherheitsaufschlägen versieht und bei welchen Aspekten diesbezüglich ein größeres Maß an Gelassenheit herrscht.

Die **Kunden des Kunden** möchten sicherstellen, dass die zu beziehende Leistung in allen denkbaren Situationen die versprochene Wirkung entfaltet. Andererseits liegt der Wunsch nahe, die Leistung zu einem günstigen Preis zu beziehen. Damit entsteht einerseits die Forderung nach einer großzügigen Auslegung des Leistungsumfangs, während ein niedriger Preis eine weitgehende Reduzierung des Leistungsspektrums impliziert. Zu übertriebenen Forderungen kann es in beiden Richtungen kommen. Hier sollte der Verkäufers hinterfragen, inwieweit die angedachten Auslegungen eine realistische Basis aufweisen und somit gerechtfertigt sind.

Der **Wettbewerb** strebt danach, seine Stärken zur Anwendung zu bringen, indem er seine bevorzugten technischen Verfahren und Methoden, seine lagermäßig vorhandenen Einsatzstoffe bzw. seine freien technischen und personellen Kapazitäten in seine Überlegungen einbringt.

---

[24] In Anlehnung an Koeppler, Karlfritz, Strategien erfolgreicher Kommunikation, S. 182 ff.

Auch die außerhalb der Wertkette stehenden Personen und Institutionen verfolgen eigene Interessen und gewichten ihre Informationen entsprechend. **Behörden und staatliche Institutionen** erwarten die absolute Einhaltung von Vorschriften und legen daher Anforderungen häufig an Extremfällen aus, die zuvor gegebenenfalls von den Medien ins Blickfeld der Öffentlichkeit gerückt wurden.

Kennt der Verkäufer die Informationsquellen, hat er die Chance, die Realitätsnähe der von den Beschaffungsverantwortlichen vertretenen Anforderungen abzuschätzen. Der Verkäufer kann daraufhin versuchen, den Beschaffungsverantwortlichen unnötige Anforderungen zu verdeutlichen. Wenn er dabei die Interessenlage der Informationsquellen als Ursache der unangemessenen Anforderungen ins Spiel bringt, kann er seine Meinung darlegen, ohne Kompetenz der Beschaffungsverantwortlichen in Frage stellen zu müssen. Von der jeweiligen Situation wird es abhängig sein, inwieweit es sinnvoll ist, den Beschaffungsverantwortlichen direkt auf die Probleme seiner Datenbasis anzusprechen. Je mehr die Beschaffungsverantwortlichen allerdings ihre Informationsquellen schätzen, desto weniger sollte der Verkäufer versuchen, seine Sichtweise direkt zu vermitteln, denn dies könnte den Eindruck einer Belehrung entstehen lassen. Hier wird er sich im Zweifel damit begnügen, ein Angebot mit mehreren Ausgestaltungsvarianten zu unterbreiten, um die jeweils zugrunde liegenden Anforderungsszenarien erläutern.

Abschließend ist festzustellen, dass die Erörterung der Begriffsabgrenzungen und die Beleuchtung der kausalen Wirkungsbeziehungen in Verbindung mit den Statusabfragen nicht nur dabei helfen, die Gesprächspartner auf die relevanten Aspekte des Beschaffungsprojekts zu stoßen, sondern oft auch eine korrekte **Gewichtung von Teilthemen** bzw. Kriterien ermöglichen. Nicht selten gibt es für einen Aspekt mehrere Bezeichnungen, die dann separat in den Kriterienkatalog einfließen. Die Folge ist, dass diese doppelt vertretenen Kriterien oft unerkannt ein zu hohes Gewicht in der Entscheidungsfindung erhalten. Um derartigen Verzerrungen entgegenzuwirken kann man die Kriterien eines Kriterienkatalogs daraufhin überprüfen,

- ob sich einzelne Kriterien inhaltlich überschneiden (Begriffsüberschneidungen) und
- ob einzelne Kriterien verschiedene Abschnitte derselben Kausalkette abbilden.

Damit werden ungerechtfertigte Doppelnennungen ähnlicher oder sich bedingender Aspekte transparent gemacht.

Daneben kann der Verkäufer manchmal durch die **Sensibilisierung** für die noch **ungelösten oder nicht zufriedenstellend gelösten Aspekte** im Beschaffungsprojekt eine geänderte Gewichtung herbeiführen[25]. Diese Vorgehensweise ist anwendbar, wenn es sich um bereits bekannte Beschaffungsobjekte handelt, die bisher von anderen Wettbewerbern geliefert wurden. Dazu kann der Verkäufer im Umfeld der Leistung thematisieren:

- die bislang nicht erfüllten Aspekte an den Zielgrößen (z.B. „...welcher Teil der Zielgruppe reagiert nicht in der gewünschten Weise auf den Einsatz des Beschaffungsobjekts?...“),

---

[25] Angelehnt an Rackham, Neil, Die neue Welle im Verkauf S. 51ff. und S. 137ff. Das SPIN Modell zeigt auf, wie Verkäufer latenten Bedarf aufdecken und entwickeln können. Dies geschieht durch Fragen über die aktuelle Situation (S), aktuelle Problemstellungen (P), die Implikationen (I) bzw. Konsequenzen aus den Problemen sowie die Nützlichkeit (N) einer möglichen Lösung des Problems.

- die bislang nicht erfüllten Nebenziele (z.B. „...welche ungünstigen Nebenwirkungen müssen Sie an anderen Zielgruppen durch das Beschaffungsobjekt in Kauf nehmen?..."),
- die gegebenenfalls zusätzlich zu veranlassenden Maßnahmen (z.B. „...welche flankierenden Maßnahmen müssen an der Zielgruppe gleichzeitig zum Einsatz kommen, damit die gewünschte Wirkung erzielt werden kann?...")
- die eng gesetzten Bedingungen (z.B. „...müssen Sie auf den Eintritt bestimmter Bedingungen - beispielsweise eine bestimmte Tageszeit - warten, damit Sie das Beschaffungsobjekt einsetzen können?...") oder
- die extra zu schaffenden Voraussetzungen (z.B. „...welche vorbereitenden Rüstaktivitäten müssen Sie am Beschaffungsobjekt durchführen, damit dieses seine Leistung in der gewünschten Weise entfaltet?...")

In Bezug auf das Beschaffungsobjekt selbst kann der Verkäufer

- die artbestimmende Ausgestaltung des Beschaffungsobjekts,
- die Erscheinungsform und Auslegung des Beschaffungsobjekts,
- die erforderlichen Einsatzmengen sowie
- die Nutzungsdauer

ansprechen, um so die nicht ausgeschöpften Potenziale aufzuzeigen.

Die **Sensibilisierung für die noch ungelösten oder nicht zufriedenstellend gelösten Aspekte** ist bei Kunden, die unter starkem Wettbewerbsdruck stehen und somit ständig nach Optimierungsmöglichkeiten Ausschau halten müssen, eine legitime Vorgehensweise zur Erreichung einer angemessenen Gewichtsverteilung zwischen den relevanten Aspekten.

In die gleiche Kerbe schlägt der Verkäufer im Prinzip zwar auch, wenn er die bereits (vom Wettbewerb) **gelösten Teilaspekte als Branchenstandard einstuft**. Allerdings kann dies vom Beschaffungsverantwortlichen als **Herabwürdigung des jetzigen Lieferanten** und damit indirekt auch eine Kritik an der bisherigen Lieferantenwahl empfunden werden und ist somit **nicht zu empfehlen**.

Am Ende des Gesprächs sollte der Verkäufer zu allen Bereichen, in denen die anzubietenden Leistungen variabel ausgestaltet werden können, die Ziele, die Anforderungen oder direkt die zu liefernde Ausprägung kennen. Erst dann können die übrigen Abteilungen des Lieferanten – ohne Rückfragen an den Beschaffungsverantwortlichen - ein eindeutiges und zielführendes Angebot vorbereiten.

Auch wenn der Gedankenaustausch zu dem angefragten Projekt längere Zeit in Anspruch genommen hat, empfiehlt es sich für den Verkäufer, während desselben Gesprächs weitere mögliche Beschaffungsprojekte anzusprechen und vor allem auch zu bereits laufenden Vorgänge über den eigenen Stand zu informieren bzw. nach den Entwicklungen beim Kunden zu fragen. In die positive Gesprächsatmosphäre kann der Verkäufer leichter auch weniger gute Nachrichten hineinplatzieren und ohne erneut einen Kontakt herstellen zu müssen. Gegen Ende des Kontakts sollte der Verkäufer die erreichten Ergebnisse kurz zusammenfassen und die weiteren gemeinsamen Schritte vereinbaren. Im einzelnen ist zu spezifizieren

- welche Daten der Beschaffungsverantwortliche ggf. noch bis wann nachreichen soll,
- welche Besprechungen zur Klärung von Details noch anberaumt werden müssen,
- bis wann und in welcher Form das Angebot eingereicht werden soll,
- ob eine persönliche Erläuterung des Angebots in einem Gespräch erwünscht ist bzw. vorgenommen werden soll,

- ob dem Angebot Muster beigefügt werden sollen,
- welche Informationen vom Verkäufer im Zusammenhang mit dem Beschaffungsprojekt noch zu liefern sind (z.B. Vorabauskunft über verbindliche Lieferzeiten) und
- was das Angebot ggf. kostet.

Ist lediglich eine schriftliche Übermittlung des Angebots vorgesehen, sollte der Verkäufer noch nach dem weiteren Prozedere auf der Kundenseite fragen, damit er wenigstens weiß, wann die Entscheidung ungefähr getroffen wird. So kann er rechtzeitig nachfassen, falls der Kunde sich nicht meldet. Der Verkäufer sollte auch versuchen, die an der Entscheidung beteiligten Personen in Erfahrung zu bringen, um sich eine Vorstellung über die bestmögliche Ausgestaltung des Angebots machen zu können und um gegebenenfalls direkt auf weitere Ansprechpartner zugreifen zu können.

5.4 Angebotsgespräch

Das Angebotsgespräch ist – wie das Anfragegespräch – normalerweise an einen konkreten Beschaffungsvorgang geknüpft, sofern nicht der Verkäufer mit einem eigenständigen Angebot auf den Beschaffungsverantwortlichen zugeht. Bei vorgangsgebundenen Angebotsgesprächen kann die Kontaktinitiative von beiden Gesprächspartnern ausgegangen sein. Die Initiierung eines Angebotsgesprächs ist aus Sicht des Beschaffungsverantwortlichen eine sinnvolle Verhaltensweise, wenn

- der Aufwand für die Analyse eines schriftlichen Angebots zu hoch ist,
- die schriftlichen Angebote erfahrungsgemäß unvollständig sind, noch Punkte offen lassen oder einzelne Angaben überraschend positiv ausgefallen sind und die dadurch entstehenden Fragen am besten direkt vom Verkäufer beantwortet werden können,
- sich noch Änderungen ergeben haben, auf die der Verkäufer kurzfristig reagieren muss oder
- im Nachgang zur Angebotserläuterung direkt in die Verhandlungen eingestiegen werden soll.

Das Angebotsgespräch soll dem Beschaffungsverantwortlichen dabei helfen, die Zusammenstellung und die Bewertung der vorliegenden Angebote vorzunehmen.

5.4.1 Objektspezifische Ausgangskonstellationen

Zu Beginn des Angebotsgesprächs kann sich der Beschaffungsverantwortliche in folgenden Situationen befinden:

- Im besten Fall liegen mehrere **gut vergleichbare Angebote** vor und gegenüber der Anfrage haben sich keine Änderungen mehr ergeben.
- Komplizierter ist die Situation, wenn die Anforderungen unverändert sind, aber die **Lieferanten sich nicht an die Vorgaben gehalten haben**, weil sie nicht alle Aspekte berücksichtigen können oder weil sie sich durch abweichende Zusatzleistungen gegenüber dem Wettbewerb profilieren möchten.
- Ähnlich sieht es aus, wenn sich mittlerweile **die eigenen Vorgaben beim Beschaffungsverantwortlichen verändert** haben, beispielsweise durch einen unvorhergesehenen Fortgang des Projekts aufgrund geänderter Kundenwünsche oder beispielsweise durch zusätzliche Anregungen in den Wettbewerbsangeboten.

- Noch ungünstiger ist die Lage zu Beginn des Angebotsgesprächs, wenn die vorliegenden **Angebote stark voneinander abweichen**, weil sie ohne ausreichendes Briefing von den Lieferanten eingereicht wurden. Ähnlich unübersichtlich ist die Situation für die eventuell in dieser Phase neu hinzutretenden Beschaffungsverantwortlichen.
- Schließlich kann auch der Fall eintreten, dass der **Vorgang gestoppt oder verschoben** werden muss, weil noch Bestände entdeckt wurden, sich der Bedarf zerschlagen hat oder durch Eigenfertigung selbst gedeckt wird.

Im günstigsten Fall kann der Beschaffungsverantwortliche mit der Verwertung der Informationen starten, sobald er die Angebote verstanden hat und er sie in sein Anforderungsraster einordnen kann. Tauchen Änderungen im Beschaffungsprojekt auf oder kommen von den Lieferanten unvorhergesehen sinnstiftende Anregungen, muss der Beschaffungsverantwortliche wieder in die inhaltliche Definition des Beschaffungsobjekts einsteigen. Um eine erneute Anfragerunde zu vermeiden, ist es zweckmäßig, kleinere Änderungen direkt mit den Verkäufern zu besprechen und lediglich eine Modifikation der Angebote zu fordern.

5.4.2   Prozessspezifische Anforderungen

Um die situativen Anforderungen in der Angebotsphase verdeutlichen zu können, ist es hilfreich, zunächst einen Blick auf die späteren Phasen des Beschaffungsprozesses zu werfen: Am Ende des Angebotsgesprächs sollte der Beschaffungsverantwortliche zu den einzelnen Angeboten die Daten besitzen, die zu einer Entscheidung erforderlich sind. Im einzelnen muss der Beschaffungsverantwortliche darüber Auskunft geben können

- inwieweit die Angebote den definierten Anforderungen entsprechen und
- welche Angebote in Bezug auf ein einzelnes Kriterium am besten abgeschnitten haben.

Liegen dem Beschaffungsverantwortlichen zu den einzelnen Anforderungen auch die Angaben zur Gewichtung sowie zu den mindestens zu erreichenden Ausprägungen (sogenannte K.O.-Kriterien) vor, zählt darüber hinaus die Feststellung des Gesamturteils für einzelne Angebote zum Aufgabenfeld in der Auswertungsphase. Aus der Bewertung sollte hervorgehen,

- ob die Angebote überhaupt **geeignet sind, das Beschaffungsproblem zu lösen**, oder ob nachgebessert bzw. erneut ausgeschrieben werden muss,
- welche **Angebote zu favorisieren sind** und für eine Verhandlungsphase in Frage kommen und
- welche **Stärken und Schwächen die Angebote** haben, um Ansatzpunkte für die eventuell geplanten Verhandlungen zu finden.

Aus diesen Zielen ergeben sich in Verbindung mit der tatsächlichen Ausgestaltung der Angebote die situativen prozessbezogenen Anforderungen an das Angebotsgespräch. Der Beschaffungsverantwortliche möchte aus den Angaben des Angebots

- die adressierten Anforderungen möglichst eindeutig identifizieren können,
- den Erfüllungsgrad der Anforderungen erkennen können,
- die Gemeinsamkeiten und die Unterschiede in Bezug auf andere Angebote auflisten können.

Die Anberaumung eines Angebotsgesprächs ist also vor allem dann zweckmäßig, wenn

- die schriftlichen Angebote zwar interessant, aber inhaltlich **nicht vollständig** sind,

- die schriftlichen Angebote nur die Ausgestaltung der zu liefernden Leistungen beinhalten, aber **nicht die Beziehungen zu anderen Sachverhalten**, wie beispielsweise zu den Wirkgrößen darstellen,
- die eigenen **Anforderungen sich geändert oder erweitert haben** und eine rasche Modifikation oder Ergänzung des Angebots erfolgen soll oder
- die **Terminologie der Angebote** nicht mit der eigenen Terminologie oder der anderer Wettbewerber übereinstimmt.

Daneben kann der Beschaffungsverantwortliche auch im Hinblick auf die Bewertung von Handlungsalternativen Beratungsbedarf haben, beispielsweise wenn zu klären ist, inwieweit die Bewertungen zu einzelnen Anforderungen gegeneinander aufgerechnet werden können.

5.4.3 Spezifische Aktualisierung von Bedürfniskategorien

Die Bedürfniskategorien werden durch die Angebotsphase meist nicht wesentlich berührt. Die Kategorie der **Sicherheitsbedürfnisse** kann in der Angebotsphase beeinträchtigt werden, wenn sich herausstellt, dass

- sämtliche Angebote die Anforderungen weit verfehlen und damit unklar bleibt, ob es überhaupt eine Chance für eine Problemösung gibt,
- die Angebote die Anforderungen weit verfehlen und damit die vom Beschaffungsverantwortlichen initiierte Anfrage von den eigenen Vorgesetzten als zu wenig professionell eingestuft wird,
- die Angebote überhaupt nicht vergleichbar sind und damit im Dunkeln bleibt, welche Alternative das Optimum darstellt,
- sich schon auf den ersten Blick herausstellt, dass es keine überlegenen Angebote gibt, und jeder Vorschlag spezifische Schwachstellen aufweist.

Angebotsgespräche können die Erfüllung der Sicherheitsbedürfnisse unterstützen, wenn die Erläuterungen der Verkäufer Verständnisprobleme ausräumen und die Verkäufer in der Lage sind, Informationslücken kurzfristig zu schließen. Bei Bedarf können auch methodische Hinweise zur Auswertung von Angeboten eine Hilfestellung für den Beschaffungsverantwortlichen bedeuten. Mit derartigen Informationen im Rücken, kann der Beschaffungsverantwortliche seine Stellung im Buying Center absichern.

Zusammenfassend lässt sich festhalten, dass in der Angebotsphase in erster Linie die Sicherheitsbedürfnisse eine Aktualisierung erfahren können, wenn die Angebote unzureichend und schlecht vergleichbar sind.

5.4.4 Erwartungen an den Verkäufer

Ausgehend von den genannten Konstellationen ergeben sich an den Verkäufer folgende Erwartungen:

- Der Verkäufer muss in der Lage sein, die Bezüge seines Angebots zu den Anforderungen herzustellen.
- Daneben muss der Verkäufer auch die Realisierbarkeit einzelner Bestandteile seines Angebots beweisen können.
- Außerdem sollte der Verkäufer die Bereitschaft und die Fähigkeit haben, außerplanmäßige sachliche Modifikationen im Angebot selbst vornehmen zu können.

- Der Verkäufer sollte in der Lage sein, sich kurz zu fassen und auf die Darstellung irrelevanter Aspekte verzichten, um so an einer effizienten Gesprächsführung mitzuwirken.
- Der Verkäufer muss sein Angebot gegebenenfalls in die Sprache des Beschaffungsverantwortlichen übersetzen können.
- Der Verkäufer muss branchenbezogene Ausdrücke der Wettbewerber verstehen und deren Leistungen in das Anforderungsprofil des Beschaffungsverantwortlichen einordnen können.

Schließlich wäre es vorteilhaft, wenn sich der Verkäufer mit methodischen Fragestellungen im Zusammenhang mit der Analyse und Bewertung von Angeboten auskennt.

5.4.5   Wichtige Gesprächsthemen

Im Angebotsgespräch ist zunächst der Verkäufer aufgefordert, sein Angebot darzulegen und Verständnisfragen des Beschaffungsverantwortlichen zu beantworten. Die Präsentation des Angebots erstreckt sich auf

- die Ausstattungsmerkmale der zu erbringenden Leistung,
- den Nutzen,
- den Preis sowie
- die Liefer- und Zahlungsbedingungen.

Damit der geforderte Preis für den Gesprächspartner nachvollziehbar ist, sollte der Verkäufer in diesem Zusammenhang dem Beschaffungsverantwortlichen zeigen,

- dass das Angebot den gestellten Anforderungen gerecht wird und
- wo die Vorteile gegenüber eventuellen Wettbewerbsangeboten liegen.

Der Verkäufer startet am besten mit einer **kurzen Zusammenfassung des bisherigen Standes** und gibt somit dem Beschaffungsverantwortlichen die Möglichkeit, auch gedanklich beim Vorgang anzukommen. Bei der mittlerweile fast überall erreichten hohen Arbeitsbelastung geschieht es in der Praxis relativ häufig, dass die Beschaffungsverantwortlichen andere Aktivitäten unterbrechen müssen bzw. kaum mehr die Zeit haben, die vorangegangenen Aktivitäten in der erforderlichen Weise abzuschließen. Dies führt dazu, dass sie - obwohl schon in der nächsten Besprechung – noch mit den bisherigen Geschehnissen beschäftigt sind. Die kurze Zusammenfassung gibt dem Beschaffungsverantwortlichen die Möglichkeit, sich die relevanten Aspekte wieder vor Augen zu führen und gegebenenfalls Ergänzungen oder Korrekturen vorzunehmen. Sofern diese Ergänzungen und Korrekturen keine substanziellen Änderungen für die Ausgestaltung des Angebots bedeuten, kann der Verkäufer seine **Präsentation entsprechend anpassen**, indem er

- nicht mehr relevante Aspekte aus seiner Präsentation entfernt oder sie wesentlich kürzt,
- die Reihenfolge der Themen umstellt und so die aktuelle Gewichtung widerspiegelt,
- die betreffenden Aspekte mit einer geänderten Nutzenargumentation adressiert oder
- eventuell bekannt werdende Wettbewerbsleistungen in seine Vorteilsauflistung aufnimmt.

Bei substanziellen Änderungen können sich die beiden Gesprächspartner überlegen, ob eine Präsentation noch sinnvoll ist oder ob erst die überarbeitete Fassung vorgestellt werden soll.

Damit könnten die Gesprächspartner wenigstens vermeiden, dass weitere wertvolle Zeit in eine obsolete Präsentation investiert wird und sich gleich auf andere Vorgänge konzentrieren.

Die Zusammenfassung des bisherigen Stands sollte auch als Richtschnur für die Strukturierung der Angebotspräsentation dienen (beispielsweise könnten die verschiedenen Komponenten der angebotenen Leistung in der korrespondierenden Reihenfolge vorgestellt und erörtert werden).

Kern der nun folgenden **Angebotspräsentation ist die Ausgestaltung der Leistung** mit ihren Eigenschaften (d.h. den innengerichteten Merkmalen und ihren Verhaltensweisen (d.h. den außengerichteten Merkmalen). Die außengerichteten Merkmale sollten wiederum Bezüge zu allen Elementen im Wirkungszusammenhang des Beschaffungsprojekts herstellen.

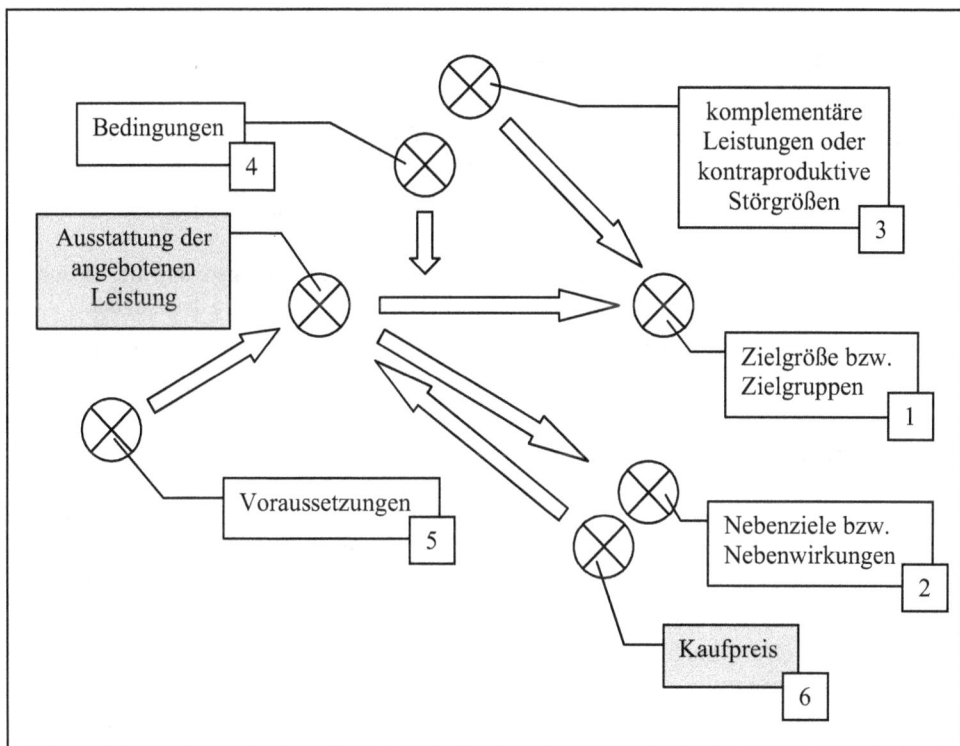

Abb. 58: Grundlegende Bestandteile einer Angebotspräsentation

Im **Mittelpunkt der Erläuterungen** sollten die an den Zielgrößen bzw. Zielgruppen **erreichbaren Wirkungen** stehen, bevor auf die positiv berührten Nebenziele, die komplementären Leistungen, Störgrößen, Bedingungen und die zu schaffenden Voraussetzungen eingegangen wird. Der Kaufpreis sollte erst genannt werden, nachdem der Beschaffungsverantwortliche die Leistungen des Angebots erfahren hat. Denkbare inhaltliche Ansatzpunkte zur Erläuterung der einzelnen Sachverhalte enthält die nachstehende Tabelle:

Tab. 26: Ansätze für eine strukturierte und differenzierte Nutzendarstellung

Sachverhalt	Nutzenargumentation
Zielgröße und Zielgruppe (1)	Darstellung der an den einzelnen Aspekten bzw. Merkmalen eintretenden gewünschten Veränderungen
Nebenziele (2)	Darstellung der gleichzeitig erreichbaren Nebenziele mit Benennung der an den einzelnen Aspekten eintretenden Veränderungen
Nebenwirkungen (2)	Darstellung der wegfallenden Nebenwirkungen bzw. der negativen Zielbeiträge
komplementäre Maßnahmen (3)	Hinweise auf die nicht mehr benötigten komplementären Maßnahmen und Hinweise auf die Möglichkeit zur Reduzierung oder Flexibilisierung des Einsatzes komplementärer Maßnahmen
Störgrößen (3)	Hinweise auf gleichzeitig erreichbare Kompensation von Störgrößen
Bedingungen (4)	Hinweise darauf, dass auf bestimmte Bedingungen nicht mehr oder nicht mehr im bisherigen Umfang geachtet werden muss
Voraussetzungen (5)	Darstellung der nicht mehr benötigten Voraussetzungen (z.B. Qualifizierung von Personal) oder Darstellung der einsetzbaren Voraussetzungen und der dadurch erreichbaren Reduzierung im Leistungsumfang des Angebots
Kaufpreis (6)	Hinweis auf die mit dem Preis erzielbaren qualitativen oder monetären Vorteile (z.B. Einsparungen)

Der Verkäufer neigt aus seiner Interessenlage heraus dazu, in seinen Erläuterungen die positiven Wirkungszusammenhänge besonders deutlich hervorzuheben. Umgekehrt werden Aspekte, die keine positiven Beiträge in Bezug auf die Anforderungen liefern, vom Verkäufer meistens nicht thematisiert. In der Praxis erwähnen die meisten Verkäufer auch nicht die Schwachstellen des eigenen Angebots. **Es empfiehlt sich jedoch, auch auf die Schwachstellen des eigenen Angebots einzugehen**, insbesondere wenn

- es sich dabei um hoch priorisierte Anforderungen des Beschaffungsverantwortlichen handelt und wenn
- mit den Schwachstellen eine zusätzliche Beeinträchtigung bei einem der in der Tabelle 26 genannten Aspekte zu rechnen ist.

Unterschlägt der Verkäufer derartige Schwachstellen, muss er damit rechnen, dass der Beschaffungsverantwortliche das als **Vertrauensmissbrauch** auslegt und entsprechende Konsequenzen zieht.

Zu Schwachstellen entwickeln sich einzelne Aspekte eines Angebots oft weniger durch ihre mangelnde Zweckeignung, sondern eher im Verhältnis zu der vom Wettbewerb angebotenen Leistung. Deshalb ist schon vor Beginn der Präsentation zu überlegen, welche Wettbewerber noch ein Angebot eingereicht haben könnten. Dementsprechend sind die Schwerpunkte der eigenen Präsentation zu setzen.

Bei innovativen Leistungen bietet es sich an,

- die Zielgrößen oder
- die Zielgruppen

in den Vordergrund zu rücken. **Bei wettbewerbsintensiven ausgereiften Leistungen** lassen sich Unterschiede zum Wettbewerb am ehesten bei

- den Nebenzielen,
- den komplementären Maßnahmen,
- der Kompensation von Störgrößen,
- den einzuhaltenden Bedingungen oder bei
- den Voraussetzungen

erzielen und sind damit in der Präsentation besonders zu betonen.

Sehr große Aufmerksamkeit zieht in aller Regel der Preis auf sich, der in Unternehmen und Organisationen mit beschränkten Etats stets ein zu minimierendes Nebenziel darstellt. Da der Preis somit immer ein Angriffsziel für den Beschaffungsverantwortlichen ist, streben die Verkäufer danach, den Preis

- so selten wie möglich zu nennen,
- so klein wie möglich darzustellen oder
- durch eine ausführliche Darstellung anderer Sachverhalte aus dem Blickfeld zu drängen.

Die erstgenannte Verhaltensweise kann durch **Benennung des Komplettpreises** für das gesamte Leistungspaket am besten erreicht werden[26]. Nachteil ist dabei, dass dieser Paketpreis dem Beschaffungsverantwortlichen im Vergleich zu den Teilpreisen des Wettbewerbs als zu hoch erscheint. Dabei spielt es keine Rolle, ob der Preis absolut zu hoch ist oder ob dies eine relative Einschätzung ist, d.h. der Anbieter ist zwar absolut am günstigsten aber unter Berücksichtigung des versprochenen Leistungsumfangs dennoch zu teuer.

Aus diesem Grund neigen Verkäufer dazu, den **Preis optisch herunterzudrücken**. Handlungsmöglichkeiten sind hierbei:

- Nennung von **Stückpreisen** bzw. Angaben von Preisen für eine branchenübliche Mengeneinheit (Preis pro 1000 Stück, kg etc.),
- Ausweis **separater Preise für verschiedene Teile eines Auftragspakets** (z.B. aufgesplittet nach den einzelnen Ausstattungsversionen in kleine, mittlere und große Ausführungen, teilweise bezeichnet als Zerlegungsmethode),
- Ausweis separater **Preise für einzelne Teilleistungen in der Wertschöpfungskette** (z.B. Herstellung und Installation von Leistungen),
- Ausweis **separater Preise für mengenunabhängige** (d.h. einmalige) **und mengenabhängige** (d.h. fortlaufende) **Kosten** (z.B. Rüstkosten und reine Produktionskosten je Mengeneinheit),
- Nennung eines **Basispreises für die Grundausstattung** und **Nennung von Mehrkosten** für zusätzliche Ausstattungselemente bzw. Nennung von Preisabschlägen bei Verzicht auf einzelne Ausstattungsmerkmale, teilweise als Vergleichsmethode bezeichnet,
- Benennung von **Stundensätzen anstelle von Komplettpreisen** bei Dienstleistungen,

---

[26] Zu den Techniken der Preisargumentation vgl. z.B. Bänsch, Axel, Verkaufspsychologie und Verkaufstechnik, S. 81ff. und Weis, Hans Christian, Verkaufsgesprächsführung, S. 262f.

- Unter Umständen lassen sich auch die **Zahlungsmodalitäten** dazu verwenden, einen niedrigeren Preis zu suggerieren, wenn der Beschaffungsverantwortliche beispielsweise bisher genutzte Leistungen **in Zahlung geben** kann und der Verkäufer daraufhin lediglich den noch den verbleibenden Differenzbetrag als Summe nennt. Dies ist im Prinzip auch bei Gegengeschäften denkbar, in denen der Kunde gleichzeitig seinen Lieferanten beliefert und die Lieferungen miteinander verrechnet werden (sogenannte Substraktionsmethode).

Daneben kann der Verkäufer versuchen, die **Preise durch Bezugnahme auf andere Aspekte aus dem Blickfeld zu schieben**. Ansatzpunkte dazu sind:

- der Kunde,
- der Wettbewerb,
- der Lieferant oder
- beliebige andere Sachverhalte.

Mit Blick auf den **Kunden** besteht die Möglichkeit, den genannten Preis in Beziehung zu dessen **Ertragsaussichten oder zu dessen Kostensenkungspotenzialen** zu setzen (z.B. „...durch den Einsatz unserer Leistung reduziert sich Ihr Ausschuss..." oder „...durch Einsatz unserer Leistung erhöht sich die Auslastung Ihrer Fertigungskapazitäten um..."). Ergeben sich diesbezüglich keine eindeutigen Ansatzpunkte, kann der Verkäufer den Wert der eigenen Leistung ins Verhältnis zum Wert anderer komplementärer Leistungen (z. B. seine Personalkosten) setzen und so im Sinne einer ABC-Analyse die Aufmerksamkeit auf Beschaffungsobjekte mit A-Charakter oder auf Objekte mit hohem Beschaffungsaufwand (d.h. C-Artikel) zu lenken.

Mit Blick auf den **Wettbewerb** kann der Verkäufer die vermutete oder vielleicht auch bekannte **Preisdifferenz in Bezug zu den Mehr- oder Minderleistungen des Wettbewerbs** setzen, soweit diese hinreichend bekannt sind, teilweise bezeichnet als Bagatellisierungsmethode.

Mit Blick auf sich **selbst** kann der Verkäufer auf die **nicht beeinflussbaren Herstell- und Vertriebskosten** hinweisen, insbesondere auf die Kosten für fremdbezogene Vorleistungen, für Personal, Transport bzw. Lagerung. Unterschieden wird teilweise auch zwischen mengenunabhängigen einmaligen Kosten und den mengenabhängigen laufenden Produktionskosten, teilweise bezeichnet als Kostenmethode.

Schließlich kann der Verkäufer auch gänzlich **andere Bezugspunkte** wählen, indem er beispielsweise den **Preis auf die Nutzungsdauer der angebotenen Leistung umlegt** und den Bruchteil für eine greifbare Zeiteinheit (z.B. „...das kostet Sie 1 Euro pro Tag...") benennt. Als Vergleichsobjekte kommen beispielsweise auch Gegenstände des täglichen Bedarfs (z.B. „...kostet soviel wie 1 Tasse Kaffee...") in Betracht. Die Wahl von Bezugspunkten außerhalb des eigenen Bereichs veranschaulicht die Relationen zu anderen Leistungen zwar sehr gut, ist aber auch mit der Gefahr verbunden, dass der Verkäufer an Seriosität und Vertrauenswürdigkeit einbüßt, teilweise bezeichnet als Gleichnismethode.

In seiner Präsentation sollte sich der Verkäufer insgesamt **darauf beschränken, lediglich die relevanten Aspekte anzusprechen**. Informationen zu nicht relevanten Aspekten interpretiert Beschaffungsverantwortlichen gegebenenfalls

- als unangemessene Verschwendung seiner wertvollen Arbeitszeit oder
- als Versuch, von Schwachstellen oder unangemessenen Preisen abzulenken.

Die Benennung nicht geforderter Ausstattungsmerkmale und Vorteile wird vom Beschaffungsverantwortlichen **oft als unnötige Verteuerung des Produkts interpretiert** und kann später in Preisverhandlungen als Argument für eine Reduzierung der Leistungen oder der Preise verwendet werden.

Das eben Gesagte gilt auch für Ausstattungsmerkmale, die über die gesetzten Anforderungen hinaus gehen. Lediglich bei Maximierungszielen kann der Verkäufer davon ausgehen, dass der Beschaffungsverantwortliche die Übererfüllung wohlwollend akzeptiert und honoriert.

Im Laufe seiner Angebotspräsentation muss der Verkäufer damit rechnen, dass der Beschaffungsverantwortliche **für einzelne Aussagen Beweise fordert**. Der Wunsch nach Belegen kann durch **Zweifel an den Aussagen** entstehen, weil

- der Verkäufer z.B. aufgrund seiner **gegenläufigen Körpersprache unglaubwürdig** wirkt oder zuvor anderslautende Bemerkungen gemacht hat,
- dem Beschaffungsverantwortlichen **jegliche Erfahrung fehlt** und der in der Aussage genannte Aspekt ausschlaggebende Bedeutung besitzt oder
- **Dritte,** also andere Mitglieder des Buying Centers, Wettbewerber des Verkäufers, Kunden oder neutrale Gutachter **gegenteilige Behauptungen aufgestellt haben**.

Wesentlich problematischer ist für den Verkäufer, wenn **an ihm selbst Zweifel aufkommen**

- aufgrund einer **vorhergehenden Unzuverlässigkeit** (z.B. wurden versprochene Muster nicht mitgebracht) oder
- aufgrund der **Einschätzungen Dritter** wie z.B. der Kollegen oder der Wettbewerber.

Um seine **Aussagen zu stützen,** kann der Verkäufer

- auf ein konkretes Objekt – z.B. ein mitgebrachtes **Muster** – zurückgreifen und die Gültigkeit seiner Aussage unter Beweis stellen,
- auf einen **konkreten Fall mit extrem ungünstigen Voraussetzungen** Bezug nehmen und die erfolgreiche Wirkungsweise dort z.B. mit Fotos, Testergebnissen, Medienberichten belegen (sogenannte Härtetests),
- die betreffenden **Sachverhalte in Untergruppen** aufteilen, sodass wenigstens für einzelne Teilgruppen mit ihren spezifischen Eigenschaften die Behauptung unmittelbar glaubwürdig wird,
- die Merkmale der von seiner Aussage betroffenen Sachverhalte herauskristallisieren und **über die Merkmale die Wirkungsweisen darlegen** (Beispielsweise kann die Glaubwürdigkeit der Behauptung „...Mit unserem Gerät erhöht sich ihre Ausbringung..." verbessert werden, wenn auf die konkreten Merkmale Bezug genommen wird, z.B. „...durch die glatte Oberfläche lässt sich das Gerät leichter und schneller als die bisherigen Ausführung reinigen. Damit steht mehr Zeit für die produktive Nutzung zur Verfügung und die Ausbringung erhöht sich...") oder
- er kann sich exemplarisch auf Sachverhalte aus dem weiteren Wirkungszusammenhang seiner Aussagen beziehen, indem er
  - zufriedene **Referenzkunden** mit Namen benennt,
  - die Höhe bzw. die positive Entwicklung der Absatzzahlen als **Indikatoren** für die Gültigkeit seiner Aussagen heranzieht oder
  - die **Gutachten** neutraler Experten ins Feld führt.

Unter Umständen hilft es auch, wenn der Verkäufer anbietet, seine Aussage schriftlich abzufassen und mit seiner Unterschrift versehen an den Beschaffungsverantwortlichen zu überreichen.

Die Glaubwürdigkeit von Aussagen hängt auch davon ab, inwieweit ihre **sprachliche Fassung** die Realität widerspiegelt. Je stärker die Verkäufer einer Branche unter Druck stehen, desto eher entsteht die Neigung, fehlende Unterschiede und Vorteile auf der Leistungsebene durch rhetorische Gewandtheit wettzumachen. Die Einflussmöglichkeiten wurden generell schon im Teilkapitel Qualifizierung – Prüfung der Realitätsnähe von Informationen behandelt. Rhetorische Hilfsmittel werden insbesondere bei der Darlegung der Nutzenwerte, der Abschwächung von Nachteilen und bei der Bezeichnung der Preise eingesetzt. Auch bei den Preisen gibt es zahlreiche Möglichkeiten, durch Bezeichnungen wie Sonderangebotspreis, Schottenpreis, Schlussverkaufspreis etc. den Eindruck zu erwecken, dass es sich um besonders niedrige Preise handelt.

Die Beweisführung hat bereits gezeigt, wie die verschiedenen **Kommunikationskanäle** eine Angebotspräsentation unterstützen können. Es empfiehlt sich, mehrere Kommunikationskanäle parallel einzusetzen, um das Verständnis der Sachverhalte zu erleichtern, die Aufmerksamkeit hoch zu halten und um die Glaubwürdigkeit zu belegen. Obwohl die verschiedenen Kommunikationskanäle parallel eingesetzt werden sollten, müssen die jeweils verwendeten Botschaften nicht komplett deckungsgleich sein, da es vorrangig darum geht, den Empfang der Botschaft insgesamt bestmöglich sicherzustellen.

Basis ist in aller Regel ein schriftlich formuliertes Angebot, das insbesondere die Ausstattung der zu liefernden Leistung einschließlich der Lieferbedingungen beinhaltet und die gewünschten Gegenleistungen, d.h. die gegebenenfalls bereitzustellenden Vorleistungen und Informationen sowie den Preis und die Zahlungsbedingungen enthält.

Bei komplexen Leistungen kann die technische Spezifikation auch eine Darlegung der einzelnen Nutzenvorteile einschließen. Im allgemeinen wird die Bezugnahme auf die Anforderungen aber erst in der mündlichen Präsentation des Angebots vom Verkäufer direkt vorgenommen, denn damit können während des Gesprächs auftauchende Aspekte eventuell noch Berücksichtigung finden. Sinnvoll ist diese Handhabung, wenn der Verkäufer nur mit wenigen Verständnisfragen rechnet. So kann er bei Bedarf eine punktuelle mündliche Erläuterung geben, was ihm eine antizipierende durchgängige schriftliche Kommentierung von Einzelheiten erspart. Unterstützt werden sollte die Präsentation durch Muster, an denen die einzelnen Ausstattungsmerkmale direkt wahrnehmbar sind und anhand derer die prinzipielle Wirkungsweise der Ausstattungsmerkmale leicht nachvollziehbar ist. Zudem bieten Muster die Möglichkeit, den Beschaffungsverantwortlichen in die Präsentation einzubinden und zu aktivieren, beispielsweise durch Bedienungstätigkeiten am Muster.

5.4.6   Handlungsempfehlungen für Verkäufer

In den vorangegangenen Abschnitten wurde bereits geschildert, dass der Beschaffungsverantwortliche von einem Angebot die Erfüllung seiner Anforderungen erwartet. Daneben soll ein Angebot keine überflüssigen Angaben enthalten und gut mit anderen Angeboten vergleichbar sein, um die Auswertung zu vereinfachen.

In der Realität sind diese Erwartungen allerdings nicht immer umsetzbar. Häufig kann ein Lieferant mit einem Angebot nicht alle Anforderungen in gleichem Maße abdecken. Dies kann einerseits an den konfliktären Beziehungen zwischen den Anforderungen selbst liegen, die eine gleichzeitige Erfüllung unmöglich machen. Andererseits müssen in vielen Branchen die Unternehmen ihre Leistungspalette in irgendeiner Form spezialisieren, um sich am Markt behaupten zu können und besitzen damit nicht immer die Möglichkeit, alle Anforderungen eines Interessenten gleichermaßen zu erfüllen. Handelt es sich um unauflösbare konfliktäre Beziehungen, steht jeder Anbieter vor demselben Problem und der Verkäufer kann den Beschaffungsverantwortlichen hierüber unterrichten. Problematischer ist dies, wenn allein die unternehmensspezifischen Ressourcen eine komplette Deckung des Anforderungsspektrums verhindern. Hier muss sich der Verkäufer überlegen, ob er diesen Umstand offenlegt und damit den Beschaffungsverantwortlichen gegebenenfalls dazu animiert, seine Anfrage noch an andere Wettbewerber zu richten. Hat der Verkäufer die Möglichkeit, **verschiedene Ausstattungsvarianten** zu liefern, empfiehlt es sich, mehrere Angebote zu erstellen, zwischen denen der Beschaffungsverantwortliche wählen kann.

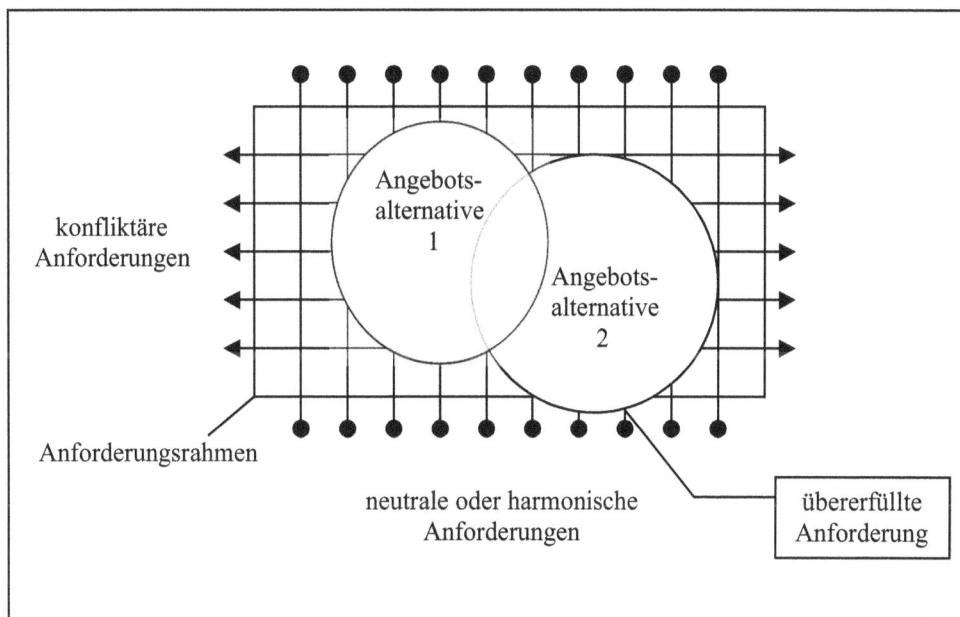

Abb. 59: Angebotsalternativen im Spannungsfeld der gestellten Anforderungen

Aus den Angebotsalternativen sollte für den Beschaffungsverantwortlichen jeweils erkennbar sein, inwieweit die Anforderungen erfüllt werden, welche Anforderungen von allen Alternativen abgedeckt werden und welche spezifischen Leistungen die einzelnen Vorschläge mit sich bringen. Im Rahmen eines Angebotsgesprächs kann der Verkäufer aus der jeweiligen Situation heraus entscheiden, ob und wieviele Angebotsalternativen er vorstellen will. Damit lässt sich die Informationsversorgung im Gespräch flexibel regeln. Einer Informationsüberflutung des Beschaffungsverantwortlichen kann somit am besten vorgebeugt werden. Durch Vorlage eines interessanten Alternativvorschlags kann der Verkäufer eventuell sogar Interesse an weiteren Varianten erzeugen. Wichtig ist aber, die **Zahl der Angebotsalternativen überschaubar zu halten**, um eine Überfrachtung mit Informationen zu vermeiden. Nebenbei lässt sich aus den Reaktionen auf die verschiedenen Alternativen die Gewichtung der Anforderungen nochmals ablesen. Mit den verschiedenen Varianten kann der Verkäufer also die Chancen auf Erhalt des Auftrags verbessern.

Nachdem die Aufgabe des Beschaffungsverantwortlichen nicht nur darin besteht, die Angebote auf die gestellten Anforderungen hin zu betrachten, sondern aus den verschiedenen Wettbewerbern das am besten geeignete herauszufiltern, stellt sich für den Verkäufer die Frage, wie er seine Chancen auf einen Auftrag noch weiter steigern kann. Hier kann die Kenntnis der maximierbaren Anforderungen einerseits und der Optimierungsziele andererseits hilfreich sein. Während bei den Absolutzielen eine Übererfüllung keinen zusätzlichen Nutzen erzeugt, können mit einer Leistungssteigerung bei den Maximierungszielen Nutzenpotenziale erschlossen werden und damit auch Vorteile gegenüber dem Wettbewerb erzielt werden. Dazu kann der Verkäufer ebenfalls verschiedene Angebotsalternativen ausarbeiten. Diese sollte er aber nicht separat darstellen, sondern auf Basis des Standardangebots nur die veränderten Ausstattungsmerkmale hinzufügen.

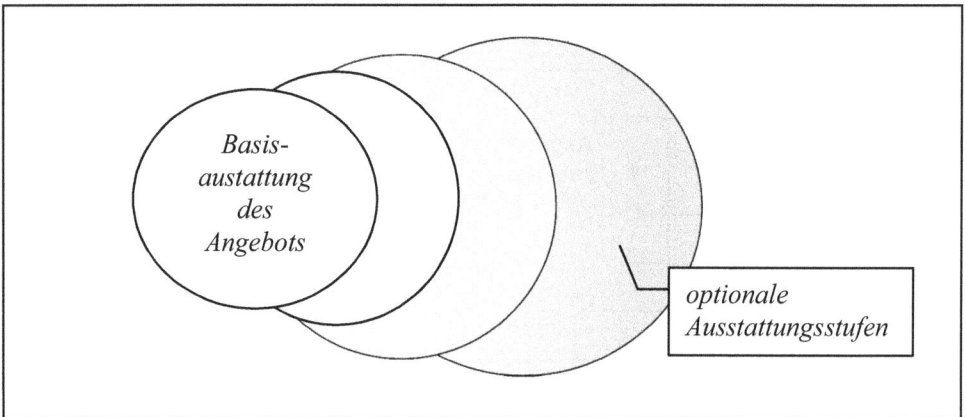

Abb. 60: Ansatzpunkte zur Angebotsvariation bei maximierbaren Anforderungen

Mit dieser Präsentationsform kann der zusätzliche Nutzen für den Beschaffungsverantwortlichen ohne großen Zeitaufwand dargestellt werden.

Lässt sich umgekehrt in bestimmten Bereichen eine Überdimensionierung des Angebots nicht vermeiden, sollte der Blick des Beschaffungsverantwortlichen auf die Ausschöpfung von **Standardisierungsvorteilen in der Leistungserstellung** gelenkt werden, um zu zeigen, dass eine kundenindividuelle Reduzierung der Ausstattung zwar möglich ist, aber durch erhöhten Organisationsaufwand in der Leistungserstellung letztlich keine Preisvorteile bringt.

Der Verkäufer hat prinzipiell weitere Möglichkeiten zur Ergänzung seines Angebots, indem er **Zusatzleistungen** offeriert, die in enger Verbindung mit dem Angebotskern stehen. Allerdings empfiehlt es sich, Zusatzleistungen eher beim Verkaufsabschluss zu erwähnen, nachdem der Beschaffungsverantwortliche seine Kaufbereitschaft zum Ausdruck gebracht hat. Kommen derartige Angebote sehr früh und unaufgefordert ohne vorherige Bedarfsbekundung, fühlt sich der Beschaffungsverantwortliche durch diese eigenmächtige Erweiterung der Anfrage vielleicht überrumpelt. Damit erzeugt er unter Umständen das Gefühl des Kontrollverlusts (Sicherheitsbedürfnisse) beim Beschaffungsverantwortlichen. Selbst wenn der Beschaffungsverantwortliche positiv darauf reagiert, entstehen für den Verkäufer Risiken, wenn nämlich der Auftrag an den Wettbewerb geht und er nur die Zusatzleistungen liefern darf.

In den Angebotsgesprächen taucht je nach Verhalten des Beschaffungsverantwortlichen meist erstmals der **Wettbewerb** auf. Im besten Fall schildert der Beschaffungsverantwortliche die Angebote der Wettbewerber vergleichsweise genau, beispielsweise wenn sich die Leistungen der Branche sehr stark ähneln oder wenn der Beschaffungsverantwortliche sich unsicher ist und ihm ein Vergleich schwer fällt. Häufig wird dies erst im Anschluss an die Präsentation des Verkäufers geschehen, sodass eine direkte Anpassung des eigenen Angebots nicht mehr möglich ist. Allerdings hat der Verkäufer die Möglichkeit, nachträglich sein Angebot mit denen des Wettbewerbs zu vergleichen und dazu Stellung zu nehmen. Bei seinen Aussagen **gegenüber dem Wettbewerb sollte der Verkäufer grundsätzlich Zurückhaltung** üben. Wenn der Beschaffungsverantwortliche Leistungen beim Wettbewerb bezogen hat, rückt eine Herabwürdigung des Wettbewerbs auch die betreffende Lieferantenauswahl des Beschaffungsverantwortlichen in ein schlechtes Licht. Der Beschaffungsverantwortliche steht damit plötzlich gegenüber sich selbst und gegenüber anderen unter Rechtfertigungsdruck und tendiert dazu, sich die Gründe für die betreffende Beschaffungsentscheidung in Erinnerung zu rufen. Gleichzeitig werden die vom Verkäufer aufgeführten Aspekte für einen Lieferantenwechsel kritisch überprüft und relativiert. Ein Lieferantenwechsel ist zwar dann immer noch denkbar, wird aber vielleicht doch zugunsten eines dritten Wettbewerbers ausfallen.

Nach der Präsentation des Angebots und dem damit verbundenen Gedankenaustausch sollte der Verkäufer versuchen, den sofortigen Einstieg in ein Verhandlungsgespräch zu finden.

Ist dies nicht möglich, sollte er sich **wiederum nach weiteren Beschaffungsprojekten erkundigen** und bei Bedarf über den Fortgang bereits laufender gemeinsamer Aktivitäten berichten.

Gegen Ende des Kontakts sollte der Verkäufer das Angebot nochmals mit seinen wesentlichen Bestandteilen und den **zentralen Vorteilen zusammenfassen und nach offenen Punkten** fragen. Bei der Zusammenfassung der Präsentation kann der Verkäufer gezielt

- auf die vom Beschaffungsverantwortlichen vorgegebene Reihenfolge der Anforderungen eingehen,
- die Gewichtung der Anforderungen als Orientierungsgröße nehmen, indem er die wichtigsten Anforderungen an den Beginn der Zusammenfassung stellt oder
- die Höhe der Anforderungen und die Schlagkräftigkeit der eigenen Vorteile als Ordnungskriterium wählen, indem er die anspruchsvollsten Zielsetzungen zuerst benennt.

Wie bei jedem Kontakt sollte der Verkäufer **abschließend die weiteren gemeinsamen Schritte vereinbaren**. Im einzelnen ist zu spezifizieren,

- welche Daten der Verkäufer noch nachreichen soll und
- bis wann eine korrigierte, ergänzte oder alternative Fassung des Angebots gesendet werden soll.

Last but not least empfiehlt es sich, nach dem voraussichtlichen Entscheidungstermin zu fragen, um eigene Nachfassaktionen bestmöglich terminieren zu können.

5.5   Nachfassgespräch

Nachfassgespräche dienen dazu, den Status konkreter Beschaffungsvorgänge zu ermitteln und die (beschleunigte) Fortführung der betreffenden Projekte bewirken. Die Initiative geht hierbei zwar vom Verkäufer aus, letztlich provoziert aber der Beschaffungsverantwortliche regelmäßig diese Aktion, indem er sich nicht beim Verkäufer meldet. Aus Zeit- und Kostengründen verzichten die meisten Beschaffungsverantwortlichen darauf, nach der Auftragsvergabe die nicht berücksichtigten Lieferanten zu benachrichtigen, sodass schließlich diese den Kontakt suchen müssen. Das Nachfassgespräch wird im Gegensatz zu den bisherigen Gesprächssituationen meist telefonisch geführt. Die Durchführung des Nachfassgesprächs kann zwar auch im Rahmen eines persönlichen Kontakts erfolgen, ist aber normalerweise nicht zweckmäßig, weil der Beschaffungsverantwortliche

- sich hierdurch in seiner Entscheidungsfreiheit eingeengt fühlen könnte,
- vergleichsweise viel Zeit investieren muss und vielleicht nicht vorbereitet ist,
- andere Gesprächstermine wahrnehmen muss,
- noch auf andere Angebote warten muss oder
- die Meinungen seiner Kollegen aus dem Buying Center abwarten muss.

Prinzipiell kann der Verkäufer Angebote auch schriftlich z.B. per E-Mail nachfassen. Aufgrund ihres unpersönlichen Charakters ist die Erfolgsquote bei schriftlichen Nachfassaktionen unterdurchschnittlich, sofern es sich nicht um treue Stammkunden handelt.

Die Initiierung eines Nachfassgesprächs bringt dem Verkäufer Informationen über den Stand des Vorgangs und gibt ihm die Chance, eventuell noch fehlende Informationen nachzureichen. Letzteres ist insbesondere bei Angeboten wichtig, die lediglich schriftlich eingereicht wurden und zu denen es deshalb noch kein Feedback des Beschaffungsverantwortlichen gibt. Umgekehrt ist das **Nachfassgespräch auch für die Beschaffungsverantwortlichen nützlich**,

- weil sie keinen Aufwand für die Kontaktaufnahme mit dem Lieferanten haben,
- weil sie dabei problemlos eventuell auftauchende Änderungen mitteilen können,
- weil sie signalisiert bekommen, inwieweit der Verkäufer motiviert ist, das Projekt mit voranzubringen,
- weil sie vielleicht schon erste Nachbesserungen angeboten bekommen und
- weil sie dabei schon abschätzen können, wie stark ihre Position in einer künftigen Verhandlungssituation ist.

5.5.1   Objektspezifische Ausgangskonstellationen

Sofern das Nachfassgespräch im Nachgang zu einem schriftlichen Angebot erfolgt, gelten die bereits im Angebotsgespräch genannten Empfehlungen auch für das Nachfassgespräch. Zu diesen Aspekten sei deshalb auf das vorhergehende Teilkapitel 5.4 – Angebotsgespräch – verwiesen.

Auch in dieser Phase kann das Beschaffungsprojekt von Änderungen betroffen sein, die nunmehr allerdings eher von der Seite des beschaffenden Unternehmens herrühren als von der Seite der Anbieter. Eventuell zwingen die Änderungen den Beschaffungsverantwortlichen dazu, erneut in die Anfragephase einzusteigen. Liegen keine wesentlichen Änderungen vor, ergeben sich aus dem Beschaffungsobjekt selbst keine spezifischen Einflüsse auf die Gestaltung des Beschaffungsprozesses und für die Aktualisierung persönlicher Ziele. In Bezug auf das Angebot des Verkäufers kann der Beschaffungsverantwortliche sich in folgenden Situationen befinden:

- Das Angebot wurde inhaltlich noch gar nicht analysiert (vor allem, wenn es kein Angebotsgespräch gab).
- Das Angebot ist für den Beschaffungsverantwortlichen inhaltlich uninteressant, weil es die Anforderungen nicht erfüllt oder weil es weitaus bessere Angebote gibt.
- Das Angebot mit seinen Inhalten wird für den Beschaffungsverantwortlichen erst mit spürbaren Nachbesserungen interessant.
- Das Angebot ist mit seinen Inhalten wettbewerbsfähig und eine Auseinandersetzung mit dem Lieferanten erscheint sinnvoll.

Diese Einschätzungen bilden den Ausgangspunkt für das im Nachfassgespräch beobachtbare Verhalten des Beschaffungsverantwortlichen.

5.5.2   Prozessspezifische Anforderungen

Die eingangs zum Nachfassgespräch geschilderten Situationen liefern bereits einige Beispiele zu den denkbaren Entwicklungen des Beschaffungsprozesses in dieser Phase: Bei der Kontaktaufnahme durch den Verkäufer kann

- der Auftrag bereits an einen anderen Lieferanten vergeben worden sein,
- die Entscheidung bereits getroffen worden sein,
- die Entscheidung im Kreis des Buying Centers noch ausstehen,
- die Verhandlung mit anderen Lieferanten bereits im Gange sein,
- die Analyse der Angebote noch andauern,
- das Buying Center noch auf andere Angebote warten müssen oder
- der Entschluss für eine Redefinition, Verschiebung oder Aufhebung des Projekts gefallen sein.

Der Beschaffungsverantwortliche wird bei normalem Fortgang danach streben, die Angebote so schnell wie möglich zu analysieren und Verhandlungen mit den interessantesten Anbietern vorzubereiten. Diese Schritte gehen am effizientesten vor sich, wenn nicht laufend Unterbrechungen durch andere Vorgänge oder durch das Nachfragen von Lieferanten entstehen. Je mehr Lieferanten ein Angebot unterbreitet haben, desto größer wird allerdings die Zahl derjenigen sein, die ein Gespräch mit dem Beschaffungsverantwortlichen suchen, sei es in Form eines Angebots- oder eines Nachfassgesprächs. Ähneln sich die Angebote weitgehend, wird der Beschaffungsverantwortliche von sich aus versuchen, die Zahl der Lieferantenkontakte zu diesem Vorgang so niedrig wie möglich zu halten, denn zusätzliche Gespräche bringen dann kaum noch nennenswerte Vorteile. Mit einer abwartenden Haltung kann er sich zudem weiteren Zeitaufwand sparen, weil er nur *den* ausgeschiedenen Anbietern eine Absage erteilen muss, die sich nochmals gemeldet haben.

5.5.3   Spezifische Aktualisierung von Bedürfniskategorien

Aus den vorangegangenen Schilderungen lässt sich bereits ersehen, dass die Nachfassgespräche normalerweise in die Phase der Angebotsauswertung fallen, in der der Beschaffungsverantwortliche möglichst wenig Unterbrechungen in Kauf nehmen möchte. Auf der anderen Seite stellen gerade die Nachfassgespräche Ereignisse dar, mit denen das **Selbstwertgefühl des Beschaffungsverantwortlichen** adressiert werden kann, denn die Initiative für den Kontakt geht ja eindeutig vom Verkäufer aus. Der Verkäufer bringt damit zum Ausdruck, wie wichtig ihm der Kunde und damit auch der Beschaffungsverantwortliche ist. Durch eine zurückhaltende Verhaltensweise kann der Beschaffungsverantwortliche bereits in dieser Phase eine Machtposition aufbauen, die sein Anerkennungsbedürfnis dem Verkäufer gegenüber unterstützt. Durch die so in Aussicht stehenden Verhandlungsspielräume kann er gegebenenfalls seine Position gegenüber den Kollegen im Buying Center stärken. Insofern befindet sich so mancher Beschaffungsverantwortliche in einem Zwiespalt, denn bei komplexen Projekten müsste er bei einer gleichzeitig stark ausgeprägten **Sicherheitsorientierung** genügend unterbrechungsfreie Zeit in die Auswertung stecken, um fehlerfreie Ergebnisse zu erhalten.

5.5.4   Erwartungen an den Verkäufer

Vor diesem Hintergrund ergeben sich verschiedene Erwartungen an die Verkäufer. Die **Verkäufer sollten**

- die Zahl ihrer Nachfassaktionen möglichst gering halten,
- die Nachfassgespräche kurz halten, indem sie mit wenigen Worten den betreffenden Fall und den aktuellen Stand umreißen können,
- in der Lage sein, dem Beschaffungsverantwortlichen die für seine Auswertungen fehlenden Informationen sofort nachreichen zu können,
- in der Lage sein, bei Bedarf Erläuterungen zu auswertungsrelevanten Positionen geben zu können und
- in die Fähigkeit besitzen, den richtigen Zeitpunkt für ihre Nachfassaktionen abzuschätzen.

Daneben sollten die Verkäufer ihre Motivation für den Auftragserhalt zum Ausdruck bringen und die sozialen Bedürfnisse sowie die Anerkennungsbedürfnisse der Beschaffungsverantwortlichen in geeigneter Weise adressieren. Außerdem sollten die Verkäufer schon während des Nachfassgesprächs darauf vorbereitet sein, direkt in die Verhandlungsphase einzutreten, wenn der Beschaffungsverantwortliche Zeitverluste und Aufwand für eine erneute Kontaktaufnahme vermeiden möchte.

5.5.5   Wichtige Gesprächsthemen

Das Nachfassgespräch unterscheidet sich von den bisher geschilderten Gesprächsituationen dadurch, dass es hier zunächst weniger um inhaltliche Aspekte des Angebots selbst geht, sondern vor allem um den Stand des Beschaffungsprozesses. In Abhängigkeit vom Stand bzw. Status des Beschaffungsprozesses ergibt sich dann der Stoff für eine inhaltliche Auseinandersetzung. Aus diesem Grund orientieren sich die nachstehenden Schilderungen zunächst an der denkbaren **Chronologie des Nachfassgesprächs, bevor** dann eine **Differenzierung nach den Situationen** erfolgt. Soweit die Gesprächsinhalte auch Bestandteil vorhergehender oder nachlaufender Gespräche sind, wird auf die entsprechenden Kapitel verwiesen.

Da das Nachfassgespräch meist telefonisch erfolgt und der Beschaffungsverantwortliche sehr wahrscheinlich mit anderen Vorgängen oder anderen Angeboten befasst ist, geht es zunächst darum, eine **rasche Identifizierung des betreffenden Beschaffungsprojekts** zu ermöglichen. Der Verkäufer kann in diesem Zusammenhang unter Umständen mit einer wenige

Sätze umfassenden Zusammenfassung die wichtigsten Aspekte des Projekts noch einmal in Erinnerung rufen. Sobald Klarheit über das Beschaffungsprojekt und seine herausragenden Aspekte herrscht, geht es darum, sich über den **Status des Vorgangs auszutauschen**. Beim Status des Projekts lassen sich folgende relevante Stufen unterscheiden:

- Der Vorgang befindet sich noch in der Analysephase.
- Der Vorgang befindet sich in der Entscheidungsphase.
- Der Vorgang wurde bereits vergeben.

Aus dem Status ergeben sich mögliche Ansatzpunkte für die **Gestaltung des weiteren Gesprächsverlaufs**:

Befindet sich der Vorgang noch in der **Analysephase**, ist vom Verkäufer in Erfahrung zu bringen, ob der Beschaffungsverantwortliche

- noch weitere Informationen benötigt oder
- ob vorhandene Informationen zu erläutern sind.

Bei der Weitergabe und Erläuterung von Informationen kann sich der Verkäufer im weitesten Sinne an den im Angebotsgespräch genannten Empfehlungen orientieren. Dies gilt in besonderem Maße für die Einbindung von Informationen in den Wirkungszusammenhang des Projekts.

Befindet sich der Vorgang in der **Entscheidungsphase**, sollte sich der Verkäufer erkundigen, inwieweit sein Angebot noch im Auswahlkreis enthalten ist. Gegebenenfalls lohnt es sich, herausfinden, ob **mit Nachbesserungen** noch Einfluss auf die Entscheidungsfindung genommen werden kann. Gibt es noch Einflussmöglichkeiten, muss der Beschaffungsverantwortliche herausfinden, in welchen Bereichen Nachbesserungen wirksam wären und in die Verhandlungen einsteigen. Da die hierbei zu berücksichtigenden Aspekte ausführlich Gegenstand der folgenden Gesprächsart sind, sei auf Teilkapitel 5.6 – Einwandbehandlung und Preisverhandlungen – verwiesen.

Gibt es keine Möglichkeit zur aktiven Beeinflussung mehr, sollte der Verkäufer nach dem Zeithorizont für die Entscheidung fragen, damit er weiß wenigstens weiß, ob und wie lange eventuell Kapazitäten für den Beschaffungsverantwortlichen reserviert werden sollen.

Ist der Vorgang nach Meinung des Beschaffungsverantwortlichen **bereits abgeschlossen**, muss der Verkäufer

- nach den Gründen für eine anderweitige Vergabe des Auftrags fragen,
- herausfinden, ob er bei der nächsten Anfrage wieder berücksichtigt wird und
- in Erfahrung bringen, wann ungefähr mit der nächsten Anfrage gerechnet werden kann.

Um nicht aus Zeitgründen mit raschen und bequemen Ausreden abgespeist zu werden, sollte der Verkäufer bei seinen Fragen darauf hinweisen, dass er im Interesse des Beschaffungsverantwortlichen nur dann auf eine Verbesserung seiner Angebote hinwirken kann, wenn er die Schwachpunkte kennt. Durch die Benennung des Zeithorizonts bis zur nächsten Anfrage, kann der Verkäufer darauf hinwirken, dass die zu veranlassenden Verbesserungen bereits beim nächsten Projekt zum Tragen kommen.

5.5.6 Handlungsempfehlungen für Verkäufer

Das Nachfassgespräch birgt aus mehreren Gründen **für die Verkäufer eine besondere Herausforderung** und ist daher nicht besonders beliebt. Ein Grund besteht darin, dass im es

Nachfassgespräch zunächst vor allem um den Stand des Beschaffungsprozesses geht, viel weniger um die Inhalte eines Angebots. Der Verkäufer ist somit erst einmal auf die Auskunftsbereitschaft des Beschaffungsverantwortlichen angewiesen und hat **kaum Möglichkeiten zur Kontrolle des Gesprächsverlaufs.** Ein weiterer Punkt ist, dass völlig unbekannt ist, in welcher Situation und Umgebung der Beschaffungsverantwortliche gerade steckt und dies bei einem telefonischen Kontakt weniger leicht herauszufinden ist, insbesondere wenn bekannt ist, dass der Beschaffungsverantwortliche ein Mobiltelefon hat. Im Unterschied zur Kaltakquisition – wo dieses Problem auch auftaucht – hat der Verkäufer inzwischen viel mehr in den Vorgang investiert und möchte deshalb sein Risiko durch eventuell unangemessenes Verhalten minimieren. Damit deutet sich schon der nächste Grund an, weshalb Nachfassaktion nicht sehr beliebt sind: Der **Verkäufer muss auf alle möglichen Gesprächsentwicklungen inhaltlich und gefühlsmäßig vorbereitet sein**, weil er nicht weiß, in welchem Status sich der Vorgang befindet: Wurde der Auftrag schon anderweitig vergeben, stehen Verhandlungen an, sind Informationen nachzuliefern oder muss man einfach nur abwarten? Insofern ist für ein kurzes Nachfassgespräch ein hohes Maß an Vorbereitungen nötig und ein hoher Grad an Flexibilität: Im Falle anderweitiger Auftragsvergabe muss er in der Lage sein, einerseits seine Enttäuschung zu verbergen und andererseits dem Beschaffungsverantwortlichen Informationen entlocken. Dies ist oft jedoch schwierig, weil der Einkäufer den Beschaffungsvorgang für sich bereits zum Abschluss gebracht hat und kaum mehr geneigt sein dürfte, weitere Zeit in einen Informationsaustausch zu investieren. Wird der Verkäufer zur Verhandlungsführung aufgefordert, muss er seine technischen und wirtschaftlichen Spielräume detailliert kennen und sich auch bereits eine Verhandlungsstrategie zurecht gelegt haben. Erschwert wird die Situation dadurch, dass er bei einem telefonischen Kontakt lediglich die hörbaren Reaktionen des Beschaffungsverantwortlichen wahrnehmen kann und sich sein **Überzeugungsrepertoire praktisch auf einen Kommunikationskanal beschränken** muss. Eine gute Vorbereitung ist auch vonnöten, wenn der Beschaffungsverantwortliche um weitere Informationen bittet. Häufig möchte der Beschaffungsverantwortliche die Informationen dann sofort, weil er entweder ohnehin gerade mit dem Vorgang befasst ist und zügig daran weiterarbeiten möchte oder weil er sich gleich wieder mit anderen Vorgängen befassen muss und deshalb keine Zeit mehr hat. Auch im letztgenannten Fall, wo dem Verkäufer beschieden wird, abzuwarten, entsteht für den Verkäufer ein belastendes Moment, weil der Vorgang sich außerhalb seiner Einflussmöglichkeiten befindet. Schließlich muss der Verkäufer unabhängig vom tatsächlichen Status Beschaffungsvorgangs damit rechnen, dass der Beschaffungsverantwortliche momentan nicht auskunftsfähig ist oder dass der Einkäufer falsche Angaben zum Status macht (z.B. „...ich habe es noch nicht angeschaut..."), um nicht (weiter) behelligt zu werden. Ist der Beschaffungsverantwortliche nicht auskunftsfreudig, muss der Verkäufer einen Gesprächsausgang finden, der es dem Beschaffungsverantwortlichen ermöglicht, sein Gesicht zu wahren (z.B. auf die hohe Arbeitsbelastung des Einkäufers hinweisen und anderweitige Prioritäten als Erklärung heranziehen). Liefert der Beschaffungsverantwortliche falsche Informationen, steht der Verkäufer vor der Aufgabe, die falschen Angaben hinzunehmen, auf ein Nachbohren zu verzichten und einen für beide Seiten akzeptablen Gesprächsausgang zu suchen.

Dennoch sollten Verkäufer bei interessanten Projekten Nachfassgespräche starten, damit

- sie sich beim Beschaffungsverantwortlichen in Erinnerung rufen und ihm damit ihre Motivation signalisieren,

- ihre Angebote nicht aufgrund fehlender Teilinformationen oder aus Verständnisgründen vorzeitig ausgeschlossen werden,
- sie eventuell den Auftrag direkt erhalten, bevor die Wettbewerber Nachbesserungen vornehmen können,
- Verhandlungsprozesses einfacher und schneller abgewickelt werden können, weil der Beschaffungsverantwortliche dies dann meist aus dem Stand heraus initiiert und
- damit sie herausfinden können, aus welchen Gründen es nicht zum Auftrag kam und sie innerbetrieblich Verbesserungen anregen können.

Im Abschnitt Schwerpunktthemen wurde bereits deutlich, dass die Ermittlung des aktuellen Stands im Beschaffungsprozess Ausgangspunkt des Gesprächs ist, dem sich dann situationsspezifisch weitere Erkundigungen anschließen, bevor der Verkäufer gegebenenfalls eigene Informationen weitergibt. Nachfassgespräche sind also durch einen vergleichsweise hohen Fragenanteil des Verkäufers gekennzeichnet, der stark ins Bewusstsein der Gesprächspartner eintritt, weil die Antworten des Beschaffungsverantwortlichen aufgrund der Thematik normalerweise meist kurz ausfallen. Völlig anders ist der Eindruck dagegen im Anfragegespräch, wo inhaltliche Fragen unter Umständen sehr ausführliche Antworten erfordern. Der Verkäufer muss also im Nachfassgespräch darauf achten, dass mit der hohen Fragendichte nicht das Gefühl einer Verhörsituation entsteht. Zur Vermeidung derartiger Eindrücke sollte der Verkäufer sich über die **Konzeptualisierung seiner Fragen** Gedanken machen. Fragen können beim Beschaffungsverantwortlichen auf eine höhere Akzeptanz stoßen, wenn

- mit einer **Frage möglichst wenige Aspekte** abgefragt werden und so nicht der Eindruck entsteht, einer Flut von Teilfragen ausgesetzt zu sein gepaart mit dem Risiko, ungewollt zuviele Auskünfte zu geben;
- die **Fragen jeweils begründet** werden, indem man die eigenen Absichten offen legt („...Ich frage Sie, weil wir die Angaben benötigen, um Ihnen die richtige Variante liefern zu können...");
- den **Fragen eine Hypothese oder Szenario vorangestellt** wird und damit auch die Antwort (anscheinend) nicht absolut verbindlich sein muss („...Wenn es diese Rahmenbedingungen nicht gäbe, wie würde dann ihre Meinung ausfallen?...");
- dem Beschaffungsverantwortlichen zuvor angeboten wird, **die Fragen nicht beantworten zu müssen**. Damit kann der Gesprächspartner die Kontrolle über das Gespräch behalten und ist vielleicht eher bereit, die gewünschte Auskunft zu geben;
- auf die **Wiederholung unbeantworteter Fragen verzichtet** wird (z.B. „...ich habe vorhin schon mal gefragt..."; „...ich frage sie noch einmal...").

Auf rhetorischer Ebene, d.h. bei der **sprachlichen Fassung** kann sich die Akzeptanz von Fragen erhöhen, wenn der Verkäufer

- offene Fragen im Sinne von Ergänzungsfragen stellt, bei denen die Antwort durch den Beschaffungsverantwortlichen selbst inhaltlich gefasst und strukturiert werden kann (z.B. „...Wie stehen Sie zu unserem Angebot?...").
- direkte Fragen stellt, d.h. offen anspricht, was er wissen möchte und auf indirekte Fragen verzichtet, da stets die Gefahr besteht, dass der Beschaffungsverantwortliche den wahren Hintergrund der Frage durchschaut und entsprechend zurückhaltend reagiert. Aufgrund der Kürze der meisten Nachfassgespräche eignen sich indirekte Fragen dort ohnehin nur selten, weil nicht genügend Gelegenheiten bestehen, sie passend im übrigen Gesprächskontext einzubetten.

Auch durch eine geeignete Benutzung der **Kommunikationskanäle** lässt sich die Akzeptanz von Fragen optimieren, indem der Verkäufer

- die Sprechgeschwindigkeit gegenüber seinen restlichen Ausführungen ein wenig absenkt,
- einen ruhigen Tonfall an den Tag legt und
- eine hohe schrille Stimmlage vermeidet.

Dabei sollte die Aussprache wie immer deutlich sein, um dem Empfänger zu signalisieren, dass man die Frage selbst legitim findet. Unterstützend wirkt in diesem Zusammenhang auch eine offene körpersprachliche Verhaltensweise. Dies wird selbst bei ausschließlich fernmündlichem Kontakt vom Gesprächspartner positiv wahrgenommen.

Abschließend ist festzuhalten, dass durch die oben genannten Verhaltensweisen die Chance steigt, überhaupt eine Antwort zu bekommen. Inhaltlich fallen die Antworten in der Regel nicht anders aus, da sich die Sachverhalte deswegen ja nicht verändern. So nützt ein Wechsel von geschlossenen Bestätigungsfragen („...Haben Sie unser Angebot gelesen?...") zu offenen Fragen („...Wie stehen Sie zu unserem Angebot?...") nichts, wenn der Befragte das Angebot tatsächlich noch nicht gelesen hat („...nein..." bzw. „...ich habe es noch nicht gelesen..."). Der Vorteil der im Beispiel genannten offenen Frage besteht in ihrer Konzeption: Nämlich das zwingend erforderliche aber nichtssagende Lesen (als Voraussetzung für eine Beurteilung) außen vor zu lassen.

Die Beschaffung von Informationen durch Fragen stellt das zentrale Gesprächselement im Nachfassgespräch dar. Je nach Status im Beschaffungsprozess kann es auch passieren, dass der Beschaffungsverantwortliche weitere Informationen benötigt, also der Verkäufer Informationen liefern muss. Um rasch die fehlenden Informationen nachreichen zu können, sollte der Verkäufer zu allen Kommunikationsmitteln (Telefon, Fax, E-Mail) die Kontaktdaten des Beschaffungsverantwortlichen griffbereit haben. Ebenso muss der Verkäufer alle Daten zum betreffenden Projekt in direktem Zugriff haben, sei es in gedruckter oder in elektronischer Form. Dies schließt sowohl die offiziell ausgetauschten Informationen von Anfragen, Angeboten und sonstigen Informationsmaterialien ein als auch die internen Unterlagen, wie Kalkulationsdaten, Projektbeschreibungen Konstruktionszeichnungen etc. Daneben sollte der Verkäufer auch die Unterlagen zu anderen (laufenden) Vorgängen im Zugriff haben. Zur Art und Weise, wie die zu liefernden Informationen strukturiert werden könnten, finden sich im Teilkapitel 5.4 – Angebotsgespräch – entsprechende Hinweise.

5.6   Einwandbehandlung und Preisverhandlungen

Die Verhandlungsgespräche beziehen sich meist auf konkrete Beschaffungsprojekte, was aber nicht ausschließt, dass auch projektübergreifende Themen wie die Vereinbarung grundsätzlicher Zahlungs- und Lieferbedingungen Gegenstand einer Verhandlung sein können. **Die im folgenden geschilderten Verhaltensmöglichkeiten lassen sich in gleicher Weise auf vorgangsgebundene und vorgangsübergreifende Themen anwenden**. Die Initiative für das Verhandlungsgespräch kann prinzipiell von beiden Seiten ausgehen; In der überwiegenden Zahl der Fälle wird allerdings der Beschaffungsverantwortliche Verhandlungsbedarf signalisieren. Die Initiierung eines Verhandlungsgesprächs ist aus Sicht des Beschaffungsverantwortlichen notwendig und sinnvoll, wenn

- die Angebote noch nicht den Anforderungen entsprechen, d.h. Nachbesserungsbedarf besteht,
- die Einkaufsbudgets stärker als geplant ausgeschöpft sind,
- die Anbieter unter starkem Wettbewerbsdruck sind oder
- die Vermutung besteht, dass die Anbieter noch Verhandlungsspielräume besitzen.

Auch wenn die Anforderungen bereits erfüllt sind, ist es für den Beschaffungsverantwortlichen bei maximierbaren Zielen zweckmäßig, sich auf dem Verhandlungswege weitere Nutzenvorteile zu erschließen. Mit einer selektiven Verhandlungsführung bei den besten Anbietern kann der Beschaffungsverantwortliche eventuell erreichen, dass er am Ende eine in allen Aspekten überlegene Angebotsvariante in den Händen hält und damit in jedem Fall die bestmögliche Entscheidung trifft.

5.6.1   Objektspezifische Ausgangskonstellationen

Das Spektrum der Ausgangssituationen ist zu Beginn der Verhandlungsphase vor allem durch die vorliegenden Angebote charakterisiert. Hier ist einerseits das Verhältnis der Angebote zu den Anforderungen zu berücksichtigen und andererseits das Verhältnis der Angebote untereinander. Wie in den anderen Phasen auch, können sich die Anforderungen verschieben oder der Bedarf kann durch andere Ereignisse hinfällig werden; Da diese Veränderungen aber unabhängig von der Phase des Beschaffungsprozesses sind, werden sie im folgenden nicht weiter betrachtet.

Liegen die Angebote mit ihrem Leistungsspektrum wesentlich **unter den Anforderungen**, muss sich der Beschaffungsverantwortliche entscheiden, ob er eine neue Anfrage startet oder ob er in Verhandlungen eintreten soll. Handelt es sich bei den verfehlten Aspekten um Ausschlusskriterien, wird er eher zu einer neuen Anfrage neigen, bei kompensierbaren Aspekten kann er prinzipiell Verhandlungen aufnehmen.

Beim **Vergleich der einzelnen Angebote** kann sich herausstellen,

- dass ein Angebot die übrigen Angebote in allen Aspekten übertrifft oder
- dass die Spitzenpositionen sich aspektweise auf mehrere Anbieter verteilen.

Die zuletzt genannte Situation ist typisch für stark arbeitsteilige Volkswirtschaften, in denen Unternehmen durch unterschiedliche Spezialisierungsrichtungen ihre Wettbewerbsposition verteidigen müssen. Die Existenz eines dominanten Angebots ermöglicht es dem Beschaffungsverantwortlichen zwar, auf die Durchführung von Verhandlungen zu verzichten, denn er hat sich ja für die bestmögliche Alternative entschieden. Trotzdem können sogar hier Verhandlungen sinnvoll sein, wenn

- die Anforderungen auch beim Spitzenangebot nicht vollständig erfüllt werden,
- die anderen Angebote dichtauf liegen oder
- es noch Spielräume in Bezug auf die Maximierungsziele gibt.

Findet sich bei der Auswertung der Angebote kein dominierender Vorschlag, ist es für den Beschaffungsverantwortlichen meist vorteilhaft, Verhandlungen aufzunehmen, denn er kann zu allen Aspekten jeweils Beispiele benennen, die eine bessere Problemlösung bedeuten.

5.6.2   Prozessspezifische Anforderungen

Der Beschaffungsprozess selbst ist in dieser Phase im allgemeinen durch zunehmende zeitliche Nähe zum erforderlichen Liefertermin charakterisiert. Damit steht der Beschaffungsverantwortliche vor der Aufgabe, einerseits rasch zu einer Entscheidung zu gelangen. Andererseits ist er verpflichtet, die vorhandenen Alternativen soweit wie möglich zu optimieren. Für eventuelle Verhandlungen wird er deshalb meist ein Zeitlimit setzen müssen. Gespräche mit schwierigen Verhandlungspartnern sind nur sinnvoll, wenn die Angebote attraktiv genug sind und gleichzeitig durch Verhandlungen noch eine nennenswerte Verbesserung erreichbar scheint.

5.6.3   Spezifische Aktualisierung von Bedürfniskategorien

Im Zusammenhang mit den Verhandlungen werden beim Beschaffungsverantwortlichen mehrere Bedürfniskategorien gleichzeitig aktualisiert. Die Aufnahme von Verhandlungen ermöglicht es dem Beschaffungsverantwortlichen,

- seine **sozialen Bedürfnisse** durch die Interaktion mit den Verkäufern zu bedienen und
- **Anerkennungsbedürfnisse** zu erfüllen, weil mit jedem überdurchschnittlichem Verhandlungserfolg auch die Position des Beschaffungsverantwortlichen gegenüber dem Verkäufer und im Buying Center bestätigt oder sogar gestärkt wird.

Für manche Beschaffungsverantwortlichen erfüllen sich auch **Selbstverwirklichungsbedürfnisse**, wenn sie sich in Verhandlungen beweisen können. Gleichzeitig berühren Verhandlungsgespräche die **Sicherheitsbedürfnisse**, weil der Ausgang der Gespräche oft ungewiss ist. Sicherheitsbedürfnisse werden auch berührt, wenn die Verkäufer zu Zugeständnissen bewegt werden, dabei aber unklar ist, ob die dann vereinbarten Leistungen den Anforderungen noch vollumfänglich entsprechen.

5.6.4   Erwartungen an den Verkäufer

Mit diesen Aspekten im Hintergrund erwartet der Beschaffungsverantwortliche von den Verkäufern, dass

- sie mit genügend technischen und kaufmännischen Kompetenzen ausgestattet sind, um die Verhandlungen selbständig ohne lange Rückfragen führen zu können,
- sie genügend Fachkenntnisse und vorgangsbezogenes Wissen mitbringen, um realisierbare Kompromissvorschläge unterbreiten zu können,
- sie flexibel ihre Gesprächszeit einplanen, um die Verhandlung bei Bedarf in einem Treffen komplett abschließen zu können,
- sie bereit sind, auf alle gewünschten Aspekte einzugehen,
- sie bereit sind, gegebenenfalls auch an mehreren Verhandlungsrunden teilzunehmen,
- dass sie die eingegangenen Kompromisse in ihrem Haus vertreten und keine nachträglichen Korrekturen von Seite der dortigen Vorgesetzten kommen und dass
- sie die erreichten Kompromisse als verbindlich annehmen und nicht durch Leistungsminderungen an anderer Stelle heimlich wieder einen Ausgleich herbeiführen, sei es am selben Projekt oder an anderen Vorgängen.

5.6.5   Wichtige Gesprächsthemen

Um die thematischen Elemente bei Verhandlungen besser greifen zu können, ist es zweckmäßig, kurz die Ziele der beiden Parteien zu betrachten. **Ziel der Verhandlungsparteien ist es jeweils, die größtmögliche Leistung vom Partner zu erhalten und dabei die eigene Gegenleistung zu minimieren.** Nachdem der Beschaffungsverantwortliche eine Sach- oder Dienstleistung beziehen möchte und seine Gegenleistung normalerweise eine monetäre Größe darstellt, sind die zentralen Verhandlungsgegenstände bereits hinreichend definiert. Zu ergänzen bleibt noch, dass die Sach- bzw. Dienstleistungen zumindest in Teilaspekten den Charakter von Absolutzielen haben, deren Maximierung keinen zusätzlichen Nutzen generiert, während die in Geldform zu erbringende Gegenleistung beliebig minimierbar ist. Zudem stellt Geld ein Universaltauschmittel dar, das die Grundlage praktisch aller Austauschbeziehungen eines Unternehmens bildet. **Damit erklärt sich zugleich die hohe Bedeutung von Preisverhandlungen im Verkaufsgespräch.**

Ziel des Beschaffungsverantwortlichen ist es also, die bereits vorliegenden **Angebote** der Verkäufer weiter **in seinem Sinne zu verändern**. Bei hohem Wettbewerbsdruck mag der Verkäufer bereits ohne weiteres Zutun Zugeständnisse einräumen, da aber auch die Lieferanten ihren Nutzen optimieren möchten, ist nicht unbedingt damit zu rechnen. Noch viel geringer sind die Aussichten, wenn der Wettbewerbsdruck nicht besonders hoch ist oder der Lieferant gar eine monopolartige Position am Markt einnimmt. Ein weiteres Argument gegen unaufgeforderte Mehrleistungen ist der Umstand, dass der Verkäufer gegenüber dem Beschaffungsverantwortlichen an Glaubwürdigkeit einbüßt, denn warum hat er dann nicht gleich günstiger angeboten? Nur wenn gute Begründungen vorliegen, z.B. bei Preissenkungen am Rohstoffmarkt, kann der Verkäufer problemlos sein Angebot modifizieren. Selbst wenn der Lieferant unaufgefordert Mehrleistungen einräumt, ist nicht gewährleistet, dass dem Beschaffungsverantwortlichen hieraus ein Nutzen entsteht (z.B. kann eine Überlieferung für den Beschaffungsverantwortlichen völlig nutzlos sein, wenn er nicht genügend Komplementärprodukte zur Verfügung hat).

Aus diesen Gründen ist es für den Beschaffungsverantwortlichen zweckmäßig, zuerst

- realistische Zielvorstellungen zu formulieren,
- Ausgangsforderungen für den Verhandlungsprozess festzulegen[27],
- Aussagen zu formulieren, die seinen Forderungen Nachdruck verleihen und
- sich zu überlegen, unter welchen Bedingungen er zu Konzessionen, d.h. zur Aufgabe einzelner Forderungen oder zur graduellen Rücknahme von Forderungen bereit ist[28].

Dabei werden die **Ausgangsforderungen höher als die eigentlichen Zielsetzungen** angesiedelt sein, weil er regelmäßig nicht davon ausgehen kann, dass sich eine Partei mit ihren Vorstellungen in einer Verhandlung komplett durchsetzt. Insbesondere bei gut vorbereiteten und erfahrenen Verkäufern muss der Beschaffungsverantwortliche darauf gefasst sein, Abstriche hinnehmen zu müssen. **Orientierungshilfen für die Festlegung der Forderungen** sind dabei in erster Linie

- die unbedingt zu erreichenden Ziele (z.B. einzuhaltende Einkaufsbudgets),
- die Erfahrungen aus früheren Verhandlungen mit demselben Lieferanten,

---

[27]   Vgl. Korda, Phillippe, Nicht um jeden Preis, S. 72f.

[28]   In Anlehnung an Lemme, Markus, Erfolgsfaktor Einkauf, S. 136 und hergeleitet aus Troczynski, Peter und Limbeck, Martin, Einkaufsverhandlungen erfolgreich führen, S. 60 bzw. 132f.

- die aktuellen Wettbewerbsangebote und
- die im Laufe der Angebotspräsentation festgestellten Schwachstellen im Angebot.

Im Laufe des Verhandlungsprozesses thematisiert der Beschaffungsverantwortliche gegenüber dem Verkäufer im allgemeinen seine Ausgangsforderungen und vor allem seine Aussagen zur Bekräftigung der Forderungen. Über die eigentlichen Ziele und über die Bedingungen, bei denen er zu Konzessionen bereit ist, wird er soweit wie möglich Stillschweigen bewahren. Selbst die Ausgangsforderungen muss der Beschaffungsverantwortliche nicht unbedingt zur Sprache bringen: Die alleinige Platzierung von Aussagen zur Bekräftigung von Forderungen sorgt oft für ein noch höheres Maß an Verunsicherung bei den Verkäufern, weil ihnen verborgen bleibt, ob überhaupt ein Vertragsabschluss in Aussicht ist. Dieser Umstand reicht oft aus, um die Verkäufer zu ersten Zugeständnissen zu bewegen. Das hat für den Beschaffungsverantwortlichen den Vorteil, dass er mit der Definition und Offenlegung seiner Ausgangsforderungen warten kann, bis er die erste Reaktion der Verkäuferseite vernommen hat.

Die **Aussagen zur Bekräftigung der Forderungen sind also Dreh- und Angelpunkt des Verhandlungsgesprächs.** Sie werden im Folgenden deshalb detailliert beschrieben. Die Betrachtung soll

- sich mit den grundsätzlich möglichen **Formen zur Bekräftigung von Forderungen** befassen,
- die **Objekte** charakterisieren, an denen der Beschaffungsverantwortlichen hierbei ansetzen kann,
- die **Ausgestaltung / Strukturierung der einzelnen Formen** beschreiben und
- die dabei möglichen **Darstellungsweisen** aufzeigen.

Daran anschließend werden die Bedingungen kurz beleuchtet, die beim Beschaffungsverantwortlichen zu Konzessionen führen können.

Formen zur Bekräftigung von Forderungen:
Zur Bekräftigung seiner Forderungen kann der Beschaffungsverantwortliche zwischen den folgenden Herangehensweisen wählen:

- Formulierung von Einwänden,
- Drohung mit Sanktionen oder
- Verkündung moralischer Appelle.

Die nachstehende Grafik verdeutlicht den Zusammenhang zwischen den genannten Optionen.

Einwände sind im Prinzip **negative Bewertungen** in Bezug auf das Angebot oder den Verkäufer. Einwände kommen im allgemeinen durch Abschwächung bzw. Negierung der positiven Seiten eines Angebots oder durch Bestätigung bzw. Verstärkung der bei der Angebotspräsentation dargelegten Schwachstellen zum Ausdruck.

Sanktionen sind Maßnahmen, die vom Sender aus eigener Kraft ergriffen werden, um eine Person – hier den Verkäufer – zu einer gewünschten Handlung zu bewegen. Dabei müssen die Sanktionen mit dem betreffenden Beschaffungsprojekt nicht unbedingt in Verbindung stehen. In Verhandlungen wird der Beschaffungsverantwortliche Sanktionen zunächst erst drohend ankündigen, um seinen Forderungen Nachdruck zu verleihen. Eine Verwirklichung der Sanktionen wird der Beschaffungsverantwortliche in der Regel nicht anstreben, insbesondere, wenn der Umsetzungsaufwand hoch und die Aufhebung der Sanktionen schwierig

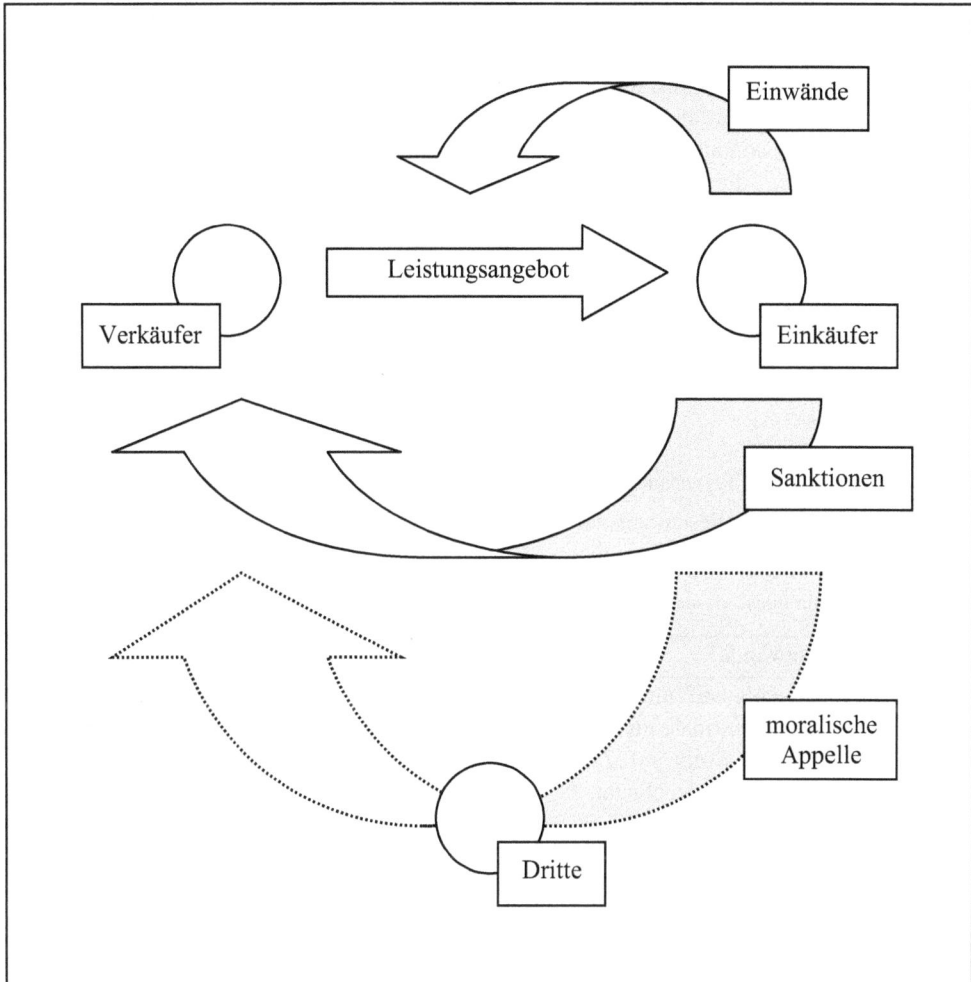

Abb. 61: Formen zur Bekräftigung von Forderungen

ist. Erst wenn die gewünschte Reaktion ausbleibt, entsteht für den Verkäufer die Gefahr, dass die Sanktionen auch tatsächlich Anwendung finden.

Moralische Appelle werden benutzt, wenn ihr Verfasser selbst **keine Machtbasis** hat[29], um Sanktionen zu definieren, er aber vermutet, dass übergeordnete Instanzen, Institutionen oder soziale Gruppierungen eine wie auch immer geartete Sanktionsmacht besitzen. Moralische Appelle können nur dann wirksam werden, wenn der Gesprächspartner die Inhaber der betreffenden Sanktionsmacht auch als solche anerkennt. Insofern sind moralische Appelle aus Sicht des Empfängers durchaus mit den direkt vom Sender verhängten Sanktionen vergleichbar und werden im folgenden **teilweise als Unterfall der Sanktionen aufgefasst**. Als übergeordnete Dritte können in Betracht kommen:

---

[29]   In Anlehnung an Holz, Friedrich, Methoden fairer und unfairer Verhandlungsführung, S. 122ff.

- die Vorgesetzten der Verkäufer („...das was Sie vorschlagen, widerspricht eklatant Ihrem Unternehmensslogan...“, „...damit überschreiten Sie Ihre Kompetenzen...“),
- Branchenverbände („...mit ihren Vorschlägen unterschreiten Sie den von Ihrer Branche definierten Qualitätsstandard...“),
- Gesetzgeber („...damit verstoßen Sie eindeutig gegen Paragraf...“),
- Gesellschaft („... die Gesellschaft verurteilt derartige Praktiken...“) oder
- religiöse Instanzen („...Ihr Vorschlag steht nicht im Einklang mit dem von Gott für die Menschheit gewollten Verhaltensregeln...“).

Objektbereiche von Einwänden, Sanktionen und moralischen Appellen:
Einwände, Sanktionen und moralische Appelle können jeweils gerichtet sein auf

- das Angebot des Lieferanten,
- den Verkäufer,
- den Anbieter und
- auf den Beschaffungsverantwortlichen.

Die nachstehende Tabelle enthält zur Verdeutlichung Beispiele für die Einwände und die Sanktionen.

Tab. 27: Beispiele für Einwände und Sanktionen in Bezug auf einzelne Zielobjekte

Zielobjekt	Einwände	Sanktionen
Angebot	Hinweis auf unvereinbare Ausstattungsmerkmale im Angebot oder Hinweis auf Zweifel an dem versprochenen Nutzen	Hinweis, dass der Auftrag an einen anderen Wettbewerber geht, wenn der Preis nicht gesenkt wird
Verkäufer	Hinweis, dass der Verkäufer schon mehrmals unpünktlich war	Hinweis, dass der Verkaufsleiter kontaktiert wird, wenn nicht sofort Zugeständnisse gemacht werden oder Hinweis, dass der Verkäufer Hausverbot bekommt
Anbieter	Hinweis, dass die letzte Lieferung reklamiert werden musste	Hinweis, dass man wegen der letzten Lieferung noch vor Gericht gehen wird
Einkäufer	Hinweis, dass die angebotene Leistung zu hochwertig für die eigene Firma ist oder Hinweis, dass das Unternehmen nicht genug Geld hat, um das Angebot wahrzunehmen	mehr oder weniger ernsthaft gemeinter Hinweis, dass Beschaffungsverantwortliche seinen Job verliert, wenn er ohne weitere Zugeständnisse des Lieferanten die Bestellung aufgibt

Auch die **moralischen Appelle** können auf einzelne Objekte gerichtet sein. Bevorzugte Zielobjekte sind meist die Verkäufer und ihre Arbeitgeber, wenn beispielsweise an Gerechtigkeitssinn und Fairness appelliert wird.

Mit der Form der Aussage (Einwand, Sanktion oder moralischer Appell) und dem ausgewählten Zielobjekt definiert der Beschaffungsverantwortliche wesentlich die Schärfe der Verhandlungssituation. Die Androhung von Sanktionen stellt für den Verkäufer eine wesentlich drastischere Herausforderung dar als die Nennung von Einwänden. Am Ende haben beide zwar dieselben Konsequenzen, bei den Einwänden werden diese aber noch nicht gleich ausgesprochen. Richten sich Einwände und Sanktionen auf den Einkäufer oder auf den Vorgang, wird der Verkäufer im Regelfall weniger stark betroffen sein, als bei Aussagen, die auf den Verkäufer oder auf seinen Arbeitgeber zielen. Je schärfer die Angriffe des Beschaffungsverantwortlichen ausfallen, desto eher ist mit einem Abbruch des Gesprächs zu rechnen. Deshalb lassen sich die bedrohlicheren Aussagen in Verhandlungen auch nur selten einsetzen.

Innerhalb der einzelnen Felder hat der Beschaffungsverantwortliche jeweils zahlreiche Ansatzpunkte, um seinen Wünschen in spezifischer Weise Nachdruck zu verleihen. Im folgenden sollen die Ansatzpunkte für die Einwände – differenziert nach Beschaffungsprojekt, Verkäufer und Lieferant – kurz systematisiert werden.

Wo die **Einwände am Beschaffungsprojekt** ansetzen können, zeigt die nachstehende Grafik.

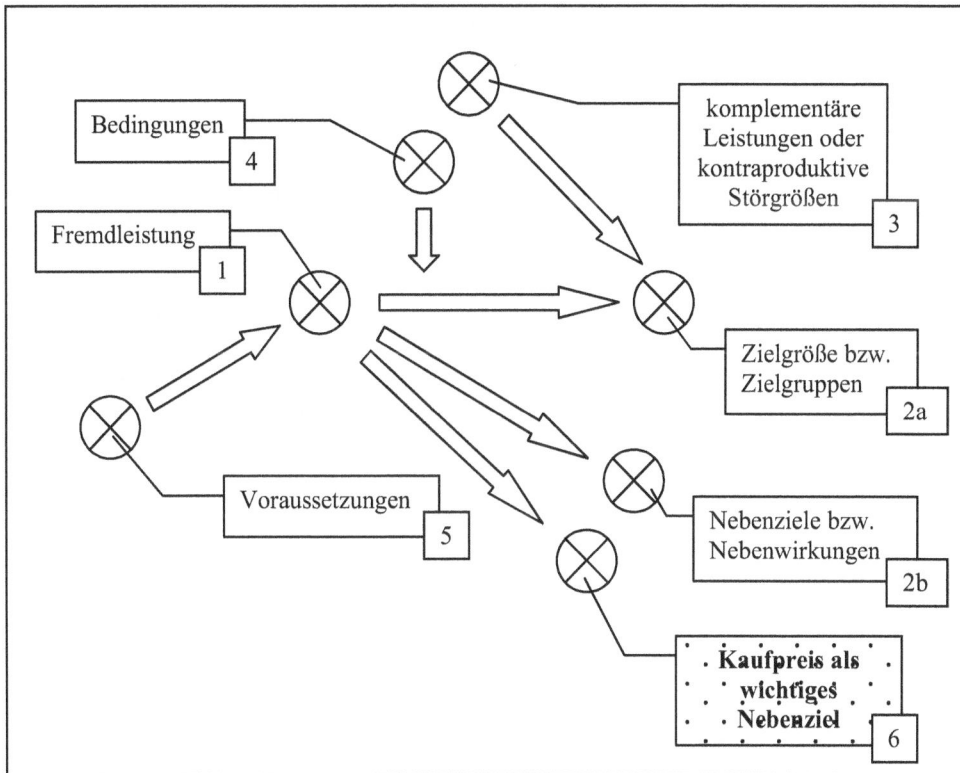

Abb. 62: Ansatzpunkte für Einwände gegen das Beschaffungsprojekt

Der Beschaffungsverantwortliche kann im einfachsten Fall mit den **Eigenschaften der angebotenen Leistung** (1) beginnen, wenn sie nicht seinen Vorstellungen entsprechen (z.B. „...die Farbe habe ich mir ganz anders vorgestellt...“). Negative Bewertungen können sich daneben auf die vermuteten **Wirkungen an den Zielgrößen** (2a und 2b) und an den Zielgruppen beziehen, indem beispielsweise eigene Überlegungen dagegen gestellt werden oder schlichtweg der Zusammenhang in Zweifel gezogen wird (z.B. „... ich glaube nicht, dass sich unsere Kunden davon beeindrucken lassen..."). Befürchtungen können auch darauf zielen, dass andere **Störgrößen nicht ausreichend kompensiert werden** (3) oder die angebotene Leistung nur unter **eng gesetzten Bedingungen** (4) ihre Wirkung entfalten (z.B. „...Ihre Leistung können wir wohl nur einsetzen, wenn..."). Der Beschaffungsverantwortliche kann dann noch ergänzen, welche Bedingungen bei ihm vorrangig herrschen. Außerdem kann sich die Unzufriedenheit des Beschaffungsverantwortlichen auf die erforderlichen **Voraussetzungen** (5) bzw. **die erforderlichen Komplementärmaßnahmen** (3) richten, wenn diese einen erheblichen Mehraufwand mit sich bringen (z.B. „...wenn wir Ihr Angebot tatsächlich in Anspruch nehmen wollen, müssen wir vorab erst einmal unser Personal schulen..."). Am häufigsten setzen die Einwände allerdings an den Nebenzielen und hier insbesondere am **Kaufpreis** (6) an, der im Verhältnis zur Konkurrenz fast immer als zu hoch empfunden wird (z.B. „...Ihre Konkurrenz kann das zu einem viel günstigeren Preis anbieten..."). Mit der Konkurrenz als Bezugsgröße kann der Beschaffungsverantwortliche häufig am einfachsten Druck ausüben, weil die Verkäufer meist nicht wissen, wie der Preis der Wettbewerber tatsächlich liegt. Bezieht sich der Beschaffungsverantwortliche auf bisherige Angebote und Lieferungen der Verkäufer, können sich letztere eventuell auf mittlerweile eingetretene Rohmaterialpreisänderungen berufen oder sich andere Argumente einfallen lassen. Bezieht sich der Beschaffungsverantwortliche auf sein Budget, muss er damit rechnen, dass die Verkäufer über entsprechende Zahlungskonditionen versuchen, eine Lösung zu finden.

In Bezug auf die **Person des Verkäufers** hat der Beschaffungsverantwortliche ebenfalls ein breites Spektrum an Möglichkeiten zur Generierung von Einwänden[30]. Diese können sich beziehen auf

- berufliche Aspekte oder
- persönliche Aspekte.

Bei den beruflichen Aspekten kann der Beschaffungsverantwortliche Kritik üben an

- den unzureichenden Kompetenzen (Befugnissen) des Verkäufers („...müssen Sie auch dazu erst Ihren Chef fragen?..."),
- den mangelnden Fähigkeiten des Verkäufers („... was wissen Sie überhaupt?..."),
- der mangelnden Motivation (Zielsetzungen) des Verkäufers („...stehen Sie wirklich hinter Ihrem Vorschlag...?"),
- den daraus bisher resultierenden Versprechungen, Verhaltensweisen und Handlungen („...das haben Sie mir schon mal versprochen...") sowie an
- den Wirkungen der Verkäuferaktivitäten („...hat schon letztes Mal nicht funktioniert...").

Auch im privaten Bereich kann der Beschaffungsverantwortliche an ähnlichen Aspekten ansetzen. Zusätzlich können die Beschaffungsverantwortlichen

- die Wahl der privaten Bezugspersonen,
- die persönlichen Ziele und Wertvorstellungen,
- die persönlichen Meinungen und Einschätzungen und die
- die privaten Handlungen des Verkäufers nebst ihren Wirkungen

---

[30] Beispiele zu personenbezogenen Angriffen finden sich bei Holz, Friedrich, Methoden fairer und unfairer Verhandlungsführung, S. 147ff. und Bredemeier, Karsten Provokative Rhetorik? Schlagfertigkeit, S. 186ff.

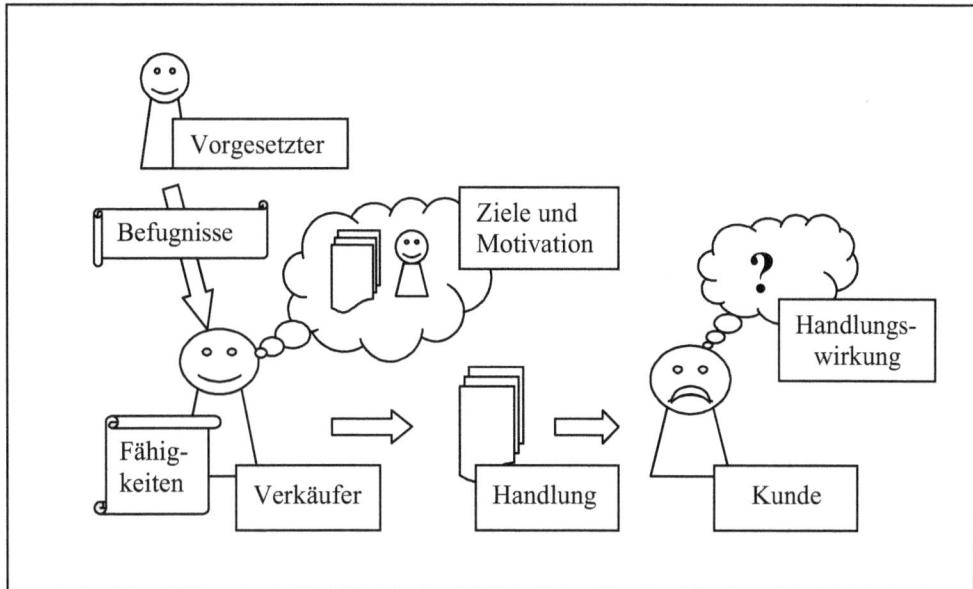

Abb. 63: Ansatzpunkte für Einwände gegenüber dem Verkäufer

ins Visier nehmen. Diese Herangehensweise stellt eine der destruktivsten Formen der Verhandlungsführung dar.

In Bezug auf das **anbietende Unternehmen** kann der Beschaffungsverantwortliche mit seinen Einwänden an sämtlichen innerbetrieblichen Voraussetzungen beginnend von der Kapitalausstattung bzw. den Kapitalgebern („...sind die verschiedenen Zweige der Eigentümerfamilie nicht sehr zerstritten?...") bis hin zu den Leistungen und den belieferten Kundenkreisen („... Ihre bisherigen Kunden sind ja auch nicht gerade für Qualität bekannt!...") ansetzen (siehe Abb. 64).

Einwände gegen den Anbieter werden häufig mit Wettbewerbsdaten gestützt, um dem Verkäufer bei vorwiegend preislich motivierten Verhandlungen zu signalisieren, woher der Wind weht (insbes. z.B. „...Ihre Konkurrenz ist wesentlich billiger...").

Der Beschaffungsverantwortlichen kann auf dieselben Ansatzpunkte zurückgreifen, um zu verdeutlichen, dass sein Unternehmen **nicht** in der Lage ist, die angebotene Leistung zu bestellen oder zu nutzen:

- Kapitalausstattung („...wir haben kein Geld...", „... unser Etat für dieses Jahr ist bereits aufgebraucht..." etc.),
- technische Ressourcen („... wir haben keinen Lagerplatz...", „...unsere Regale sind voll..."),
- personelle Ressourcen („... unser Personal wurde auf Maschinen Ihres Wettbewerbers A geschult...")
- Leistungspalette („...Ihre Leistung lässt sich nicht in unser Produkt integrieren...", „...Die von Ihnen angebotenen Leistungen beeinträchtigen die Flexibilität unserer Produktpalette...")
- komplementäre Leistungen („... Ihre Leistungen sind leider nicht mit den von uns eingesetzten komplementären Produkten kompatibel...")

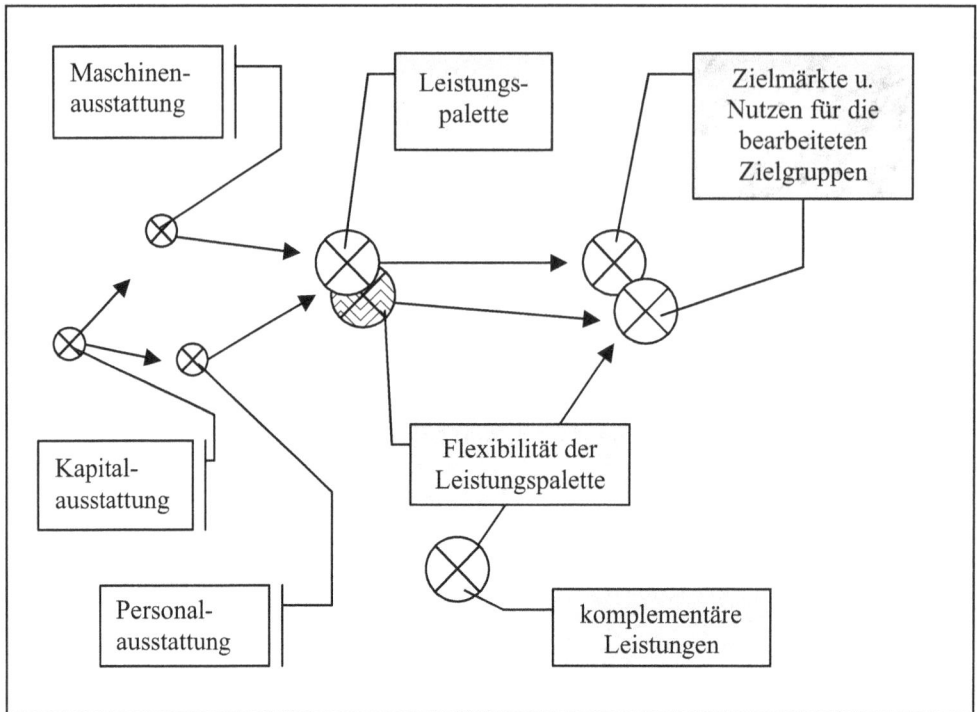

Abb. 64: Ansatzpunkte für Einwände gegenüber dem Anbieter

- Zielmärkte (...meine Kunden sind nur gewohnt, dass unsere Leistungen mit Komponenten Ihres Hauptwettbewerbers bestückt sind....")
- Firmenphilosophie oder Unternehmensziele („... Ihre Leistungen entsprechen nicht unseren Umweltstandards...").

Mit Blick auf **sich selbst** stellt so mancher Beschaffungsverantwortliche ebenfalls Restriktionen auf, wenn er behauptet

- nicht die nötigen Befugnisse zu haben („... da muss ich erst XY fragen...", „...da ist Z zuständig..."),
- nicht die nötigen Fähigkeiten und Kenntnisse zu haben („...da muss ich mich erst schlau machen...") oder
- nicht die nötigen Handlungen vorgenommen zu haben („... das habe ich leider vergessen...", „... das muss ich noch veranlassen...").

Der Übergang zwischen unternehmensbezogenen und vorgangsbezogenen Einwänden ist dabei fließend. Entscheidend ist nicht die eindeutige Zuordnung, sondern welche Ansatzpunkte der Beschaffungsverantwortliche überhaupt zur Verfügung hat und wie man als Verkäufer darauf reagieren könnte.

Auch mit seinen **Sanktionen** kann der Beschaffungsverantwortliche an diesen Aspekten ansetzen. So könnte er dem Verkäufer signalisieren, dass das vorgesehene **Beschaffungsprojekt**

- für andere Zielgruppen eingesetzt werden soll,
- zugunsten komplementärer Maßnahmen in seinem Umfang reduziert werden soll,

- nur unter bestimmten Bedingungskonstellationen zur Anwendung kommen soll,
- mit weniger günstigen Voraussetzungen zurecht kommen muss,
- nur dann realisiert wird, wenn bestimmte Nebenziele erreicht werden oder dass
- bei Überschreiten des maximal verfügbaren Budgets das Projekt nicht zum Tragen kommt bzw. an einen anderen Lieferanten vergeben wird.

Gemeinsame Konsequenz aller Drohungen ist, dass das Angebot des Verkäufers entweder überhaupt nicht mehr zum Tragen kommt, größere Änderungen erforderlich sind oder eine Realisierung nur in deutlich geringerem Umfang stattfinden wird. Ergänzend kann der Beschaffungsverantwortliche **auf prozesswirtschaftlicher Ebene** damit drohen, dass

- die Anforderungen an das Projekt neu definiert bzw. neu gewichtet werden,
- der Kreis der angefragten Lieferanten nachträglich erweitert wird,
- Verhandlungen mit weiteren Lieferanten aufgenommen werden bzw.
- der komplette Beschaffungsprozess verschoben, verlängert oder aufgehoben wird

Sollte der **Verkäufer** zum Zielobjekt für Sanktionen werden, kann der Beschaffungsverantwortliche einige der genannten Aspekte als Ausgangspunkt für seine Überlegungen benutzen:

- Zwar kann der Beschaffungsverantwortliche nicht –wie ein Arbeitgeber – organisatorische Kompetenzen beschneiden: Er könnte dem Verkäufer aber **Befugnisse entziehen** (z. B. „...ich erteile Ihnen Hausverbot...“; „streichen Sie bitte unser Unternehmen aus Ihrer Referenzliste“).
- Der Beschaffungsverantwortliche kann in gewisser Weise auch die **Ziele des Verkäufers verändern**, wenn er ihm **nur noch Anfragen für einfache Projekte** übermittelt oder ihn ganz aus seinem Anfragenverteiler herausnimmt und lediglich noch die bestehenden Produkte und Leistungen bei ihm abwickelt.
- Die **Handlungen des Verkäufers** kann der Beschaffungsverantwortliche konterkarieren, wenn er beispielsweise die Modifikation von überbrachten Mustern oder Angeboten beansprucht.
- Die **Wirkungen von Handlungen** kann der Beschaffungsverantwortliche herabsetzen, indem er die **Lieferantenbewertung** entsprechend verändert. Um die Durchschlagskraft seiner Sanktionen zu erhöhen, kann der Beschaffungsverantwortliche mit entsprechenden **Mitteilungen an**
  - die **Vorgesetzten** des Verkäufers (z.B. „...ich werde wohl diesbezüglich Ihren Chef informieren müssen...“)
  - die **Kunden** des Verkäufers oder an
  - sonstige **Dritte** wie z.B. Verbände drohen.

Auf **Ebene des Unternehmens** können Sanktionen insbesondere an den **Lieferantenleistungen** ansetzen:

- Verstärkung und Verschärfung von **Wareneingangskontrollen**, Verschärfung der **Dokumentationspflichten** bei Lieferungen (z.B. Qualitätssicherungsprotokolle),
- zusätzliche **Auflagen** bei der Verpackung und Anlieferung von Leistungen,
- **Beschränkung der Mengen**, Herabstufung vom Status des Hauptlieferanten auf den Status eines **Aushilfslieferanten** mit entsprechend großen Nachfrageschwankungen, Hinzuziehung weiterer Lieferanten,
- **Verschiebung von Bedarfen**,

- **Beschränkung** der Lieferantenbeziehung auf einfache Leistungen, **wenig lukrative Sonderanfertigungen,**
- Verteilung der einzelnen Wertschöpfungsschritte auf mehrere Lieferanten, d.h. **Abkehr von Systemleistungen zu Einzelleistungen,**
- **Einschaltung** der Lieferanten erst **in späteren Phasen des Beschaffungsprozesses,** d.h. keine Hilfestellungen mehr durch den Lieferanten bei der Spezifikation von Leistungen,
- **Beistellung von Vorleistungen** oder Entzug von Beistellungen,
- **Stornierung von Aufträgen** oder die
- nachträgliche **Reklamierung** früherer Aufträge.

Umgekehrt kann der **Beschaffungsverantwortliche** außerdem damit drohen, **eigene Leistungen gegenüber dem Lieferanten oder zu dessen Gunsten zu beschneiden,** d.h.,

- Beschränkung des Informationsflusses hin zum Lieferanten sowie
- keine Weiterempfehlung des Lieferanten gegenüber Dritten.

Auf die genannten Zielobjekte können sich die Beschaffungsverantwortlichen auch mit **moralischen Appellen** beziehen. Die folgende Auflistung beschränkt sich auf eine exemplarische Darstellung der Möglichkeiten, nachdem der moralische Appell aufgrund der meist herrschenden Käufermarktsituation vergleichsweise **geringe Bedeutung** hat.

- Die auf das **Beschaffungsprojekt** gerichteten moralischen Appelle thematisieren beispielsweise die Verantwortung, die der Beschaffungsverantwortliche gegenüber seinen Kunden hat.
- Die auf den **Verkäufer** gerichteten moralische Appelle beziehen sich vor allem auf die Charaktereigenschaften und Motive mit Themen wie Fairness, Gerechtigkeit, Verlässlichkeit und Großzügigkeit.
- Auf Ebene des **Unternehmens** können moralische Appelle auf den Leistungserstellungsprozess und die eingesetzten Ressourcen gerichtet sein z.B. durch Hinterfragung, ob ein fairer Handel mit Vorlieferanten besteht oder die Einhaltung von Umweltschutzauflagen gewährleistet ist.
- Moralische Appelle in Bezug auf den **Beschaffungsverantwortlichen** selbst thematisieren nicht selten die Verantwortung, die der Beschaffungsverantwortliche gegenüber Kollegen, Vorgesetzten, Kapitalgebern oder Kunden hat, wenn er seine Aufgaben wahrnimmt.

zu Strukturierung von Einwänden, Sanktionen und moralischen Appellen:

Die Darstellungen der Verkäufer kann ein Beschaffungsverantwortlicher angreifen,

- indem er die Aussagen der Verkäufer in Frage stellt oder widerlegt und
- indem er die vom Verkäufer (absichtlich) nicht thematisierten Sachverhalte offen zur Sprache bringt.

Im erstgenannten Fall kann der Beschaffungsverantwortliche entscheiden, ob er lediglich die Aussagen der Verkäufer anzweifelt oder ob er mit konkurrierenden eigenen Hypothesen dagegen halten will. Im zweitgenannten Fall kann der Beschaffungsverantwortliche wählen, ob er lediglich eine Hypothesenbildung beim Verkäufer anregen möchte oder ob er bereits mit eigenen Hypothesen vorstellig wird. Der Beschaffungsverantwortliche ist im Verhandlungsgespräch in der komfortableren Position, denn die Verkäufer müssen dokumentieren, dass die von ihnen beschriebenen Leistungsangebote auch in der Realität Bestand haben. Demgegenüber kann sich der Beschaffungsverantwortliche schon mit einzelnen Beispielen begnügen, um die vom Verkäufer aufgebauten Aussagen kritisch zu hinterfragen.

Möchte der Beschaffungsverantwortliche die Aussagen von Verkäufern kritisieren, kann er dazu

- entweder mit logischen Gesetzen argumentieren (das entspricht der intensionalen Ebene)
- oder geeignete empirische Daten heranziehen (das entspricht der extensionalen Ebene).

Sind die Schilderungen des Verkäufers auf intensionaler Ebene angesiedelt, greift der Beschaffungsverantwortliche mit einem geeigneten Praxisbeispiel auf extensionaler Ebene an und zieht so die vorgestellten Gedankengänge in Zweifel. Oder er fordert den Verkäufer auf, **als Beweis ein Praxisbeispiel** (Referenz) zu nennen, bei dem die geschilderte Aussage bereits eingetroffen ist. Sind die Schilderungen des Verkäufers umgekehrt auf extensionaler Ebene angesiedelt, fordert der Beschaffungsverantwortliche die Benennung der relevanten Merkmale auf intensionaler Ebene und testet so die Plausibilität des Gedankengangs. In der Regel greifen die Beschaffungsverantwortlichen auf empirische Daten (d.h. konkrete Praxisbeispiele) zurück, weil dies mit dem geringsten Aufwand verbunden ist. Da die Beweislast beim Verkäufer liegt, kann der Beschaffungsverantwortliche normalerweise auf detaillierte Erläuterungen verzichten.

Die Kritik an kausalen Zusammenhängen kann dabei jeweils ansetzen

- an der Beschaffenheit und den Verhaltensweisen der verursachenden Größen,
- an der Beschaffenheit und den Verhaltensweisen der betroffenen Zielgröße,
- am Wirkzusammenhang selbst sowie
- an den vernachlässigten parallel wirksamen Determinanten, Bedingungen und Voraussetzungen.

Einen Überblick über die Ansatzpunkte zur kritischen Auseinandersetzung mit Kausalbeziehungen gibt die folgende Grafik:

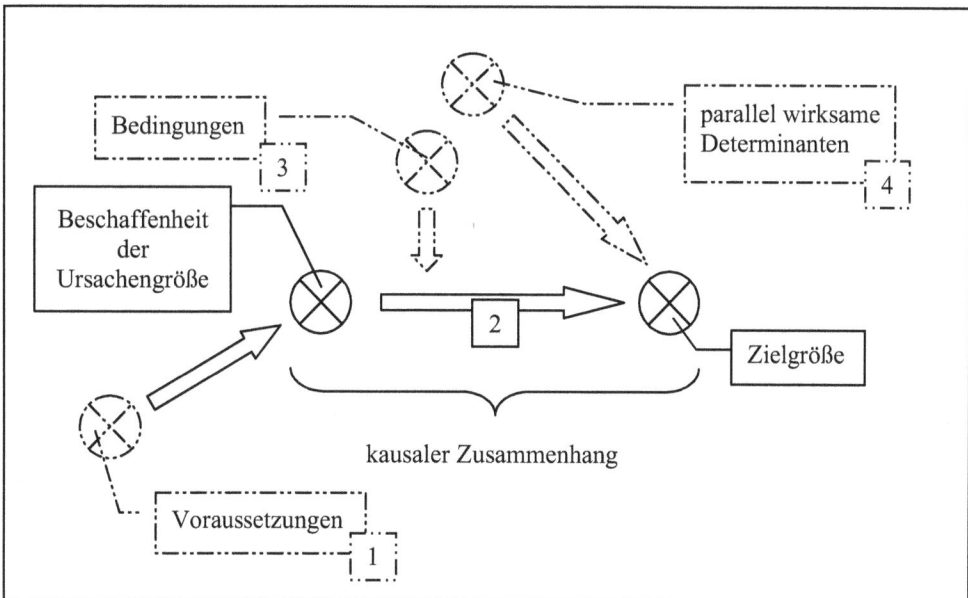

Abb. 65: Ansatzpunkte zur kritischen Prüfung kausaler Aussagen

Kausale Zusammenhänge können in Frage gestellt werden, indem die vom Verfasser behauptete Beschaffenheit, d.h. Ausprägungen der **Ursachengröße negiert** wird.

Dazu könnte der Beschaffungsverantwortliche auf vorgelagerte ursächliche Größen d.h. **Voraussetzungen (1)** verweisen, die die prognostizierten Ausprägungen der verursachenden Größe regelmäßig verhindern. Alternativ könnte der Beschaffungsverantwortliche auch zu beweisen versuchen, dass die **Ursachengröße eine Konstante** ist, deren tatsächliche Ausprägung von den Verkäuferbehauptungen abweicht.

Daneben kann der Beschaffungsverantwortliche den kausalen Zusammenhang an sich in Zweifel ziehen, indem er zeigt, dass **Ursachen- und Zielgrößen sich unabhängig voneinander verhalten (2)**, d.h. beliebige Ausprägungskombinationen denkbar sind.

In die gleiche Kerbe schlägt der Beschaffungsverantwortliche, wenn er **Bedingungen (3)** identifizieren kann, die zu unerwünschten Ausprägungen bei den Zielgrößen führen. Außerdem kann der Beschaffungsverantwortliche eine **Umkehrung der Kausalkette** hypothetisieren: Dies wird dann leicht zu begründen sein, wenn offensichtlich ist, dass sich die verursachende Größe erst verändert, nachdem sich die Zielgröße geändert hat.

Die Existenz eines kausalen Zusammenhangs ist auch dann zu verneinen, wenn die **Zielgröße eine Konstante** ist, die unabhängig von anderen Größen ist.

Schließlich kann sich der Beschaffungsverantwortliche auf die **Suche nach weiteren Determinanten (4)** machen, die das Verhalten der Zielgröße besser erklären. Dann liegt die Beweislast beim Verkäufer. Dieser muss zeigen, dass es sich hier um Überlagerungseffekte handelt, die in der typischen Anwendungssituation nicht zum Tragen kommen.

Reichen die eben genannten Maßnahmen nicht aus, um die Verkäufer zu beeindrucken, kann der Beschaffungsverantwortliche auch mit noch **drastischeren Methoden** versuchen, die **kausalen Beziehungen zu widerlegen**, indem er die beteiligten Größen

- durch Generalisierung zunehmend erweitert oder
- durch Redefinition eine Bedeutungsverschiebung herbeiführt.

Durch Generalisierung und Bedeutungsverschiebung ist früher oder später damit zu rechnen, dass sich – auf extensionaler Ebene – Beispiele finden lassen, die nicht die prognostizierten Ausprägungen an den Tag legen. Umgekehrt kann der Beschaffungsverantwortliche die vom Verkäufer eingeräumten **Schwachstellen explizit bestätigen**, indem er eine

- Differenzierung der verursachenden Größe vornimmt und so zumindest die Gültigkeit dieser ungünstigen Teilaussage bekräftigt.

Der Beschaffungsverantwortliche kann sich andererseits einfach damit begnügen, eine eigene Hypothese zum betreffenden Sachverhalt zu formulieren und den Verkäufer damit beauftragen, den Widerspruch aufzulösen.

Die Hypothese des Beschaffungsverantwortlichen kann dabei helfen, die Zusammenhänge zwischen den betreffenden Sachverhalten zu überzeichnen, um so die Verkäufer zur Überprüfung ihrer Schilderungen zu ermuntern.

Die Hinterfragung der vom Verkäufer gemachten Aussagen ist zwar ein wichtiges Instrument, um die Verkäuferseite zu Zugeständnissen zu bewegen. Allerdings sind bei gut vorbereiteten Verkäufern auf diesem Wege kaum größere Angriffsflächen zu entdecken. Viel wichtiger ist es daher für die Beschaffungsverantwortlichen, die vom Verkäufer **nicht explizit dargestellten Zusammenhänge aufzudecken** und die darin **verborgenen Schwachstel-**

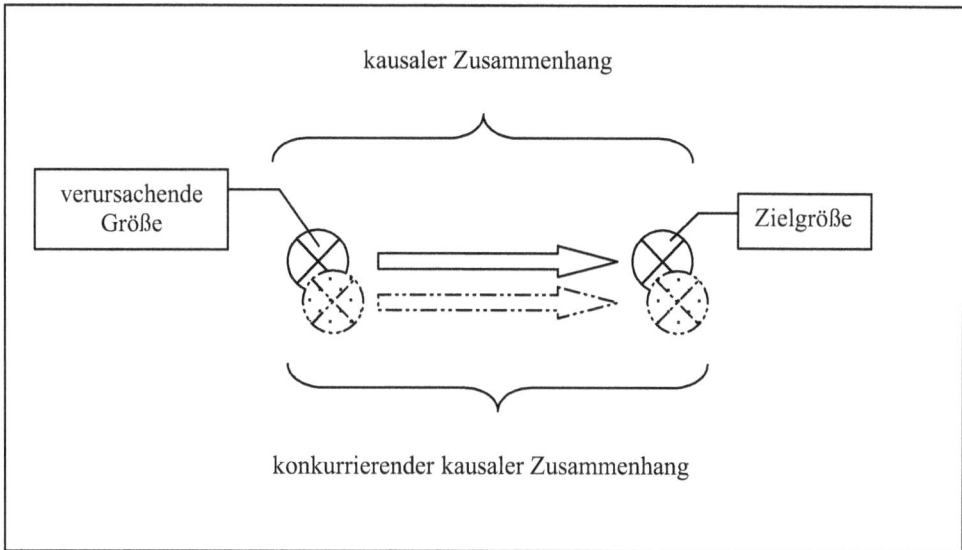

Abb. 66: Formulierung konkurrierender antithetischer Zusammenhänge

len transparent zu machen. Dazu greift der Beschaffungsverantwortliche zweckmäßigerweise alle seine Anforderungen bzw. Ziele auf und stellt sie den im Angebot genannten Aspekten Sachverhalten) gegenüber. Auf diese Weise können unliebsame Nebenwirkungen
bzw. Zielverletzungen leichter aufgedeckt und thematisiert werden. Während sich der Beschaffungsverantwortliche damit begnügen kann, die Elemente möglicher Zusammenhänge
zu charakterisieren, muss der Verkäufer nachweisen, dass unerwünschte Ausprägungen bei
den Zielen bzw. Anforderungen ausgeschlossen werden können. Eventuell muss er dem
Beschaffungsverantwortlichen darüber hinaus darlegen, weshalb er die betreffenden Aspekte
nicht thematisiert hat.

Als **Vergleichsmaßstab für seine Bewertungen** kann der Beschaffungsverantwortliche
jeweils

- die übrigen Aussagen und Verhaltensweisen des Verkäufers im Sinne einer Kohärenz-
  prüfung heranziehen,
- bisherige Erfahrungen mit dem Anbieter bzw. Verkäufer im Sinne eines Zeitvergleichs
  verwenden,
- die Wettbewerbsdaten benutzen oder
- die eigenen Zielsetzungen einbeziehen.

Bei der Strukturierung von **Sanktionen und moralischen Appellen** ist der Beschaffungsverantwortliche zwar prinzipiell an keinerlei Schemata gebunden; Sanktionen und moralische Appelle entfalten regelmäßig aber **nur dann eine Wirkung**, wenn

- der Adressat damit rechnen muss, dass sie umgesetzt werden und
- die betreffenden Drohungen eine nennenswerte Belastung für den Adressaten beinhalten.

Um dies für den Adressaten plausibel zu machen, muss der Beschaffungsverantwortliche
zeigen, dass er

- den notwendigen Willen (Motivation),
- die erforderlichen Fähigkeiten und
- die notwendigen Befugnisse

zur Umsetzung der Sanktionen besitzt. Um die durch die Sanktionen eintretenden Belastungen zu verdeutlichen, kann der Beschaffungsverantwortliche die Wirkungen auf einzelnen Ziele des Verkäufers herausstellen.

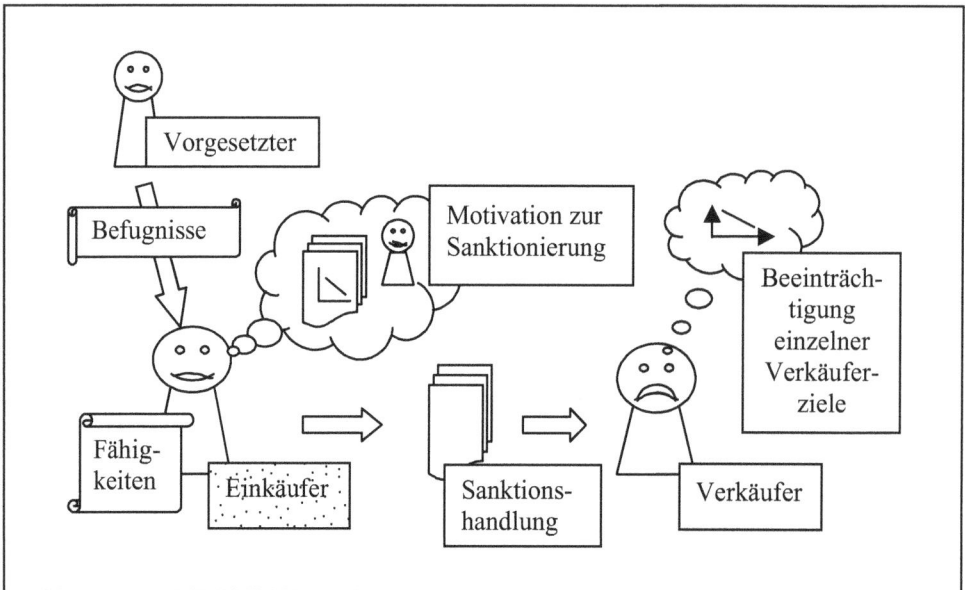

Vorgesetzter

Befugnisse

Motivation zur
Sanktionierung

Beeinträchtigung einzelner Verkäuferziele

Fähigkeiten

Einkäufer

Sanktionshandlung

Verkäufer

Abb. 67: Ansätze zur Steigerung der Glaubwürdigkeit von Sanktionsdrohungen

Seine **Motivation zur Durchführung von Sanktionen** kann der Beschaffungsverantwortliche verdeutlichen, indem er darstellt,

- inwieweit die von ihm angestrebten Ziele verfehlt werden, wenn er das vorliegende Angebot der Verkäufers in der jetzigen Fassung akzeptiert bzw.
- inwieweit er einen Nutzenentgang erleidet, wenn er nicht auf bessere Alternativangebote der Wettbewerber zurückgreift.

Seine **Befugnisse** kann der Beschaffungsverantwortliche verdeutlichen, indem er Hinweise auf seine internen Entscheidungsspielräume gibt, und auf die Rückendeckung seiner Vorgesetzten hinweist.

Seine **Fähigkeiten in Bezug auf die Handhabung von Sanktionen** kann der Beschaffungsverantwortliche verdeutlichen, indem er auf die geringe Höhe des eigenen Umsetzungsaufwands und auf bereits gegenüber anderen Lieferanten gestartete Sanktionsmaßnahmen hinweist. Nicht selten schildern die Beschaffungsverantwortlichen, wie sie sich in ähnlichen Situationen gegenüber anderen Lieferanten verhalten haben.

Möchte der Beschaffungsverantwortliche die beeinträchtigenden Wirkungen der Sanktionen verdeutlichen, kann er den Verkäufer an seine besonders betroffenen Ziele erinnern und gegebenenfalls auf extensionaler Ebene Beispiele anderer sanktionierter Unternehmen nennen.

Im Prinzip kann der Beschaffungsverantwortliche auch seine moralischen Appelle auf diese Weise untermauern. Nachdem die Wirkung moralischer Appelle aber vor allem von der Loyalität des Adressaten gegenüber den zitierten moralischen Instanzen abhängt, sind die Einflussmöglichkeiten des Beschaffungsverantwortlichen durch entsprechende Strukturierung begrenzt.

Grundsätzlich können die Beschaffungsverantwortlichen ihre Einwände, Sanktionen und moralischen Appelle weiter untermauern, indem sie

- die Herkunft ihrer Aussagen oder
- die Herleitung ihrer Aussagen

offenlegen. Der Beschaffungsverantwortliche kann hierbei zum Ausdruck bringen, dass Einwände, Sanktionen und moralische Appelle

- von ihm selbst stammen bzw. durchgeführt werden oder
- sich jeweils auf Dritte berufen, die diese Ansicht vertreten bzw. die entsprechenden Maßnahmen durchführen werden (z.B. wenn der Beschaffungsverantwortliche angibt, dass ein anderer Kollege des Buying Centers Zweifel am Angebot des Verkäufers hat).

zu Darstellungsformen für Einwände, Sanktionen und moralische Appelle:

Oben wurde bereits festgestellt, dass **Einwände** im Prinzip nichts anderes sind als negative Bewertungen. Nicht alle Beschaffungsverantwortlichen nehmen die Mühe auf sich, ihre Einwände ohne Umschweife und ohne Abstriche an den Verkäufer mitzuteilen, weil sie bei schwerwiegenden Einwänden damit rechnen müssen, dass sich das Gesprächsklima verschlechtert. Gegebenenfalls tritt der Verkäufer gar von seinem Angebot zurück. Gerade bei attraktiven Angeboten wäre eine Rücknahme des Angebots für den Beschaffungsverantwortlichen eine denkbar unerwünschte Entwicklung. Hier wird der Beschaffungsverantwortliche zu einer nuancierteren Darstellung seiner Einwände greifen indem er

- seine Einwände mehr oder weniger stark verdeckt darstellt oder
- die Einwände indirekt schildert, indem er mit seinen Aussagen an weniger sensiblen Stellen ansetzt.

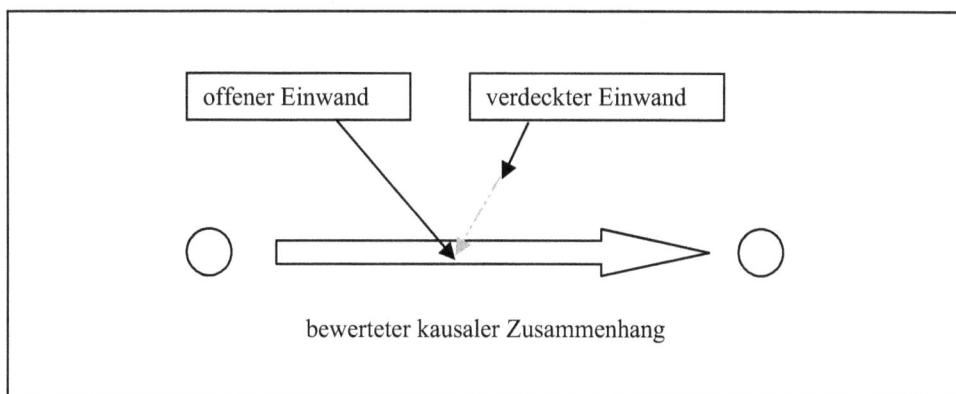

Abb. 68: Offene und verdeckte Darstellung von Einwänden

Während bei den offen formulierten Einwänden die Kritik am betreffenden Sachverhalt direkt geäußert wird (z.B. „...Sie sind nicht qualifiziert genug für diesen Job..."), verzichtet der Verfasser bei verdeckt formulierten Einwänden auf eine unmittelbare Adressierung der Schwachstelle, indem er **zumindest das letzte Glied seiner eigenen Kausalkette nicht benennt**, sondern dem Empfänger Fortsetzung der Kausalkette überlässt (z.B. „...Die Lehrkräfte an Ihrem Ausbildungsinstitut sind wohl nicht auf der Höhe der Zeit..."). Selbstverständlich sind Einwände auch über eine retrograde Perspektive verdeckt darstellbar, indem man auf die explizite Benennung des ersten Kettenglieds verzichtet. **Nicht selten werden Einwände verdeckt aufgezeigt, in dem allein der Soll-Zustand oder allein der (prognostizierte) Ist-Zustand zu einem Sachverhalt angegeben wird und der Empfänger die Soll-Ist-Differenz und den daraus resultierenden Handlungsbedarf herleiten soll.**

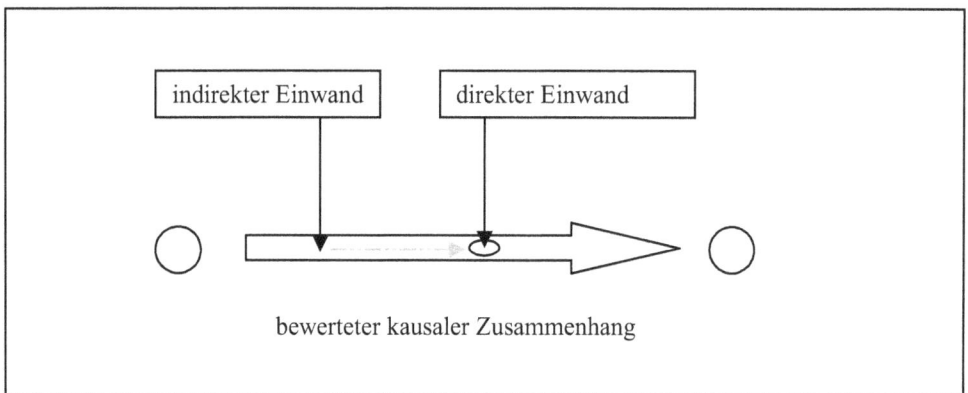

Abb. 69: Direkte und indirekte Darstellung von Einwänden

Eine weitere Möglichkeit für den Beschaffungsverantwortlichen zur Umgehung unangenehmer Aussagen besteht darin, die gemeinte Schwachstelle nicht direkt zu benennen (z.B. „...die Lebensdauer ihrer Leistung reicht nicht aus..."), sondern **offen eine andere Stelle in der vom Verkäufer geschilderten Kausalkette anzugreifen** (z.B. „... ist die Lebensdauer des von Ihnen eingesetzten Materials nicht zu gering?...").

Die eben genannten Darstellungsformen lassen sich in gleicher Weise für die Ankündigung von Sanktionen wie auch für die Übermittlung von moralischen Appellen verwenden. Während bei der Ankündigung von **Sanktionen oft die Ausformulierung der Maßnahmen unterbleibt** (z.B. „... Sie können sich die Konsequenzen selbst ausmalen...", „...wenn Sie nicht einlenken, dann werden Sie Ihr blaues Wunder erleben...") bleiben bei moralischen Appellen oft die entsprechenden Instanzen im Dunkeln (z.B. „...das Prinzip der ausgleichenden Gerechtigkeit fordert uns alle auf,...").

Die Einbindung des Empfängers durch **verdeckte und indirekte Darstellung** der Aussagen hat für den Beschaffungsverantwortlichen **zwei Vorteile**:

1. Der Beschaffungsverantwortliche muss **nicht die Verantwortung für den Einwand** übernehmen (z.B. „...das haben Sie gesagt, lieber Verkäufer, nicht ich..."; „... den Schuh haben Sie sich selbst angezogen...")

2. Die vom Verkäufer gezogenen Schlussfolgerungen entfalten aufgrund des so entstandenen **Verständnisses für die Gegenseite eine erheblich größere (Gedächtnis-)Wirkung** als die fremd vermittelten.

Möchte der Beschaffungsverantwortliche **eine ganze Reihe von Forderungen und Einwänden** im Verlauf des Gesprächs vorbringen, muss er sich dafür entscheiden

*   ob er alle Aspekte geschlossen hintereinander auflistet, um dann in die Diskussion einzusteigen oder

*   ob er die einzelnen Aspekte jeweils durchdiskutieren möchte bevor er den nächsten Punkt auftischt. Diese Vorgehensweise wird in der Praxis auch als **Salamitaktik** bezeichnet. Diese hat für den Verkäufer den unangenehmen Beigeschmack, dass er nie weiß, wie viele Einwände und Forderungen vom Beschaffungsverantwortlichen noch nachgeschoben werden.

Festlegung des Umfangs eigener Konzessionen:
Beschaffungsverantwortliche, die ihren Nutzen aus einem Beschaffungsprojekt maximieren möchten, werden im Vorfeld des Gesprächs neben den Forderungen und den Aussagen zur Bekräftigung ihrer Forderungen auch die Bedingungen formulieren, unter denen sie zu einer punktuellen oder graduellen Rücknahme ihrer Forderungen bereit sind. Dabei können Bedingungen und Zugeständnissen aus inhaltlicher Sicht beliebig kombiniert werden (z.B. „...wenn Sie mir in Punkt A entgegen kommen (Bedingung), kann ich mich auch in Bezug auf Aspekt B bewegen (Zugeständnis)...") weshalb eine detaillierte Auseinandersetzung mit der inhaltlichen Ebene nicht erforderlich ist. Demgegenüber lassen sich in Bezug auf den Umfang der Zugeständnisse durchaus Strategien und Verhaltensweisen formulieren. Denkbare Strategien zur Definition des Ausmaßes der Zugeständnisse können angelehnt sein an

*   die Marktmacht der Verhandlungspartner,
*   die Verhaltensweisen der Verhandlungspartner und an
*   die Bedeutsamkeit der Verhandlungsaspekte.

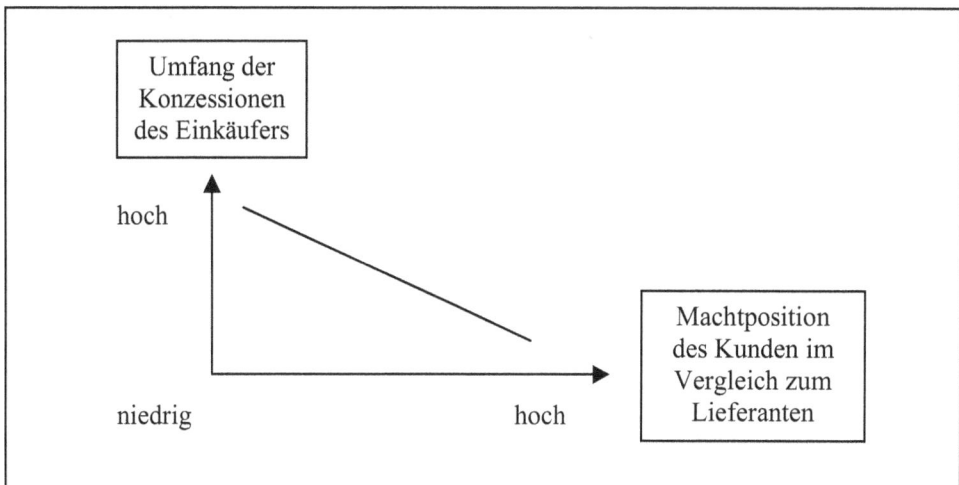

Abb. 70: Konzessionsbereitschaft in Abhängigkeit von den Machtpositionen

Die Bereitschaft zu Zugeständnissen wird im allgemeinen mit zunehmender eigener Marktmacht abnehmen und umgekehrt.

Die Bereitschaft zu Konzessionen hängt generell auch davon ab, in welchem Umfang im Verlauf des Verhandlungsprozesses von der eigenen Seite bereits Zugeständnisse gemacht wurden. Prinzipiell empfiehlt es sich nicht, den Umfang der Konzessionen mit fortschreitendem Gesprächsverlauf zu erhöhen, es sei denn, dass mit einem letzten höheren Zugeständnis eine sofortige Einigung erzielt werden kann[31].

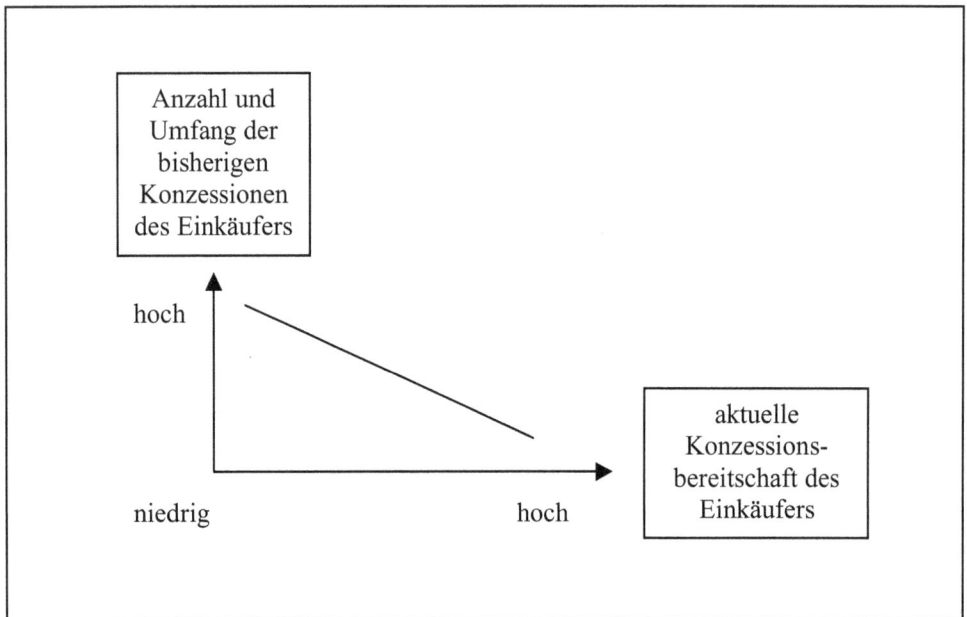

Abb. 71: Konzessionsbereitschaft in Abhängigkeit von bisherigen Konzessionen

Der Beschaffungsverantwortliche wird sich in Abhängigkeit von der Anzahl und der Höhe der vom Verkäufer angebotenen Konzessionen überlegen müssen, inwieweit er seine eigenen Konzessionen anpasst, wenn er moralische Appelle nach Fairness und Gerechtigkeit vermeiden möchte. Wenn moralische Appelle nur geringe Bedeutung für den Beschaffungsverantwortlichen haben, kann er den Umfang der eigenen Konzessionen auch bei hohen verkäuferseitigen Konzessionen niedrig halten (siehe durchgezogene Linie in Abbildung 72).

Eine wesentliche Rolle für die Konzessionsbereitschaft des Beschaffungsverantwortlichen spielt auch die Bedeutsamkeit des betreffenden Aspekts. Je wichtiger einzelne Aspekte aus Sicht des Beschaffungsverantwortlichen sind, desto geringer wird im allgemeinen seine Konzessionsbereitschaft sein.

Mit einer bewussten Formulierung derartiger Strategien ist der Beschaffungsverantwortliche in der Lage, den Verhandlungsverlauf besser zu kontrollieren und übermäßige Zugeständnisse zu vermeiden.

---

[31]   Korda, Phillippe, Nicht um jeden Preis, S. 95ff. und 106ff.

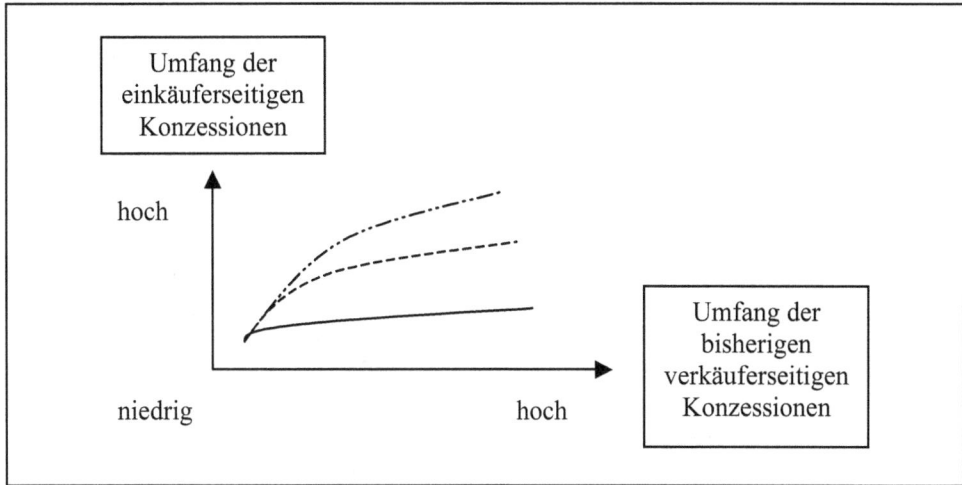

Abb. 72: Konzessionsbereitschaft in Abhängigkeit von den Konzessionen der Gegenseite

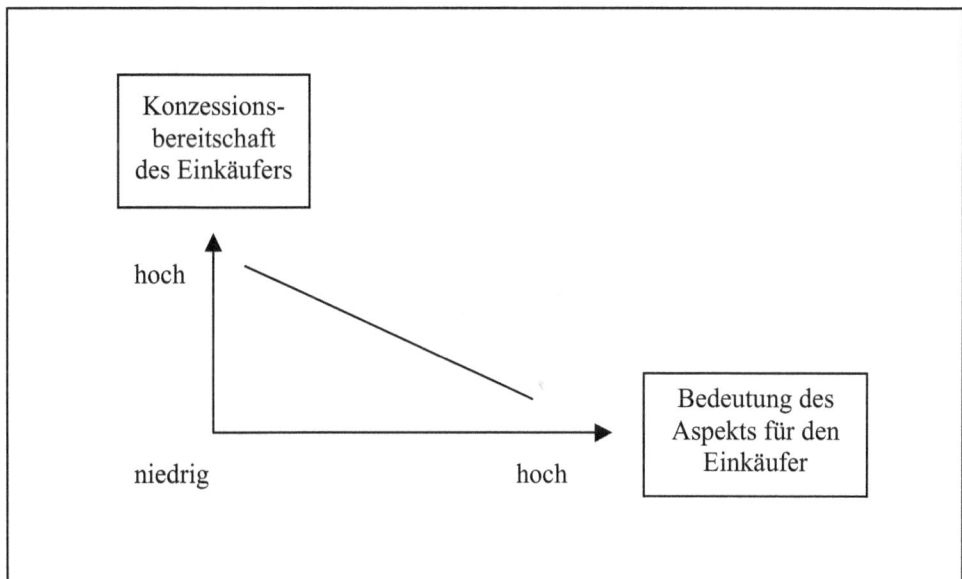

Abb. 73: Konzessionsbereitschaft in Abhängigkeit von der Bedeutung der betreffenden Aspekte

5.6.6   Handlungsempfehlungen für Verkäufer

Um den betreffenden Auftrag zu erhalten und dabei noch möglichst gute Bedingungen für seine Seite zu realisieren, muss der Verkäufer sich überlegen, in welcher Form er den Äußerungen der Beschaffungsverantwortlichen begegnen will. Ein zentrales Problem besteht für ihn darin, dass er nicht weiß, inwieweit die Beschaffungsverantwortlichen willens sind, auf alternative Lieferanten auszuweichen. Regelmäßig wird er davon ausgehen müssen, dass die Beschaffungsverantwortlichen noch andere Lieferanten an der Hand haben. Dieser Umstand schränkt den Spielraum für den Verkäufer erheblich ein. Gerade vor diesem Hintergrund ist es für den Verkäufer wichtig, zwischen Forderungen einerseits und Einwänden, Sanktionen und moralischen Appellen andererseits zu unterscheiden. Damit könnte er eine voreilige Korrektur des eigenen Angebots verhindern.

Aus Sicht des Verkäufers ist es zweckmäßig, die Korrektur des eigenen Angebots soweit wie möglich hinauszuzögern, indem er

- **zunächst die Einwände behandelt und**
- **auf Sanktionen bzw. moralischen Appelle reagiert**

bevor er sich auf die eigentlichen Verhandlungen mit dem Beschaffungsverantwortlichen einlässt. Dementsprechend befassen sich die folgenden Abschnitte zunächst mit der Einwandbehandlung und den Reaktionsmöglichkeiten auf Sanktionen bevor auf die möglichen Vorgehensweisen im Zusammenhang mit konkreten Verhandlungen eingegangen wird.

Im vorangegangenen Teilkapitel wurden bereits vielfältige Ansatzpunkte zur Gestaltung von Einwänden, Sanktionen und moralischen Appellen vorgestellt. Diese Ansatzpunkte stehen prinzipiell auch dem Verkäufer zur Verfügung, wenn er auf die Vorstöße der Beschaffungsverantwortlichen reagieren möchte. Im folgenden werden unter Rückgriff auf diese Ansatzpunkte die Handlungsmöglichkeiten des Verkäufers dargestellt.

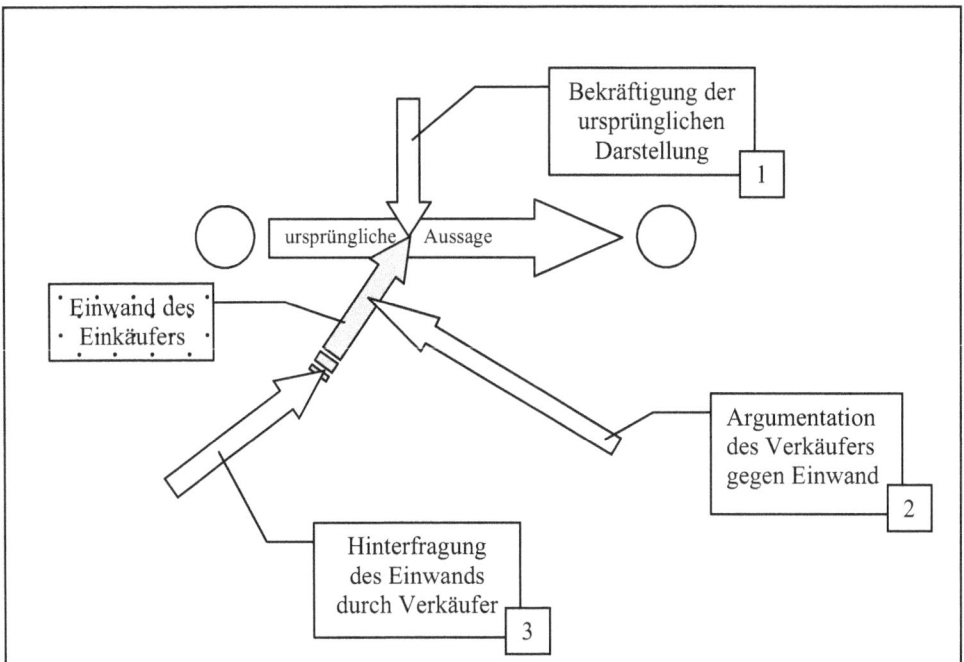

Abb. 74: Ansätze zur Einwandbehandlung

Bevor der Verkäufer mit eigenen Aussagen z.B. in Form von Gegenargumenten oder durch Hinterfragung des Einwands reagiert, ist es vor allem bei pauschal formulierten Einwänden zweckmäßig, **den Beschaffungsverantwortlichen um eine Wiederholung oder Konkreti-**

sierung seiner Angaben zu bitten[32]. Hilfsweise kann der Verkäufer über Fragen verdeutlichen, welche Aspekte des Einwands erklärungsbedürftig sind (dies bezeichnet die einschlägige Literatur häufig auch als „Methode der Gegenfrage"). Damit gibt er dem Beschaffungsverantwortlichen die Chance, sich selbst zu korrigieren, das Ausmaß des Einwands zu reduzieren oder den Einwand auf bestimmte Sachverhalte einzuschränken. Vielleicht gelingt es dem Beschaffungsverantwortlichen nicht, eine notwendige Konkretisierung vorzunehmen. Damit bestünde auch für den Verkäufer keine Veranlassung mehr, auf den Einwand zu reagieren.

Grundsätzlich kann der Verkäufer

- Einwände stehen lassen bzw. demonstrativ **ignorieren**,
- seine eigenen Aussagen mit weiteren **Argumenten und Belegen** (z.B. statistischen Angaben neutraler Instanzen) **bekräftigen (1)**,
- Einwände mit **Gegenargumenten entkräften (2)** oder
- die Einwände hinterfragen, d.h. **ihr Zustandekommen kritisieren (3)**.

Die **Ignorierung von Einwänden** kann zweckmäßig sein, wenn zu vermuten ist, dass ohnehin noch weitere gewichtigere Einwände nachgeschoben werden, auf die der Verkäufer dann prioritär eingehen muss. Umgekehrt kann durch diese Reaktionsform auch der Eindruck entstehen, dass die Anliegen des Beschaffungsverantwortlichen nicht ernst genug genommen werden.

Daneben besteht die Möglichkeit, durch **weitere Argumente** (intensionale Ebene) oder mit Belegen (extensionale Ebene) unmittelbar auf die Einwände der Beschaffungsverantwortlichen zu reagieren. Zusätzliche Argumente auf der intensionalen Ebene können gegebenenfalls durch Einbeziehung weiterer Merkmale oder Sachverhalte erzeugt werden (z.B. wenn zwei Sachverhalte aufgrund mehrerer Merkmale / Aspekte miteinander verknüpft sind – beispielsweise, wenn die Entscheidung für einen bestimmten Werkstoff unmittelbar eine erhöhte Lebensdauer verspricht und gleichzeitig über eine verbesserte Funktionalität auch indirekt für eine höhere Lebensdauer sorgt). Durch Referenzen und erfolgreiche Tests kann der Verkäufer Belege auf der extensionalen Ebene liefern, um die ursprünglichen Schilderungen zu bekräftigen. In der Literatur wird die letztgenannte Vorgehensweise teilweise als „Referenzmethode" bezeichnet.

Häufig ist es wirksamer und einfacher, nicht die ursprünglichen Aussage zu bekräftigen, sondern die **Einwände des Beschaffungsverantwortlichen zu entkräften**. Gerade wenn der Einwand des Beschaffungsverantwortlichen auf einem Vergleich mit dem Wettbewerb basiert, bleibt oft nur die Möglichkeit, den Vorstoß des Gesprächspartners direkt zu entkräften. D.h., der Verkäufer formuliert hier Einwände gegen die Einwände des Beschaffungsverantwortlichen. Dazu kann der Verkäufer auf dieselben Prinzipien zurückgreifen wie der Beschaffungsverantwortliche. Darüber hinaus steht es dem Verkäufer offen, die Einwände des Beschaffungsverantwortlichen aufzugreifen und mit eigenen Überlegungen weiterzuführen. Bei verdeckt und indirekt vorgetragenen Einwänden erwartet der Beschaffungsverantwortliche ja sogar eine entsprechende Ergänzung durch den Verkäufer.

---

[32] In Anlehnung an Bredemeier, Karsten, Provokative Rhetorik? Schlagfertigkeit S. 107.

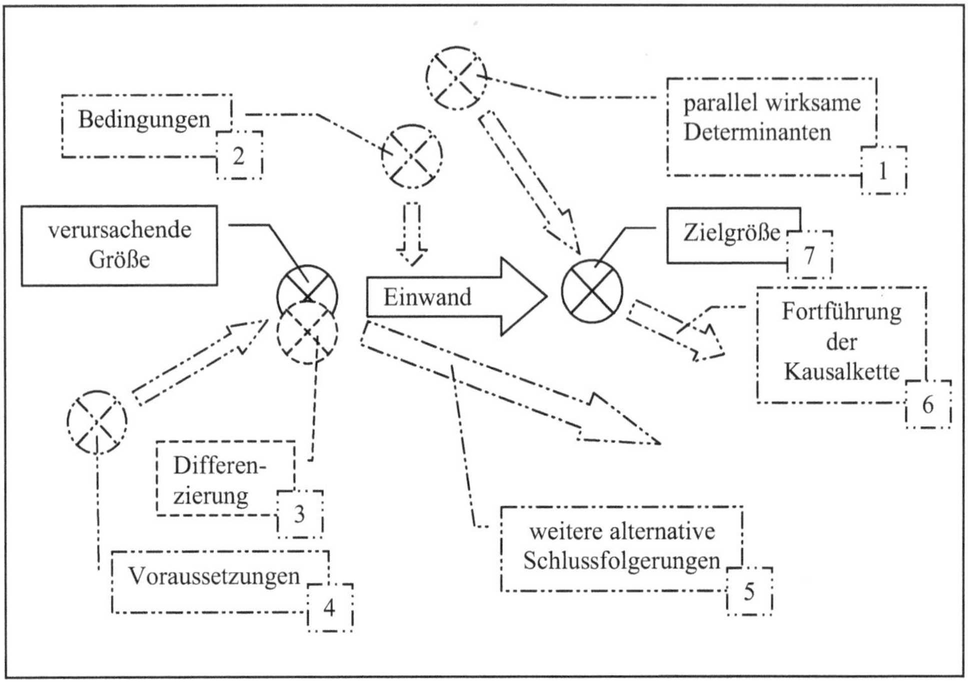

Abb. 75: Ansatzpunkte für die Bildung von Gegenargumenten zu Einwänden

Die Thematisierung[33] von

- **parallel wirksamen Determinanten (1)** (z.B. „... neben den von Ihnen genannten Aspekten müssen noch weitere Faktoren hinzutreten, bevor die von Ihnen beschriebenen Punkte so eintreten..."),
- **Bedingungen (2)** (z.B. „... Ihre Behauptung gilt allerdings nur, wenn...."),
- **Differenzierung der verursachenden Größe (3)** (z.B. „... nach unserer bisherigen Definition fallen die von Ihnen vorgebrachten Punkte nicht in unser Projekt...") und die
- **Voraussetzungen (4)** (z.B. „... damit Ihre Einwände so eintreffen, müssten auf Ihrer Seite folgende Voraussetzungen geschaffen worden sein...")

stellt den vom Einkäufer postulierten Zusammenhang zwar nicht generell in Frage, **relativiert ihn aber, indem die Gültigkeitsbereiche eingeschränkt werden**. In der Literatur hat diese Form der Einwandbehandlung vor allem unter der Bezeichnung „Ja-Aber-Technik" bzw. „Methode der bedingten Zustimmung" Eingang gefunden.

- Durch Schilderung **weiterer alternativer Schlussfolgerungen (5)** kann es dem Verkäufer gelingen, die Einwände des Beschaffungsverantwortlichen zu relativieren. Dazu sucht der Verkäufer nach den **gleichzeitig eintretenden vorteilhaften Wirkungen** eines vom Beschaffungsverantwortlichen als nachteilig empfundenen Sachverhalts (z.B. „... es ist richtig, dass der von Ihnen genannte Aspekt in Bezug auf ... nicht optimal ausgeprägt ist. Gleichzeitig sorgt der von Ihnen genannte Aspekt aber in Bezug auf ... für höchst-

---

[33] Techniken zur Einwandbehandlung werden in verschiedenen Verkaufsbüchern vorgestellt wie z.B. bei Bänsch, Axel, Verkaufspsychologie und Verkaufstechnik, S. 66ff.; Behle, Christine und vom Hofe, Renate, Handbuch Aussendienst, S. 189ff.; Ruhleder, Rolf H, Einfach besser Verkaufen, S. 100ff.

möglichen Nutzen"). Mit umgekehrten Vorzeichen wird der Verkäufer zu Angaben über die vom Beschaffungsverantwortlichen zitierten Wettbewerbsangebote reagieren. In der Literatur findet sich diese Form der Einwandbehandlung teilweise unter dem Stichwort „Kompensationsmethode".

- Mit der **Fortführung der Kausalkette (6)** kann der Verkäufer das Augenmerk der Beschaffungsverantwortlichen eventuell auf Sachverhalte lenken, an die diese noch nicht gedacht haben (z.B. „...es ist richtig, dass aus Punkt 1 der Punkt 2 folgt, den Sie momentan als nicht optimal empfinden. Allerdings ist Punkt 2 wiederum Voraussetzung für die Erreichung eines Ihrer wichtigsten Ziele nämlich..."). In der Literatur wird diese Form der Einwandbehandlung manchmal als „Bumerangmethode" betitelt.
- Schließlich lässt sich auch die Zielgröße differenzieren. Oft argumentiert der Kunde mit Worten wie „...das ist zu teuer..." um auszudrücken, dass die Kosten zu hoch sind. Durch Redefinition des betreffenden Ziels, insbesondere durch Einsatz anderer Suppositionsformen (siehe Kapitel 4.2.3) kann der Verkäufer positive Aspekte einflechten (z.B. „...dieses Gerät ist tatsächlich teuer, aber es hilft bei der Qualitätssicherung und senkt so Ihre Reklamationskosten..."). Auch diese Vorgehensweise bezeichnet man in der Literatur teilweise als Bumerangmethode.

Die **Methoden lassen sich auch kombinieren**, beispielsweise wenn auf den Standardeinwand „günstigere Wettbewerbspreise" zunächst der Leistungsumfang des Wettbewerbsangebots spezifiziert wird (Voraussetzung für den Preis) bevor anschließend die durch den betreffenden Leistungsumfang entstehenden Nutzenbeschränkungen erörtert werden (alternative Schlussfolgerungen).

Der Verkäufer kann die Einwände des Beschaffungsverantwortlichen nicht nur durch Gegenargumente entkräften, sondern die vorgebrachten **Einwände an sich hinterfragen**. Da diese Vorgehensweise auch den Verfasser des Einwands selbst berührt, ist aus Sicht des Verkäufers ein möglichst zurückhaltender Einsatz geboten[34]. Verkäufer können die Einwände an sich hinterfragen, indem sie

- die Qualität der Informationen bzw. der Informationsquellen in Frage stellen (z.B. „... auf welche Informationsquellen stützt sich Ihre Behauptung?..." oder z.B. „... die von Ihnen genannten Daten sind nicht im Einklang mit den neuesten offiziellen Statistiken..."),
- die Eignung der verwendeten Informationsverarbeitungsmethoden im betreffenden Fall anzweifeln (z.B. ... diese Art der Datenverdichtung ist für heterogene Datensätze weniger gut geeignet...") oder
- die Absichten und Ziele des Beschaffungsverantwortlichen als Ursache für eine verzerrte Einwandformulierung vermuten (z.B. „...was bezwecken Sie mit Ihrem Einwand?...")

Die Hinterfragung von Einwänden kann durch Einsatz der „Entlastungsmethode" abgemildert werden, indem der Verkäufer die Verantwortung für den Irrtum von den Schultern des Beschaffungsverantwortlichen nimmt (z.B. „... da hat Sie jemand bewusst falsch informiert...")

---

[34] Verkäufer können prinzipiell auch das Beschaffungsobjekt, den Beschaffungsverantwortlichen, das Kundenunternehmen oder sich selbst mit ihren Aussagen adressieren. Angriffe auf den Beschaffungsverantwortlichen oder seinen Arbeitgeber empfehlen sich normalerweise nicht, da mit einer nachhaltigen Störung der Kunden-Lieferanten-Beziehung gerechnet werden muss.

Die oben genannten Schilderungen haben gezeigt, dass der Verkäufer zur Behandlung von Einwänden eine Reihe von Möglichkeiten zur Verfügung hat. **Wesentlich weniger Ansatzpunkte gibt es für den Verkäufer, um auf Sanktionen und moralische Appelle zu reagieren**. Der Verkäufer kann dazu

- die Sanktionen und moralischen Appelle des Beschaffungsverantwortlichen hinterfragen,
- mit eigenen Sanktionen drohen oder
- selbst moralische Appelle vorbringen.

Die unter dem Stichwort Einwandbehandlung erörterten Möglichkeiten greifen vermutlich nur selten, weil der Beschaffungsverantwortliche nicht gezwungen werden kann, seine Sanktionen und moralischen Appelle rational zu begründen. Am ehesten kann hier eine **Hinterfragung** der einkäuferseitigen Aussagen an sich (z.B. „...was bezwecken Sie eigentlich mit Ihrer Drohung?...") die Vorgehensweise des Gesprächspartners transparent machen und ihn vielleicht zu einer Verhaltensänderung bewegen. Zugleich signalisiert der Verkäufer damit, dass er nicht bereit ist, sich alles kommentarlos bieten zu lassen.

Sofern der Verkäufer ein genügend **großes Maß an Marktmacht** besitzt, kann er auch mit **eigenen Sanktionsdrohungen** reagieren, mit dem Risiko, dass sich die Gesprächsatmosphäre zwischen den Gesprächspartnern abkühlt, was gegebenenfalls sogar einen Abbruch der Geschäftsbeziehung herbeiführen kann. Dieses Risiko lässt sich meist begrenzen, indem der Verkäufer auf personenbezogene Sanktionen gegenüber dem Beschaffungsverantwortlichen verzichtet.

Verfügt der Verkäufer nur über eine **relativ schwache Position**, bleibt ihm häufig nur die Möglichkeit, über **moralische Appelle** an den Beschaffungsverantwortlichen heranzutreten (z.B. „...finden Sie nicht, dass Ihre Drohung ein wenig überzogen ist?..." oder z.B. „... gerade starken Partnern steht Fairness gut zu Gesicht...").

Nicht alle Einwände, Sanktionen und moralischen Appelle lassen sich durch die oben genannten Reaktionen **neutralisieren**. Spätestens, wenn der Beschaffungsverantwortliche seine Forderungen auf den Tisch legt, steht der Verkäufer vor der Frage, ob und inwieweit sein Angebot zu modifizieren ist. In dieser Situation beginnen die eigentlichen Verhandlungen mit dem Beschaffungsverantwortlichen. Auch der Verkäufer muss sich überlegen, unter welchen Bedingungen er zu **Zugeständnissen** bereit ist. Die oben für den Beschaffungsverantwortlichen geschilderten Strategien lassen sich auch auf Seite des Verkäufers anwenden, weshalb hierzu auf das letzte Teilkapitel 5.6.5 verwiesen wird.

Grundsätzlich haben Verhandlungen zwischen den Gesprächspartnern nur dann Aussicht auf Erfolg, wenn die denkbaren Zugeständnisse, d.h. Verhandlungsspielräume so hoch sind, dass sich die Minimalziele wenigstens berühren. Die Aussichten auf ein Verhandlungsergebnis steigen grundsätzlich mit zunehmendem Überlappungsgrad der Minimalziele.

Die Gesprächspartner haben im Rahmen der Verhandlungsführung die Möglichkeit, das Gespräch

- allein auf den zur Debatte stehenden Verhandlungsgegenstand zu konzentrieren oder
- weitere Aspekte des Beschaffungsprojekts in den Verhandlungsprozess aufzunehmen.

Insbesondere bei Preisverhandlungen empfiehlt es sich für den Verkäufer, nach weiteren Verhandlungsgegenständen

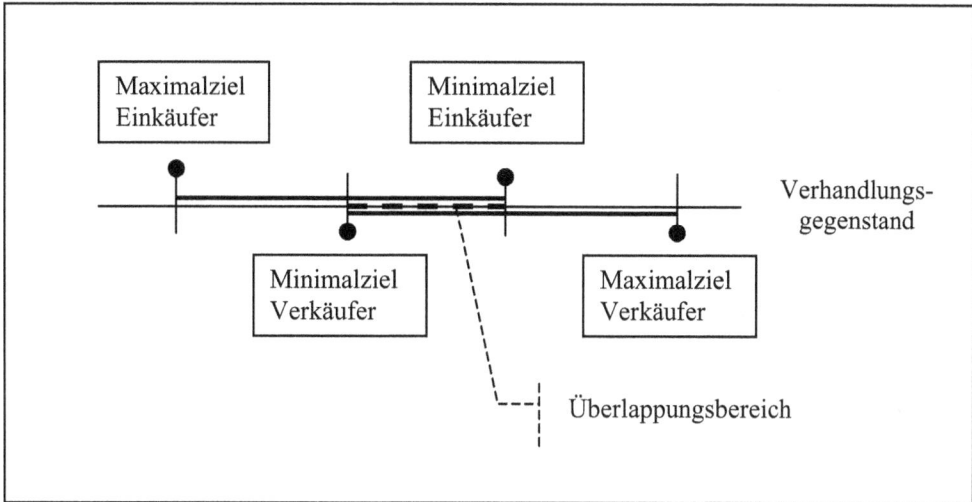

Abb. 76: Verhandlungsspielräume der Gesprächspartner

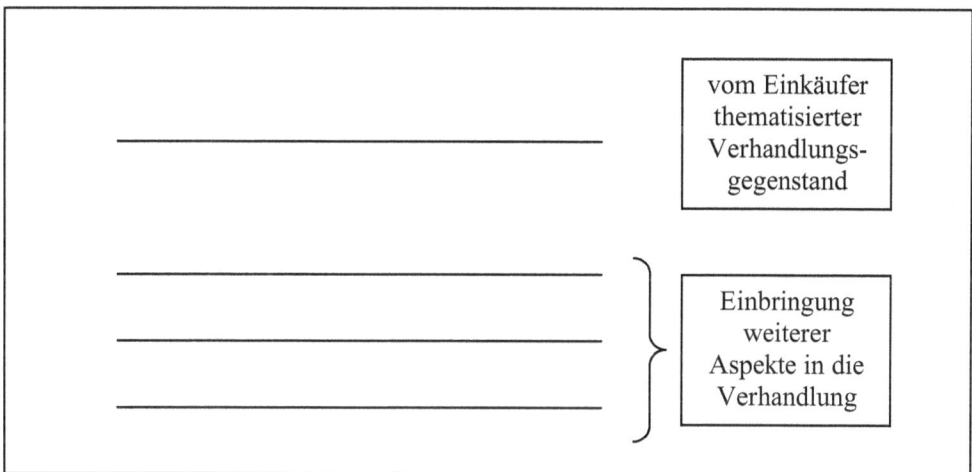

Abb. 77: Definition zusätzlicher Verhandlungsgegenstände durch den Verkäufer

- innerhalb oder
- außerhalb

des betreffenden Beschaffungsprojekts zu suchen. Geht es beispielsweise um den Preis, kann der Verkäufer abtasten, ob der Beschaffungsverantwortliche Spielräume besitzt in Bezug auf

- den Leistungsumfang im weitesten Sinne (z.B. „...könnten Sie sich vorstellen, dass wir die angebotene Leistung geringfügig modifizieren, nämlich...?"),
- die Liefermenge (z.B. „...wenn Sie zwei Bestellungen zusammenfassen, dann..."),
- den Lieferzeitpunkt (z.B. „...wenn wir drei Tage später liefern dürften, dann ..."),
- den Lieferort (z.B. ... wenn wir alles an eine Adresse liefern dürften, dann könnten wir...") oder bezüglich

- der Zahlungsbedingungen (z.B. „....hätten Sie die Möglichkeit, die Rechnung in Euro zu begleichen, dann....").

Außerhalb des betreffenden Beschaffungsprojekts können beispielsweise auch

- Zusagen für weitere Anfragen bei den anstehenden Beschaffungsprojekten,
- die grundsätzliche Gestaltung der Kunden-Lieferanten-Beziehung oder
- sonstige Verhaltensweisen wie z.B. die gegenseitige Bereitstellung von Informationen

als Verhandlungsgegenstand fungieren.

Die meisten Ansatzpunkte ergeben sich für den Verkäufer regelmäßig in Bezug auf die Modifikation des Leistungsumfangs. Zu den hierbei in Frage kommenden Dimensionen sei auf das Kapitel 5.4 – Angebotsgespräch – verwiesen. Dort wurden die Gestaltungsbereiche bereits detailliert behandelt.

Trifft der Verkäufer mit seinen Vorschlägen auf Aspekte, die für die Beschaffungsverantwortlichen von nachrangiger Bedeutung sind, besteht dort die Chance, Modifikationen zu erreichen (z.B. Erhöhung der Auftragsmenge), die zugleich Spielräume in Bezug auf die ursprünglichen Forderungen (z.B. Reduktion des Stückpreises) eröffnen. Noch besser sind die Chancen auf eine Einigung, wenn beide Seiten nur in für sie weniger bedeutsamen Aspekten Zugeständnisse machen müssen. Entscheidend ist für den Verkäufer also, Aspekte zu identifizieren, die für den Beschaffungsverantwortlichen weniger bedeutsam sind. Dazu kann der Verkäufer

- die im Anfragengespräch formulierten Anforderungen bzw. Ziele oder
- die bei den Wettbewerbsangeboten identifizierten (und vom Beschaffungsverantwortlichen als legitim eingestuften) Ausstattungselemente

als Grundlage für seine Vorschläge verwenden. Um bei dem Abtastprozess jederzeit eine Rückzugsmöglichkeit zu besitzen, sollte der Verkäufer seine Vorschläge im **Konjunktiv und / oder als Frage formulieren.** Damit tritt der hypothetischen Charakter der Vorschläge deutlicher hervor.

Konzentriert sich das Verhandlungsgespräch (am Ende des Gesprächs) nur auf einen Aspekt, empfiehlt es sich für den Verkäufer, in so kleinen Schritten wie möglich nachzugeben und grundsätzlich erst dann nachzugeben, wenn sich auch der Beschaffungsverantwortliche bewegt hat.

Der **Umfang der Zugeständnisse** wird sich auch aus Verkäufersicht

- an der Verhandlungsmacht der Beteiligten,
- an den bisherigen und aktuellen Verhaltensweisen der Verhandlungspartner und
- an der Bedeutsamkeit des Verhandlungsgegenstands

orientieren. Die hierzu im letzten Teilkapitel 5.5.5 aus Sicht des Beschaffungsverantwortlichen genannten Strategien lassen sich auch vom Verkäufer anwenden.

In den obigen Ausführungen wurde bereits geschildert, dass es für den Verkäufer bei Preisverhandlungen vorteilhaft sein kann, weitere Aspekte als Verhandlungsgegenstand zu definieren. Weitere Aspekte können umgekehrt auch vom Beschaffungsverantwortlichen auf den Verhandlungstisch gebracht werden. Allerdings kann es vorkommen, dass der Beschaffungsverantwortliche nicht alle von ihm in Betracht gezogenen Aspekte auf einmal vorbringt, sondern im Sinne der Salamitaktik erst dann anschneidet, wenn der bisherige Sachverhalt geklärt ist. Beschaffungsverantwortliche versprechen sich von der scheibchenweisen Offen-

Einkäuferziel   Verkäuferziel

Verhandlungs-
gegenstand

Ergebnis

Zeit

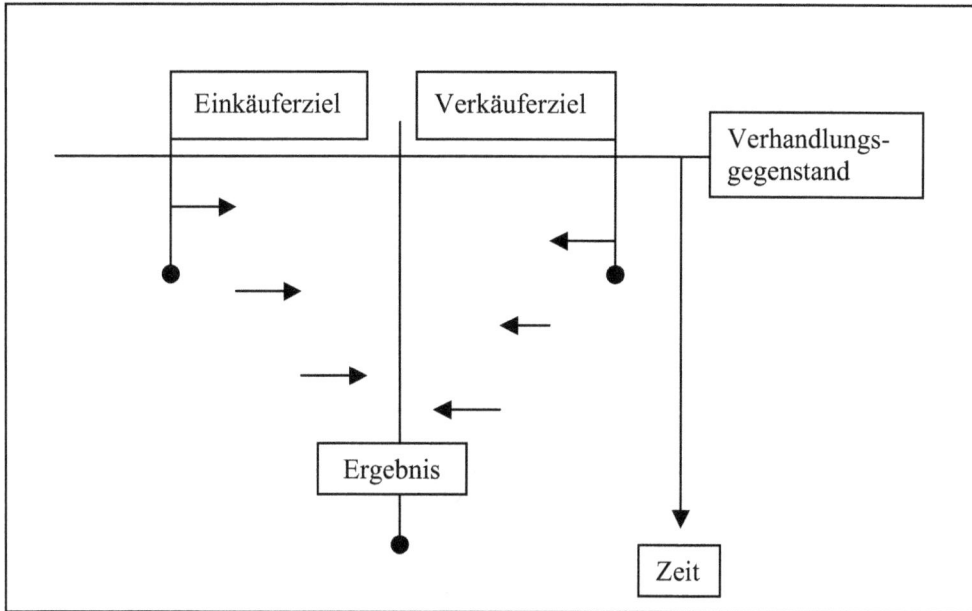

Abb. 78: Zugeständnisfolge bei eindimensionalem Verhandlungsgegenstand[35]

legung der Verhandlungsgegenstände oft zurecht, in der Summe ein verbessertes Verhandlungsergebnis zu erzielen. Eine Verbesserung der Verhandlungsergebnisse kann sich der Beschaffungsverantwortliche erhoffen, wenn die einzelnen Forderungen jeweils für sich genommen keinen Verhandlungsabbruch rechtfertigen. Um nicht über den Tisch gezogen zu werden, **sollte der Verkäufer zu Beginn der Verhandlungsphase also abklären, welche Aspekte Teil der Verhandlungen sein werden**. Dazu lässt sich mit entsprechenden Fragestellungen bzw. Aussagen eine Absicherung erreichen (z.B. „...wenn wir uns über den von Ihnen eben genannten Punkt einigen könnten, sind dann aus Ihrer Sicht noch weitere Aspekte zu klären?..." oder z.B. „bei welchen Aspekten sehen Sie Verhandlungsbedarf?..." oder z.B. „...angenommen, wir einigen uns hierüber, können wir dann mit Ihrem Auftrag rechnen?...."). Teilweise wird dies in der Literatur auch als Trennung von Vorwand und Einwand bezeichnet. Ein Vorwand liegt vor, wenn ein Entgegenkommen des Verkäufers in Bezug auf den betreffenden Aspekt die Kaufbereitschaft des Kunden nicht erhöht. Mit derartigen Formulierungen wird der Beschaffungsverantwortliche aufgerufen, seine Anliegen komplett auf den Tisch zu legen. Natürlich ist dies letztlich für den Beschaffungsverantwortlichen nicht bindend; Aber die Chancen, alle Themen genannt zu bekommen, stehen nicht schlecht, wenn der Beschaffungsverantwortliche vermeiden möchte, sich später mit moralischen Appellen wie z.B. dem Vorwurf mangelnder Fairness auseinandersetzen zu müssen.

Sind schließlich alle zu verhandelnden Aspekte bekannt, können sich die Gesprächspartner darüber verständigen,

---

[35] Vgl. Holz, Friedrich, Methoden fairer und unfairer Verhandlungsführung, S. 90f.; Korda, Phillippe, Nicht um jeden Preis, S. 66 und Baguley, Phil, Negotiating, S. 93ff.

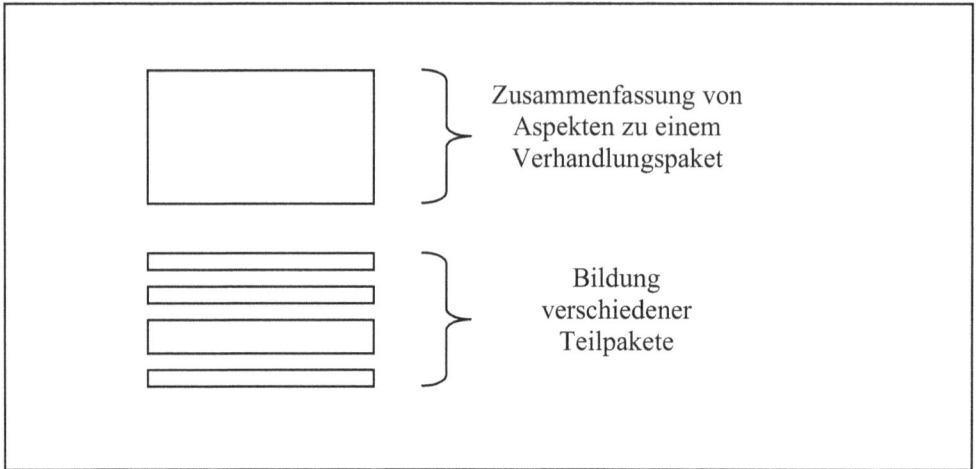

Abb. 79: Zusammenfassung und Trennung von Aspekten zur Vereinfachung und Beschleunigung von Verhandlungen

- ob sie die einzelnen Aspekte separat durchdiskutieren möchten oder
- ob sie einzelne bzw. alle Aspekte in einem Paket zusammenfassen möchten, bevor die
- Verhandlungsphase beginnt.

Umgekehrt kann es auch bei einzelnen komplexen Aspekten wie z.B. der Qualität der angebotenen Leistung zweckmäßig sein, von vornherein schwierige Teilthemen explizit zu benennen, um die Möglichkeit zu besitzen, sie separat in den Verhandlungen zu adressieren bzw. vielleicht sogar auszuklammern. Für alle Beteiligten ist es dabei vorteilhaft, die erwartungsgemäß **schwierigsten Aspekte explizit zu benennen und separat zu behandeln**, um später die Möglichkeit zu haben, durch Einbeziehung weiterer Aspekte einen Kompromiss zu erzielen. Unterbleibt eine explizite Beschreibung problematischer Teilaspekte, könnten die Verhandlungen irgendwann ins Stocken geraten. Oder eine der Parteien macht unbewusst Zugeständnisse, wenn sie nicht in der Lage ist, den kritischen Punkt zu identifizieren.

Positive Wirkungen aus den in diesem Abschnitt genannten Maßnahmen zur Gestaltung des Verhandlungsgegenstands sind meist überwiegend für die Partei zu erwarten, die maßgeblich Einfluss auf den betreffenden Gestaltungsprozess nehmen kann. Es reicht also aus Verkäufersicht nicht aus, nur auf die Gestaltung des Verhandlungsgegenstands hinzuweisen; Die Verkäuferseite muss aktiv die Formulierung des Verhandlungsgegenstands betreiben, wenn sie ihre schwächere Position als Anbieter zumindest teilweise kompensieren möchte.

5.7 Verkaufsabschluss

Häufig münden Angebots-, Nachfass- oder Verhandlungsgespräche direkt in ein Abschlussgespräch. Allerdings kann es sich beim Abschlussgespräch auch um einen separaten Kontakt handeln, wenn der Einkäufer nach einem Angebots-, Nachfass- oder Verhandlungsgespräch noch einmal um eine Bedenkzeit bittet. Deshalb ist eine separate Behandlung der Abschlusssituation im Rahmen der Verkaufsgesprächsführung durchaus sinnvoll. Die Initiative zur Abschlussphase muss in jedem Fall vom Verkäufer ausgehen, denn wenn es auf Seite des

Beschaffungsverantwortlichen keinen Klärungsbedarf mehr gäbe, würde der Auftrag ohne weiteres Zutun von selbst hereinkommen.

Die Initiierung des Abschlussgesprächs bietet sich an, wenn

- das modifizierte Angebot offensichtlich den Beschaffungsverantwortlichen noch nicht restlos überzeugt hat,
- der Beschaffungsverantwortliche auch bei einem für beide Seiten tragfähigen Kompromiss noch mit der Auftragserteilung zögert oder
- es sich im Laufe eines Gesprächs herausstellt, dass mit einem konsequent geführten Abschlussgespräch rasch eine Einigung erzielt werden könnte.

5.7.1 Objektspezifische Ausgangskonstellationen

Der Beschaffungsverantwortliche kann sich nach einem Verhandlungsgespräch in Bezug auf das Beschaffungsobjekt in folgenden Situationen befinden:

- Die Verhandlungen sind zufriedenstellend verlaufen, Gespräche mit anderen Anbietern stehen aber noch aus.
- Die Verhandlungen sind zufriedenstellend verlaufen, andere Anbieter haben aber noch Nachbesserungen versprochen.
- Die Verhandlungen sind nicht zufriedenstellend verlaufen und der Beschaffungsverantwortliche muss nun entscheiden, ob er mit dem vorliegenden Ergebnis zurecht kommen kann.
- Die bisherigen Erörterungen haben einen positiven Eindruck hinterlassen, aber der Beschaffungsverantwortliche ist sich aufgrund der Komplexität des Beschaffungsprojekts nicht sicher, welches Angebot er favorisieren soll.

Wie in den anderen Phasen auch, können sich die Anforderungen verschieben oder der Bedarf kann durch andere Ereignisse hinfällig werden; Weil diese Veränderungen aber unabhängig von der Phase des Beschaffungsprozesses sind, werden sie im folgenden nicht weiter betrachtet.

Der Einstieg in ein Abschlussgespräch ist für den Beschaffungsverantwortlichen vorteilhaft, wenn er damit rechnen kann, dass

- die Verkäufer weitere Vergünstigungen einräumen,
- die Verkäufer weitere Erläuterungen vornehmen, mit denen die unklaren Punkte so transparent werden, dass sie auch gegenüber anderen Mitgliedern des Buying Centers einfach kommuniziert werden können.

5.7.2 Prozessspezifische Anforderungen

Mit der Auswahl eines Lieferanten verändert sich der Charakter des Beschaffungsprozesses nachhaltig. So bedeutet die Entscheidung für einen Lieferanten, dass normalerweise

- kein ein erneutes Aufgreifen vorangegangener Phasen möglich ist,
- eine weitere Optimierung der Lösung kaum mehr zu erwarten ist,
- eine nachträgliche Meinungsänderung nicht mehr ohne größere Kosten realisiert werden kann und

- dass der weitere Verlauf des Beschaffungsprojekts sich mit einem festen Kooperationspartner vollzieht.

Der Beschaffungsprozess selbst ist in dieser Phase häufig durch eine bereits wirksam werdende zeitliche Nähe zum erforderlichen Liefertermin charakterisiert. Gerade bei hohem Zeitdruck besteht nicht immer die Möglichkeit, sich mit anderen Mitgliedern des Buying Centers in ausreichender Form abzustimmen. In Anbetracht der Notwendigkeit, eine Auswahl treffen zu müssen, wäre eine Abstimmung mit den involvierten Kollegen hier aber besonders wichtig für den Beschaffungsverantwortlichen. Diese Gründe erklären das zögerliche Verhalten von so manchem Beschaffungsverantwortlichen in dieser Phase.

5.7.3   Spezifische Aktualisierung von Bedürfniskategorien

Die eben genannten Begleitumstände einer Entscheidung verdeutlichen auch, dass in dieser Phase insbesondere

- **Sicherheitsbedürfnisse** („...habe ich die richtige Auswahl getroffen?... oder „....werden mir die anderen diese Entscheidung später übel nehmen?... ") aktualisiert werden und
- **Sozialbedürfnisse** („... das würde ich am liebsten mit meinem Kollegen besprechen, bevor ich Ihnen endgültig zusage...") berührt werden.

Daneben können auch die **Anerkennungsbedürfnisse** aktualisiert werden, wenn der Beschaffungsverantwortliche mit einer raschen und günstigen Entscheidung die Anerkennung der übrigen Mitglieder des Buying Centers erhaschen kann.

5.7.4   Erwartungen an den Verkäufer

Vor diesem Hintergrund erwartet der Beschaffungsverantwortlichen, dass die Verkäufer fähig und willens sind,

- ihre aktuellsten Angebote in wenigen Worten transparent mit allen Vor- und Nachteilen darzustellen,
- die Unterschiede und Gemeinsamkeiten zu Wettbewerbsangeboten mit wenigen Worten herauszuarbeiten,
- Vorschläge zu machen, die das Angebot zumindest auf das Niveau der Konkurrenz bringen und
- Vorschläge zu unterbreiten, die auch nach der Auftragserteilung ein möglichst hohes Maß an Flexibilität beim Auftrageber belassen (z.B. Rücktrittsrechte).

Ferner sollten die Anbieter auch nach harten Verhandlungen nicht versuchen, die zu erbringende Leistung nachträglich heimlich zu schmälern, um auf ihre Kosten zu kommen.

Erwartungen hat der Beschaffungsverantwortlich auch bezüglich der Gestaltung der Gesprächssituation: So sollte die Hinzuziehung weiterer Kollegen zu einem Gespräch, Gesprächspausen und dergleichen problemlos möglich sein.

5.7.5   Wichtige Gesprächsthemen

Im Abschlussgespräch hat der Verkäufer in der Regel die meisten Gesprächsanteile. Unabhängig davon, ob es sich um einen separaten Kontakt handelt oder ob es sich aus einem anderen Gespräch ergibt, sollte das Abschlussgespräch regelmäßig die folgenden Themenkomplexe umfassen:

- endgültige Spezifikation der zu erbringenden Leistungen,
- ggf. Zusagen, um zu einer unmittelbaren Auftragserteilung zu gelangen,
- Bestätigung der Entscheidung des Beschaffungsverantwortlichen,
- Thematisierung von Zusatzleistungen und weiteren Beschaffungsprojekten[36] zur Erschließung offener Potenziale und
- Vereinbarung der weiteren gemeinsamen Vorgehensweise in Bezug auf den erteilten Auftrag.

Im allgemeinen ist es sinnvoll, die ersten drei Themenkomplexe in der geschilderten Reihenfolge zu behandeln. In Bezug auf die letzten beiden Themenbereiche kann der Verkäufer situativ entscheiden, welche Punkte er zuerst anschneiden möchte.

Mit der endgültigen **Spezifikation** der zu erbringenden Leistungen möchte der Verkäufer

- einerseits **Missverständnisse** über die zu liefernden Ausstattungsmerkmale **vermeiden** und
- andererseits den Beschaffungsverantwortlichen **schrittweise zu einer Entscheidung führen**.

Dazu stehen dem Verkäufer verschiedene Ansatzpunkte zur Verfügung, die in der Literatur unter der Bezeichnung **„Abschlusstechniken"** Eingang gefunden haben[37]. Prinzipiell kann der Verkäufer mit dem Beschaffungsverantwortlichen gemeinsam

- die Bewertung konkreter Angebote bzw. Angebotsteile vornehmen oder
- Auswahlentscheidungen für komplette Alternativangebote bzw. für einzelne Ausstattungselemente herbeiführen.

Bei der Bewertung von Angeboten, führt der Verkäufer nochmals **alle Vor- und Nachteile** einer Tabelle auf. Damit soll das – hoffentlich vorhandene – Übergewicht der Vorteile gegenüber den Nachteilen verdeutlicht werden und den Beschaffungsverantwortlichen zu einer Kaufentscheidung bewegen. In der Literatur wird diese Vorgehensweise häufig als Bilanzmethode, Pro- und Contra-Technik oder als Zusammenfassungstechnik bezeichnet. In älteren Werken ist teilweise auch vom sogenannten Adenauer-Kreuz die Rede.

Daneben kann der Verkäufer versuchen, den Beschaffungsverantwortlichen **in Teilbereichen zu einer Entscheidung zu bewegen**, indem er entsprechende Alternativen formuliert.

Die Alternativen können sich einerseits auf einzelne Ausstattungsmerkmale beziehen, die nacheinander abgeklopft werden. Auf diese Weise gewinnt die Gesamtentscheidung des Beschaffungsverantwortlichen schrittweise an Kontur (z.B."... Möchten Sie die leistungsstärkere Variante haben?...", „...Benötigen Sie zusätzlich die Ergänzungsleistungen für X oder für Y?...", „...Möchten Sie die Lieferung noch in diesem Monat oder wäre Ihnen es Ihnen Anfang des kommenden Monats lieber?..."). Diese Methode lässt sich dann anwenden, wenn der Verkäufer ein Angebot unterbreiten kann, das sich aus **vielen unabhängigen Ausstattungsmerkmalen zusammensetzen** lässt. In der Literatur wird diese Vorgehensweise oft als Teilentscheidungstechnik oder auch als Alternativtechnik bezeichnet.

---

36 Vgl. z.B. Bänsch, Axel, Verkaufspsychologie und Verkaufstechnik, S. 92.
37 Vgl. z.B. Weis, Hans Christian, Verkaufsgesprächsführung, S. 240ff., Jachens, Thomas H., Professionelles Verkaufen, S. 89ff., Bänsch, Axel, Verkaufspsychologie und Verkaufstechnik, S. 90f.; Behle, Christine und vom Hofe, Renate, Handbuch Aussendienst, S. 216ff.; Ruhleder, Rolf H., Einfach besser Verkaufen, S. 167ff.

Eine andere Form der Alternativtechnik liegt vor, wenn der Verkäufer versucht, **zwei oder mehr Angebote zur Wahl zu stellen**, um den Beschaffungsverantwortlichen dazu zu bringen, sich für eine Variante zu entscheiden. Dabei kann er die weniger attraktive Alternative zuerst anpreisen, um sie - wie die zuerst gekürten Kandidaten bei einer Personenwahl - zu verschleißen, sodass die dann nachgeschobene Alternative bessere Chancen hat. Die Anwendung dieser Taktik wird in der Literatur auch als „Technik der falschen Entscheidung" oder als „Taktik der falschen Wahl" bezeichnet.

Bei allen Bewertungs- und Teilentscheidungstechniken wird der Beschaffungsverantwortliche dazu bewegt, seine bevorzugte Ausstattungsvariante festzulegen bzw. eine Bestätigung positiver Bewertungen vorzunehmen. Diese Äußerungen sollen laut Literatur vom Verkäufer als Einverständnis mit der Auftragserteilung interpretiert werden, dem sich die Frage nach dem Auftrag bzw. die Bitte um eine Unterschrift unter der vorbereiteten Bestellung anschließt.

Daneben kann der Verkäufer versuchen, das **Risiko für den Beschaffungsverantwortlichen zu senken** und hierdurch den Auftrag unmittelbar an Land zu ziehen. Dazu stehen im einzelnen folgende Verhaltensweisen zur Verfügung:

- Vorschlag des Verkäufers, **weitere Mitglieder des Buying Centers hinzuzuziehen**, um letzte offene Punkte sofort klären zu können,
- Hinweis, dass das jetzige **Angebot den** aktuellen und bevorstehenden **Marktgegebenheiten** vollständig **entspricht**, sodass dem Beschaffungsverantwortliche hieraus keine spezifischen Risiken entstehen,
- Möglichkeit zu einer **vorläufigen unverbindlichen Bestellung**, die bis zu einem bestimmten Datum (z.B. bis die Wettbewerbsangebote in der Endfassung vorliegen) formlos und kostenlos zurückgezogen werden kann,
- Zusage, **Änderungen** in der Bestellung bis zu einem bestimmten Zeitpunkt problemlos zu **akzeptieren,**
- Zusage, das **Angebot auf das Niveau besserer Wettbewerbsangebote anzuheben**, sofern der Beschaffungsverantwortliche solche innerhalb eines definierten Zeitraums vorweisen kann.
- Gewährung eines **zusätzlichen Rabatts**, wenn der Auftrag noch im selben Gespräch erteilt wird. In der Literatur wird diese Vorgehensweise unter anderem unter den Begriffen „Taktik der zu verscherzenden Gelegenheit" oder als Technik der Reserveargumente" bezeichnet.

Hat der Beschaffungsverantwortliche schließlich seinen Auftrag erteilt, empfiehlt es sich, diese Entscheidung zu bestätigen, z.B. durch **Wiederholung der allerwichtigsten Argumente.** In diesem Zusammenhang sollte der Verkäufer eine **sorgfältige Bearbeitung des Auftrags zusagen** und zum Ausdruck bringen, dass er jederzeit für Rückfragen und eventuell neu auftauchende Anforderungen zur Verfügung steht.

Das positive Klima sollte der Verkäufer dazu nutzen, sich nach weiteren Bedarfen zu erkundigen, sei es im Zusammenhang mit dem gerade behandelten Beschaffungsprojekt oder sei es in Verbindung mit anderen Vorhaben des Kunden. Denn die größten Umsatzpotenziale erschließen sich für den Verkäufer bei bestehenden Kunden, mit denen man gerade in Kontakt steht. Im Zusammenhang mit dem gerade behandelten Beschaffungsprojekt kann sich der Verkäufer danach erkundigen, ob Interesse besteht

- an komplementären Leistungen,
- an Ergänzungsleistungen zur verbesserten Erreichung von Nebenzielen oder
- an Zusatzleistungen zur Schaffung der erforderlichen Voraussetzungen.

Dabei ist es unerheblich, ob die komplementären Leistungen an den unmittelbaren Zielgrö-ßen ansetzen (siehe Abb. 80) oder an den nachgelagerten Folgewirkungen. Ebenso ist es unerheblich, ob die Zusatzleistungen auf die unmittelbaren Voraussetzungen gerichtet sind wie in der Grafik veranschaulicht oder ob sie auf die Voraussetzungen der Voraussetzungen zielen. In ähnlicher Form verhält es sich mit den Ergänzungsleistungen. Bekundet der Be-schaffungsverantwortliche Interesse, befinden sich die Gesprächspartner wieder in der An-fragenphase, in denen sich die Gesprächsanteile zugunsten des Bedarfsträgers verschieben müssen, um den Bedarf so genau wie möglich spezifizieren zu können. Allerdings kann diese Phase kurz sein, weil die Gesprächspartner durch das bisherigen Beschaffungsprojekt bereits umfangreiche Kontextinformationen besitzen. Die im Anfragegespräch zu beachtenden As-pekte wurden im betreffenden Teilkapitel 5.3.5 bzw. 5.3.6 behandelt und gelten in konden-sierter Form auch hier.

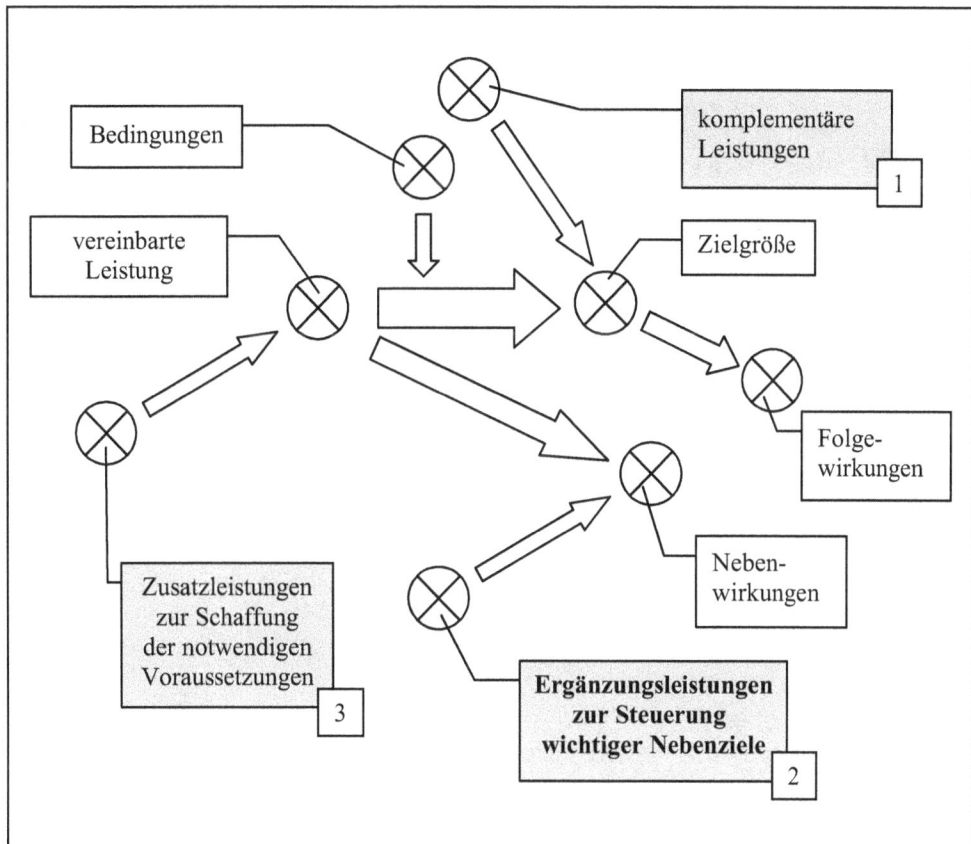

Abb. 80: Ansatzpunkte für Zusatzverkäufe im Zusammenhang mit dem erteilten Auftrag

Mit der Erkundung von zusätzlichen Bedarfen im Umfeld des gerade abgeschlossenen Beschaffungsprojekts hat der Verkäufer die **Chance**, ggf. sogar **ohne eine offizielle Anfrage** und damit ohne Wettbewerbsdruck direkt **an zusätzliche Auftragspotenziale heranzukommen**.

Unabhängig davon, ob der Verkäufer das Gespräch zur Erkundung weiterer Umsatzpotenziale nutzt, sollten nach der Auftragserteilung die nächsten Schritte in der Auftragsabwicklung skizziert und vereinbart werden, sodass der Beschaffungsverantwortliche sich gut aufgehoben fühlen kann. Zugleich weiß der Beschaffungsverantwortliche dann,

- in Bezug auf welche Aspekte noch Kommunikationsbedarf besteht und
- welche Personen auf Seite des Lieferanten als Ansprechpartner hinzutreten.

Damit kann der Verkäufer von vornherein ausschließen, dass der Beschaffungsverantwortliche im weiteren Verlauf der Auftragsabwicklung unvorbereitet mit weiteren Fragen und Personen konfrontiert wird. Dies könnte nämlich im Nachhinein den Eindruck entstehen lassen, dass zum Zeitpunkt der Auftragserteilung doch noch nicht alle Sachverhalte hinreichend geklärt worden sind. Mit der Thematisierung der weiteren Schritte kann der Verkäufer vergleichsweise einfach das Gespräch beschließen oder auf die Ebene des Smalltalks hinüberwechseln.

5.7.6   Handlungsempfehlungen für Verkäufer

Im Verlauf seines Kontakts mit dem Kunden ist es für den Verkäufer oft problematisch, den richtigen Zeitpunkt für den Start des Abschlussgesprächs herauszufinden: Oft entwickelt sich ein Angebots- bzw. Verhandlungsgespräch zunächst zwar positiv, aber der Beschaffungsverantwortliche macht von sich aus keine Anstalten, den Auftrag zu erteilen. Verpasst der Verkäufer jetzt den richtigen Zeitpunkt, um den Auftrag unter Dach und Fach zu bringen, droht die Gefahr, dass weiter über das Angebot geredet wird, und der Beschaffungsverantwortliche auch irrelevante Vorteile präsentiert bekommt. Diese lassen dann eventuell wieder Zweifel an der vorgestellten Lösung aufkommen. Bemüht sich der Verkäufer zu früh um eine verbindliche Auftragserteilung, fühlt sich der Beschaffungsverantwortliche vielleicht bedrängt (Verlust der Entscheidungsautonomie) und nimmt deshalb von einer Auftragserteilung Abstand. Um den richtigen Zeitpunkt bestmöglich abschätzen zu können, sollte der Verkäufer auf die Verhaltensweisen des Beschaffungsverantwortlichen achten. Erst wenn sich in der Grundhaltung des Beschaffungsverantwortlichen ein Wechsel von einem als analytisch, reserviert oder neutral zu bezeichnenden Verhalten zu einer aufgeschlossenen, entspannten und freundlichen Atmosphäre vollzieht, kann mit einem ausreichenden Maß an Entschluss- und Kaufbereitschaft (Kaufsignale)gerechnet werden. Dazu kann der Verkäufer

- einerseits die körpersprachlichen Signale und
- andererseits die verbalen Äußerungen

des Verkäufers heranziehen. Auf der **körpersprachlichen Ebene** sollte der Verkäufer sein Augenmerk darauf richten, ob und inwieweit der Beschaffungsverantwortliche

- **das Bedecken,**
- **das Verbergen oder**
- **das Abwenden**

von Körperpartien aufgibt und anfängt

- sich zu **öffnen** und
- sich dem Verkäufer, den Dokumenten oder den Mustern **zuzuwenden**.

Die körpersprachlichen Signale entsprechen den in Kapitel 4.3.2.3 tabellarisch aufgelisteten und beschriebenen Ausdrucksformen. Im Kapitel 4.3.2.3 wurde bereits dargelegt, dass einzelne körpersprachliche Signale meist nicht als bedeutungstragende Botschaften interpretiert werden können. Sie sind deshalb stets mit Vorbehalten zu interpretieren. Erst das Zusammentreffen mehrerer gleichgerichteter körpersprachlicher Signale kann als aufkeimende oder abnehmende Kaufbereitschaft gedeutet werden. Dies gilt analog auch für die nun folgenden sprachlichen Äußerungen.

Auf **verbaler Ebene** deutet sich Kaufbereitschaft an, wenn der Beschaffungsverantwortliche beginnt,

- die Folgen zu verbalisieren, die sich aus **der geplanten Inanspruchnahme der angebotenen Leistung** ergeben,
- sich nach **Details im Zusammenhang mit dem Leistungstransfer** und der Aufbringung des Kaufpreises zu erkundigen,
- in entspannter Form weniger wichtige Aspekte zu thematisieren.

Ein weiterer wichtiger Aspekt im Rahmen des Abschlussgesprächs ist die **Identifikation der Aufgeschlossenheit für Zusatzgeschäfte**. Während die Erkundigung nach weiteren Beschaffungsprojekten vergleichsweise problemlos ist, kann der Versuch, auf ergänzende Leistungen im Zusammenhang mit dem gerade behandelten Beschaffungsprojekt hinzuweisen, auch als Aufdringlichkeit interpretiert werden. Die Thematisierung ergänzender Leistungen ist dann möglich, wenn aus den vorangegangenen Kontakten bereits deutlich geworden ist, dass der Beschaffungsverantwortliche

- das Thema erkannt hat, aber sich noch nicht für eine Lösung entschieden hat,
- sich vorstellen kann, die erforderlichen Leistungen auch extern zu beziehen und
- prinzipiell auch Lösungen vom selben Lieferanten akzeptiert, selbst wenn die Leistungen einer anderen Branche zuzurechnen sind.

In allen anderen Fällen sollte sich der Verkäufer eher zurückhaltend verhalten, indem er lediglich auf die Möglichkeiten seines Hauses hinweist und an künftigen Beschaffungsprojekten Interesse signalisiert.

5.8   Reklamationsgespräch

Reklamationsgespräche werden stets vom Beschaffungsverantwortlichen initiiert und entstehen meist, wenn

- die **Eingangskontrolle** des Kunden Abweichungen gegenüber der Spezifikation feststellt oder
- im **Verlauf der Leistungsnutzung bzw. Leistungsverwertung unerwünschte Effekte** auftreten, sei es beim Kunden selbst oder sei es bei den Kunden des Kunden.

Nicht bei allen vom Kunden vorgebrachten Beanstandungen handelt es sich um objektiv nachvollziehbare Abweichungen. Teilweise werden Abweichungen nur subjektiv festgestellt. Dies geschieht am ehesten bei Sachverhalten, die zu komplex sind, um im vorhinein eine komplett schriftliche Spezifikation vorzunehmen. Reklamationen, die lediglich aus der subjektiven Wahrnehmung des Beschaffungsverantwortlichen resultieren, stellen vor allem die Verkäuferseite vor besondere Herausforderungen. Obwohl der Verkäufer objektiv Recht hat, ist Zurückhaltung angeraten, wenn er die Kundenbeziehung nicht unnötig gefährden möchte. Aus diesem Grunde empfiehlt es sich für den Verkäufer, subjektiv begründete Reklamationen nicht anders zu behandeln als objektiv nachvollziehbare Problemfälle.

Teilweise sind die Beanstandungen und Reklamationen durch das Bestreben der Kunden motiviert, nachträglich

- **Preisnachlässe** bzw. verbesserte Konditionen **herauszuschinden** oder
- sich für vermeintlich oder tatsächlich **erlittene Übervorteilungen zu revanchieren**.

Derartige Praktiken sind vermehrt in wirtschaftlich schwierigen Zeiten oder bei schwierigen Branchenverhältnissen beobachtbar. Selbst wenn diese Beweggründe offensichtlich sind, sollte der Verkäufer Zurückhaltung üben, denn unvorsichtige Anschuldigungen bewegen den Kunden oft erst recht zu einem Lieferantenwechsel. Auch mit moralischen Appellen werden sich diese Kunden kaum beeindrucken lassen.

Für den Ablauf des Kunden-Lieferanten-Kontakts ist es dabei auch unerheblich, ob es sich um eine Beanstandung, eine Beschwerde oder um eine handfeste Reklamation handelt. Die Ausgangssituation, die Anforderungen und die Abläufe sind in ihrer Struktur vergleichbar, weshalb im folgenden keine differenzierte Betrachtung vorgenommen wird.

5.8.1   Objektspezifische Ausgangskonstellationen

Reklamationen können **entstehen durch** (vermeintlich)

- falsch oder fehlerhaft erbrachte Leistungen,
- unvollständig erbrachte oder gänzlich fehlende Leistungen,
- verspätete Leistungserstellung,
- falschen Lieferort oder durch
- unzutreffende Rechnungsstellung.

Die Abweichungen in der Leistungserbringung sorgen dann dafür, dass der Kunde

- entweder mit Erlösschmälerungen oder
- mit zusätzlichen Aufwendungen

konfrontiert wird. In all diesen Fällen ist die an die Auftragserteilung gekoppelte Leistungsspezifikation Grundlage für die Feststellung der Abweichung. Daneben kann sich aber auch herausstellen, dass der Kunde seine Anforderungen bei der Auftragserteilung nicht klar genug spezifiziert hat und die erbrachte Leistung nun nicht seinen Vorstellungen entspricht. Dies verdeutlicht die Bedeutung des Anfragengesprächs.

5.8.2   Prozessspezifische Anforderungen

Die Feststellung von Abweichungen bedeutet für den Beschaffungsverantwortlichen, dass er den Vorgang länger als geplant verfolgen muss oder dass er den Vorgang wieder erneut aufgreifen muss. Im ungünstigsten Fall müssen alle Teilschritte von der Spezifikation der Anfrage bis zur Auftragserteilung erneut nachvollzogen werden, um den Fehler lokalisieren zu können. Grundsätzlich muss der Beschaffungsverantwortliche die **aktuelle Situation feststellen** und seine Anforderungen an den Lieferanten mitteilen (z.B. welche Mengen müs-

sen bis wann ausgetauscht oder nachgebessert werden). Dabei möchten viele Beschaffungsverantwortlichen die korrekte Umsetzung der Reklamationsbearbeitung überwachen, weil
der Lieferant durch die Reklamation an Vertrauenswürdigkeit eingebüßt hat. Dies ist für den
Beschaffungsverantwortlichen mit zusätzlichem Aufwand verbunden.

5.8.3   Spezifische Aktualisierung von Bedürfniskategorien

Mit dem Auftreten von Reklamationen werden auch die persönlichen Bedürfnisse berührt.
Reklamationen erschüttern mehr oder weniger stark das Vertrauen in den Lieferanten, denn
dieser hat die vertraglichen Vereinbarungen nicht einhalten können. Dies kann eventuell
auch für den Beschaffungsverantwortlichen zu einem Problem werden, weil es ihm **nicht
gelang, einen zuverlässigen Lieferanten auszuwählen**. Dadurch werden beim Beschaffungsverantwortlichen Sicherheitsbedürfnisse, soziale Bedürfnisse und Anerkennungsbedürfnisse verletzt.

Nicht besser sieht es aus, wenn der Fehler **an der unzureichenden Spezifikation des Beschaffungsverantwortlichen** liegt. Gerade hier sind Anerkennungsbedürfnisse, soziale Bedürfnisse und Sicherheitsbedürfnisse massiv gefährdet. Unter Umständen sind auch Selbstverwirklichungsbedürfnisse berührt, wenn das Beschaffungsprojekt innovativen Charakter
hatte und der Beschaffungsverantwortliche sich stark in die Entwicklung von Lösungen
eingebracht hat.

Aus diesen Umständen erklärt sich die starke emotionale Anspannung des Beschaffungsverantwortlichen, die gerade den Anfang eines Reklamationsgesprächs kennzeichnet. Nicht
selten stehen zudem aufgebrachte Benutzer oder ungehaltene Vorgesetzte neben dem Beschaffungsverantwortlichen, wenn er nach dem Hörer greift und den Verkäufer kontaktiert.

5.8.4   Erwartungen an den Verkäufer

Aufgrund der angespannten Situation sind die Erwartungen an den Verkäufer in dieser Situation besonders hoch. Der Verkäufer muss in der Lage sein,

- auch heftige Attacken zu ertragen und angemessen zu reagieren, d.h. ohne ausfällig zu
werden oder den Beschaffungsverantwortlichen zu beleidigen.
- für den Beschaffungsverantwortlichen Verständnis zu zeigen und beruhigend einzuwir-
ken,
- auch aus emotional befrachteten Botschaften des Beschaffungsverantwortlichen die
tatsächliche Sachlage herauszufiltern sowie
- schnell zu reagieren und kurzfristig Lösungsvorschläge zu erarbeiten.

Dazu muss der Verkäufer letztlich alle Anforderungen erfüllen, die auch im Laufe des An-
frage- und Verhandlungsgesprächs an ihn gestellt werden.

5.8.5   Wichtige Gesprächsthemen

In aller Regel treffen Reklamationen auf telefonischem Weg beim Verkäufer ein, denn der
Kunde hat ein Problem, das umgehend gelöst werden muss. Der Gesprächsbeginn ist in den
meisten Fällen durch ein hohes Maß an emotionaler Spannung geprägt, das abhängig ist

- vom Ausmaß der Reklamation und
- vom Ausmaß der Reaktionen im Buying Center.

Der Beschaffungsverantwortliche muss sich oft zuerst seinen Frust von der Seele reden[38]. Das gilt umso mehr, wenn der Kollege vom Buying Center neben ihm steht und eine sofortige Kontaktierung des Lieferanten anmahnt.

In der ersten Phase kann der Verkäufer letztlich nur **Verständnis für das Anliegen des Beschaffungsverantwortlichen zeigen** und warten, bis sich der Zorn etwas legt. Selbst wenn das Anliegen des Beschaffungsverantwortlichen realitätsfern erscheint oder offensichtlich nicht zutreffen kann, sollte der Verkäufer mit **Zweifeln und Beschuldigungen zurückhaltend sein.** Der Beschaffungsverantwortliche könnte sich sonst nicht ernst genommen fühlen und erneut zu einer Emotionalisierung neigen. Damit würden sich die Bedingungen für eine unbürokratische Problembehebung deutlich verschlechtern.

Erst wenn sich der Beschaffungsverantwortliche etwas beruhigt hat, kann der Verkäufer nach den **Details der Reklamation fragen.** In diesem Zusammenhang sollte der Verkäufer in erster Linie herausfinden,

- inwieweit eine Beeinträchtigung der Funktionalität der gelieferten Leistung gegeben ist,
- inwieweit unerwünschte Nebenwirkungen auftreten,
- welche Teile der Lieferung betroffen sind,
- bis wann die Funktionalität gegeben sein sollte bzw.
- welche Maßnahmen der Kunde zur Überbrückung des Problems schon ergriffen hat oder ergreifen wird.

Die Ermittlung von Einzelheiten ist vor allem dann **nicht** zu empfehlen, wenn der Beschaffungsverantwortliche diesbezüglich vergleichsweise wenig Know How besitzt. Der Beschaffungsverantwortliche kann dann leicht dazu neigen, die Identifikation des Problems an den Verkäufer zurückzudelegieren (z.B. „... das herauszufinden ist eigentlich Ihre Aufgabe, wenn Sie schon Mist gebaut haben...") gepaart mit entsprechender Emotionalität. Außerdem wird das Augenmerk des Beschaffungsverantwortlichen erneut auf die Leistung gelenkt, die das Problem verursacht hat. Damit kann er erneut in Verärgerung geraten.

Um die Fakten herauszufinden, sollte der Verkäufer aus den Schilderungen des Beschaffungsverantwortlichen bereits so viel wie möglich heraushören und **bestätigend seine Interpretation des Gesagten wiedergeben.** Zwar kann der Verkäufer auch mit konkreten Fragen an die Informationen herankommen, aufgrund der emotionalen Anspannung kann es als Zeichen mangelnder Ernsthaftigkeit bzw. mangelnder Aufmerksamkeit gewertet werden, wenn nochmals nach bereits geäußerten Sachverhalten gefragt wird.

Sollte sich auf fernmündlichem Weg der Schadensumfang nicht eindeutig spezifizieren lassen, empfiehlt es sich, eine **umgehende direkte Überprüfung am gelieferten bzw. betroffenen Objekt anzukündigen.** Dazu kann der Verkäufer anbieten, zwecks direkter Prüfung

- zum Kunden zu kommen oder
- die gelieferte Leistung wieder abholen zu lassen.

In diesem Zusammenhang ist zu klären, ob für die Dauer des Prüfprozesses **sofortige Überbrückungsmaßnahmen** erforderlich sind, um die Nutzungsausfälle so gering wie möglich

---

[38] Detaillierte Angaben zur Reklamationshandhabung finden sich in Gamber, Paul, Kundenbeschwerden und Reklamationen konfliktfrei behandeln, S. 37ff.

zu halten. Nur wenn der prüfbedingte Aufwand den Auftragswert übersteigt, sollten andere Vorgehensweisen in Betracht gezogen werden.

Damit kann der Kunde erkennen, dass der Lieferant,

- seinen Kunden nicht mit den aufgetretenen Problemen allein lässt,
- die Probleme beheben möchte und künftig von vornherein zu vermeiden sucht und
- gleichzeitig Missbrauch durch fälschliche bzw. überzogene Kundenangaben ausschließen möchte.

Sobald die Prüferergebnisse vorliegen und klar geworden ist, dass der Lieferant die Probleme verursacht hat, sollten vom Verkäufer geeignete Lösungsvorschläge unterbreitet werden. Hilfreich ist es, dazu ein **weiteres Gespräch anzustreben**, womit sich den Beteiligten die Chance bietet, auf einer sachlicheren Ebene zu kommunizieren. Als **Lösungsansätze** stehen aus Verkäufersicht grundsätzlich zur Verfügung:

- Veränderung der Nutzungsweise z.B. langsamere Verarbeitung der Produkte beim Kunden oder z.B. Beschränkung des Produktnutzens auf spezifische Zielgruppen,
- Aussortierung fehlerhafter Leistungen, sofern es sich um eine Serien- oder Massenproduktion mit Wiederholcharakter handelt,
- Nachbesserung der gelieferten Leistungen,
- Lieferung von Zusatzleistungen, mit denen die Voraussetzungen für eine funktionsgerechte Nutzung der beanstandeten Leistung geschaffen werden können,
- Lieferung von Ergänzungsleistungen zur Kompensation der durch die Fehler auftretenden Nebenwirkungen,
- Lieferung von komplementären Leistungen zur Kompensation der durch die Fehler auftretenden Wirkungseinbußen,
- Austausch der Lieferung und schließlich
- materielle oder finanzielle Entschädigungen.

Handelt es sich um weniger gravierende Beanstandungen, reicht es ggf. bereits aus, dem Kunden die künftigen Maßnahmen zur Vermeidung des Problems vorzustellen.

Bei den meisten Vorschlägen muss sich der Verkäufer zusammen mit dem Kunden Gedanken darüber machen, wer am besten die konkrete Umsetzung vornehmen soll. Das Aussortieren kann durch den Kunden, den Lieferanten oder durch zu beauftragende Dritte vorgenommen werden. Gleiches gilt beim Einsatz von Zusatz-, Ergänzungs- und Komplementärleistungen. Bevor der Verkäufer entsprechende Vorschläge unterbreitet, muss er sich über die innerbetrieblichen Verhältnisse beim Kunden Klarheit verschaffen, damit er realisierbare Lösungsvorschläge anbieten kann: Während in manchen Unternehmen beispielsweise aus Geheimhaltungsaspekten oder wegen hoher qualitativer Anforderungen der Einsatz von Fremdpersonal nicht in Frage kommt, kann in anderen Unternehmen aufgrund von Personalengpässen der Einsatz fremder Hilfe die einzige Möglichkeit sein, die Probleme zu bewältigen. In jedem Fall muss sich der Verkäufer schon vorab erkundigen, ob der Kunde prinzipiell bereit ist, derartige Hilfe zu akzeptieren.

Grundsätzlich sollte der Lieferant versuchen, die Probleme unmittelbar zu beseitigen und von einer materiellen oder finanziellen Entschädigung Abstand zu nehmen. Die Beseitigung des Problems mag im ersten Moment aufwändiger erscheinen. Allerdings kann nur durch eine Beseitigung der Probleme das Vertrauen in die Leistungsfähigkeit des Lieferanten wiederhergestellt werden. Mit einer finanziellen Kompensation bleibt auch bei künftigen Kontakten immer die Erinnerung, dass das eigentliche Problem nicht behoben werden konnte. Dieser Umstand gewinnt dann an Bedeutung, wenn die Nutzung der problembehafteten Leistung sich über lange Zeiträume erstreckt und die betreffenden Aufgabenträger jedes Mal wieder bestimmte Vorkehrungen oder zusätzliche Maßnahmen ergreifen müssen. Demgegenüber **geraten finanzielle Entschädigungen vergleichsweise schnell in Vergessenheit**. Außerdem kann der Beschaffungsverantwortliche auf den Gedanken kommen, die erlittenen Beeinträchtigungen zu dramatisieren um nochmals finanzielle Vorteile daraus zu ziehen.

Nach der vereinbarungsgemäßen Behebung der Probleme sollte der Verkäufer nochmals Kontakt aufzunehmen, um die Meinung des Beschaffungsverantwortlichen in Erfahrung zu bringen. Damit kann am ehesten sichergestellt werden, dass der Vorgang doch noch zu einem für alle Seiten befriedigendem Abschluss geführt werden kann. Sollte der Beschaffungsverantwortliche bereits zufrieden sein, kann der Verkäufer den Vorgang als abgeschlossen betrachten. Damit muss er auch nicht mehr befürchten, in künftigen Beschaffungsprojekten angreifbar zu sein. Demgegenüber ist gerade bei Reklamationen, in denen allein mit finanziellen Entschädigungen ein Ausgleich gefunden wurde, damit zu rechnen, dass die offen gebliebenen Probleme vom Beschaffungsverantwortlichen in entscheidenden Momenten immer wieder aufgetischt werden, um eigene Positionen durchzusetzen.

5.8.6 Handlungsempfehlungen für Verkäufer

Es wurde bereits dargelegt, dass Reklamationsgespräche zu Beginn durch eine hohe Emotionalität des Beschaffungsverantwortlichen gekennzeichnet sind. Unter dem Eindruck der sehr emotional vorgebrachten Vorwürfe kann es leicht passieren, dass der Verkäufer unbedachte Äußerungen bzw. Zusagen von sich gibt. **Zu vermeiden sind im Rahmen des Reklamationsgesprächs Äußerungen,** die dem Beschaffungsverantwortlichen signalisieren könnten, dass

- **seine Vorwürfe unrealistisch sind,**
- **er an dem Problem selbst schuld ist** oder
- **er mit seinem Anliegen stört** und er sein Problem am besten allein lösen soll.

Die **Realitätsnähe** wird mit Bemerkungen wie „... das habe ich noch nie gehört..." „...das kann ich nicht glauben...", „...das ist ausgeschlossen, das hat bis jetzt immer funktioniert..." in Frage gestellt.

Die **Beschuldigung des Kunden** wird angedeutet mit Formulierungen wie „...haben Sie vor Inbetriebnahme (überhaupt) die Bedienungsanleitung (richtig) gelesen?...", „... haben Sie überhaupt schon Erfahrungen im Umgang mit...?" oder „...da trifft uns keine Schuld, wenn Sie nicht in der Lage sind,...".

Der **Kunde fühlt sich als Bittsteller**, wenn er bei der Kontaktaufnahmen beispielsweise auf andere Ansprechpartner verwiesen wird („... Moment bitte, ich verbinde Sie mal mit..."), die Verkaufsmitarbeiter mitteilen, dass der **Vorgang nicht in ihren Zuständigkeitsbereich** fällt („...da sind Sie bei mir falsch, hierfür ist die Qualitätssicherung verantwortlich..."), der Lieferant nicht auf die Anliegen des Kunden reagiert, indem er beispielsweise Rückrufe und Feedbackinformationen zusichert, aber sich dann nicht mehr beim Kunden meldet.

Ungünstig ist auch, wenn Verkäufer innerbetrieblich von den eigenen Kollegen bereits **vorab von dem Problem unterrichtet wurden** und **dies dem Kunden auf die Nase gebunden**

wird mit Aussagen wie „...das habe ich mir gleich gedacht...“, „...das konnte gar nicht gut gehen...“.

Schließlich geschieht es unter dem Eindruck massiver Vorwürfe von Seiten des Beschaffungsverantwortlichen nicht selten, dass Verkäufer versuchen, dem Druck zu entkommen, indem sie **anderen Abteilungen** oder Kollegen im eigenen Haus die **Schuld zuweisen** („...da ist unser Versand schuld...“ oder “...unsere Fertigung war wohl offensichtlich wieder einmal nicht in der Lage...“). Derartige Schuldzuweisungen beweisen dem Kunden lediglich, dass er entweder

- einem Verkäufer gegenübersteht, der kein Rückgrat hat und sein Fähnchen nach dem Wind dreht oder
- beim Lieferanten innerbetriebliche Koordinationsschwierigkeiten bzw. Rivalitäten bestehen.

In beiden Fällen wird sich der Beschaffungsverantwortliche konsequenterweise überlegen müssen, ob er den Lieferanten wechselt, sofern er auf einen zuverlässigen Partner angewiesen ist.

Auch bei dringenden und schwerwiegend klingenden Reklamationen sollte sich der Verkäufer vor **voreiligen Zugeständnissen hüten** und darauf bestehen, **erst eine genaue Prüfung des Sachverhalts** vornehmen zu dürfen. In diesem Zusammenhang empfiehlt sich der Hinweis, dass künftige Verbesserungen für den Kunden nur dann erzielt werden können, wenn die Gelegenheit zur Analyse der Probleme besteht. Gibt der Verkäufer ohne eingehende Prüfung Zusagen, besteht zudem das Risiko, dass der Beschaffungsverantwortliche nicht die optimale Lösung zum gegebenen Problem erhält. Gegebenenfalls sind die vorgeschlagenen Ad-hoc-Lösungen nicht umsetzbar und müssen nachträglich korrigiert werden. Dies würde der der Glaubwürdigkeit des Lieferanten einen weiteren Schlag versetzen.

Ferner sollte der Verkäufer, auch bei ungerechtfertigten Reklamationen gegenüber dem Kunden **Kompromissbereitschaft signalisieren**. Häufig werden von weniger erfahrenen Beschaffungsverantwortlichen bei der Auftragserteilung Leistungen erwartet, die üblicherweise explizit spezifiziert werden müssen, um Bestandteil des Vertrags zu werden. In der Regel macht es gerade bei langfristig angelegten Kunden-Lieferanten-Beziehungen wenig Sinn, die eigene Position durchzusetzen, wenn man den Kunden nicht vergraulen möchte. Für den Verkäufer kann es vorteilhafter sein, einen passablen Kompromissvorschlag zu unterbreiten, sodass der (unerfahrene) Beschaffungsverantwortliche vor den übrigen Mitgliedern des Buying Centers sein Gesicht wahren kann. Gelingt dies, kann der Verkäufer darauf hoffen, dass der Kunde sich künftig auch einmal kulant zeigen wird.

5.9   Planungs-, Bewertungs- und Optimierungsgespräche

Die Anbieter benötigen für eine erfolgversprechende Ressourcenplanung Daten über die künftige Entwicklung des Absatzmarktes. Planungsdaten sind vor allem in reifen Branchen, mit weitgehend gleichbleibendem Leistungsprogramm eine wichtige Grundlage des wirtschaftlichen Erfolgs. In Unternehmen mit eigenem Verkäufernetz bietet es sich an, die direkten Kontakte zu den Kunden für marktforscherische Aktivitäten zu nutzen. Schließlich können die Kunden am besten beurteilen, welche wirtschaftliche Entwicklung sie für sich erwarten. Dem Verkäufer geht es in Planungs- und Optimierungsgesprächen also darum,

- Einschätzungen der Beschaffungsverantwortlichen zur künftigen Entwicklung des Bedarfs zu erhalten und / oder
- Ansatzpunkte zur Verbesserung der Verkaufsprozesse zu gewinnen.

Gerade bei dauerhaft angelegten Kunden-Lieferanten-Beziehungen ist es wichtig zu wissen, inwieweit die Kunden mit der bisherigen Zusammenarbeit zufrieden sind.

Planungs-, Bewertungs- und Optimierungsgespräche sind dementsprechend normalerweise nicht an einzelne Beschaffungsvorgänge gebunden und werden meistens vom Lieferanten angeregt. Für den Beschaffungsverantwortlichen sind diese Wünsche des Verkäufers verständlich, werden vielfach aber auch als lästiges Übel angesehen. Deshalb steht der Verkäufer vor der Aufgabe, dem Beschaffungsverantwortlichen mit dem Planungs-, Bewertungs- bzw. Optimierungsgespräch zugleich einen Nutzen zu schaffen, um dessen Motivation zu verbessern. Nur dann ist mit ausreichender Auskunftsbereitschaft und ausreichender Glaubwürdigkeit der erhobenen Daten zu rechnen.

Die Initiative zu einem Gespräch kann auch vom Beschaffungsverantwortlichen ausgehen, wenn er zusammen mit dem Verkäufer eine Lieferantenbewertung durchführen möchte.

5.9.1   Objektspezifische Ausgangskonstellationen

Solange Planungs- und Optimierungsgespräche unabhängig von einzelnen Beschaffungsprojekten geführt werden, gibt es keine spezifischen Ausgangssituationen in Bezug auf ein bestimmtes Beschaffungsobjekt. Allerdings können auch in Bezug auf die Gesamtheit der zu beschaffenden Objekte Parallelen beobachtet werden, die sich als generelle Ausgangssituation bezeichnen lassen. **Je innovativer die bezogenen Leistungen sind, desto wichtiger ist für beide Seiten ein frühzeitiger Informationsaustausch über die möglichen Entwicklungsrichtungen.** Selbst wenn der Ansprechpartner aufgrund der innerbetrieblichen Arbeitsteilung über die künftigen Entwicklung des Bedarfs weniger gut Bescheid weiß, können mit geeigneten Formulierungen erfolgversprechende Entwicklungen beim Kunden angeregt werden. In Betracht kommen hierfür Leistungen, die aus Kundensicht nicht zentral an der Wertschöpfung beteiligt sind und deshalb weniger stark Beachtung finden.

5.9.2   Prozessspezifische Anforderungen

Planungs- und Optimierungsgespräche bedeuten zunächst einmal Mehraufwand für den Beschaffungsverantwortlichen und stehen zumindest auf kurze Sicht seinen prozesswirtschaftlichen Zielsetzungen entgegen. Um fundierte Aussagen liefern zu können, muss der Beschaffungsverantwortliche nicht nur die Zeit für das Gespräch selbst einplanen, sondern er muss darüber hinaus Zeit investieren, um sich selbst erst einmal die erforderlichen Informationen zu beschaffen. Insgesamt machen Planungs- und Optimierungsgespräche aus Sicht des Beschaffungsverantwortlichen also nur Sinn, wenn

- der verbesserte Informationsstand beim Verkäufer dazu führt, dass die Spezifikation künftiger Beschaffungsprojekte leichter fällt oder
- sich aus dem Gespräch Verbesserungspotenziale für die Handhabung von Beschaffungsprozessen ableiten lassen.

Aufgrund des Mehraufwands sollte der Verkäufer Planungs- und Optimierungsgespräche mit anderen Gesprächsterminen koppeln oder in Zeiten vorschlagen, an denen der Beschaffungs-verantwortliche erfahrungsgemäß weniger stark mit Terminen und Projekten belegt ist.

5.9.3   Spezifische Aktualisierung von Bedürfniskategorien

Im allgemeinen bringen Planungs-, Bewertungs- und Optimierungsgespräche selbst keine besonderen Herausforderungen für einzelne Bedürfniskategorien mit sich. Allenfalls im Rahmen von Bewertungsgesprächen könnten soziale Bedürfnisse und Anerkennungsbedürf-nisse berührt sein, sofern der Beschaffungsverantwortliche sich nicht gerne an der Bewer-tung von Personen oder Unternehmen beteiligt. Für den Beschaffungsverantwortlichen bietet sich auch die Chance, mit den bei den Gesprächen erhaltenen Informationen soziale Bedürf-nisse und Anerkennungsbedürfnisse im Kreis des Buying Centers zu erfüllen. Die Aktuali-sierung von Bedürfniskategorien wird insgesamt aber vorwiegend von der Persönlichkeit des Beschaffungsverantwortlichen abhängig sein und weniger von der konkreten Situation.

5.9.4   Erwartungen an den Verkäufer

Der Beschaffungsverantwortliche hat im Rahmen von Planungs-, Bewertungs- und Optimie-rungsgesprächen

• einerseits Erwartungen in Bezug auf die Behandlung der weitergegebenen Informatio-nen und
• andererseits Erwartungen in Bezug auf das Feedback des Verkäufers.

Die vom Beschaffungsverantwortlichen weitergegebenen Informationen sollen – mehr noch als in den übrigen Phasen des Beschaffungsprozesses – vertraulich behandelt werden. Als sensibel sind hier Daten einzustufen, die sich auf grundlegende Lageeinschätzungen, Ziele und Strategien beziehen. Andererseits erwartet der Beschaffungsverantwortliche, dass die Daten lediglich als unverbindliche Richtwerte zu verstehen sind, die jederzeit Änderungen unterworfen sein können.

Umgekehrt erwartet der Beschaffungsverantwortliche im Gegenzug auch Informationen der Verkäufer z.B. deren Einschätzungen und Kenntnisse über die zu erwartenden Entwicklun-gen in ihren Kundenkreisen. Außerdem darf der Beschaffungsverantwortliche ein kritisches Feedback von den Verkäufern erwarten, sollten die eigenen Prognosen auf unrealistischen Annahmen beruhen oder Denkfehler enthalten. Zudem erwartet der Beschaffungsverantwort-liche Informationen über die beim Lieferanten angedachten Verhaltensweisen in der Markt-bearbeitung.

5.9.5   Wichtige Gesprächsthemen

Bei **Planungsgesprächen** steht der künftige Bedarf des Kunden im Vordergrund.

Vergleichbar mit den in Kapitel 2.1 aufgeführten objektbezogenen Zielen des Beschaffungs-verantwortlichen sind hier von besonderer Bedeutung

• die qualitativen Entwicklungsrichtungen,
• die quantitative Entwicklung des Bedarfs,
• die zeitliche Verteilung des Bedarfs im Planungszeitraum,

- die räumliche Verteilung der Nachfrage und
- die Determinanten des Bedarfs (z.B. die Kunden des Kunden).

Relevante Themen für Planunsgespräche sind daneben oft auch

- gemeinsame Aktionen und Projekte und
- die generelle Gestaltung der Zahlungs- und Lieferkonditionen.

Bei Bewertungsgesprächen stehen – in Anlehnung an das Marketingmix –

- die gelieferten Leistungen,
- die Aktivitäten und Verhaltensweisen der verantwortlichen Personen,
- der Leistungstransfer und
- die Fakturierung der Leistungen

im Mittelpunkt des Interesses. Dabei werden zugleich die Anforderungen (Ziele) der Beschaffungsverantwortlichen mit den wahrgenommenen Ereignissen (Ist-Daten) verglichen. Nur damit kann die subjektive Zufriedenheit des Kunden mit seinem Lieferanten ermittelt werden. Bei niedrigen Zufriedenheitswerten sind außerdem die Gründe für die Einschätzung in Erfahrung zu bringen. Verbesserungspotenziale lassen sich nur auf diese Weise aufdecken und erschließen.

In Optimierungsgesprächen sollen die Verbesserungspotenziale, die in der Zusammenarbeit zwischen Lieferant und Kunden bestehen, erörtert werden. Die Themengebiete orientieren sich dabei zweckmäßigerweise an den einzelnen Phasen des Beschaffungs- bzw. Verkaufsprozesses (siehe auch Kapitel 2.2 Prozessziele des Beschaffungsverantwortlichen).

5.9.6   Handlungsempfehlungen für Verkäufer

Im allgemeinen ist es vorteilhaft, Planungs- Bewertungs- und Optimierungsgespräche frühzeitig beim Kunden anzukündigen. Werden umfangreichere und komplexere Daten benötigt, sollte man bereits vorab mitteilen, an welche Daten man als Lieferant denkt und was man in etwa mit den einzelnen Daten bezweckt (z.B. für Investitionsberechnungen oder die Personalplanung). Gegebenenfalls sollte der Verkäufer in einem separaten Vorabgespräch die gewünschten Aspekte erläutern. Dies gilt auch für Bewertungsgespräche, mit denen die Kundenzufriedenheit erfasst werden soll.

Insgesamt sollte die Zahl der zu erfassenden Aspekte so klein wie möglich gehalten werden, sonst könnte beim Kunden der Eindruck entstehen,

- dass er ausgefragt werden soll,
- dass der Verkäufer keine Rücksicht auf die knappe Zeit des Einkäufers nimmt,
- dass der Verkäufer zu faul ist, anderweitig verfügbare Informationen auszuwerten.

Auf der anderen Seite sollten die relevanten Sachverhalte alle innerhalb eines Gesprächstermins behandelt werden, damit der Kunde nicht mehrmals mit Fragen behelligt werden muss. Selbst wenn der Beschaffungsverantwortliche die Bereitschaft zeigt, auch in weiteren Gesprächen Rede und Antwort zu stehen, kann es passieren, dass die Qualität der Auskünfte leidet, wenn die Themenbereiche miteinander in Zusammenhang stehen oder sogar aufeinander aufbauen. Im allgemeinen wird der Beschaffungsverantwortliche dem Verkäufer mangelnde Sorgfalt unterstellen, wenn in einem weiteren Gespräch plötzlich noch Fragen nachgeschoben werden.

In Planungs-, Bewertungs- und Optimierungsgesprächen muss der Verkäufer damit rechnen, dass der Gesprächspartner nicht bei allen Punkten hinreichend auskunftsfähig oder auskunftswillig ist, weil die betreffenden Sachverhalte

- der Geheimhaltung unterliegen,
- der Beschaffungsverantwortliche nicht auskunftswillig ist oder
- der Beschaffungsverantwortliche nicht informiert ist.

Hierauf sollte sich der Verkäufer entsprechend vorbereiten. Dazu kann er

- **realistisch erscheinende Angaben selbst machen** und sich lediglich vom Einkäufer **bestätigen lassen** (Einkäuferstatement: „...ich habe dies aber nicht gesagt...") oder
- den **Sachverhalt indirekt thematisieren**, indem er auf **kausal zusammenhängende Sachverhalte ausweicht** und hierüber um Auskunft bittet. Ansatzpunkte sind hierbei die aus einem Sachverhalt entstehenden
  - erwünschten Folgewirkungen,
  - erwünschten oder unerwünschten Nebenwirkungen,
  - notwendige Voraussetzungen sowie die
  - notwendigen komplementären Faktoren.
- Gegebenenfalls können auch die **Entwicklungen substitutiver Faktoren** besser prognostizierbar sein und damit als Ausgangspunkt einer indirekten Betrachtung dienen.
- Liegen dem Beschaffungsverantwortlichen beispielsweise die eigenen **Zielsetzungen der Unternehmensleitung bereits vor, können daraus Rückschlüsse auf den Bedarf** gezogen werden. Gleiches gilt, wenn bereits Prognosedaten über erwünschte oder unerwünschte Nebenwirkungen, über die einzusetzenden komplementären Leistungen oder über die zu schaffenden Voraussetzungen vorhanden sind.

Bei schwierigen und entscheidenden Fragestellungen kann es sinnvoll sein, zur Plausibilisierung der Antworten ergänzende Fragen zu stellen, die dasselbe Thema nochmals von einer anderen Perspektive her beleuchten (sogenannte Kontrollfragen). Mit Kontrollfragen ist vorsichtig umzugehen, weil beim Kunden damit leicht der Eindruck entstehen kann, dass man ihm nicht vertraut. Deshalb ist zu überlegen, ob man derartige Kontrollfragen nicht von vornherein also solche offenlegt und dem Kunden verdeutlicht, welche Chancen ein Perspektivwechsel für die Fundierung von Einschätzungen bietet.

Selbst wenn die Antworten für den Verkäufer eher ungünstig ausfallen, z.B. wenn der Bedarf rückläufig ist und damit die Verkäuferziele beeinträchtigt werden, sollte der Beschaffungsverantwortliche nicht zu einer Korrektur seiner Angaben gedrängt werden. Der Verkäufer sollte sich in diesem Fall lediglich mit Nachfragen begnügen und allenfalls sich nach den Gründen für die Einschätzung erkundigen.

Nach Erhalt der Auskünfte empfiehlt es sich

- auf die vertrauliche Handhabung hinweisen und
- ein Feedback anzukündigen beispielsweise in Bezug auf die wichtigsten Schlussfolgerungen.

Auf sprachlicher Ebene sollten die **Fragen** durch einen weiten Zuschnitt charakterisiert sein, also **offen sein**, damit der Beschaffungsverantwortliche sein Expertenwissen einbringen kann und die hierbei gelieferten Hintergrundinformationen den Blick auf die wesentlichen Entwicklungsdeterminanten lenken. Mit offenen Fragen zu komplexeren Themen zeigt der

Verkäufer zugleich, dass er den Beschaffungsverantwortlichen als Experten akzeptiert und ihm vertraut.

Schließlich ist es aus Verständnisgründen immer zweckmäßig, **alternative Frageformulierungen parat zu haben.** Dies ist sinnvoll, wenn das Frageverständnis abhängig ist vom gedanklichen Kontext, in dem sich der Gesprächspartner gerade befindet: Immer wieder werden nämlich in Interviews die Antworten zu einem neuen Themenfeld noch vor dem Hintergrund des vorangegangenen Themengebiets formuliert.

Literaturhinweise

Baguley, Phil, Negotiating, Contemporary Books a Division of McGrawHill, Lincolnwood 1995.

Bänsch, Axel, Verkaufspsychologie und Verkaufstechnik (7. Auflage), Oldenbourg Verlag, München 1998.

Behle, Christine; vom Hofe, Renate, Handbuch Aussendienst, MI-Fachverlag, Landsberg 2006.

Bredemeier, Karsten, Provokative Rhetorik? Schlagfertigkeit, Goldmann Verlag, München 2000.

Bredemeier, Karsten, Provokatives Verkaufen? GesprächsVerführung, Orell Füssli Verlag, Zürich 2006.

Burkart, Roland, Kommunikationswissenschaft: Grundlagen und Problemfelder, 4.Auflage, Boehlau Verlag, Wien, Koeln, Weimar, 2002.

Eisler-Mertz, Christiane, Nonverbale Kommunikation in: Pepels, Werner et al., Schlüsselqualifiktionen im Marketing Band 14, Fortis Verlag, Starnberg 1999, S. 43 – 64.

Gamber, Paul, Kundenbeschwerden und Reklamationen konfliktfrei behandeln: Methoden, Tips und Übungen für einen besseren Umgang mit schwierigen Kunden, Expert Verlag, Renningen-Malmsheim 1997.

Godefroid, Peter, Investitionsgütermarketing (Reihe Modernes Marketing für Studium und Praxis, Hrsg. Weis, Hans- Christian), Kiehl Verlag, Ludwigshafen 1995.

Heitsch, Dieter, Das erfolgreiche Verkaufsgespräch, Verlag moderne Industrie, Landsberg 1983.

Hirschsteiner, Günter (Hrsg.); Einkaufsabwicklung und Terminmanagement, Carl Hanser Verlag München, Wien 2003.

Holz, Friedrich, Methoden fairer und unfairer Verhandlungsführung: Lösungsbezogene und partnerschaftliche, gewinn- und machtorientierte, destruktive und manipulative Methoden in der praktischen Anwendung, 3. Auflage, Weka-Verlag, Kissing 1982.

Jachens, Thomas H., Professionelles Verkaufen, Redline Wirtschaft, Frankfurt 2004.

Koeppler, Karlfritz, Strategien erfolgreicher Kommunikation, Lehr- und Handbuch, Reihe Lehr- und Handbücher der Kommunikationswissenschaft (Hrsg.: Mohr, Arno), Oldenbourg Verlag, München, Wien 2000.

Korda, Phillippe, Nicht um jeden Preis: Verhandeln mit Profit (übersetzt von Stefan Eckrich), Orell Füssli Verlag, Zürich 1999.

Kreuzpointner, Alexandra; Reißer, Ralf, Praxishandbuch Beschaffungsmanagement: Einkäufe kostenoptimiert tätigen, Anbieter richtig auswählen, Risiken bei der Auftragsvergabe vermeiden, Gabler Verlag, Wiesbaden 2006.

Kuhlmann, Anne; Zelms, Regina, Der Verkäufer-Knigge: Money machen mit Manieren, Gabler Verlag, Frankfurt 2000.

Lemme, Markus, Erfolgsfaktor Einkauf: Durch Einkaufspolitik Kosten senken und Erträge steigern, Cornelsen Verlag, Berlin 2005.

Limbeck, Martin, Das neue Hardselling: Verkaufen heißt verkaufen - So kommen Sie zum Abschluss, Gabler Verlag, Wiesbaden 2005.

Pepels, Werner et al., Schlüsselqualifiktionen im Marketing Band 14, Fortis Verlag, Starnberg 1999.

Puntsch, Eberhard, Dialektik und Verkaufsrhetorik für Außendienstmitarbeiter, Verlag Norbert Müller, München 1989.

Rackham, Neil, Die neue Welle im Verkauf (übersetzt von Anette Kammann und Walter Kraft), Mc-Graw-Hill, Hamburg, New York 1989.

Ruhleder, Rolf H., Einfach besser verkaufen: Intensivtraining für mehr Verkaufserfolg, 3. Auflage, Redline Wirtschaft, Frankfurt 2004.

Sickel, Christian, Ohne Nutzen kein Verkauf: Wie Sie konkreten Bedarf ermitteln und Einwänden gezielt begegnen, Gabler Verlag, Wiesbaden 1999.

Troczynski, Peter; Limbeck, Martin, Einkaufsverhandlungen erfolgreich führen: Verkäufertools für Ihren Erfolg, Reihe Einkauf Materialwirtschaft Band 13, Deutscher Betriebswirte Verlag, Gernsbach 2006.

Wannenwetsch, Helmut, Erfolgreiche Verhandlungsführung in Einkauf und Logistik: Praxiserprobte Erfolgsstrategien und Wege zur Kostensenkung, Springer Verlag, Berlin, Heidelberg 2004.

Weis, Hans Christian, Verkaufsgesprächsführung, 4. Auflage, Kiehl Verlag, Ludwigshafen 2003.

Weisbach, Christian-Rainer, Gesprächsführung und Verhandlungtechnik in Pepels, Werner et al., Schlüsselqualifikationen im Marketing Band 14, Fortis Verlag, Starnberg 1999, S. 65 -106.

Wißmann, Volker H., Das erfolgreiche Verkaufsgespräch: Strategien für Beratung und Verkauf, Humboldt-Taschenbuchverlag, München 1999.

6   Umsetzungsempfehlungen

Eine gleichzeitige Umsetzung aller in den vorangegangenen Kapiteln genannten Verhaltens-empfehlungen wird auch mit umfangreicher Verkaufserfahrung kaum möglich sein. Es ist daher zweckmäßig, sich zuerst auf die wichtigsten Themenfelder zu konzentrieren und dann prioritätsgesteuert weitere Verhaltensbereiche zu optimieren. Worauf die Prioritäten zu legen sind, ist dabei abhängig von

- den Anforderungen und Verhaltensweisen der Beschaffungsverantwortlichen,
- der Beschaffenheit der benötigten Leistungen,
- den Verhaltensweisen der Wettbewerber und last but not least
- den Verhaltensweisen der Verkäufer selbst.

Die Prioritäten werden demzufolge individuell unterschiedlich ausfallen, sodass sich die folgenden Empfehlungen auf die formale Vorgehensweise beschränken müssen. **Damit die Umsetzung der Handlungsempfehlungen auf möglichst effiziente Weise erfolgen kann, sollte der Verkäufer zunächst die Bedeutsamkeit einzelner Themenbereiche bei seinen Kunden herausfinden**, d.h.

- welche Ziele sind im Einkauf besonders wichtig,
- welche Qualifizierungsmaßstäbe stehen bei der Bewertung von Lieferanteninformationen im Vordergrund und
- welche Phasen im Beschaffungsprozess sind kritisch.

Die Bedeutsamkeit von Themenbereichen hängt ab

- von der Gewichtung des Themenfelds beim Beschaffungsverantwortlichen und
- von der Differenz zwischen dem erwünschten Sollzustand und dem bisher erreichten Istzustand.

Die Gewichtung einzelner Themenfeldern wird wiederum von vielen weiteren Determinanten beeinflusst. **Das Gewicht objektbezogener Ziele beim Kunden** resultiert hauptsächlich aus

- dem Wert des Beschaffungsobjekts,
- dem Neuigkeitsgrad des Beschaffungsobjekts und
- der Komplexität des Beschaffungsobjekts.

Je höher Wert, Neuigkeitsgrad und Komplexität des Beschaffungsobjekts sind, desto wichtiger werden objektbezogene Ziele.

Demgegenüber ergibt sich das Gewicht **prozessbezogener Ziele beim Kunden** in erster Linie aus

- den Kosten im Zusammenhang mit dem einzelnen Beschaffungsprozess,
- der Wiederholungshäufigkeit des Beschaffungsprozesses und aus
- der Beherrschbarkeit des Beschaffungsprozesses.

Dabei richtet sich das Augenmerk des Beschaffungsverantwortlichen umso mehr auf die prozessbezogenen Ziele, je höher die Kosten und die Wiederholungshäufigkeit sind. Das

Gewicht prozessbezogener Ziele steigt außerdem, wenn die Beherrschbarkeit des Prozesses abnimmt.

Inwieweit die **persönlichen Ziele beim Kunden** eine Rolle spielen, hängt unter anderem ab

- vom Grad der Identifikation des Beschaffungsverantwortlichen mit seinem Aufgabengebiet bzw. seinem Arbeitgeber sowie
- vom Ausmaß der bislang erreichten Bedürfniserfüllung.

Der Grad der Identifikation mit dem Beruf entscheidet darüber, inwieweit die Bedürfniserfüllung auf privater Ebene gesucht wird. Je anspruchvoller das Aufgabengebiet ist, desto höher ist tendenziell der Anteil der Bedürfnisse, die über die berufliche Tätigkeit aktualisiert werden. Der Grad der Inanspruchnahme durch die Berufstätigkeit hängt zudem ab von den Fähigkeiten, die über Ausbildung und bisherige Tätigkeiten gebildet werden konnten.

Das Aufgabenprofil entscheidet auch darüber, inwieweit Selbstverwirklichungsbedürfnisse, Anerkennungsbedürfnisse, soziale Bedürfnisse und Sicherheitsbedürfnisse überhaupt erfüllt werden können. Je größer die Differenz zwischen aktuellem Grad an Bedürfniserfüllung und den empfundenen Bedürfnissen ist, desto mehr schiebt sich die betreffende Bedürfniskomponente in den Vordergrund.

Für den Verkäufer dürfte die Ermittlung der objekt- und prozessbezogenen Determinanten am leichtesten fallen, weil er hier branchenbezogene Erfahrungswerte ins Kalkül ziehen kann. Viel problematischer ist die Einordnung der persönlichen Ziele, insbesondere wenn der Beschaffungsverantwortliche nicht oder erst seit kurzem bekannt ist.

Auch für den Informationsaustausch sollte der Verkäufer prüfen, welche Ebenen für ihn prioritär von Interesse sind: die Art und Weise der Informationsgewinnung, die gedankliche Modellierung von Sachverhalten, die Erstellung einer sprachlichen Fassung oder die Entscheidungen zu den Kommunikationskanälen. Die Sensibilität des Beschaffungsverantwortlichen für eine Ebene nimmt im allgemeinen zu

- je mehr Handlungsmöglichkeiten es auf einer Ebene gibt,
- je mehr Interpretationsmöglichkeiten bestehen und
- je größer das Risiko eines missbräuchlichen Einsatzes von Handlungsmöglichkeiten ist.

Die **Zahl der Handlungsmöglichkeiten** hängt in erster Linie ab

- vom Neuigkeitsgrad des Beschaffungsobjekts und
- von der Komplexität des Beschaffungsobjekts.

Handelt es sich z.B. um ausgereifte Leistungen, kann man davon ausgehen, dass sich die Leistungen der Wettbewerber allmählich auf wenige grundlegende Konzepte zurückführen lassen. Diese werden sich zudem im Zeitablauf immer ähnlicher und damit bergen auch die dahinter liegenden Entscheidungsprozesse keine wesentlichen Risiken mehr. Dadurch rückt die gedankliche Modellierung von Sachverhalten zumindest bei erfahrenen Kunden langsam in den Hintergrund. Um sich dann noch differenzieren zu können, nutzen die Anbieter vermehrt sprachliche Handlungsmöglichkeiten und die Potenziale alternativer Kommunikationskanäle. Oft schlagen sich Neuigkeitsgrad und Komplexität auch auf sprachlicher Ebene nieder, beispielsweise, wenn für neuartige Sachverhalte erst noch passende Begriffe gesucht werden müssen oder die Komplexität eines Sachverhalts es erlaubt, bestimmte Aspekte zwecks Analogiebildung herauszugreifen.

Interpretationsspielräume ergeben sich immer dann, wenn verschiedene Sachverhalte zum selben inhaltlichen Ergebnis bzw. zur selben sprachlichen Zuordnung führen.

Auf inhaltlicher Ebene nimmt die Zahl der Interpretationsspielräume mit der Komplexität des Beschaffungsobjekts zu. Hier führen nicht selten unterschiedliche Konstellationen beteiligter Einflussfaktoren zum selben Ergebnis (z.B. aus dem Fassungsvermögen einer Verpackung für Flüssigprodukte kann noch nicht auf die einzelnen Abmessungen der Verpackung geschlossen werden).

Inwieweit verschiedene Sachverhalte dieselbe sprachliche Zuordnung erhalten, wird beeinflusst durch das Differenzierungsvermögen der verwendeten Sprache an sich (z.B. wie viele verschiedene Bedeutungen hat ein Begriff). Eine wesentlich größere Rolle spielt im allgemeinen allerdings das individuelle sprachliche Differenzierungsvermögen des Verkäufers.

Das **Risiko des Missbrauchs von Verhaltensspielräumen** steigt für den Beschaffungsverantwortlichen, wenn

- die Leistungen nicht unmittelbar an der Realität wie z.B. anhand von Mustern überprüft werden können,
- die Kunden für die Verkäufer vergleichsweise uninteressant sind,
- der Wettbewerbsdruck vergleichsweise hoch ist,
- die Angebote der Verkäufer jeweils beträchtliche Schwachstellen aufweisen oder
- die Verkäufer einer Branche im Durchschnitt nicht ausreichend qualifiziert sind (beispielsweise durch eine hohe Fluktuationsrate).

Ist der Markt durch derartige Gegebenheiten gekennzeichnet, kann der Verkäufer davon ausgehen, dass seine Informationen einer eingehenden Prüfung unterzogen werden.

Zur Identifikation der besonders kritischen Phasen im Verkaufsprozess kann der Verkäufer einerseits die **prozessualen Geschehnisse innerhalb der Verkaufsgespräche** unter die Lupe nehmen oder andererseits die **Ergebnisse der einzelnen Verkaufsgespräche** analysieren. Betrachtet man die Geschehnisse in Verkaufsgesprächen, eignet sich zunächst eine allgemeine Analyse der Gesprächsatmosphäre: Verschlechtert sich die Gesprächsatmosphäre innerhalb einer Gesprächsart unabhängig vom Kunden mehrmals, kann das ein Hinweis auf ein zentrales Problem des Verkäufers sein. Auch der Vergleich der Gesprächsatmosphäre zwischen verschiedenen Gesprächsarten im Laufe des Beschaffungsprozesses kann Aufschlüsse darüber liefern, wo der Verkäufer bei seiner Qualifikation schwerpunktmäßig ansetzen sollte. Die Veränderung der Gesprächsatmosphäre lässt sich an den Äußerungen und an den körpersprachlichen Signalen des Beschaffungsverantwortlichen ablesen. Werden die Äußerungen zunehmend kritischer und ist die Körpersprache gekennzeichnet durch zunehmendes Desinteresse, Verschlossenheit oder Aggression, kann von einer Verschlechterung des Gesprächsklimas gesprochen werden. Mit der Beobachtung der einzelnen Geschehnisse in den Gesprächen lassen sich die Problemschwerpunkte des Verkäufers sehr detailliert nachzeichnen. Um eine nachträgliche Verzerrung der eigenen Beobachtungen so gut wie möglich ausschließen zu können, sollte der Verkäufer möglichst zeitnah die gesammelten Eindrücke protokollieren. Denn oft werden die Ereignisse schon nach wenigen Stunden oder Tagen nicht mehr richtig erinnert oder falsch zugeordnet (z.B. einem anderen Gespräch oder einem anderen Kunden). Von derartigen Verzerrungen betroffen ist vor allem die Abfolge von Geschehnissen innerhalb eines Gesprächs.

Häufig ist man nicht auf eine prozessuale Betrachtung angewiesen, sondern es kann bereits ausreichen, die Ergebnisse der einzelnen Gesprächsarten zu betrachten, um die für den Verkäufer kritischeren Gesprächssituationen herauszufiltern. Im einzelnen kann der Verkäufer dazu folgende Daten verwenden und sich mit repräsentativen anderen Verkäufern vergleichen. Alternativ ist auch durch eine langfristige Verfolgung dieser Daten eine Beurteilung möglich:

- Anzahl der erzielten Erst-Kontakte bei Kontaktanbahnung (je niedriger desto geringer ist das Interesse am Anbieter),
- Anzahl der Anfragen nach einem Erstkontakt (je niedriger desto weniger interessant ist der Anbieter),
- durchschnittlicher Spezifikationsgrad der Beschaffungsobjekte beim Anfragengespräch (je niedriger desto größer ist das Vertrauen des Einkäufers),
- Anzahl der zuvor kontaktierten Wettbewerber beim Anfragengespräch (je höher desto niedriger wird der Beitrag des Lieferanten zunächst eingeschätzt),
- Anzahl der nebenbei bei anderen Gesprächsarten übermittelten Anfragen (je niedriger die Zahl der zusätzlichen Anfragen, desto niedriger wird das Potenzial des Anbieters eingeschätzt),
- Anzahl der Angebotsänderungen (je höher desto mehr Missverständnisse gab es beim Anfragengespräch),
- Anzahl der Verhandlungen im Verhältnis zur Zahl der Angebote (je geringer die Zahl der Folgekontakte, desto weniger attraktiv war das Angebot),
- Anzahl der Einwände (je höher desto weniger überzeugend ist das Angebot bzw. seine Präsentation),
- Anzahl der Aufträge nach den Verhandlungen (je niedriger desto weniger erfolgreich war die Verhandlungsführung)
- Höhe der Zugeständnisse (je höher die Zugeständnisse, desto schwächer war der Anbieter),
- Anzahl der Änderungen im Rahmen der Auftragsabwicklung (je größer die Zahl der nachträglichen Änderungen, desto problematischer war die Spezifikation der Leistung),
- Anzahl der Reklamationen nach der Lieferung (je größer die Zahl der nachträglichen Änderungen, desto problematischer war z.B. die Spezifikation der Leistung),
- Anzahl der selbständig hereinkommenden Anschlussaufträge (niedrige Quote an Anschlussaufträgen zeugt von niedriger Zufriedenheit mit dem Lieferanten)
- Anteil der Stammkunden (je geringer der Anteil der Stammkunden, desto geringer die Zufriedenheit mit dem Lieferanten),
- Anzahl der selbständig eintreffenden Anfragen aufgrund von Empfehlungen (je geringer der Anteil an Empfehlungen desto geringer sind die bisherigen Beiträge des Anbieters) und
- Anteil persönlicher Gesprächsthemen an gesamter Kontaktdauer (je niedriger der Anteil desto geringer wird das Beitragspotenzial des Verkäufers auf dieser Ebene eingeschätzt).

Bei allen genannten Daten ist zu berücksichtigen, dass sie lediglich dann als Indikator für die Fähigkeiten des Verkäufers herangezogen werden können, wenn alle andere Ursachen eindeutig ausgeschlossen werden können (**z.B. geringe Produktqualität, kleine Produktpalette**).

Sobald der Verkäufer die Bedeutsamkeit der einzelnen Themenfelder für sich spezifiziert hat, sollte er daran gehen, sein gegenwärtiges Verhaltensrepertoire systematisch nachzuzeichnen und die denkbaren Auswirkungen des gegenwärtigen Verhaltensrepertoires beim Beschaffungsverantwortlichen herauszufinden. Ansatzpunkte für die Systematisierung des Verhaltensrepertoires enthalten die Kapitel 3 bis 6.

Mit diesen Informationen lässt sich dann feststellen, welche Verhaltensweisen beibehalten werden können und wo Veränderungen vorgenommen werden müssen. Auf dieser Basis sollte der Verkäufer bei den zu ändernden Verhaltensweisen Strategien formulieren, die mit einem Minimum an Aufwand eine Verbesserung der Erfolgsquote mit sich bringen. Dabei sollte der Verkäufer herausarbeiten,

- welche Verhaltenselemente unverändert beibehalten werden sollen,
- welche Verhaltensweisen zu eliminieren sind (z.B. Übermittlung überflüssiger Daten) und
- welche zusätzlichen Verhaltensweisen aufzunehmen sind (z.B. Hinzufügung weiterer Daten zur Erreichung eines besseren Verständnisses).

Mit einer derart differenzierten Vorgehensweise kann die Optimierung des eigenen Verhaltens in einfach zu realisierende Schritte aufgeteilt werden. Gleichzeitig lassen sich damit die erzielten Lernfortschritte leichter erkennen.

Abkürzungs- und Symbolverzeichnis

Abb.	Abbildung
AIDA	attention, interest, desire, action
bspw.	beispielsweise
bzw.	beziehungsweise
B2B	Business to business
ca.	circa
cm	Zentimenter
d.	der, des
d.h.	das heißt
ebit	earnings before interest and tax
e-mail	electronic mail
etc.	et cetera
ggf.	gegebenenfalls
GS	Gliedsatz
HS	Hauptsatz
i.d.R.	in der Regel
i.e.S.	in engerem Sinn
insbes.	insbesondere
i.w.S.	in weiterem Sinn
JIT	Just in time
km	Kilometer
LKW	Lastkraftwagen
NLP	Neurolinguistische Programmierung
PC	Personal Computer
SPIN	Situationsfragen, Problemfragen, Implikationsfragen, Nützlichkeitsfragen
Tab.	Tabelle
u.	und
US	United States
u.U.	unter Umständen
v.	von
VIP	Very important person

vs.	versus
z.B.	zum Beispiel
zw.	zwischen

+	Addition, Hinzufügung
@	at
C	Celsius
$	Dollar
>	größer
H_2O	Wasser
§	Paragraf
–	Unterschlagung, Elimination
Δ	Veränderung

Abbildungsverzeichnis

Tabellenverzeichnis

Stichwortverzeichnis

www.ingramcontent.com/pod-product-compliance
Lightning Source LLC
Chambersburg PA
CBHW081059220326
41598CB00038B/7159